Hansestadt Hamburg

Gesetzsammlung der freien und Hansestadt Hamburg

5. Band - Jahrgang 1869

Hansestadt Hamburg

Gesetzsammlung der freien und Hansestadt Hamburg
5. Band - Jahrgang 1869

ISBN/EAN: 9783741102240

Hergestellt in Europa, USA, Kanada, Australien, Japan

Cover: Foto ©Lupo / pixelio.de

Manufactured and distributed by brebook publishing software
(www.brebook.com)

Hansestadt Hamburg

Gesetzsammlung der freien und Hansestadt Hamburg

Gesetzsammlung

der freien und Hansestadt Hamburg.

Amtliche Ausgabe.

5. Band. Jahrgang 1869.

Hamburg, gedruckt bei Th. G. Meißner, E. H. Senats Buchdrucker.

Hamb. Gesetzsammlung. V. Band. 1869.

Inhalts-Verzeichniß.

Erste Abtheilung. Erlasse des Senats.

Zweite Abtheilung. Bekanntmachungen einzelner Behörden.

Dritte Abtheilung.

Bekanntmachungen, betreffend Zollvereinsangelegenheiten.

Erste Abtheilung.

Erlasse des Senats

im Jahre 1869.

Erste Abtheilung.

Erlasse des Senats

im Jahre 1869.

№ 1. den 13. Januar 1869.

Telegraphen-Ordnung
für die
Correspondenz auf den Linien des Telegraphen-Vereins u. w. d. a.

Der Senat bringt nachstehende, ihm von dem Kanzler des Norddeutschen Bundes zur Veröffentlichung mitgetheilte neue Telegraphen-Ordnung hiedurch zur öffentlichen Kunde:

Telegraphen-Ordnung
für die
Correspondenz auf den Linien des Telegraphen-Vereins

nebst den den innern Verkehr auf den Linien des Norddeutschen Telegraphen-Gebietes *) und der innerhalb desselben gelegenen Eisenbahnen betreffenden zusätzlichen Bestimmungen. **)

§ 1.
Bereich.

Den Bestimmungen gegenwärtigen Reglements ist die telegraphische Correspondenz unterworfen, welche die Linien mindestens zweier der dem Telegraphen-Vereine angehörigen

---

*) Das Norddeutsche Telegraphen-G[illegible] umfaßt die Staaten des Norddeutschen Bundes, sowie den nicht zum Norddeutsche[illegible]nde gehörigen Theil des Großherzogthums Hessen-Darmstadt.

**) Die zusätzlichen Bestimmungen [illegible] lateinischer Schrift und gegen den übrigen Text eingerückt gedruckt.

Verwaltungen berührt und entweder im Vereine verbleibt oder mit dem Auslande gewechselt wird. *)

In wie weit die Correspondenz, welche sich nur auf den Linien einer einzelnen Verwaltung bewegt, anderen Anordnungen unterworfen ist, wird von jeder Verwaltung besonders bestimmt.

Den Bestimmungen gegenwärtigen Reglements ist auch diejenige telegraphische Correspondenz unterworfen, welche sich nur auf den Linien des Norddeutschen Telegraphen-Gebietes incl. der innerhalb desselben gelegenen Eisenbahnen oder zwischen diesen und ausländischen Linien ohne Berührung der Linien anderer Vereins-Staaten bewegt, soweit nicht in den nachfolgenden Zusätzen Abweichungen vorgeschrieben sind.

§ 2.

Benutzung des Telegraphen.

Die Benutzung der für den öffentlichen Verkehr bestimmten Telegraphen steht Jedermann zu. Jede Verwaltung hat jedoch das Recht, ihre Linien und Stationen zeitweise ganz oder zum Theil für alle oder für gewisse Gattungen von Correspondenz zu schließen.

Die Aufgabe von Depeschen Behufs der Telegraphirung kann nur bei den Telegraphen-Stationen (allenfalls brieflich) erfolgen.

§ 3.

Bewahrung des Telegraphen-Geheimnisses.

Die Vereins-Regierungen werden Sorge tragen, daß die Mittheilung von Depeschen an Unbefugte verhindert und daß das Telegraphen-Geheimniß in jeder Beziehung auf das Strengste gewahrt werde.

§ 4.

Dienststunden der Telegraphen-Stationen.

Die Telegraphen-Stationen zerfallen rücksichtlich der Zeit, während welcher sie für die Annahme und Beförderung der Depeschen offen zu halten sind, in vier Klassen, nämlich:

a. Stationen mit permanentem Dienst (Tag und Nacht),
b. Stationen mit verlängertem Tagesdienst bis Mitternacht,
c. Stationen mit vollem Tagesdienst,
d. Stationen mit beschränktem Tagesdienst.

---

*) Die besonderen Vorschriften über den Verkehr mit den außereuropäischen Telegraphen-

Die Dienststunden der Stationen ad b. und c. beginnen:
vom 1. April bis Ende September
um 7 Uhr Morgens,
vom 1. October bis Ende März
um 8 Uhr Morgens.
Die Stationen ad c. schließen den Dienst
um 9 Uhr Abends.

Die Dienststunden der Stationen ad d. sind an Wochentagen (einschließlich der auf Wochentage fallenden Festtage):
von 9 bis 12 Uhr Vor- und
" 2 " 7 " Nachmittags;
an Sonntagen:
von 8 bis 9 Uhr Vor- und
" 2 " 5 " Nachmittags.

§ 5.

Wohin Depeschen gerichtet werden können.

Telegraphische Depeschen können nach allen Orten aufgegeben werden, wohin die vorhandenen Telegraphen-Verbindungen auf dem ganzen Wege oder auf einem Theile desselben die Gelegenheit zur Beförderung darbieten.

Befindet sich am Bestimmungsorte keine Telegraphen-Station, so erfolgt die Weiterbeförderung von der äußersten, beziehungsweise der von dem Aufgeber bezeichneten Telegraphen-Station entweder durch die Post oder durch Expressen.*) Ist keine Bestimmung über die Art der Weiterbeförderung getroffen, so wählt die Adreß-Station nach ihrem besten Ermessen die zweckmäßigste Art derselben. Das Gleiche findet statt, wenn die vom Aufgeber aufgegebene Art der Weiterbeförderung sich als unausführbar erweist.

Auch ist die Aufgabe der Depeschen mit der Bezeichnung „bureau-restant" oder „poste-restante" zulässig.

Im internen Verkehr können die Depeschen auch mit: „Bahnhof restant" bezeichnet werden.

§ 6.

Erfordernisse der zu befördernden Depeschen.

Das Original jeder zu befördernden Depesche muß in solchen Buchstaben und Zeichen, welche sich durch den Telegraphen wiedergeben lassen, deutlich und verständlich geschrieben sein.

*) Unter Expreß-Beförderung ist jede Weiterbeförderung durch ein schnelleres Transport-

Einschaltungen, Randzusätze, Streichungen oder Ueberschreibungen müssen vom Aufgeber der Depesche oder von seinem Beauftragten bescheinigt werden.

Obenan muß die Adresse stehen, dann der Text und am Schlusse die Unterschrift des Absenders.

Die Adresse muß der Art sein, daß die Bestellung an den Adressaten ohne weitere Ermittelungen, Rückfragen, Zweifel ꝛc. erfolgen kann. Sie hat für die großen Städte die Angabe der Straße und der Hausnummer, oder in Ermangelung dessen die Angabe der Berufsart oder andere ähnliche Bezeichnungen zu enthalten. Selbst für kleinere Orte ist es wünschenswerth, daß der Name des Adressaten von einer solchen ergänzenden Bezeichnung begleitet sei, damit im Falle von Verstümmelungen des Eigennamens der Adressat am Bestimmungsorte aufgefunden werden könne.

Die Angabe des Landes, in welchem der Wohnort des Adressaten liegt, ist obligatorisch, mit Ausnahme der Fälle, wo dieser Wohnort eine Hauptstadt oder ein wichtiger Börsen- oder Handelsplatz ist.

Bei Depeschen, welche für auf dem Meere befindliche Schiffe bestimmt sind, muß die Adresse, außer den gewöhnlichen Angaben, noch die offizielle Bezeichnung und Nummer, sowie die Nationalität des Adreßschiffes enthalten.

Es ist dem Absender gestattet, seiner Unterschrift eine beliebige Beglaubigung beifügen zu lassen.

Die etwaigen Angaben bezüglich des Beförderungsweges der Zustellung an den Adressaten, der Empfangs-Anzeigen, der Recommandation, der Nachsendung und der Weiterbeförderung müssen unmittelbar hinter der Adresse, die Angaben bezüglich der frankirten Antworten zwischen Text und Unterschrift, die etwaige Beglaubigung hinter der Unterschrift stehen.

Depeschen, welche die hiernach erforderlichen Angaben nicht enthalten, sollen zwar dennoch zur Beförderung angenommen werden. Die Folgen ungenauer resp. unvollständiger Angaben sind jedoch jedenfalls vom Absender zu tragen. Derselbe kann eine nachträgliche Vervollständigung des Fehlenden nur gegen Aufgabe und Bezahlung einer neuen Depesche beanspruchen.

Depeschen, deren Beförderung streckenweise oder ausschliesslich durch Telegraphen der innerhalb des Norddeutschen Telegraphengebietes gelegenen Eisenbahnen stattzufinden hat, dürfen nicht mehr als 50 Worte enthalten.

§ 7.

Gattungen der Depeschen.

Die Depeschen zerfallen rücksichtlich ihrer Behandlung in folgende Gattungen:

1) Staats-Depeschen,
2) Dienst-Depeschen,

§ 8.

Besondere Bestimmungen für Staats-Depeschen.

Staats-Depeschen können in beliebiger Sprache, auch chiffrirt, aufgegeben werden. Sie müssen als Staats-Depeschen bezeichnet und durch Siegel oder Stempel als solche beglaubigt sein.

Die Zusatzbestimmung zu § 9 gilt auch für Staats-Depeschen.

§ 9.

Besondere Bestimmungen für Privat-Depeschen.

Bei Privat-Depeschen ist die Fassung in der Landessprache Regel. Sie können überdies in jeder anderen Sprache abgefaßt sein, welche den Stationen als zulässig bezeichnet ist.

Die Depeschen, welche hiernach nicht wie gewöhnliche Depeschen zulässig sind, sind wie geheime Depeschen anzusehen.

Die semaphorischen Depeschen müssen entweder in der Sprache des Landes, in welchem die semaphorische Station, welche die Beförderung der Depesche an das Adreßschiff zu besorgen hat, gelegen ist, oder in Zeichen des allgemeinen Handels-Kodex abgefaßt sein.

Die Anwendung der Chifferschrift ist bei Privat-Depeschen gestattet, wenn sie zwischen Stationen zweier Staaten gewechselt werden, welche diese Art der Correspondenz zulassen.

Depeschen, welche nur Börsen-Course, Waaren- und Getreide-Preise rc. enthalten, werden nicht als chiffrirte Depeschen angesehen (cfr. § 15).

Für Depeschen, welche streckenweise oder ausschliesslich durch Telegraphen der innerhalb des Norddeutschen Telegraphen-Gebietes gelegenen Eisenbahnen zu befördern sind, ist die Fassung in deutscher Sprache Bedingung, soweit nicht für einzelne Bahnen und Stationen der Gebrauch fremder Sprachen ausdrücklich nachgegeben wird.

§ 10.

Controle der Depeschen.

Der Aufgeber einer Privat-Depesche ist verpflichtet, auf desfallsiges Verlangen die Aechtheit der Unterschrift seiner Depesche nachzuweisen.

Privat-Depeschen, deren Inhalt gegen die Gesetze verstößt oder aus Rücksichten des öffentlichen Wohles oder der Sittlichkeit für unzulässig erachtet wird, werden

Die Entscheidung über die Zulässigkeit des Inhalts steht dem Vorsteher der Aufgabe-Station, beziehungsweise der Zwischen- oder Adreß-Station, oder dessen Stellvertreter, und in zweiter Instanz der dieser Station vorgesetzten Central-Verwaltung zu, gegen deren Entscheidung ein Rekurs nicht stattfindet.

Bei Staats-Depeschen steht den Telegraphen-Stationen eine Controle der Zulässigkeit des Inhalts nicht zu.

§ 11.

Gebühren-Erhebung.

Bei Aufgabe der Depesche sind sämmtliche bekannte Telegraphirungs-Gebühren im Voraus zu entrichten. Von dem Adressaten sind außer den etwaigen Weiterbeförderungs-Gebühren zu entrichten:

1) Die ganze Taxe derjenigen Depeschen, welche durch die semaphorischen Stationen von einem Schiffe aufgenommen und weiterbefördert sind;

2) die Ergänzungs-Taxe der nachzusendenden Depeschen (cfr. § 17).

In allen Fällen, wo eine Gebühren-Entrichtung bei der Uebergabe der Depesche stattfinden soll, wird diese dem Adressaten nur gegen Bezahlung des schuldigen Betrages zugestellt.

§ 12.

Währung der Gebühren.

Die Gebühren-Erhebung erfolgt in der Landes-Währung derjenigen Verwaltung, welcher die Aufgabe-Station angehört.

Die Entrichtung der Gebühren kann in klingender Münze verlangt werden.

Die für die Gebühren-Erhebung maßgebenden Tarife liegen bei jeder Telegraphen-Station dem Publikum zur Einsicht auf.

Bei Stationen des Norddeutschen Telegraphen-Gebietes mit anderer Währung als der Thaler-Währung sind die nach dem Silbergroschen-Satze festgesetzten Gebühren-Beträge; wenn der Aufgeber nicht in Silbergroschen bezahlt, möglichst genau in die landesübliche Münze umzurechnen. Stellen sich hierbei Bruchtheile heraus, welche in der Landes-Währung nicht darstellbar sind, so erfolgt die Erhebung mit dem nächst höheren darstellbaren Betrage.

§ 13.

Beförderungs-Gebühren.

Bei der Feststellung der Gebühren ist stets eine einfache Depesche, d. h. eine Depesche, welche höchstens 20 Worte enthält, zu Grunde gelegt. Die auf die einfache Depesche anwendbare Taxe erhöht sich um die Hälfte für je 10 Worte mehr.

Die Gebühren für die telegraphische Beförderung der Staats- und Privat-Depeschen, welche innerhalb des Vereinsgebietes verbleiben, werden nach Maßgabe der directen Entfernung nach folgendem Tarif erhoben:

Entfernung		Taxe						
nach Zonen.	nach Meilen.	Norddeutsch.	Oesterreichisch.		Süddeutsch.		Niederländisch	Französisch.
		Sgr.	Fl.	Kr.	Fl.	Kr.	Fl.	Frs.
I.	bis 10	8	—	40	—	28	0,50	1
II.	über 10 bis 45. . . .	16	—	80	—	56	1,00	2
III.	über 45	24	1	20	1	24	1,50	3

Für den Verkehr mit dem Vereins-Auslande beträgt die Gebühr bis zur Vereinsgrenze, ohne Rücksicht auf die Entfernung:

24 Sgr. = 1 Fl. 20 Kr. Oest. = 1 Fl. 24 Kr. Süddeutsch = 1,50 Gld. Niederländisch = 3 Francs.

Abweichend hiervon wird im Verkehr zwischen Baden, Bayern, Württemberg und Hohenzollern einer- und Frankreich, der Schweiz und Italien andererseits nur die Vereinsgebühr von 8 Sgr. = 28 Kr. Süddeutsch = 1 Franc erhoben, wenn die Depeschen innerhalb des Vereins nur die Linien zweier oder mehrerer der obigen Länder berühren.

Zu dieser Vereins-Gebühr treten die nach dem internationalen Tarif zu berechnenden ausländischen Gebühren.

Hierbei gilt als Regel, daß die Gebühren nach dem wohlfeilsten Wege zwischen dem Ursprungs- und dem Bestimmungsorte der Depesche zu berechnen sind, es sei denn, daß dieser Weg unterbrochen oder bedeutend weiter ist, oder daß der Aufgeber in seiner Depesche einen anderen Weg vorgeschrieben hat (cfr. § 6).

Eine solche Vorschrift ist dann nicht nur für die Berechnung der Gebühren, sondern auch für die Instradirung der Depesche maßgebend, insofern nicht dienstliche Rücksichten es verhindern, in welchem Falle jegliche Beschwerde unzulässig ist.

Die Gebühren für Depeschen, welche innerhalb des Norddeutschen Telegraphen-Gebietes verbleiben (ausschliesslich der Depeschen nach und aus den Hohenzollernschen Landen, welche dem Vereins-Tarif unterliegen), betragen:

für	die	1.	Zone	5	Sgr.
„	„	2.	„	10	„
„	„	3.	„	15	„

Die Zonen werden nach einem Princip gebildet, vermöge dessen die erste Zone gegen 11—18, die zweite Zone gegen 44—52 Meilen directer Entfernung begreift.

Für den Verkehr mit dem Auslande beträgt, wenn ausser den Norddeutschen nicht auch die Linien anderer Vereins-Staaten berührt werden, die Norddeutsche Gebühr ohne Rücksicht auf die Entfernung 20 Sgr. (unbeschadet jedoch solcher abweichenden Tarif-Bestimmungen, welche mit fremden Regierungen für den Verkehr mit den betreffenden Staaten vereinbart sind oder noch vereinbart werden sollten).

§ 14.

Bestimmung der Wortzahl.

Bei Ermittelung der Wortzahl einer Depesche Behufs der Tarifirung werden folgende Regeln beobachtet:

1) Alles, was der Aufgeber in das Original seiner Depesche Behufs der Beförderung schreibt, wird bei Berechnung der Taxe mitgezählt (cfr. § 6).

2) Das Maximum der Länge eines Wortes ist auf 7 Silben festgesetzt; der Ueberschuß wird für ein Wort gezählt.

3) Bei Verbindungen von Wörtern durch Bindestriche werden die einzelnen Wörter gezählt.

4) Wenn zwei Wörter mittelst Apostrophirung zusammengezogen sind, z. B. l'un, qu'il, l'Europe, so ist jedes der beiden Wörter besonders zu zählen.

5) Die Namen von Ländern, Städten, Ortschaften, Straßen, Plätzen, Boulevards &c., die Eigennamen von Personen, Titel, Vornamen, Partikel und Eigenschafts-Bezeichnungen werden nach der Zahl der zum Ausdruck derselben gebrauchten Wörter gezählt.

6) Die in Ziffern geschriebenen Zahlen werden für so viele Wörter gezählt, als sie Gruppen von fünf Ziffern enthalten, nebst einem Worte mehr für den etwaigen Ueberschuß. Dieselbe Regel gilt für die Berechnung der Gruppen von Buchstaben, welche keine geheime Bedeutung haben.

7) Einzeln stehende Schriftzeichen, Buchstaben oder Ziffern, werden je für ein Wort gezählt.

Ebenso wird die Unterstreichung eines oder mehrer aufeinander folgender Wörter für ein Wort gerechnet.

8) Zum Worttext der Depesche gehörige Interpunktionszeichen, Apostrophe, Bindestriche, Anführungszeichen, Parenthesen (Klammern) und das Zeichen für den

neuen Absatz (Alinea) werden nicht mitgerechnet. Dagegen werden alle durch den Telegraphen nicht darstellbaren Zeichen, welche daher durch Worte gegeben werden müssen, als Wörter berechnet.

9) Punkte, Kommata und Trennungszeichen oder Bruchstriche, welche zur Bildung der Zahlen gebraucht werden, sind je für eine Ziffer zu zählen.

10) Die Buchstaben, welche den in Ziffern geschriebenen Zahlen angehängt werden, um sie als Ordnungszahlen zu bezeichnen, werden jeder für eine Ziffer gezählt.

11) Bei chiffrirten und den (laut § 9) als geheime zu behandelnden Depeschen werden zunächst sämmtliche als Chiffern benutzte Ziffern, Buchstaben oder Zeichen im chiffrirten Text zusammengezählt, die Summe durch fünf getheilt und der Quotient als die für den chiffrirten Text zu taxirende Wortzahl angesehen. Der etwaige Ueberschuß zählt für ein Wort. Die Zeichen, welche die Gruppen trennen, werden mitgezählt, insofern der Aufgeber nicht ausdrücklich erklärt hat, daß sie nicht mittelegraphirt werden sollen.

Der Wortzahl des chiffrirten Textes tritt die Zahl der ausgeschriebenen Worte, nach den gewöhnlichen Regeln berechnet, hinzu.

§ 15.

Recommandirte Depeschen.

Der Aufgeber einer Depesche hat das Recht, dieselbe zu recommandiren. In diesem Falle wird die Depesche von allen Stationen, welche bei der telegraphischen Beförderung, beziehungsweise Aufnahme mitwirken, vollständig kollationirt und die Bestimmungs-Station sendet dem Aufgeber telegraphisch, unmittelbar nach der Bestellung an den Adressaten oder nach der Abgabe an die Weiterbeförderungs-Anstalt, eine Rückmeldung mit genauer Angabe der Zeit, zu welcher die Depesche dem Adressaten, beziehungsweise der Weiterbeförderungs-Anstalt zugestellt worden ist.

Hat die Depesche nicht bestellt werden können, so enthält die Rückmeldung die Umstände, welche die Bestellung verhindert haben, sowie die nöthigen Angaben, damit der Aufgeber eventuell seine Depesche in die Hände des Adressaten gelangen lassen könne.

Der Aufgeber einer recommandirten Depesche kann sich die Rückmeldung nach irgend einem beliebigen Orte adressiren lassen, wenn er die dazu nöthigen Angaben liefert.

Die Recommandation ist obligatorisch für alle chiffrirten Depeschen, sowie für solche Depeschen, welche als geheime betrachtet werden (cfr. § 9).

Wenn in Form chiffrirter Depeschen geschriebene Handels- und Börsen-Depeschen unrecommandirt aufgegeben werden, so ist jede Reclamation wegen etwaiger Verstümmelung unzulässig.

§ 16.

Empfangs-Anzeigen.

Der Aufgeber einer jeden Depesche kann verlangen, daß ihm die Zeit, zu welcher die Depesche seinem Correspondenten zugestellt worden ist, telegraphisch angezeigt werde.

Hat die Depesche nicht bestellt werden können, so erfolgt statt der Empfangs-Anzeige die Mittheilung der Umstände, welche die Bestellung verhindert haben, nebst den nöthigen Angaben, damit der Aufgeber seine Depesche eventuell in die Hände des Adressaten gelangen lassen könne.

Die Taxe für die Empfangs-Anzeige ist gleich derjenigen einer einfachen Depesche.

Soll die Empfangs-Anzeige nach einem andern Orte als nach dem Aufgabe-Orte der Ursprungs-Depesche befördert werden, so kommt der Tarifsatz zwischen der Aufgabe- und der Adreß-Station der Empfangs-Anzeige zur Anwendung.

§ 17.

Nachsenden von Depeschen.

Der Aufgeber einer Depesche kann der Adresse den Zusatz: „nachzusenden" beifügen, in welchem Falle die Bestimmungs-Station dieselbe sofort nach der vergeblich versuchten Zustellung an die angegebene Adresse weiter an den neuen, ihr in der Wohnung des Adressaten mitgetheilten Adreß-Ort befördert, indem sich dieser in dem gleichen Staate, beziehungsweise im Vereinsgebiete befindet.

Der Zusatz „nachzusenden" kann auch von weiteren Adressen begleitet sein, und wird dann die Depesche successive an diese Adressen befördert.

Die Gebühr für das Nachsenden wird vom Adressaten erhoben.

§ 18.

Depeschen mit verschiedenen Adressen.

Die Depeschen können adressirt werden:

a. an mehrere Adressaten in verschiedenen Orten,

b. an mehrere Adressaten in dem nämlichen Orte,

c. an den nämlichen Adressaten in verschiedenen Orten oder in mehreren Wohnungen in dem nämlichen Orte.

Ist eine Depesche nach verschiedenen Adreß-Stationen zu befördern, so wird sie als eben so viele einzelne Depeschen behandelt, als Adreß-Stationen angegeben sind und muß in ebenso vielen Originalien aufgegeben werden.

Gehören jedoch die verschiedenen Adreß-Stationen einer und derselben Verwaltung des Auslandes an, so werden die Gebühren nach den internationalen Tarifen von der Aufgabe-Station bis zur Grenze des Bestimmungs-Staates nur Ein Mal, die Terminal-Taxe des Bestimmungs-Staates aber so viel Mal berechnet, als Adreß-

Soll eine Depesche an einem und demselben Orte an verschiedene Adressen abgegeben, d. h. vervielfältigt werden, so wird sie nur als eine einzige Depesche behandelt und für die zweite und jede weitere Ausfertigung die Gebühr von 4 Sgr. rc. erhoben.

Im internen Verkehr ist die Vervielfältigungs-Gebühr nach dem Satze von 2½ Sgr. zu erheben.

§ 19.

Frankirte Antworten.

Der Aufgeber kann die Antwort, welche er von dem Adressaten verlangt, frankiren.

Wird eine Antwort von nicht mehr als 20 Worten verlangt, so ist die Angabe beizufügen: „Antwort bezahlt" und für die Antwort die Gebühr einer einfachen Depesche derselben Beförderungs-Strecke zu erlegen.

Soll die zu frankirende Antwort nach einem anderen als nach dem Aufgabe-Orte der Ursprungs-Depesche übermittelt werden, so kommt für die Antwort-Depesche der Tarifsatz zwischen der Aufgabe- und der Adreß-Station der Antwort zur Anwendung.

Will der Aufgeber für mehr als 20 Worte die Antwort vorausbezahlen, so hat er beizufügen: „Antwort bezahlt .... Frcs. .... Cts." und diesen Betrag einzuzahlen.

Die Frankirung der Antwort darf das Dreifache der für die Ursprungs-Depesche erhobenen Gebühr nicht überschreiten.

Die Bestimmungs-Station zahlt den Betrag der bei der Aufgabe-Station für die Rückantwort erhobenen Gebühr baar, in Depeschenmarken oder vermittelst einer Kassenanweisung an den Adressaten, dem es anheim gestellt bleibt, die Antwort abzusenden, wann, an wen und wohin er will. Diese Antwort wird angesehen und behandelt, wie jede andere Depesche.

Kann die Ursprungs-Depesche nicht bestellt werden, oder verweigert der Adressat ausdrücklich die Annahme der für die Rückantwort bestimmten Summe, so giebt die Bestimmungs-Station dem Aufgeber hiervon Kenntniß durch eine Dienstnotiz, welche die Stelle der Antwort vertritt. Diese Dienstnotiz enthält die Mittheilung der Umstände, welche die Bestellung verhindert haben, und die nöthigen Angaben, damit der Aufgeber seine Depesche eventuell nachsenden lassen könne.

§ 20.

Weiterbeförderungs-Gebühren.

Depeschen, — recommandirt oder nicht, — welche per Post weiterzubefördern sind, werden von der Ankunfts-Station als recommandirte Briefe frankirt zur Post gegeben, ohne Kosten für den Aufgeber und den Empfänger, mit Ausschluß solcher Depeschen, welche über das Meer hinaus zu senden sind, sei es in Folge Unterbrechung unterseeischer Telegraphen-Linien, sei es Behufs Erreichung solcher Länder, welche mit Europa keine telegraphische Verbindung haben. Die hierfür entfallenden Post-Gebühren

Im Wechselverkehr mit Frankreich werden durch die Post zu befördernde nicht recommandirte Depeschen wie gewöhnliche Briefe zur Post gegeben und das Porto vom Adressaten erhoben. Die Gebühren für die mittelst der Post zu bewirkende Weiterbeförderung recommandirter Depeschen, so wie der Depeschen mit Empfangs-Anzeige hingegen hat der Aufgeber zu entrichten, und zwar:

4 Sgr. rc. für jede am Orte poste restante zu deponirende oder per Post innerhalb des gleichen Staates (resp. Vereinsgebietes) zu versendende Depesche;

8 Sgr. rc. für jede über diese Grenze hinaus in Europa zu versendende Depesche;

20 Sgr. rc. für jede über Europa hinaus zu versendende Depesche.

Von der Adreßstation werden diese Depeschen als recommandirte Briefe frankirt und innerhalb des Vereins als Expreßbriefe behandelt.

Die Kosten für die Weiterbeförderung per Expressen werden in der Regel vom Adressaten erhoben. Der Aufgeber einer recommandirten Depesche oder einer Depesche mit Empfangs-Anzeige hat jedoch das Recht, diese Weiterbeförderung zu frankiren, indem er einen von der Aufgabestation festzustellenden Betrag hinterlegt, worüber abgerechnet wird, sobald die wirklichen Auslagen bekannt sind.

Für die semaphorische Beförderung der Depeschen von den semaphorischen Stationen nach den Schiffen et vice versa ist eine besondere Zuschlagstaxe zu den tarifmäßigen Gebühren zu entrichten.

Im Auslande findet eine Weiterbeförderung der Depeschen über die Telegraphenlinien hinaus in der Regel nur per Post statt. In welchen Staaten auch Weiterbeförderungen durch expresse Boten oder Estafetten zulässig sind, ist bei den Telegraphen-Stationen zu erfragen.

Bei Vereins- und internationalen Depeschen, die per Post weiterzubefördern sind, ist eine streckenweise Beförderung durch Telegraphen der innerhalb des Norddeutschen Telegraphengebietes gelegenen Eisenbahnen nicht statthaft, und werden dergleichen Depeschen daher event. von der letzten Bundes-Telegraphen-Station unmittelbar der Post zur Weiterbeförderung übergeben.

Im internen Verkehr hat der Aufgeber einer per Post weiterzubefördernden Depesche die wirklichen Postgebühren von 5½ Sgr. (1 Sgr. Porto, 2 Sgr. Recommandationsgebühr und 2½ Sgr. Express-Bestellgebühr) zu entrichten, wofür die Depesche von der Adress-Station als recommandirter Expressbrief frankirt wird.

Depeschen, welche im internen Verkehr „Bahnhof restant“ adressirt sind, werden in Bezug auf die Gebühren ebenso wie „poste restante“ Depeschen behandelt. In beiden Fällen sind die obigen Gebühren mit Ausschluss der

§ 21.

Zurückziehung und Unterdrückung von Depeschen.

Vor begonnener Abtelegraphirung kann jede Depesche zurückgefordert werden. Die Gebühren werden in solchem Falle nach Abzug von 4 Sgr. ꝛc. erstattet.

Hat die Abtelegraphirung bereits begonnen, so verbleiben die Gebühren für die bereits durchlaufene Strecke den betheiligten Verwaltungen; die übrigen ausländischen und besonderen Gebühren werden dem Aufgeber restituirt.

Das Verlangen, daß eine bereits abgegangene Depesche nicht bestellt werde, muß mittelst besonderer Depesche des Aufgebers an die Bestimmungsstation erfolgen, wofür die tarifmäßigen Gebühren zu zahlen sind. Von dem Erfolge wird ihm per Post Kenntniß gegeben. Verlangt der Aufgeber telegraphischen Ausschluß, so hat er die Antwort zu frankiren.

Die erlegten Gebühren für die Depesche, deren Bestellung unterdrückt wird, werden nicht restituirt.

Bei jedem derartigen Verlangen hat der Antragsteller das Ansuchen schriftlich zu stellen und sich als der Absender oder dessen Beauftragter zu legitimiren.

Im internen Verkehr betragen die im Alinea 2 erwähnten Gebühren 2½ Sgr.

§ 22.

Verfahren bei der Adreß-Station.

Die Depeschen werden gleich nach der Ankunft bei der Adreß-Station ausgefertigt, in Couverts eingeschlossen, welche die vollständige Adresse der Depesche erhalten und mit dem Siegel der Station versehen.

Die nach dem Orte selbst gerichteten Depeschen werden so schleunig als möglich bestellt. Die nach anderen Orten bestimmten Depeschen werden, je nachdem sie durch die Post, oder durch Expressen weiterzusenden sind, mit möglichster Beschleunigung der Weiterbeförderungs-Anstalt in der erwähnten Weise zugeführt.

Wenn der Adressat seinen Aufenthaltsort verändert hat, so werden demselben die für ihn eingehenden Depeschen, auch wenn sie keinen Nachsendungsvermerk tragen, an den neuen Adreßort nachtelegraphirt, wenn er in einer bei der betreffenden Telegraphen-Station niederzulegenden schriftlichen Erklärung das Verlangen der Nachsendung ausdrücklich ausgesprochen hat. Die hierfür entfallenden Gebühren bezahlt der Adressat bei Empfang der Depesche.

§ 23.

Bestellung durch Telegraphenboten.

der Post zu bringen und sich bei Abgabe derselben zu überzeugen, daß die richtige Zeit und Unterschrift in die Empfangsbescheinigung eingetragen ist.

Dem Boten ist die Annahme von Geschenken untersagt.

Zur Bescheinigung der Abgabe einer Staatsdepesche kann, wenn nicht eine besondere schriftliche Verfügung darüber getroffen ist, nur der Vorstand der betreffenden Behörde, oder in dessen Abwesenheit sein Stellvertreter als berechtigt angesehen werden.

Privat-Depeschen können, wenn der Adressat von dem Boten nicht zu Hause angetroffen wird, entweder an ein erwachsenes Mitglied seiner Familie, oder an dessen Geschäftsgehülfen, Dienerschaft, Gast- oder Hauswirthe abgegeben werden, insofern derselbe nicht für derartige Fälle einen besonderen Empfänger der Station schriftlich namhaft gemacht, oder der Aufgeber verlangt hat, daß die Zustellung nur in die Hände des Adressaten stattfinden solle.

In allen Fällen, wo der Bote den Adressaten nicht selbst antrifft und die Depesche einem Anderen aushändigt, hat der Letztere in der Empfangsbescheinigung seiner eigenen Namensunterschrift das Wort „für" und den Namen des Adressaten beizufügen.

§ 24.

Unbestellbare Depeschen.

Von der Unbestellbarkeit einer Depesche und den Gründen der Unbestellbarkeit wird der Aufgabestation telegraphische Meldung gemacht.

Ist eine Depesche unbestellbar, weil der Adressat in seiner Wohnung nicht angetroffen worden ist, die Depesche auch nicht an eine der im § 23 Al. 4 erwähnten Personen hat ausgehändigt werden können, so wird dieselbe bei der Adreßstation aufbewahrt, in der Wohnung des Adressaten aber eine bezügliche Anzeige zurückgelassen.

Hat sich innerhalb sechs Wochen der Adressat zur Empfangnahme der Depesche nicht gemeldet, so wird solche vernichtet.

In gleicher Weise wird mit „bureau restant" Depeschen verfahren.

Hat eine semaphorische Depesche innerhalb 30 Tagen nach ihrer Aufgabe dem Adreßschiffe nicht übermittelt werden können, so wird sie als unbestellbar zurückgelegt. War es eine recommandirte Depesche und das Adreßschiff hat sich nicht gezeigt, so giebt die semaphorische Station dem Aufgeber hiervon am Morgen des 29. Tages durch eine dienstliche Rückmeldung Kenntniß. Der Aufgeber kann, gegen Bezahlung einer besonderen Depesche an die betreffende semaphorische Station verlangen, daß seine Depesche noch fernere 30 Tage Behufs Beförderung an das Adreßschiff bereit

§ 25.

Garantie und Reclamationen.

Die Telegraphen-Verwaltungen leisten für die richtige Ueberkunft der Depeschen oder deren Ueberkunft und Zustellung innerhalb einer bestimmten Frist keinerlei Garantie und haben Nachtheile, welche durch Verlust, Verstümmelung oder Verspätung der Depeschen entstehen, nicht zu vertreten.

Für Depeschen, welche durch Schuld der Telegraphen-Verwaltung nicht in die Hände des Adressaten gelangt sind, sowie für solche Depeschen, welche in Folge wesentlicher Verstümmelung oder bedeutender Verzögerung erweislich ihren Zweck nicht haben erfüllen können, werden die gezahlten Gebühren zurückerstattet, sofern deren Reclamation innerhalb 3 Monaten (bei Depeschen nach außereuropäischen Ländern innerhalb 6 Monaten) vom Tage der Aufgabe der Depesche ab erfolgt.

Im Falle der Unterbrechung einer unterseeischen Telegraphen-Linie kann der Aufgeber die Rückerstattung des Theiles der Gebühren, welcher auf die nicht telegraphisch durchlaufene Strecke entfällt, verlangen, nach Abzug jedoch der Kosten, welche etwa für die nicht telegraphische Weiterbeförderung verauslagt sind.

Die Erstattung der Gebühren kann versagt werden, wenn der Verlust, die Verspätung oder die Verstümmelung der Depesche einer Verwaltung zur Last fällt, welche den internationalen Verträgen nicht beigetreten ist und die Verpflichtung zur Gebühren-Erstattung abgelehnt hat.

Die Reclamationen sind bei der Aufgabe-Station einzureichen. Als Beweisstücke sind beizufügen: eine schriftliche Erklärung der Bestimmungs-Station oder des Adressaten, wenn die Depesche nicht angekommen ist, die dem Adressaten zugestellte Ausfertigung, wenn es sich um Verstümmelung oder Verzögerung handelt.

Bei Reclamation wegen Verstümmelung muß nachgewiesen werden, daß und durch welche Fehler die Depesche der Art verstümmelt ist, daß sie ihren Zweck nicht hat erfüllen können.

Für Fehler in Handels- und Börsen-Depeschen, welche in Form chiffrirter Depeschen geschrieben, aber ohne Recommandation zur Beförderung angenommen sind (cfr. § 15), findet eine Rückzahlung von Gebühren nicht Statt.

Ein Aufgeber, welcher nicht in dem Staate wohnt, wo er seine Depesche aufgegeben hat, kann seine Reclamation bei der Verwaltung des Aufgabeortes durch eine andere Verwaltung anhängig machen.

§ 26.

Berichtigungs-Depeschen.

In den im vorigen Paragraphen vorgesehenen Fällen bezieht sich die Rück-

etwa durch die Verzögerung, Verstümmelung oder Nichtankunft jener Depeschen nothwendig oder überflüssig geworden sind.

Dagegen hat der Empfänger einer jeden Depesche das Recht, die Wiederholung der ihm zweifelhaften Stellen zu verlangen, wofür zu entrichten ist:

1) die Taxe einer einfachen Depesche für das deshalb an die Aufgabe-Station zu richtende Verlangen,
2) die Taxe einer nach der Länge der zu wiederholenden Stelle berechneten Depesche.

Ein gleiches Recht wird dem Aufgeber bewilligt, wenn er Gründe haben sollte zu vermuthen, daß seine Depesche verstümmelt sei.

Diese Taxen werden von der Station sofort zurückvergütet, wenn aus der Wiederholung hervorgeht, daß der Sinn der ursprünglichen Depesche durch die Telegraphen-Anstalt verstümmelt worden ist.

§ 27.
Nachzahlung und Rückerstattung von Gebühren.

Gebühren, welche für beförderte Depeschen irrthümlich zu wenig erhoben sind, oder deren Bezahlung vom Adressaten verweigert wird, hat der Absender auf Verlangen nachzuzahlen.

Irrthümlich zu viel erhobene Gebühren werden dem Absender erstattet.

§ 28.
Depeschen-Abschriften.

Der Aufgeber und der Adressat, falls sie sich als solche gehörig legitimiren, sind berechtigt, sich beglaubigte Abschriften der von ihnen aufgegebenen oder empfangenen Depeschen ausfertigen zu lassen, wenn sie das genaue Datum derselben angeben können und die Original-Documente noch vorhanden sind.

Für jede Abschrift kommt die fixe Gebühr von 4 Sgr. rc. in Berechnung.

Im internen Verkehr beträgt die Gebühr pro Abschrift $2\frac{1}{2}$ Sgr.

§ 29.
Aufhebung der früheren Telegraphen-Ordnung.

Die gegenwärtige Telegraphen-Ordnung tritt, an Stelle der Telegraphen-Ordnung für die Correspondenz auf den Telegraphen-Linien des Norddeutschen Bundes rc. vom 24. December 1867, am 1. Januar 1869 in Kraft.

Berlin, im December 1868.

Der Kanzler des Norddeutschen Bundes,
Graf von **Bismarck-Schönhausen.**

Gegeben in der Versammlung des Senats, Hamburg, den 13. Januar 1869.

№ 2. den 29. Januar 1869.

Bekanntmachung,

betreffend

die öffentliche Auslegung der nach den amtlichen Vermessungen angefertigten Karten und Flurbücher der Landschaft Billwärder.

Die nach den amtlichen Vermessungen angefertigten Karten und Flurbücher

der Landschaft Billwärder

liegen zur Einsicht der Betheiligten auf dem Vermessungs-Bureau der Bau-Deputation im Verwaltungs-Gebäude vom 8. Februar bis 22. März d. J. an den Wochentagen, von 10 bis 2 Uhr, bereit, und es werden alle Eigenthümer, hypothekarischen Gläubiger und sonstigen Berechtigten der in der vorgenannten Landschaft begriffenen Grundstücke hierdurch aufgefordert, ihre etwanigen Erinnerungen und Einwendungen dagegen auf dem gedachten Bureau innerhalb der vorbezeichneten Frist, bei Verlust ihrer Einsprüche, gegen Empfangs-Bescheinigung vorzubringen, mit dem Bemerken, daß der Inhalt dieser Vermessungskarten und Flurbücher, insoweit als keine Erinnerungen dagegen erhoben sein werden, nach Ablauf jener Frist, in Gemäßheit des Gesetzes vom 30. October 1865 ohne Weiteres zur Grundlage der Steuerschätzung und zur Berichtigung der Eigenthumsbücher des Hypotheken-Amts benutzt werden soll.

Gegeben in der Versammlung des Senats, Hamburg, den 29. Januar 1869.

№ 3. den 12. Februar 1869.

Vertrag zwischen Preußen und Hamburg

über Verbesserung der Schiffbarkeit des Köhlbrandes, eines Theiles der Oberelbe, der Norderelbe und der Süderelbe.

Die Ratificationen sind am 4. Februar 1869 zu Hamburg ausgewechselt.

Seine Majestät der König von Preußen und der Hohe Senat der freien und Hansestadt Hamburg haben für angemessen erachtet, über Verbesserung

Süderelbe eine Verhandlung eintreten und das Ergebniß vertragsmäßig feststellen zu lassen, zu welchem Zwecke

Seine Majestät der König von Preußen

Allerhöchstihren außerordentlichen Gesandten und bevollmächtigten Minister bei den Großherzoglich Mecklenburgischen Höfen und den freien Hansestädten, **Carl Albert von Kamptz**,

Der Hohe Senat der freien und Hansestadt Hamburg den Syndicus **Carl Hermann Merck**, beider Rechte Doctor, bevollmächtigt haben.

Diese Commissarien sind unter Vorbehalt der Allerhöchsten und Hohen Ratificationen über folgende Bestimmungen einig geworden:

I. Maaßregeln zur Verbesserung, Vertiefung, Einschränkung und Sicherung des Fahrwassers im untern Theile des Köhlbrandes und dessen Vereinigung mit der Norderelbe.

(Karte № I.) *)

§ 1.

Der Senat der freien und Hansestadt Hamburg erklärt sich einverstanden, daß der untere Theil des Köhlbrandes und dessen Vereinigung mit der Norderelbe bis zu einer Tiefe von 10 Fuß unter dem Hamburger Nullpunkte und auf eine Breite der Fahrbahn von 200 Fuß gebracht wird, zu welchem Zwecke man sich über die in den §§ 2 bis 4 näher bestimmten Maaßregeln verständigt hat.

§ 2.

Am rechten Ufer des unteren Köhlbrandes sollen nach näherer Angabe der angefügten Karte № I die mit den Nummern 1 bis 11 bezeichneten Correctionswerke zur Bildung einer neuen Ufer-Curve angelegt werden, welche letztere von der äußersten Spitze des Höftwerkes № 0 am Hamburgischen Roß ausgehend, an den äußersten Kronenspitzen der Werke № 1 bis einschließlich № 11 hinläuft. Der untere Theil dieser Ufer-Curve wird vom Werke № 6 bis zum Werke № 11 in einer Kreislinie liegen, deren Radius 2300 Hamburger Fuß mißt.

Der unterste Endpunkt dieser rechtseitigen, zugleich auf Verbesserung der jetzigen nachtheiligen Strömung gegen den Altonaer Hafen berechneten neuen Ufer-Curve bei dem Punkte № 11 wird durch Verlängerung des jetzigen Hamburgischen Separationswerkes um 700 Fuß Hamburger Maaß nach Maaßgabe des Planes bestimmt werden.

Anmerkung. Die in diesem Vertrage unter № I—VII angezogenen Karten befinden sich

Die mit № 1 bis № 10 bezeichneten Buhnen erhalten am Kopfe eine Höhe [illegible]½ Fuß über Hamburger Null und steigen vom Kopfe bis zur Höhe des hinterliegenden Ufers gleichmäßig in steifer Linie an. Die Dossirungen dürfen die dreifüßige nicht überschreiten.

Das Separationswerk № 11 soll als Damm mit 12füßiger Kronenbreite und dreifüßigen Dossirungen construirt und mit einem Faschinengrundbette, dessen Dossirungen die dreifüßige nicht überschreiten, eingefaßt werden. Dieser Damm schließt sich an das jetzige Hamburger Separationswerk an, dessen Höhe etwa 10 Fuß über Hamburger Null beträgt und fällt von dem Anschlußpunkte bis zum Kopfe auf 7 Fuß ab.

Die Krone des Faschinengrundbettes erhält eine Höhe bis 5½ Fuß über Hamburger Null, und liegt deren äußerster Kantzaun am abgerundeten Kopfe vom Anschlußpunkte beim Hamburgischen Separationswerke 700 Fuß Hamburger Maaß entfernt und bildet den untersten Endpunkt der am rechten Ufer durch die äußersten Kronenspitzen der oberhalb liegenden Buhnen gebildeten Ufer-Curve.

§ 3.

Die Wirkung der im § 2 bezeichneten Correctionswerke soll neben ihrer Ausführung und Vollendung durch gleichzeitige Baggerarbeiten bis zu der vereinbarten Tiefe des Fahrwassers von 10 Fuß unter dem Hamburger Nullpunkte in der Breite der Fahrbahn von 200 Fuß und bis in die größere Tiefe der Norderelbe thunlichst nach der Tangente des untersten Theils der Curve fortlaufend unterstützt werden.

§ 4.

Die ganze Breite des Strombettes in diesem Theile des untern Köhlbrandes ist bei dem Werke № 0 in kürzester Linie quer über bis zur rothpunktirten linkseitigen Uferlinie zu 700 Fuß, und von hier an allmählig bis zu dem Werke № 11 auf 1000 Fuß, in gleicher Messung sich erweiternd, bestimmt worden.

In diesen Breiten ist das Strombette allmählig durch entsprechende Anhägerungs-Anlagen und Arbeiten auf den linkseitigen Sänden zu regeln, und es sollen letztere dadurch bis zur Höhe der ordinairen Fluth gebracht werden, so bald und so schnell es die Natur solcher Anlagen und Arbeiten gestattet.

Sollte sich nach Ablauf von 6 Jahren, vom Beginn der Arbeiten angerechnet, herausstellen, daß Anhägerungs-Anlagen allein nicht genügen, den vorgesetzten Zweck zu erreichen, so sollen andere dazu geeignete, unter den beiderseitigen Wasserbau-Beamten zu vereinbarende, und im Falle einer Meinungsverschiedenheit nach § 53 zu bestimmende

Die Entnehmung von Ballast oder sonstige, die Wirkung der Anhägerungs- oder anderen Anlagen störende Handlungen dürfen nicht vorgenommen werden.

§ 5.

Von der Einmündung des Köhlbrandes in die Norderelbe bis Neuhof sollen innerhalb der im § 4 bestimmten Normaluferlinien Sandablagerungen nicht künstlich befestigt, noch solche Ablagerungen oder sonstige, die Schifffahrt beeinträchtigende Zustände innerhalb der bezeichneten Fahrbahn geduldet werden.

Der Senat der freien und Hansestadt Hamburg hat im betreffenden Falle für die baldthunlichste Beseitigung solcher die Schifffahrt beeinträchtigenden Zustände auf Kosten der Königlich Preußischen Regierung (§§ 10. 50. 51) Sorge zu tragen und zu diesem Zwecke namentlich Baggerungen bis zu der im § 1 bestimmten Breite und Tiefe vorzunehmen.

§ 6.

Die Kosten der Anlage der in den §§ 2 bis 4 bestimmten Werke und Herstellung der Tiefe des Fahrwassers, sowie die Kosten der künftigen Unterhaltung derselben werden von der Königlich Preußischen Regierung getragen. Der Senat der freien und Hansestadt Hamburg wird jedoch die zu den Werken erforderliche Erde in thunlichster Nähe derselben unentgeldlich anweisen.

§ 7.

Die Ausführung der in den §§ 2 bis 4 vereinbarten Werke und Arbeiten wird der Königlich Preußischen Regierung überlassen, vorbehältlich einer dem Senate der freien und Hansestadt Hamburg zur Sicherung der vertragsmäßigen Ausführung dabei verbleibenden Mitwirkung (vergl. § 48).

Es sind jedoch die in den §§ 2 bis 4 bestimmten Werke und Arbeiten innerhalb dreier Jahre nach Auswechselung des Vertrages zur Ausführung zu bringen.

§ 8.

Der Senat der freien und Hansestadt Hamburg erklärt sich einverstanden, daß zum Schutze des Altonaer Hafens gegen Eisgang auf dem großen und kleinen Maakenwärder an den auf der Karte I mit D und C bezeichneten Stellen zwei Dämme angelegt werden, wie sie daselbst von den betreffenden technischen Beamten am 24. März 1866 abgesteckt sind.

Diese Dämme erhalten in der Sohle eine Länge von resp. 715 und 797 Fuß Hamburgisch bei einer oberen Länge von resp. 170 und 280 Fuß Hamburgisch.

Beide Dämme erhalten eine Kronenhöhe von 18 Fuß + Hamburger Null,

Die Seitenböschungen werden in einer Anlage von 1 : 6 ausgeführt, während die Köpfe mit einer Neigung von 1 : 24 vom Terrain nach der Krone ansteigen.

Die Dämme werden von der an Ort und Stelle vorhandenen Marscherde aufgetragen, letztere sorgfältig gestampft und die ganze Oberfläche der Dammkörper mit haltbarem Rasen belegt.

§ 9.

Die Ausführung der im § 8 gedachten Damm-Anlagen übernimmt der Senat der freien und Hansestadt Hamburg auf deren Kosten zu beschaffen. Für den Fall, daß durch die Refection dieser Damm-Anlagen verhältnißmäßig zu erhebliche Kosten erwachsen sollten, steht es der Königlich Preußischen Regierung zu, auf die fernere Erhaltung dieser Anlagen unter gleichzeitigem Wegfall der Verpflichtung zur Abhaltung fernerer Unterhaltungskosten zu verzichten, in welchem Falle der Senat der freien und Hansestadt Hamburg berechtigt ist, auf Kosten der Königlich Preußischen Regierung die Wegnahme der Damm-Anlagen zu beschaffen.

§ 10.

Die Unterhaltung der vorbezeichneten Werke, sowohl auf Grund einer jährlichen gemeinschaftlichen Schauung (§ 50), wie in Fällen eiliger Maaßregeln (§ 51), steht dem Senate der freien und Hansestadt Hamburg zu. Die dadurch entstehenden Kosten sind von der Königlich Preußischen Regierung nach der Bestimmung des § 50 zu erstatten.

II. Maaßregeln zur Verbesserung des Fahrwassers in der ungetheilten Oberelbe, sowie in der Norderelbe.

(Karten № II, III und IV.)

A. Werke in der ungetheilten Oberelbe in der Stromstrecke vom „Hannoverschen Hafen" bis zum Buntenhause. (Karte № II.)

§ 11.

Die Königlich Preußische Regierung erklärt sich einverstanden, daß vom Senate der freien und Hansestadt Hamburg das an der Theilungsspitze beim Buntenhause nach der Vereinbarung vom 16. Juni und 28. October 1841 jetzt bestehende Separationswerk zwischen der Süder- und Norderelbe bis zu dem Punkte A der Karte № II verlängert wird, welcher in dem äußersten Kantzaune (1 Fuß von der äußersten Kronenspitze des Werkes) 1220 (zwölf hundert zwanzig) Hannoversche [1135¼ Preußische] Fuß von

Die Lage der ebengedachten oberen Kappenkante des Deiches ist in der angezogenen Vereinbarung vom 16. Juni und 28. October 1841 genau bestimmt.

Die Verlängerung soll in der auf der Karte № 11 bezeichneten Richtung stattfinden, und es wird bei der Spitze des Werkes, 30 Fuß vom Ende desselben entfernt, die Süderelbe eine Breite von 980 Fuß Hamb., die Norderelbe eine Breite von 860 Fuß Hamb. erhalten.

Das Separationswerk wird aus einem Damm und aus dem Vorland bestehen, welches sich beiderseits an den Fuß des Dammes anschließt.

Die Krone des Dammes wird auf 22 Fuß über Hamburger Null gelegt werden. Der Endpunkt der Damnkrone wird 820 Fuß Hannov. (763¼ Fuß Preuß.) von der in der Vereinbarung vom 16. Juni und 28. October 1841 bestimmten oberen Kappenkante des jetzigen Deiches entfernt liegen. Von dem Endpunkte der Dammkrone wird der Kopf des Dammes mit 24füßiger Dossirung gegen den äußeren Kantzaun des Separationswerkes abfallen. Die Krone des Dammes soll 20 Fuß breit und seine Seitendossirungen sollen 3füßig sein.

Die Uferlinie wird am Kopf des Dammes an der Norderelbe und an der Süderelbe durch ein Parallelwerk, dessen Dossirung die 3füßige nicht überschreitet und dessen Höhe 5½ Fuß über Hamburger Null beträgt, gebildet werden.

Ueber die Linie a, b und a, b¹ der Karte № 11 hinaus dürfen ohne vorgängige Genehmigung der Königlich Preußischen Regierung keine Stromwerke gebaut, noch Anlagen und Vorkehrungen zur Anhägerung getroffen, noch darf diese daselbst geduldet werden.

§ 12.

Ferner erklärt die Königlich Preußische Regierung sich einverstanden, daß von dem Senate der freien und Hansestadt Hamburg das rechtseitige Ufer der ungetheilten Elbe in der Linie c, d, e, f, g, h, i, k nach Maaßgabe der Karte № 11 ausgebaut wird.

Es bleibt Hamburg überlassen, den Ausbau dieser regulirten Uferlinie, jedoch ohne Ueberschreitung derselben in irgend einem Punkte, successive zu verfolgen. Für den Ausbau derselben, sowohl durch Buhnen, als durch Parallelwerke, wird die Linie durch die äußersten Kronenspitzen und Kantzäune derselben bezeichnet.

Die Dossirungen dieser Werke sollen die 3füßige nicht überschreiten. Die Höhe der äußersten Kantzäune darf bis 6 Fuß über Hamburger Null betragen.

Ferner erklärt die Königlich Preußische Regierung sich einverstanden, daß von dem Senate der freien und Hansestadt Hamburg auf dem Over Interessentenwärder und auf dem „Hannoverschen Hafen" ein Leitdamm in der Linie l, m, n, o der Karte № 11 angelegt werde, welcher sich oberhalb an den Hamburgischen Deich beim Schrebenhof

Dieser Damm wird in seinem Anschluß an den Hamburgischen Deich eine Höhe von 24 Fuß über Hamburger Null bekommen und abfallend an seinem unteren Ende, dem Orthkathen gegenüber, eine Höhe von 23 Fuß erhalten.

Die Kronenbreite wird 12 Fuß betragen und die Seitendossirungen werden 3füßig sein.

An den im Vorstehenden (§§ 11 und 12) bestimmten Anlagen und Linien dürfen Erweiterungen und Veränderungen, namentlich in Absicht ihrer Lage, ihrer Richtung und ihres Vorsprungs, nicht ohne vorgängige Verständigung unter den beiden contrahirenden Regierungen gemacht werden.

§ 13.

Die Kosten der Ausführung und Unterhaltung der in den §§ 11 und 12 erwähnten Anlagen, sowie diejenigen der dazu etwa nöthigen Enteignungen oder Entschädigungen trägt der Senat der freien und Hansestadt Hamburg, welcher auch für die Erhaltung einer genügenden Abwässerung der hinter dem Leitdamme (§ 12) belegenen Ländereien auf seine Kosten Sorge tragen wird. Die Königlich Preußische Regierung wird für die Anlagen in ihrem Hoheitsgebiete nach Maaßgabe der §§ 21 und 27 die Regelung und Feststellung der Entschädigungen herbeiführen, auch nöthigen Falls auf Grund der betreffenden gesetzlichen Vorschriften die Enteignung erwirken.

In Betreff der innerhalb der Preußischen Hoheitsgrenze vor dem „Hannoverschen Haken" oder Lüneburgischen Wärder vereinbarten Werke soll aber die etwa erforderliche Zustimmung der dort betheiligten Preußischen Grundbesitzer sowohl zur Anlage selbst, als auch zum Weggraben der erforderlichen Erde ohne Entschädigung von Seiten Hamburgs erwirkt werden. Es erklärt sich jedoch der Senat der freien und Hansestadt Hamburg, soviel den letzteren Punkt betrifft, eventuell auch mit unentgeldlicher Anweisung der dort zu jenen Werken erforderlichen Erde an einer anderen, möglichst nahe gelegenen Stelle befriedigt.

§ 14.

Die Ausführung der in den §§ 11 und 12 bestimmten Werke bleibt dem Senate der freien und Hansestadt Hamburg überlassen, vorbehältlich einer die vertragsmäßige Ausführung sichernden Mitwirkung der Königlich Preußischen Regierung, (vergl. § 48).

§ 15.

Die Unterhaltung der vorbezeichneten Werke (§§ 11 und 12), sowohl auf Grund einer jährlichen Schauung (§ 50), als in den Fällen der Nothwendigkeit eiliger

jedoch der Stromstrecke vor dem „Hannoverschen Haken" bis zur Hamburgischen Hoheitsgrenze bei Orthkathen, und des Leitdammes in seinem auf Königlich Preußischem Gebiete belegenen Theile. Für diese Strom-, beziehungsweise Damm-Strecke steht in den beiden vorbezeichneten Fällen (§§ 50, 51) die Unterhaltung der Königlich Preußischen Regierung zu, und die dadurch entstehenden Kosten sind derselben nach der Bestimmung des § 50 vom Senate der freien und Hansestadt Hamburg zu ersetzen.

§ 16.

Die Gebiets- und Hoheitsgrenze zwischen dem „Hannoverschen Haken" oder Lüneburgischen Wärder einerseits und der Hamburgischen Landschaft Ochsenwärder andererseits ist nach näherem Ausweis der angefügten Karte № II in der Art festgestellt, daß die Grenzlinie thunlichst rechtwinklich die vereinbarte Normal-Uferlinie an der Elbe durchschneidet, und nach der Mittellinie der sogenannten Doven-Elbe an der äußersten Spitze der daselbst Hamburgischer Seits erbauten großen Buhne nahe oberhalb Orthkathens vorbeigezogen wird. In ihrem weiteren Verlaufe folgt diese Grenze der Mittellinie der s. g. Doven-Elbe bis zu ihrem Anschlusse an den Scheidegraben zwischen dem Ochsenwärder Busch und dem „Hannoverschen Haken."

Der südlich von dieser Linie entstehende Anwachs fällt an Preußen, der nördlich entstehende an Hamburg zur Hoheit und zum Eigenthume, vorbehältlich der von den betreffenden Regierungen zu beachtenden etwaigen Privatrechte.

§ 17.

Am gegenüber liegenden Preußischen Ufer dieser Stromstrecke wird die Königlich Preußische Regierung mit ihren etwaigen Schutzanlagen, Bauwerken, Anhägerungs-Arbeiten &c. &c. nicht über die Linie A, B, C, D, E, F, G der Karte № II hinausgehen; im Uebrigen sollen hinsichtlich der Behandlung dieses Ufers für die Königlich Preußische Regierung aus der vorstehenden Bestimmung keinerlei Verpflichtungen hergeleitet werden.

B. Werke in der Stromstrecke vom Buntenhause bis Götjensort. (Karte № III.)

§ 18.

Die Königlich Preußische Regierung erklärt sich einverstanden mit der Durchdämmung der Niederung und des offenen alten Elbarmes zwischen Moorwärder und Wilhelmsburg in der Linie a, b der Karte № III, oder in deren Nähe an einer anderen Stelle, welche durch gemeinschaftliche Untersuchung dazu geeigneter befunden

§ 19.

Für den im § 18 gedachten Damm a, b in der Niederung ist die Höhe der zu beiden Seiten belegenen Deiche, und bei 12füßiger etwas gewölbter Kappenbreite eine 3füßige beiderseitige Dossirung verabredet.

§ 20.

Die Kosten der Ausführung des fraglichen Dammes (§ 18), sowie dessen Unterhaltung werden vom Senate der freien und Hansestadt Hamburg getragen.

§ 21.

Derselbe übernimmt ferner die Kosten zur Herstellung der durch diese Damm-Anlage etwa gestörten Abwässerung und Schifffahrts-Verbindung, oder leistet dafür entsprechende Entschädigung, und zwar nach näherer Feststellung und Regelung durch die Königlich Preußische Regierung.

Insoweit zur Ausführung der Durchdämmung zwischen Moorwärder und Wilhelmsburg Privatgrund im Hoheitsgebiete der Königlich Preußischen Regierung abgetreten oder sonst benutzt werden muß, wird die Königlich Preußische Regierung die Zustimmung der Betheiligten, sowie deren Entschädigung vermitteln und nöthigenfalls auf Grund der betreffenden gesetzlichen Vorschriften die Enteignung erwirken.

Der Senat der freien und Hansestadt Hamburg wird die von der Königlich Preußischen Regierung solchergestalt vermittelte oder festgestellte Entschädigungssumme innerhalb 6 Wochen nach gemachter Anzeige ihres Betrages der vorgedachten Regierung zur Auszahlung übermitteln.

§ 22.

Die Ausführung der in dem § 18 bestimmten Damm-Anlage bleibt dem Senate der freien und Hansestadt Hamburg überlassen, vorbehältlich einer im § 43 näher bestimmten Mitwirkung der Königlich Preußischen Regierung.

§ 23.

Die Unterhaltung des Abschlußdammes a, b der Karte № III (§ 18) steht der Königlich Preußischen Regierung zu, vorbehältlich der vom Senate der freien und Hansestadt Hamburg zu erstattenden Kosten (§§ 20 und 50).

§ 24.

Die Mittellinie des gegenwärtig zwischen dem Hamburgischen „Ellernholze" und dem Preußischen „Haken" vorhandenen Wasserlaufs wird als gegenwärtige Hoheits- und Eigenthumsgrenze zwischen beiden Staaten anerkannt. Diese Grenze soll jedoch, unter vollständiger Ausgleichung des zu verlierenden und zu erwerbenden Bodens, nach näherer Angabe der Karte № III, innerhalb Jahresfrist nach der Auswechselung des Vertrages thunlichst grade gelegt und durch einen zu ziehenden Graben befriedigt werden. Zu diesem Graben hat jeder der contrahirenden Theile die Hälfte des Bodens und der Kosten herzugeben.

Die Breite dieses Grenzgrabens ist in der Wasserfläche zu 24 Fuß bei ordinairer Fluthhöhe und die Tiefe zu 2 Fuß unter dem ordinairen Niedrigwasser am Platze bestimmt.

Die durch die Ausgrabung gewonnene Erde ist jeder Regierung längs der Strecke, auf welcher derselben der alte Wasserlauf zufällt, zu dessen Ausfüllung ganz zu überlassen.

Zweimal im Jahre, und zwar im Mai und September, ist dieser Grenzgraben von den beiden contrahirenden Theilen gemeinschaftlich zu reinigen und alle drei Jahre auf die oben bestimmte Breite und Tiefe aufzuräumen.

C. Werke in der Stromstrecke von Götjensort bis zur Kaltenhofe. (Karte № IV.)

§ 25.

Dem Senate der freien und Hansestadt Hamburg bleibt auf dieser Strecke nach näherer Darlegung der Karte № IV die Anlage eines Dammes auf Königlich Preußischem Gebiete überlassen, für welchen eine sechsfüßige gewölbte Kappenbreite bei vierfüßiger beiderseitiger Dossirung, mit tüchtiger Besodung der Dossirungen sowohl als der Kappe, bestimmt ist. Die Höhe des Dammes soll 16 Fuß über Hamburger Null betragen.

Die Königlich Preußische Regierung behält sich das Recht zur Herstellung einer Schleuse zur Entwässerung und Bewässerung des hinter belegenen Außendeichslandes auf ihre Kosten in diesem Damme vor.

§ 26.

Ferner erklärt die Königlich Preußische Regierung sich einverstanden, daß von dem Senate der freien und Hansestadt Hamburg das Ufer von Götjensort bis zur vereinbarten Preußisch-Hamburgischen Grenze vor dem Kreetsande nach der Linie a, b und vor dem oberen Georgiuswärder bis zur Preußisch-Hamburgischen Grenze an der Kaltenhofe nach der Linie c, d, e, respective und für den Fall, daß Hamburg einen Stromdurchstich durch die Kaltehofe machen sollte, nach der Linie c, d, f ausgebaut werde.

Der Ausbau dieser Uferlinie kann durch Buhnen oder durch Parallelwerke geschehen, und gelten hinsichtlich deren Abmessungen die Bestimmungen der §§ 11 und 12.

Die Höhe der Buhnenköpfe, sowie die Höhe der Parallelwerke wird bis 5½ Fuß über Hamburger Null betragen.

Die Königlich Preußische Regierung erklärt sich damit einverstanden, daß die Norderelbe innerhalb der Normaluferlinien auch in den unter Königlich Preußischer Hoheit stehenden Stromstrecken auf eine Tiefe von 7 Fuß unter Null am Platze — d. i. an der Grenze bei der Kaltenhofe 5¼ Fuß und bei Götjensort 4¾ Fuß unter Hamburger Null — gebracht wird. Der Senat der freien und Hansestadt Hamburg kann diese Tiefe, insoweit sie zur Zeit der Ausführung dieses Vertrages nicht vorhanden sein sollte, durch Baggerungen herstellen lassen.

Von Götjensort bis zur Kaltenhofe sollen innerhalb der oben bestimmten Normaluferlinien Sandablagerungen nicht künstlich befestigt, noch solche Ablagerungen oder sonstige, die Schifffahrt beeinträchtigende Zustände geduldet werden. Die Königlich Preußische Regierung hat im betreffenden Falle auf ihrem Hoheitsgebiete (§ 32) für die baldthunlichste Beseitigung solcher, die Schifffahrt beeinträchtigenden Zustände auf Kosten des Senates der freien und Hansestadt Hamburg (§§ 29, 50, 51) Sorge zu tragen und namentlich bis zur vorbezeichneten Tiefe Baggerungen von der Uferlinie bis zur Mitte des Stromes nach Maaßgabe der §§ 50 und 51 vornehmen zu lassen, vorbehältlich der vom Senate der freien und Hansestadt Hamburg zu erstattenden Kosten.

§ 27.

Die Kosten der Ausführung der vorbezeichneten Werke (§§ 25 und 26), sowie deren Unterhaltung werden vom Senate der freien und Hansestadt Hamburg getragen. Zu diesen Kosten sind auch etwaige Entschädigungen Dritter für die durch die Damm-Anlage erlittenen Verluste zu rechnen, welche vom Senate der freien und Hansestadt Hamburg nach den Grundsätzen des § 21 zu leisten sind. Insoweit der Senat der freien und Hansestadt Hamburg den zur Damm-Anlage auf Preußischem Hoheits-Gebiete erforderlichen Grund und Boden eigenthümlich nicht erwerben sollte, bleibt dem Grundeigenthümer die Grasnutzung.

§ 28.

Die Ausführung der vorbezeichneten Werke (§§ 25 und 26) bleibt dem Senate der freien und Hansestadt Hamburg überlassen, vorbehältlich einer unten (§ 48) näher bestimmten Mitwirkung der Königlich Preußischen Regierung.

§ 29.

Die Unterhaltung der in den §§ 25 und 26 bestimmten Werke in dem, in den §§ 50 und 51 näher bezeichneten Umfange steht der Königlich Preußischen Regierung zu, jedoch sind derselben die Kosten vom Senate der freien und Hansestadt Hamburg

§ 30.

Der Senat der freien und Hansestadt Hamburg erkennt, unter Verzicht auf die bisher Seinerseits dort in Anspruch genommenen Rechte, die Hoheit und das Eigenthum der Königlich Preußischen Regierung über den kleinen Stackort, den Kreetsand, sowie über die vor dem Letzteren belegene Insel an, jedoch vorbehältlich einer Fläche von 6 5/8 Ruthen Breite Hannoverscher (8 5/24 Ruthen Breite Preußischer) Maaße, die Ruthe von 16 Fuß, von der äußeren Kante des innerhalb des Buschdeiches den Spadenlander Busch umgebenden Grabens gemessen, und zwar von der Norderelbe beginnend und längs des Spadenlander Busches bis zu dem im Südwesten zwischen dem Busch und der Modde vorhandenen Wasserlaufe fortgehend, sodann auf dem kleinen Stackort wieder beginnend, um die Spitze des Buschdeiches herum bis zu dem im Norden des Busch und großen Stackort vorhandenen Wasserlaufe fortgeführt; wobei zugleich verabredet ist, daß die Linie auf der Südwest-Seite des Busch, da wo der Busch-Graben an zwei Stellen nach innen einbiegt, nicht diesen Einbiegungen folgen, sondern in thunlichst grader Linie fortlaufen soll, wie solches alles die angefügte Karte № IV näher nachweist.

Ueber diese Fläche von 6 5/8 Ruthen Breite wird von der Königlich Preußischen Regierung, unter Verzicht auf die bisher Ihrerseits desfalls behaupteten Rechte, die Hoheit und das Eigenthum der freien und Hansestadt Hamburg anerkannt.

Die hiernach zwischen Preußen und Hamburg festgestellte Hoheits- und Eigenthumsgrenze soll durch einen Grenzgraben bezeichnet werden, welcher längs der Hamburg zur Hoheit und zum Eigenthume zufallenden Fläche des Kreetsandes und kleinen Stackorts hergestellt werden soll. Da, wo dieser Grenzgraben an der Südwest-Seite des Busch bei dem daselbst zwischen dem Busch und der Modde befindlichen Wasserlauf aufhört, bildet die Mittellinie dieses Wasserlaufs bis dahin, wo der Grenzgraben auf dem kleinen Stackort wieder anfängt, die Hoheitsgrenze. Von da an, wo der Grenzgraben auf dem kleinen Stackort in den im Norden des Busch und großen Stackort befindlichen Wasserlauf einmündet, bildet die Mittellinie des Letzteren die Hoheitsgrenze zwischen dem Hamburgischen Spadenlander Busch und großen Stackort einerseits und dem Preußischen Vorlande der Vogtei Georgiuswärder andererseits und durchschneidet die vereinbarte Normal-Uferlinie an der Norderelbe im rechten Winkel.

Es bleibt vorbehalten, die vorstehend bestimmte Hoheits- und Eigenthumsgrenze zwischen den beiden contrahirenden Staaten, unter vollständiger Ausgleichung des zu verlierenden und zu gewinnenden Bodens, thunlichst zu begradigen. Diese begradigte Grenze soll, soweit die Begradigung zur Ausführung gelangt, auf der Karte № IV als die künftige Hoheits- und Eigenthumsgrenze bemerkt werden.

Zu dem vorgedachten Grenzgraben auf dem Kreetsand und kleinen Stackort giebt

Die Breite dieses Grabens wird zu 12 Fuß bei ordinairem Hochwasser und dessen Tiefe zu 1 Fuß unter ordinairem Niedrigwasser bestimmt.

Der Grenzgraben ist alle 3 Jahre gleichzeitig, von jeder der contrahirenden Regierungen auf ihrer Seite bis zur Mitte des Grabens, aufzuräumen.

Den Eigenthümern des Spadenlander Busch und großen Stackort bleibt nach und von dem Busch über den Kreetsand ein Fahrweg von einer Ruthe Breite, und zwar in der Richtung nach dem Stegel des s. g. Jenerseite Deichs nach näherer Angabe der angefügten Karte № IV.

§ 31.

Die Hoheit und das Eigenthum über den auf dieser Stromstrecke vor dem Preußischen Gebiete bis zu der bestimmten Normal-Uferlinie entstehenden Anwachs steht der Königlich Preußischen Regierung zu.

§ 32.

Die Hoheit über den Strom auf dieser Strecke steht vor dem Spadenlander Busche und dem großen Stackorte dem Senate der freien und Hansestadt Hamburg ganz zu, soweit dagegen das Preußische Gebiet sich erstreckt, steht die Hoheit zur Hälfte Hamburg, und zur anderen Hälfte der Königlich Preußischen Regierung zu.

In Beziehung auf etwaige Fischerei-Gerechtigkeiten auf der Norderelbe soll hierdurch nichts geändert sein, vielmehr bleibt desfalls weitere Verständigung vorbehalten.

III. Maaßregeln zur Verbesserung des Fahrwassers in der Stromstrecke von Lauenbruch bis Altenwärder.

(Karte № V.)

§ 33.

Nach näherer Angabe der angefügten Karte № V wird die Strombreite auf der Strecke von Lauenbruch bis Altenwärder zwischen den festgestellten Normal-Uferlinien am oberen Ende der zu regulirenden Stromstrecke zu 860 Fuß Hannoversches (800¼ Fuß Preußisches) Maaß und am unteren Ende derselben zu 760 Fuß Hannoversches (707¼ Fuß Preußisches) Maaß bestimmt.

§ 34.

Zur Regelung dieser Normalbreite sollen am linken Ufer der großen Süderelbe und der Sandau die auf der angefügten Karte № V mit 1 bis 17, und an dem gegenüber liegenden rechten Ufer die mit 18 bis 21 bezeichneten Corrections- und Ufer-

Die Höhe der Stromwerke ist vereinbart wie folgt:

Am Ufer (an der Wurzel der Werke) zu mindestens 6 bis 7 Fuß über ordinaire Ebbe. Am Kopfe der Werke zu mindestens 3 bis 5 Fuß über ordinaire Ebbe.

Die Absteckung der Normal-Uferlinien wird durch beiderseitige Local-Wasserbau-Beamte, unter Berücksichtigung eines zweckmäßigen Anschlusses oberhalb und unterhalb an die dort schon vorhandenen Preußischen Stromwerke, geschehen.

§ 35.

Ferner soll durch geeignete Werke die jetzige Abmündung und das Bette der alten Süderelbe, mit einer Minimal-Breite von 300 Fuß zwischen den Köpfen der Werke, in der Art verlegt und geregelt werden, wie es auf der angefügten Karte № V in den rothpunktirten Linien näher angegeben ist.

§ 36.

Der Senat der freien und Hansestadt Hamburg trägt die Kosten der Ausführung und Unterhaltung der am linken Ufer der Süderelbe und der Sandau nach § 34 und der nach § 35 bestimmten Werke, die Königlich Preußische Regierung dagegen die Kosten der Ausführung und der ferneren Unterhaltung der nach § 34 am rechten Ufer der Süderelbe vereinbarten Werke.

§ 37.

Der Senat der freien und Hansestadt Hamburg hat die Ausführung, sowie die Unterhaltung der nach § 34 am linken Ufer der Süderelbe, und der nach § 35 für die alte Süderelbe bestimmten Werke, die Königlich Preußische Regierung dagegen, jedoch unbeschadet der Hoheit Hamburgs über das dortige Gebiet (die Moorburger Weide), die Ausführung, sowie die Unterhaltung der nach § 34 am rechten Ufer vereinbarten Werke. Es bleibt hierbei jedoch eine gegenseitige Mitwirkung (§ 48) und die zur Sicherung der Unterhaltung aller vereinbarten Werke jährlich stattfindende gemeinschaftliche Schauung (§ 50) vorbehalten.

§ 38.

Die im § 34 und § 35 vereinbarten Werke sollen innerhalb dreier Jahre nach Auswechselung des Vertrages zur Ausführung gelangen.

§ 39.

Längs des Hamburgischen Gebiets am linkseitigen Ufer von der Grenze bei Lauenbruch bis zur nördlichen Spitze des Hamburgischen Ellernholzes und am gegenüberliegenden rechtseitigen Ufer, soweit sich daselbst das Hamburgische Gebiet (die s. g.

auf die desfalls bisher behaupteten Ansprüche, das ausschließliche Eigenthum und die Hoheit der freien und Hansestadt Hamburg über alle daselbst am beiderseitigen Ufer bis an die auf der angefügten Karte № V festgestellten Normal-Uferlinien bereits vorhandenen und später noch entstehenden Sände und Alluvionen an, und zwar namentlich mit Einschluß des sogenannten Katwick- oder Georg-Sandes und dessen Werken und des von der vormal. Hannoverschen Regierung angelegten, auf der Karte № V mit 1, a bezeichneten Werkes.

§ 40.

Landungsplätze und andere Anlagen dürfen auf dieser Stromstrecke sich über die bestimmte Normal-Uferlinie hinaus nicht erstrecken. Die Schiffe dürfen an solchen Landungsplätzen nicht in der Art anlegen, daß dadurch die freie Schifffahrt in der Hauptfahrbahn von und nach Harburg behindert oder beschränkt wird.

§ 41.

Für die unbehinderte Auswässerung des zwischen Lauenbruch und Moorburg gemeinschaftlichen Außentiefs innerhalb des Hamburgischen Hoheits-Gebiets bis zu seiner Ausmündung in den Hauptstrom (Karte № V) wird der Senat der freien und Hansestadt Hamburg in wirksamer Weise Sorge tragen.

Die Verlegung dieses Außentiefs bleibt einer späteren Verständigung vorbehalten.

§ 42.

Auf der Stromstrecke von der Grenze bei Lauenbruch bis zur nördlichen Spitze des Hamburgischen Ellernholzes sollen innerhalb der festgestellten, auf der Karte № V bezeichneten Normal-Uferlinien, mit Ausnahme der in den §§ 44, 45, 46 getroffenen Bestimmungen wegen Herstellung und Unterhaltung der Schifffahrtszeichen, wegen Aufeisen und Lösen nachtheiliger Eisstopfungen, wegen Beseitigung von Sandablagerungen und sonstiger die Schifffahrt beeinträchtigenden Zustände, wegen Offenhaltung des Zugangs zu der alten Süderelbe und zu den Landungsplätzen, keinerlei andere Maaßnahmen ohne vorgängige Verständigung und Zustimmung beider contrahirenden Regierungen vorgenommen werden.

IV. Bestimmungen in Betreff des Köhlflethes.

(Karte № VI.)

§ 43.

In dem oberen Theile des Köhlflethes bis an den Scheidegraben oder s. g. Haken,

Tradenau, wird die Mittellinie des jetzt vorhandenen Wasserlaufes, wie derselbe bei mittlerer Höhe des Wassers zwischen Fluth und Ebbe sich darstellt, als Gebiets- und Hoheitsgrenze bestimmt, wie die Karte № VI solches näher nachweist.

V. Allgemeine Bestimmungen.

§ 44.

Die Herstellung und Unterhaltung der zur Sicherheit der Schifffahrt erforderlichen Schifffahrtszeichen (Tonnen, Bojen, Signalstangen, Signalleuchten) während der eisfreien Jahreszeit (vom Abtreiben der Eisdecke im Frühjahre bis zur Bildung des Eises im Herbste) ist auf der Stromstrecke von der Einmündung des Köhlbrandes in die Norderelbe bis Neuhof vom Senate der freien und Hansestadt Hamburg und von jenem Punkte an bis Harburg von der Königlich Preußischen Regierung zu beschaffen.

Falls und so lange der Senat der freien und Hansestadt Hamburg im Interesse des Schifffahrtsverkehres zwischen Hamburg und Harburg das Halten von Signalleuchten im Köhlbrand nicht für nöthig erachten sollte, bleibt es der Königlich Preußischen Regierung überlassen, Signalleuchten in dieser Stromstrecke zu unterhalten.

§ 45.

Das Aufeisen der Eisdecke, sowie das Lösen nachtheiliger Eisstopfungen auf der Stromstrecke von Neuhof bis Harburg ist von der Königlich Preußischen Regierung zu beschaffen.

§ 46.

Von Neuhof bis Harburg (vergl. § 5) sollen innerhalb der bestimmten Normal-Uferlinien (Karte № VII) Sandablagerungen nicht künstlich befestigt, noch sonstige die Schifffahrt beeinträchtigende Zustände innerhalb der Fahrbahn geduldet werden. Die Königlich Preußische Regierung hat auf dieser Stromstrecke für die baldthunlichste Beseitigung solcher die Schifffahrt beeinträchtigenden Zustände auf eigene Kosten Sorge zu tragen und zu diesem Zwecke namentlich Baggerungen innerhalb der für die Schifffahrt von und nach Harburg erforderlichen Breite und Tiefe vorzunehmen.

Die Aufrechthaltung des Zugangs der neu zu bildenden Mündung der alten Süderelbe für die Schifffahrt von und nach der Süderelbe, desgleichen die Offenhaltung des Zugangs zu den Landungsplätzen in der Strecke von Lauenbruch bis zur nördlichen Spitze des Hamburgischen Ellernholzes, namentlich durch entsprechende Baggerungen, ist vom Senate der freien und Hansestadt Hamburg auf deren Kosten zu beschaffen.

§ 47.

Die sämmtlichen nach dem vorstehenden Vertrage auszuführenden Werke, fest-

von den Districts-Wasserbau-Beamten beider Regierungen an Ort und Stelle gemeinschaftlich revidirten, und von denselben attestirten Karten № I bis VII eingetragen und Letztere als Anlagen des Vertrages von den Bevollmächtigten der beiderseitigen Regierungen unterschrieben worden.

Nach diesen Karten sind die vereinbarten Werke auszuführen und nöthigenfalls durch die Wasserbau-Beamten beider Regierungen an Ort und Stelle näher zu bestimmen.

§ 48.

Beide Regierungen gestehen sich gegenseitig eine, die planmäßige Ausführung der vereinbarten Werke rc. sichernde Mitwirkung bei der Oberaufsicht zu.

In dieser Beziehung wird die technische Mitwirkung bei der Oberaufsicht an den abseiten Hamburgs auszuführenden, vereinbarten Werken an der Oberelbe, bei der Theilungsspitze, an der Norderelbe und bei Moorburg linkseitiges Ufer, von dem Preußischen Districts-Wasserbau-Beamten ausgeübt.

Desgleichen führt der Hamburgische Wasserbau-Director eine gleichmäßige Controle bei den abseiten Preußens auszuführenden, vereinbarten Werken und Anlagen im Köhlbrand und am rechtseitigen Ufer der Süderelbe vor der Moorburger Weide.

Diese gegenseitige Controle erstreckt sich sowohl auf die Absteckung als auf die Ausführung der Werke; dieselbe schließt aber selbstverständlich keine directe Einmischung in die eigentliche technische Bauleitung ein.

§ 49.

Die einzelnen in diesem Vertrage bestimmten Anlagen und Arbeiten sollen, falls die Frist durch beiderseitige Zustimmung nicht erstreckt wird, spätestens 4 Wochen nach ihrer Vollendung einer gemeinschaftlichen Revision von Seiten der Bevollmächtigten der contrahirenden Regierungen unter Zuziehung der beiderseitigen Districts-Wasserbau-Beamten unterzogen werden (vergl. auch §§ 3, 4, 7, 11, 12, 38).

Die bei dieser Revision sich ergebenden Mängel sind zu Protokoll zu bemerken, und es ist denselben, sobald es die Natur der Arbeiten gestattet, binnen kürzester Frist, jedenfalls aber bis zur nächstjährigen Schauung (§ 50) abzuhelfen.

Das über diese Revision aufzunehmende Protokoll soll in zweifacher Ausfertigung aufgestellt und von den der Revision beiwohnenden Bevollmächtigten der contrahirenden Regierungen, sowie von den zugezogenen Wasserbau-Beamten derselben vollzogen werden.

§ 50.

Bei dieser Schau sind die befundenen Mängel und darnach vorzunehmenden Unterhaltungs-Arbeiten genau in einem aufzunehmenden Protokolle festzustellen.

Dieses von beiden betreffenden Wasserbau-Beamten zu unterzeichnende Protokoll gilt dann als bindende Norm für die Arbeiten des bevorstehenden Jahres, insofern nicht durch unvorhergesehene Ereignisse beiderseits zu genehmigende Aenderungen veranlaßt werden. Für die Ausführung der Arbeiten gelten die oben §§ 10, 15, 23, 29 und 37 vereinbarten Bestimmungen.

Insoweit nach den Bestimmungen der vorstehend angezogenen Paragraphen von Seiten der anderen Regierung die Kosten der Unterhaltung zu tragen sind, hat dieselbe diese Kosten nach Vollendung der Arbeiten der ausführenden Regierung innerhalb 6 Wochen nach mitgetheilter Liquidation zu erstatten.

§ 51.

Bei unvorhergesehenen Ereignissen, welche im Interesse der Schifffahrt oder der Erhaltung oder Sicherung der Werke ein schleuniges Einschreiten erfordern, ist diejenige Regierung, welcher zufolge dieses Vertrages die Ausführung der Unterhaltung zusteht, unaufgefordert oder auf erstes Ansuchen der anderen Regierung verpflichtet, sofort die erforderlichen und wirksamen Maaßregeln zur Abhülfe zu ergreifen.

Die Tragung der dadurch veranlaßten Kosten richtet sich nach den rücksichtlich der Unterhaltung der einzelnen Werke deshalb in diesem Vertrage vereinbarten Bestimmungen.

§ 52.

Außer den alljährlich regelmäßig wiederkehrenden Schauungen sollen außerordentliche Inspectionen durch besonders dazu ernannte Regierungs-Commissarien, unter Zuziehung von Wasserbau-Beamten, vorgenommen werden, sobald solches von einer oder der anderen Regierung beantragt wird, und verpflichten sich beide Regierungen für solchen Fall zur unverzögerten Ernennung ihrer Commissarien.

Ueber den Befund wird ein Protokoll aufgenommen und von beiden Commissarien unterzeichnet.

§ 53.

Sollte unter den die Schauung abhaltenden Wasserbau-Beamten der beiderseitigen Regierungen über die zur Unterhaltung der festgestellten Fahrtiefe und vereinbarten Werke oder Anlagen erforderlichen Maaßregeln und Arbeiten eine Meinungsverschiedenheit entstehen, so soll zu deren raschen Erledigung ein dritter Wasserbau-Verständiger, welcher jedoch kein Angehöriger eines der beiden contrahirenden Staaten sein darf, hinzugezogen werden, nach dessen Ausspruch dann die für das betreffende Jahr bestimmten Arbeiten sofort auszuführen sind.

Dieser Ausspruch ist jedoch lediglich auf die bei der Schauung unter den beiden Wasserbau-Beamten der beiden Regierungen entstandene Meinungsverschiedenheit über die zur Unterhaltung der vereinbarten Fahrtiefe und der vereinbarten Werke und Anlagen in dem betreffenden Jahre erforderlichen Maaßregeln zu beschränken, und darf derselbe sich nicht auf eine Entscheidung über den Sinn der einzelnen Bestimmungen des Vertrages ausdehnen. Der hinzugezogene Wasserbau-Verständige ist, nach Eröffnung der vorstehenden Bestimmung, auf die unpartheiische Abgabe seines Ausspruches zu beeidigen.

Spätestens innerhalb 14 Tagen nach dem Antrage der einen Regierung auf Zuziehung eines dritten Wasserbau-Verständigen soll eine Verständigung über die hinzuzuziehende Persönlichkeit versucht, oder, falls diese Verständigung erfolglos bleibt, innerhalb jener Frist von jeder Regierung ein Wasserbau-Verständiger vorgeschlagen, und dann der von diesen beiden vorgeschlagenen Sachverständigen Hinzuzuziehende durch das Loos bestimmt werden.

Die Ziehung des Looses geschieht durch Bevollmächtigte beider Regierungen, und die Beeidigung des nach Verständigung oder Entscheidung des Looses hinzuziehenden dritten Wasserbau-Verständigen in Gegenwart dieser Bevollmächtigten durch diejenige Regierung, gegen welche der Antrag auf Zuziehung jenes Wasserbau-Verständigen gestellt ist, und zwar entweder durch den Bevollmächtigten der betreffenden Regierung selbst, oder einen von derselben damit besonders zu beauftragenden Beamten derselben.

§ 54.

Die beiderseitigen Regierungen geben sich gegenseitig die Versicherung der Bereitwilligkeit zu weiterer freundnachbarlichen Verständigung für den Fall, daß dazu nach der einen oder anderen Seite hin begründete Veranlassung sich ergeben sollte.

§ 55.

Dieser Vertrag soll baldthunlichst ratificirt und ausgewechselt werden.

Dessen zur Urkunde ist der gegenwärtige Vertrag von den Bevollmächtigten in zweifacher Ausfertigung unterzeichnet und mit ihren Siegeln versehen worden.

So geschehen zu Hamburg, den 24. Juni 1868.

(gez.) *Kamptz.* (L. S.)

(gez.) *Merck.* (L. S.)

Nachdem die unterzeichneten Bevollmächtigten Sr. Majestät des Königs von Preußen und des Hohen Senates der freien und Hansestadt Hamburg die Original-Ausfertigungen des von ihnen abgeschlossenen Vertrages über Verbesserung der Schiffbarkeit des Köhlbrandes, eines Theiles der Oberelbe, der Norderelbe und der Süderelbe verglichen und richtig befunden, und nachdem die zugezogenen Wasserbau-Beamten, nämlich: der Königlich Preußische Wasserbau-Inspector Loges und der Hamburgische Wasserbau-Director Dalmann, die Doppelexemplare der zu dem zwischen dem Senate und der ehemaligen Königlich Hannoverschen Regierung am 20. April 1866 über denselben Gegenstand geschlossenen, jedoch nicht zur Ratification gelangten Vertrage gehörenden Karten nochmals geprüft und auch für den heute unterzeichneten Vertrag als richtig anerkannt haben, haben die Unterzeichneten den Vertrag in beiden gleichlautenden Exemplaren unterzeichnet und mit ihren Siegeln versehen.

Die Unterzeichneten haben ferner die ursprünglich zu dem zwischen Hamburg und Hannover geschlossenen Vertrage gehörigen Karten, nachdem die Unterschrift des früheren Königlich Hannoverschen Bevollmächtigten durchstrichen und dessen Siegel abgelöst und durch die Unterschrift und das Siegel des Königlich Preußischen Bevollmächtigten ersetzt worden, die so abgeänderten Karten auch ihrerseits als die Originalkarten I—VII zu dem heute unterzeichneten Vertrage anerkannt.

Bei der Unterzeichnung erklärten beide Theile, im Besitze der im ersten Alinea des § 11 des Vertrages erwähnten Vereinbarung vom 16. Juni und 26. October 1841 zu sein, und ward ferner von den vorerwähnten Wasserbau-Beamten bezeugt, daß die auf Karte I nachträglich vorgenommene Einzeichnung der Dämme D und C auf dem großen und kleinen Maakenwärder den Bestimmungen des § 8 gemäß geschehen ist, sowie, daß die in dem vierten Alinea des § 30 vorbehaltene Grenzbegradigung bereits zu Stande gekommen und auf der Karte IV eingezeichnet ist.

Das gegenwärtige Protokoll ist in gleicher Weise, wie der Vertrag, unterzeichnet und untersiegelt worden.

Hamburg, den 24. Juni 1868.

(gez.) *Kamptz.* (L. S.) (gez.) *Merck.* (L. S.)

Schluß-Protokoll.

Bei Vollziehung des Vertrages über Verbesserung der Schiffbarkeit des Köhlbrandes, eines Theiles der Oberelbe, der Norderelbe und der Süderelbe haben die beiderseitigen Commissarien noch folgende Erklärungen abgegeben und gegenseitig

1) Da sich herausgestellt hat, daß in Folge der Verlängerung des Separationswerkes beim Buntenhause (§ 11) zur Vermeidung einer Verschließung der Süderelbe eine Beseitigung des in dortiger Gegend vorhandenen, sogenannten Uthseesandes bis zu einer Tiefe von wenigstens 6 Fuß unter Null am Platze statthaben muß, so erklärt sich der Senat der freien und Hansestadt Hamburg bereit, zu den damit verbundenen, sehr erheblichen Kosten an die Königlich Preußische Regierung einen Beitrag von

30,000 ℛ

Dreißig Tausend Thalern

in Courant zu leisten und nach geschehener Auswechselung des Vertrages bei der Königlichen General-Staats-Casse in Berlin kostenfrei einzahlen zu lassen.

2) Sollte es Preußischer Seits für zweckmäßig gehalten werden, die Niederung und den alten Elbarm zwischen Moorwärder und Wilhelmsburg auch für den Abfluß des Hochwassers offen zu halten, so soll es der Königlich Preußischen Regierung unbenommen sein, den Damm (§ 18) durch eine auf Preußens Kosten herzustellende und zu unterhaltende Brücke ganz oder theilweise zu ersetzen. Die Brücke muß jedoch eine solche Weite und Einrichtung erhalten, daß Auskolkungen vermieden werden. Das Brücken-Project ist eintretenden Falls dem Hamburgischen Techniker zur Prüfung mitzutheilen.

3) Im § 21, Absatz 2 des Vertrages findet sich der Ausdruck „Privatgrund." Der Königlich Hannoversche Commissar hat in dem früheren Schluß-Protokolle vom 20. April 1866 hervorgehoben, „daß unter Privatgrund in der hier fraglichen Bedeutung auch Domanialgrund zu verstehen sei, weil das Domanium — gleichviel, ob ausgeschieden oder nicht ausgeschieden — ohne vollständige Aequivalirung auch zu öffentlichen Zwecken nicht abgetreten werden könne." Der Hamburgische Commissar läßt sich diese Erläuterung auch noch jetzt, soweit die Verhältnisse dieselben geblieben sind, zur Nachricht dienen.

Das gegenwärtige Schluß-Protokoll soll in gleicher Weise, wie der Vertrag selbst, ratificirt und ausgewechselt werden.

So geschehen zu Hamburg, den 24. Juni 1868.

(gez.) *Kamptz.* (gez.) *Merck.*

(L. S.) (L. S.)

Gegeben in der Versammlung des Senats, Hamburg, den 12. Februar 1869.

№ 4. den 19. Februar 1869.

Bekanntmachung,

betreffend die Abänderung der Art. 123—125 der Verfassung.

Durch einen im Wege der Gesetzgebung von Senat und Bürgerschaft, und zwar von der letzteren mit einer Zwei-Drittheils-Majorität aller Abgeordneten, resp. am 25. und 27. November 1868 übereinstimmend gefaßten, und darauf von der Bürgerschaft, nach ihrer in verfassungsmäßiger Zeit stattgefundenen Erneuerung um die Hälfte, mit Drei-Viertheils-Majorität aller Abgeordneten bestätigten Beschluß sind an die Stelle der Art. 123, 124 und 125 der Verfassung die nachfolgenden Bestimmungen, welche der Senat hierdurch zur öffentlichen Kunde bringt, auf verfassungsmäßigem Wege festgestellt worden:

„Zu einer die Verfassung abändernden Bestimmung ist erforderlich:

a. ein im Wege der Gesetzgebung, und zwar von der Bürgerschaft bei Anwesenheit von mindestens drei Viertheilen sämmtlicher Mitglieder, und mit Drei-Viertheils-Majorität der anwesenden Mitglieder gefaßter Beschluß.

b. die Bestätigung dieses Beschlusses der Gesetzgebung durch einen ebenfalls bei Anwesenheit von mindestens drei Viertheilen sämmtlicher Mitglieder mit Drei-Viertheils-Majorität der anwesenden Mitglieder, frühestens 21 Tage nach der ersten Beschlußfassung der Bürgerschaft gefaßten Beschluß.

Treten weniger als drei Viertheile der in der erforderlichen Anzahl anwesenden Mitglieder dem Beschlusse bei, so ist demselben keine weitere Folge zu geben, und der bezügliche Vorschlag als abgelehnt zu betrachten.

Gegeben in der Versammlung des Senats, Hamburg, den 19. Februar 1869.

№ 5. den 26. Februar 1869.

Bekanntmachung,

betreffend

die Eröffnungs-Sitzung des Reichstages des Norddeutschen Bundes.

Der Kanzler des Norddeutschen Bundes hat die folgende Bekanntmachung erlassen:

Mit Bezugnahme auf die in № 5 des Bundesgesetzblattes verkündete Allerhöchste Präsidial-Verordnung vom 22. d. M., durch welche der Reichstag des

mache ich hierdurch bekannt, daß die Benachrichtigung über den Ort und die Zeit der Eröffnungssitzung in dem Bureau des Reichstags, Leipziger-Straße № 3 am 2. und 3. März in den Stunden von 9 Uhr Morgens bis 8 Uhr Abends und am 4. März in den Morgenstunden von 8—10 Uhr offen liegen wird.

In diesem Bureau werden auch die Legitimationskarten für die Eröffnungssitzung ausgegeben und alle sonst erforderlichen Mittheilungen in Bezug auf dieselbe gemacht werden.

Berlin, den 23. Februar 1869.

Der Kanzler des Norddeutschen Bundes.
(gez.) von Bismarck.

welche hierdurch zur allgemeinen Kenntniß gebracht wird.

Gegeben in der Versammlung des Senats, Hamburg, den 26. Februar 1869.

№ 6. den 17. März 1869.

Gesetz,

betreffend einige Abänderungen der auf das Handelsgericht bezüglichen Gesetze.

Der Senat hat in Uebereinstimmung mit der Bürgerschaft beschlossen und verkündet hiedurch als Gesetz, was folgt:

§ 1.

Das Handelsgericht besteht in Zukunft aus dem Präses, dem Vice-Präses, drei ferneren rechtsgelehrten und fünfundzwanzig kaufmännischen Richtern.

§ 2.

Die fünf rechtsgelehrten und die vier der Amtsdauer nach ältesten kaufmännischen Richter bilden einen ständigen Ausschuß des Gerichts, welcher über die das Gericht betreffenden, weniger erheblichen Angelegenheiten, sowie über die vom Gerichte zu erstattenden Berichte, sofern solche nicht vom Präsidium allein erstattet werden, zu berathen und zu beschließen hat. Darüber, ob eine Angelegenheit an diesen Ausschuß, oder an die Plenarversammlung des Gerichts zu bringen ist, hat zunächst der Präses und in dessen Verhinderung der Vice-Präses zu bestimmen; es kann jedoch der Ausschuß jede an ihn gebrachte Angelegenheit an die Plenarversammlung verweisen und die letztere jede an den Ausschuß gebrachte Angelegenheit an sich ziehen.

Die Formirung von Wahlaufsätzen zu Richterwahlen, sowie die Abordnung von Mitgliedern des Gerichts in die Bürgerschaft hat stets durch die Plenarversammlung zu geschehen, die Wahl von Actuaren und sonstigen Gerichtsbeamten kann auch von dem ständigen Ausschuß vorgenommen werden.

§ 3.

Behufs der Entscheidung der an das Handelsgericht gelangenden Prozesse theilt sich das Handelsgericht in die erforderliche Zahl von Abtheilungen. Jede Abtheilung steht unter der Leitung eines rechtsgelehrten Richters.

§ 4.

Das Rechtsmittel der Restitution — das angefochtene Erkenntniß mag von einer aus drei Richtern bestehenden Gerichts-Deputation, oder nach Maaßgabe der §§ 8 und 9 des Gesetzes vom 4. Mai 1866 von einem rechtsgelehrten Richter allein abgegeben sein — kann in jeder Abtheilung des Gerichts zur Verhandlung gelangen, nur darf kein Richter, der das angefochtene Erkenntniß abgegeben oder mitabgegeben hat, an der Entscheidung in zweiter Instanz theilnehmen.

§ 5.

Das Handelsgericht hat unter Berücksichtigung aller in Betracht kommenden Umstände zu bestimmen:

aus wie vielen Abtheilungen das Gericht bestehen soll,

ob bei allen Abtheilungen und eventuell bei welchen neue Sachen angebracht werden können,

an welchen Tagen und zu welchen Tageszeiten die Sitzungen abgehalten werden, und

bei welcher Abtheilung im einzelnen Fall das Rechtsmittel der Restitution einzulegen und zur Verhandlung zu bringen ist.

Die in Bezug auf diese Gegenstände von dem Handelsgericht getroffenen Anordnungen sind öffentlich bekannt zu machen.

§ 6.

Das Gericht hat thunlichst zu verhindern, daß die Zahl der zur Verhandlung stehenden Sachen sich unverhältnißmäßig bei einer Abtheilung anhäuft. Zu diesem Behuf kann das Gericht anordnen, daß bei einer Abtheilung, bei welcher sonst auch neue Sachen angebracht werden können, solche Sachen zeitweilig gar nicht, oder doch nur in bestimmten Ausnahmefällen angebracht werden dürfen. Falls eine Abtheilung mit Sachen überhäuft ist, kann auch das Gericht einen Theil der bei dieser Abtheilung anhängigen Sachen auf andere Abtheilungen übertragen.

§ 7.

Das Handelsgericht wird befugt, aus der Zahl der hiesigen immatrikulirten Advocaten vier Hülfsarbeiter zu wählen. Dieselben werden auf drei Jahre angestellt, jedoch bleibt dem Gericht vorbehalten, sie auch schon vor Ablauf dieser Zeit nach voraufgegangener dreimonatlicher Kündigung zu entlassen. Nach Ablauf der drei Jahre findet in der Regel eine Wiederwahl nicht statt. Das Gehalt dieser Hülfsarbeiter beträgt jährlich Crt.# 1200. Die Hülfsarbeiter haben nach der näheren Bestimmung des Gerichts-Präses die Actuariatsgeschäfte mitzuübernehmen, und zwar sowohl in den Audienzen, als auch in den Vergleichscommissionen und bei den Zeugenvernehmungen, sowie auch auf dem Falliactuariat, dem Firmenbureau und der Schiffsregistratur.

Die Hülfsarbeiter werden auf die gewissenhafte Führung des Protokolls beeidigt. Sie dürfen während der Dauer ihrer Anstellung nicht advociren, auch keine sonstigen Geschäfte betreiben und haben ihre ganze Zeit dem Gerichte zu widmen.

§ 8.

Wird nach stattgehabter Verhandlung einer Sache das Erkenntniß auf eine spätere Audienz ausgesetzt, so kann der Vorsitzende in den demselben geeignet erscheinenden Fällen den Actuar, welcher das Protokoll in der Audienz geführt hat, oder auch, wenn das Protokoll von einem Hülfsarbeiter geführt worden ist, diesen letzteren mit der Vorlegung eines Erkenntnißentwurfs beauftragen und demselben verstatten, der Berathung des Gerichts jedoch ohne Stimmrecht beizuwohnen.

Gegeben in der Versammlung des Senats, Hamburg, den 17. März 1869.

№ 7. den 2. April 1869.

Bekanntmachung,

betreffend Maaß- und Gewichtsordnung.

In Gemäßheit der Maaß- und Gewichtsordnung für den Norddeutschen Bund vom 17. August 1868 sind die Verhältnißzahlen für die Umrechnung der bisherigen Hamburgischen Maaße und Gewichte in die neuen metrischen Maaße und Gewichte festgestellt worden wie folgt:

1 ℔	=	0,5 Kilogramm,
1 Fuß	=	0,28657 Meter,
1 kurze Elle . . .	=	0,57314 „
1 lange Elle . . .	=	0,60144 „

1 Quadratfuß . . .	=	0,082123 Quadratmeter,
1 Cubikfuß	=	0,023534 Cubikmeter,
1 Viertel	=	7,2455 Liter,
1 Stübchen	=	3,6227 „
1 Quartier	=	0,90568 „
1 Milchkanne . . .	=	1,9748 „
1 Thrantonne . . .	=	116,04 „
1 Salztonne . . .	=	164,79 „
1 Steinkohlentonne	=	223,87 „
1 Kornfaß	=	54,961 „
1 Himpten	=	27,480 „
1 Spint	=	6,8701 „
1 Theer Torf . . .	=	2,8241 Cubikmeter.

---

1 Kilogramm	=	2 ℔,
1 Meter	=	3,4695 Fuß,
	=	3 Fuß $5\frac{634}{1000}$ Zoll, oder nahezu 3′ $5\frac{5}{8}$″,
1 Quadratmeter	=	12,177 Quadratfuß,
1 Cubikmeter	=	42,491 Cubikfuß,
1 Liter	=	73,425 Cubikzoll,
1 „	=	1,1041 Quartier,
1 „	=	0,50638 Milchkanne,
1 Hectoliter = 100 Liter	=	13,802 Viertel,
1 „	=	0,86180 Thrantonne,
1 „	=	0,60682 Salztonne,
1 „	=	0,44668 Steinkohlentonne,
1 „	=	1,8195 Kornfaß,
1 Cubikmeter	=	0,35409 Theer Torf.

Zugleich wird daran erinnert, daß die Maaß- und Gewichtsordnung zwar erst mit dem 1. Januar 1872 in Kraft tritt, daß aber die Anwendung der derselben entsprechenden Maaße und Gewichte bereits vom 1. Januar 1870 an gestattet ist, insofern die Betheiligten darüber einig sind. Sobald die in dieser Beziehung Seitens der Normal-Eichungs-Commission des Norddeutschen Bundes zu treffenden Anordnungen und Bestimmungen festgestellt sein werden, wird das Erforderliche darüber bekannt gemacht werden.

Gegeben in der Versammlung des Senats, Hamburg, den 2. April 1869.

№ 8. den 30. April 1869.

Gesetz

betreffend Aenderungen in der Gerichtsverfassung behufs Einführung des öffentlich-mündlichen Anklageverfahrens in Strafsachen.

Inhalt.

Der Senat hat in Uebereinstimmung mit der Bürgerschaft beschlossen und verkündet hiedurch als Gesetz was folgt:

Zum Zweck der Einführung des öffentlich-mündlichen Anklageverfahrens in Strafsachen treten mit Ausnahme der schon früher auszuführenden auf Wahlen bezüglichen Bestimmungen an dem durch das Einführungsgesetz zu bestimmenden Tage gleichzeitig mit der Strafproceßordnung und dem Criminalgesetzbuch die nachstehenden Anordnungen in Kraft.

I. Allgemeine Bestimmungen.

§ 1.

Das Niedergericht wird um sechs rechtsgelehrte und neun nicht rechtsgelehrte Mitglieder vermehrt.

§ 2.

Die Abordnung der Mitglieder des Obergerichts und des Niedergerichts in die aus ihnen zu bildenden Abtheilungen für Strafsachen, so wie in die von Einzelrichtern zu verwaltenden Aemter erfolgt alljährlich durch Plenarbeschluß des betreffenden Gerichts.

Wegen der Stellvertretung in Fällen der Verhinderung aus persönlichen oder sachlichen Gründen trifft der Vorsitzende des Gerichts die nöthige Anordnung.

Wer als Mitglied einer Abtheilung oder als Einzelrichter sein Amt während eines Zeitraumes von mindestens drei Jahren verwaltet hat, kann verlangen, für die nächsten drei Jahre in diesem Amte durch ein anderes Mitglied ersetzt zu werden.

§ 3.

Ein Richter oder Geschworner darf sein Amt nicht ausüben:

1) wenn er durch das Vergehen, welches den Gegenstand eines Strafverfahrens bildet, selbst verletzt oder beschädigt ist;

2) wenn er mit dem Angeklagten, oder dem Beschuldigten oder als verdächtig Behandelten, oder mit dem durch das Vergehen Verletzten durch Ehe oder Verlöbniß, imgleichen durch Verwandtschaft oder Schwägerschaft, mit Einschluß eines durch Adoption begründeten Verhältnisses, in gerader Linie oder in der Seitenlinie bis zum dritten Grade einschließlich verbunden ist oder gewesen ist, oder Vormund oder Curator eines der genannten Betheiligten ist;

3) wenn er als Zeuge, Sachverständiger, Anwalt, Ankläger in derselben Sache fungirt hat.

4) Der Richter, welcher eine Voruntersuchung geführt hat, darf nicht an der Entscheidung im Straf- oder Geschwornengericht, und die Mitglieder der Anklagekammer nicht an der Entscheidung im Geschwornengericht Theil nehmen. Ebenso darf ein Richter, welcher das Erkenntniß in unterer Instanz abgegeben hat, an der Entscheidung in höherer Instanz nicht Theil nehmen.

Die Bestimmungen unter 1) bis 3) finden auch für diejenigen Beamten, welche das Protokoll zu führen haben, Anwendung.

II. Der Staatsanwalt.

§ 4.

Der Staatsanwalt muß die Bedingungen der Zulassung zur Advocatur erfüllt haben; er wird vom Senate erwählt und steht auf gegenseitige sechsmonatliche Kündigung. Der Staatsanwalt darf während seiner Amtsdauer keine Privatpraxis ausüben. Er bezieht ein Gehalt von Crt.-ℳ 8000. Ueber die Besoldung seines Büreaupersonals, so wie über die sonstigen Kosten seines Büreaus werden von dem Senat unter Zustimmung des Bürger-Ausschusses die erforderlichen Bestimmungen getroffen.

§ 5.

Die dem Staatsanwalt vorgesetzte Behörde ist der Senat, vor welchem er beeidigt wird. Er verfolgt die Verbrechen und Vergehen vor den zuständigen Gerichten nach den Bestimmungen der Strafproceßordnung.

In wie weit eine Anklage auch durch einen anderen Beamten oder durch eine Privatperson vertreten werden kann, bestimmt die Strafproceßordnung.

§ 6.

Dem Staatsanwalt werden ein oder mehrere Stellvertreter nach Maaßgabe des Bedürfnisses aus den hieselbst zugelassenen Advocaten beigegeben; ihre Ernennung, Besoldung und die sonstigen Bedingungen ihrer Anstellung werden auf Vorschlag des Staatsanwalts durch den Senat bestimmt. Dem Senat wird für diesen Zweck eine angemessene Summe im Budget zur Verfügung gestellt. Den Stellvertretern des Staatsanwalts liegt dieselbe Thätigkeit ob wie dem Staatsanwalt selbst, und üben sie dieselbe nach seiner Anweisung unter seiner Aufsicht.

III. Der Polizeirichter.

§ 7.

Als Polizeirichter fungirt ein rechtsgelehrtes Mitglied des Niedergerichts.

§ 8.

Der Polizeirichter hat zu erkennen:

1) über alle Vergehen, welche in den von dem Senat und den Polizeibehörden erlassenen Verordnungen mit Strafe bedroht sind;
2) über alle Vergehen, welche im Criminalgesetzbuch oder anderen Gesetzen ausschließlich oder alternativ mit einer Geldstrafe bedroht sind, unbeschadet der eventuellen Verwandlung der Geldstrafe in eine Freiheitsstrafe, mit Ausnahme der dem Geschwornengericht zugewiesenen Vergehen (§ 24 sub 2) und der Amtsvergehen;
3) über Diebstähle, Betrügereien, Körperverletzungen, Auflauf, Fälschung öffentlicher Urkunden, Störung des Gottesdienstes.

Es kann jedoch der Polizeirichter wegen dieser Vergehen niemals auf eine höhere Strafe als zwei Monat Gefängniß oder eine Geldstrafe von 100 Thalern erkennen und hat sowohl dann, wenn die Gesetze für die Umstände des Falls eine höhere Strafe vorschreiben, als auch dann, wenn ihm nach den Umständen des Falls eine höhere Strafe angemessen erscheint und die Gesetze dieselbe zulassen, ferner auch in allen Fällen, in denen der Ankläger die Verweisung an das für die höhere Strafe zuständige Gericht beantragt, diese Verweisung auszusprechen.

Gegen Arbeitsscheue, welche wegen eines früheren Vergehens bereits eine Freiheitsstrafe erduldet haben, und gegen Landstreicher kann der Polizeirichter, wenn sie eins der unter 2) und 3) aufgeführten Vergehen unter Umständen begehen, unter denen eine schwerere Strafe, als die oben angegebene, vorgeschrieben oder zulässig ist, bis zu

Der Polizeirichter hat ferner zu erkennen:

4) über alle Vergehen, welche ausschließlich mit Confiscation zu bestrafen sind, insofern der Werth des zu confiscirenden Gegenstandes 100 Thaler nicht übersteigt;

5) über alle Angriffe auf die Ehre von Privatpersonen (Titel 9 des Criminalgesetzbuchs), jedoch nur bis zu einer Gefängnißstrafe von zwei Monaten oder einer Geldstrafe von 300 Thalern und unter der Voraussetzung, daß in den Fällen des Art. 166 unter 1) und 2) und Art. 167 des Criminalgesetzbuchs der Ankläger nicht auf eine höhere Strafe anträgt.

Der Polizeirichter hat

6) bei der Rückkehr eines von hier Verwiesenen, sowie bei Uebertretung der Vorschriften für die unter Polizeiaufsicht Gestellten, die gesetzlich bestimmten Strafen zu erkennen.

Die unter 1)—5) hinsichtlich des Strafmaaßes aufgeführten Beschränkungen schließen die Verurtheilung in die Kosten des Verfahrens nicht aus, und ebensowenig eine Confiscation, insofern dieselbe nach der Vorschrift des Art. 19 des Criminalgesetzbuchs als Nebenstrafübel zu erkennen ist.

§ 9.

Auf verschärftes Gefängniß und auf Strafarbeitshaus ist der Polizeirichter innerhalb seiner oben angegebenen Competenz und unter Berücksichtigung der Art. 10—13 des Criminalgesetzbuchs zu erkennen befugt, auf Stellung unter Polizeiaufsicht und auf Verlust der staatsbürgerlichen Rechte kann jedoch der Polizeirichter nicht erkennen.

IV. Das Untersuchungsgericht.

§ 10.

Das Untersuchungsgericht wird gebildet aus dem Polizeirichter und drei anderen rechtsgelehrten Mitgliedern des Niedergerichts.

Der Polizeirichter ist Vorsitzender des Gerichts; den übrigen Mitgliedern liegt als Untersuchungsrichtern die Führung der Voruntersuchung ob.

In den Fällen, in welchen nach der Strafproceßordnung ein Beschluß des Untersuchungsgerichts zu erfolgen hat, haben drei Mitglieder des Gerichts an der Sitzung desselben Theil zu nehmen, und zwar hat unter diesen Mitgliedern soweit thunlich der Vorsitzende sich zu befinden, und, wenn es um einen Beschluß in einer anhängigen Voruntersuchung sich handelt, in der Regel derjenige Untersuchungsrichter, dem die Voruntersuchung übertragen ist.

V. Das Strafgericht.

§ 11.

Das Strafgericht wird aus Mitgliedern des Niedergerichts gebildet. Dasselbe muß

§ 12.

Das Strafgericht erkennt in erster Instanz über alle strafbaren Handlungen, soweit nicht die betreffenden Fälle zur Competenz des Polizeirichters (§ 8) oder des Geschwornengerichts (§ 24) gehören.

Sind mehrere Personen als Mitschuldige anzuklagen, so ist für sämmtliche die Anklage vor dem Gerichte zu erheben, welches für die That des mit der schwersten Strafe bedrohten Mitschuldigen zuständig ist.

§ 13.

Das Strafgericht entscheidet in zweiter Instanz über Rechtsmittel gegen Erkenntnisse des Polizeirichters nach Maaßgabe der Strafproceßordnung.

§ 14.

Rechtsmittel gegen Erkenntnisse des Strafgerichts gelangen an das Obergericht nach Maaßgabe der Strafproceßordnung.

§ 15.

Die Protokollführung und die Kanzleigeschäfte im Polizeigericht, Strafgericht und Untersuchungsgericht liegt den Actuariatsbeamten und dem Kanzleipersonale des Niedergerichts ob, welches zu dem Behuf um die erforderliche Zahl von Protokollführern und Gerichtsboten zu vermehren ist.

Alle diese Beamten haben in dem bei Antritt ihres Amtes zu leistenden Eide auch die Verpflichtung zu übernehmen, daß sie über Alles, was ihnen außerhalb der öffentlichen Gerichtssitzungen in ihrer amtlichen Stellung zur Kunde kommt, Verschwiegenheit beobachten wollen.

Zur Ausführung von Vorführungen und Verhaftungen haben die Polizeibehörden dem Strafgericht, dem Untersuchungsgericht und dem Polizeirichter das nöthige Polizeipersonal zur Verfügung zu stellen.

VI. Das Geschwornengericht.

§ 16.

Das Geschwornengericht besteht:

1) aus dem Gerichtshofe,
2) aus den Geschwornen.

§ 17.

Der Gerichtshof des Geschwornengerichts besteht aus einem rechtsgelehrten Mitgliede des Obergerichts als Vorsitzendem und zwei rechtsgelehrten Mitgliedern des

Niedergerichts. Dieselben werden von den betreffenden Gerichten für die Dauer einer oder mehrerer Sitzungsperioden abgeordnet. Das Obergericht ist befugt, neben dem Vorsitzenden zugleich einen Stellvertreter desselben aus seiner Mitte zu ernennen, und Diesem von vornherein die Functionen des Vorsitzenden bei einer oder bei einzelnen der zur Verhandlung bestimmten Sachen zu überweisen. Das Niedergericht hat außerdem zwei seiner rechtsgelehrten Richter zu Stellvertretern zu ernennen. Bei voraussichtlich längere Zeit in Anspruch nehmenden schwurgerichtlichen Verhandlungen haben diese stellvertretenden Beisitzer oder einer derselben auf Aufforderung des Vorsitzenden des Gerichtshofs den Sitzungen von Anfang an ununterbrochen beizuwohnen, um bei Verhinderung von Hauptrichtern, respective eines derselben, im Laufe der Sache als Ergänzungsrichter eintreten zu können.

Sollte der Vorsitzende nach Beginn der Verhandlung verhindert werden, so übernimmt der im Amte älteste beisitzende Richter den Vorsitz, und an dessen Stelle tritt ein Ergänzungsrichter.

Ein Actuar des Niedergerichts fungirt im Geschwornengericht als Protokollführer, wie auch im Uebrigen die Kanzlei des Niedergerichts die betreffenden Geschäfte bei dem Geschwornengericht wahrnimmt.

§ 18.

Wählbar zum Geschwornen ist Jeder, der in die Bürgerschaft gewählt werden kann, mit Ausnahme der Mitglieder der Gerichte und der Geistlichen aller Confessionen.

§ 19.

Aus sämmtlichen wählbaren Bürgern ist vor Anfang jedes Jahres die Jahresliste der Geschwornen für die Stadt, die Vorstadt und das Landgebiet in folgender Weise aufzustellen:

Der Senat und die Bürgerschaft erwählen eine Wahl-Commission, bestehend aus zwei Sectionen, von je zehn zum Amte eines Geschwornen wählbaren Bürgern. Die Mitglieder der ersten Section werden vom Senat, die Mitglieder der zweiten von der Bürgerschaft erwählt. Jede Section erwählt ihren Vorsitzenden selbst.

Diese Commission ist alle drei Jahre zu erneuern; jedoch sind die bisherigen Mitglieder wieder wählbar.

Die Aufstellung der Geschwornenliste erfolgt alljährlich in der Weise, daß zuerst die Mitglieder der ersten Section nach absoluter Majorität 150 Personen auf die Geschwornenliste bringen. Diese Liste wird dann der zweiten Section mitgetheilt und von derselben in gleicher Weise um fernere 150 Personen vermehrt.

Diejenigen Personen, welche in dem zuletzt verflossenen Jahre als Geschworne oder Ersatzgeschworne bei der Verhandlung eines Straffalls fungirt haben, sind ohne ihre Einwilligung nicht auf die Liste für das laufende Jahr zu bringen.

Die auf diese Weise entworfene Liste wird zur öffentlichen Kenntniß gebracht, und sind etwaige Einwendungen gegen die Zulässigkeit der Erwählten bei der mit der Wahl beauftragten Commission anzubringen, welche dieselben zur Entscheidung an die betreffende Section überweist.

Wer vor Ablauf des Jahres die zur Wählbarkeit erforderlichen Eigenschaften verliert, gilt ohne Weiteres als von der Liste gestrichen. Einer Ergänzung der in dieser Weise oder anderweitig entstandenen Lücken bedarf es nur dann, wenn der mit der Bildung der engeren Liste beauftragte Gerichtshof (§ 20) darauf anträgt. In solchem Falle geschehen die Neuwahlen in derselben Weise wie die ersten, und wird dann mit dieser Liste ebenso wie mit der Hauptliste verfahren.

§ 20.

Dreimonatlich findet, falls zur Verhandlung reife Sachen vorhanden sind, eine Sitzung des Geschwornengerichts Statt. Die Anklagekammer des Obergerichts kann jedoch auf Anhalten des Staatsanwalts oder wenn sie sonst es angemessen findet, außerordentliche Sitzungen anberaumen. Für jede Sitzungsperiode wird unter Leitung des Gerichtshofs die engere Liste in der Weise gebildet, daß aus der gesammten Geschwornenliste 48 Namen durch das Loos zu ziehen sind. Die 36 Zuerstgezogenen bilden die engere Liste der Hauptgeschwornen. Beim Wegfall einzelner von den Hauptgeschwornen werden die entstehenden Lücken durch den Eintritt der Zuerstgezogenen der Ersatzgeschwornen nach der Reihefolge des Looses ausgefüllt. Ersatzgeschworne können nur solche sein, die in der Stadt oder in deren Nähe wohnhaft sind.

§ 21.

Die Hauptgeschwornen werden spätestens acht Tage vor der Sitzung zu derselben berufen. Sie sind verpflichtet, am Sitzungstage zu erscheinen und erforderlichenfalls zu fungiren, und verfallen in Entstehung dessen das erste Mal in eine Geldstrafe von 20 Thalern, das zweite und dritte Mal in die doppelte Strafe, und werden außerdem das dritte Mal mit Verlust ihrer staatsbürgerlichen Rechte für die Dauer von fünf Jahren bestraft. Gegen diese vom Gerichtshof auszusprechende Strafe ist eine Beschwerde bei dem Obergericht zulässig.

Als Entschuldigung gilt:

1) Eine schon bei Empfang der Aufforderung eingetretene oder, falls sie später eintritt, hinreichend begründete Abwesenheit.
2) Ein Alter von sechszig Jahren.
3) Verhinderung durch gerichtsärztlich bescheinigtes Leiden.

Sonstige Entschuldigungsgründe stehen zur Entscheidung des Gerichtshofs.

Der Entschuldigungsgrund ist bei einer Geldstrafe von 6 Thalern spätestens zweimal 24 Stunden nach Empfang der Aufforderung dem Gerichtshof anzuzeigen, welcher auch über einen etwa durch die Umstände gerechtfertigten Erlaß dieser Strafe zu entscheiden hat.

Sobald sich der Eintritt von Vacanzen zeigt, sind die erforderlichen Ersatzgeschwornen zu berufen, hinsichtlich welcher ganz nach Maaßgabe obiger Bestimmungen zu verfahren ist.

§ 22.

Die in dieser Weise gebildete engere Liste wird dem Staatsanwalt und den Angeklagten, deren Sache zur Verhandlung kommen soll, vor der Sitzung mitgetheilt und zwar so zeitig, daß zwischen dem Tage, an welchem diese Mittheilung erfolgt und dem Sitzungstage wenigstens zwei Werktage liegen. Sofort nach Eröffnung der Sitzung werden für jede einzelne Sache die Namen der die engere Liste bildenden 36 Geschwornen, mit Ausnahme derer, welche etwa in der fraglichen Sache als Sachverständige oder Sachführer thätig waren oder sein sollen oder sonst durch § 3 dieses Gesetzes ausgeschlossen sind, in eine Urne gelegt, und dieselbe unter gestatteter Gegenwart des Staatsanwalts und des Angeklagten herausgezogen. Bei jedem gezogenen Namen erklärt zuerst der Staatsanwalt und dann der Angeklagte, ob er denselben als Geschwornen annehmen will, und darf die Ablehnung so oft geschehen bis noch 14 Geschworne übrig bleiben, vom Staatsanwalt indessen in jeder Sache nur so oft, daß dem oder den Angeklagten mindestens eine gleiche Zahl von Recusationen möglich ist. Bei der Ablehnung dürfen keine Gründe angegeben werden. Eben so wird verfahren, wenn in einer Sache mehrere Angeklagte sind. Können sich dieselben über die Reihenfolge der Ablehnungen nicht verständigen, so entscheidet das Loos über dieselbe. Sobald 14 Geschworne nicht recusirt sind, wird mit der Loosung aufgehört. Es fungiren dann die ersten 12 nicht recusirten, während die folgenden zwei bei der Verhandlung gegenwärtig bleiben müssen, um bei unerwarteter Verhinderung des einen oder anderen Geschwornen während der Sitzung für denselben, nach vorausgegangener Beeidigung (§ 23), einzutreten. Diejenigen der 36 convocirten Geschwornen, die nach Vornahme dieses Actes in keiner der für die Sitzung bestimmten Sachen beschäftigt sind, können sich sofort entfernen.

§ 23.

Nachdem für die zur Verhandlung stehenden Sachen die Geschwornen bestimmt sind, nimmt der Vorsitzende allen Geschwornen, welche zur Theilnahme an den Entschließungen berufen sind, einen Eid dahin ab:

„daß sie in genauer und redlicher Erwägung der für und gegen den Angeklagten sprechenden Gründe die ihnen vorzulegenden Fragen nach ihrer gewissenhaften Ueber-

§ 24.

Vor das Geschwornengericht gehören:

1) als schwerere Strafsachen diejenigen, in denen Todesstrafe oder eine höhere als dreijährige Freiheitsstrafe beantragt wird.

2) Anklagen wegen politischer Vergehen, d. h. wegen eines der in den Art. 72—77, 80, 88 und 89 des Criminalgesetzbuchs aufgeführten Vergehen, und wegen des im zweiten Satze des Art. 46 erwähnten Vergehens, wenn die Aufforderung oder Anreizung ein in den obigen Artikeln des Criminalgesetzbuchs aufgeführtes Vergehen betrifft.

Die Geschwornen urtheilen über die Schuldfrage, der Gerichtshof erkennt über die Strafe, beides nach Maaßgabe der Strafproceßordnung.

VII. Das Obergericht.

§ 25.

Das Obergericht entscheidet:

1) in zweiter Instanz: über Rechtsmittel gegen Erkenntnisse des Strafgerichts nach Maaßgabe der Strafproceßordnung,

2) in zweiter und letzter Instanz: über Beschwerden und Appellationen gegen Verfügungen des Untersuchungsgerichts und des Untersuchungsrichters nach Maaßgabe der Strafproceßordnung,

3) in dritter und letzter Instanz: über Rechtsmittel gegen die vom Strafgericht in zweiter Instanz erlassenen Erkenntnisse nach Maaßgabe der Strafproceßordnung.

§ 26.

Die Entscheidung über Beschwerden und Appellationen gegen Verfügungen des Untersuchungsgerichts und der Untersuchungsrichter sind von drei Mitgliedern abzugeben, andere Entscheidungen von fünf Mitgliedern. In Fällen gesetzlicher oder anderweitiger Behinderung von Mitgliedern des Obergerichts, an der Entscheidung einer Sache Theil zu nehmen, ist das Obergericht befugt, ausnahmsweise behufs Herstellung der erforderlichen Zahl von Votanten, Mitglieder des Niedergerichts, gegen welche keiner der im § 3 aufgeführten Inhabilitätsgründe vorliegt, zur Entscheidung der Sache hinzuzuziehen.

VIII. Die Anklagekammer.

§ 27.

Eine Section von drei Mitgliedern des Obergerichts bildet die Anklagekammer. Dieselbe hat in der Regel aus drei rechtsgelehrten Mitgliedern zu bestehen, doch genügt es, wenn sich zwei rechtsgelehrte Mitglieder in derselben befinden. Die Anklagekammer entscheidet über die Verweisung einer Sache an das Geschwornengericht und Versetzung in den Anklagestand und die ihr sonst durch die Strafproceßordnung zugewiesenen Gegenstände nach Maaßgabe der letzteren.

IX. Das Oberappellationsgericht.

§. 28.

Das Oberappellationsgericht entscheidet als Cassationshof über Nichtigkeitsbeschwerden gegen Endurtheile der Geschwornengerichte und gegen die vom Obergericht in zweiter Instanz erlassenen Endurtheile in Strafsachen nach Maaßgabe der Strafproceßordnung und der „Bestimmungen über die Competenz des Oberappellationsgerichts und den Proceßgang in Strafsachen nach Einführung des auf öffentlicher Anklage beruhenden mündlichen Verfahrens" vom 6. October 1865.

Anhang.

Eid des Staatsanwalts.

Ich gelobe und schwöre zu Gott dem Allmächtigen, daß ich als Staatsanwalt dies mein Amt mit der größten Gewissenhaftigkeit, Sorgfalt und Thätigkeit verwalten, aller Advocatur in hiesigen Gerichten und aller juristischen Praxis sowohl direct als indirect mich enthalten, alle zu meiner Kenntniß kommenden Vergehen und Verbrechen vor den zuständigen Gerichten nach den Bestimmungen der Strafproceßordnung verfolgen oder durch meine Substituten verfolgen lassen, mich durch keine Freundschaft oder Feindschaft dabei beeinflussen lassen, von keinem bei der Verfolgung eines Vergehens oder Verbrechens direct oder indirect Betheiligten ein Geschenk annehmen, und überhaupt die mir durch die beikommenden Gesetze auferlegten Pflichten getreulich erfüllen will.

Gegeben in der Versammlung des Senats, Hamburg, den 30. April 1869.

№ 9. den 30. April 1869.

Strafproceßordnung.

Inhalt.

Der Senat hat in Uebereinstimmung mit der Bürgerschaft beschlossen und verkündet hiedurch als Gesetz, welches an einem späterhin von ihm zu bestimmenden und öffentlich bekannt zu machenden Tage in Kraft zu treten hat, was folgt:

Erster Abschnitt.

Allgemeine Bestimmungen.

I. Anwendung des Gesetzes.

§ 1.

Das gegenwärtige Gesetz bestimmt das Verfahren für alle diejenigen strafbaren Handlungen und Unterlassungen, über welche das Urtheil von einem Strafgericht zu fällen ist.

§ 2.

Wo dieses Gesetz sich des Ausdrucks Vergehen ohne nähere Bezeichnung bedient, ist unter diesem Ausdruck jede strafbare Handlung oder Unterlassung zu verstehen, auf welche dieses Gesetz nach Inhalt des § 1 anzuwenden ist.

Unter schweren Verbrechen werden in diesem Gesetze diejenigen Verbrechen verstanden, welche das Criminalgesetzbuch im höchsten Strafsatze mit Gefängnißstrafe von mehr als einem Jahre oder mit Zuchthausstrafe bedrohet.

II. Verfolgung der Vergehen.

§ 3.

Alle Vergehen sollen, insofern nicht die nachfolgenden Paragraphen eine Ausnahme vorschreiben oder zulassen, durch einen öffentlichen Ankläger von Amtswegen vor den

§ 4.

In Gemäßheit der Vorschrift des § 3 und vorbehältlich der in derselben in Bezug genommenen Ausnahmen haben diejenigen Behörden, welche das Amt des öffentlichen Anklägers zu versehen haben, sobald der Verdacht, daß ein Vergehen begangen sei, zu ihrer Kunde kommt, diesem Verdachte näher nachzuforschen und jedenfalls dann, wenn zu erwarten steht, daß durch ein Strafverfahren ein Schuldiger ermittelt werde, die Einleitung eines solchen Verfahrens bei den Gerichten zu beantragen.

Nach Einleitung des Strafverfahrens haben sie nach den näheren Bestimmungen dieses Gesetzes durch Stellung der geeigneten Anträge dahin zu wirken, daß durch das Verfahren der Thatbestand festgestellt und der Schuldige zu der gesetzlichen Strafe verurtheilt werde.

Sie haben jedoch bei dieser ihnen obliegenden Verfolgung niemals außer Acht zu lassen, daß dem Staate nicht nur daran gelegen ist, daß kein Schuldiger straflos bleibe, sondern auch daran, daß kein Unschuldiger verfolgt werde.

Die Verfolgung einer strafbaren Handlung kann unterbleiben:

1) wenn dieselbe neben einer gleichzeitig gegen den Thäter vorliegenden schwereren Anklage von keiner Erheblichkeit erscheint,
2) wenn dieselbe nach der Verurtheilung des Thäters wegen einer anderen strafbaren Handlung ermittelt wird, und bei gleichzeitiger Aburtheilung beider Vergehen keine erheblich härtere Strafe zu erkennen gewesen sein würde.

§ 5.

Die Gerichte können, vorbehältlich der ihnen für dringliche Fälle in dem § 30 ertheilten Befugnisse, nur auf Antrag eines zur Anklage Berechtigten ein Strafverfahren eröffnen.

§ 6.

Das Amt der öffentlichen Ankläger hat, insofern nicht die §§ 7 und 8 eine Ausnahme zulassen, der Staatsanwalt wahrzunehmen.

Der Staatsanwalt steht unter Aufsicht des Senats und hat, wenn dieser ihm in Bezug auf seine amtliche Thätigkeit Weisungen ertheilt, denselben Folge zu leisten. Im Uebrigen hat er selbstständig sein Amt zu führen.

§ 7.

Die Polizeibehörden können in allen Fällen, in denen die Competenz des Polizeirichters begründet ist, insofern der Staatsanwalt nicht bereits die Verfolgung übernommen hat, ohne Zuziehung desselben den Antrag auf Bestrafung bei dem Polizeirichter stellen, und, falls die Verhandlung vor dem Polizeirichter, ohne daß derselben eine Voruntersuchung vorausgegangen wäre, stattfindet, bei dieser Verhandlung durch einen ihrer Be-

Der betreffende Beamte oder Angestellte hat dem Staatsanwalt auf Verlangen die Fortsetzung des Verfahrens jederzeit zu überlassen.

§ 8.

Wegen Uebertretungen solcher Gesetze, für deren Aufrechthaltung besondere Verwaltungsbehörden zu sorgen haben, also insbesondere auch bei Uebertretungen der über die directen und indirecten Steuern erlassenen Gesetze, kann die betreffende Verwaltungsbehörde, vorausgesetzt, daß das Vergehen nicht mit einem anderen Vergehen zusammentrifft und daß für die Aburtheilung desselben der Polizeirichter competent ist, bei diesem letzteren den Antrag auf Bestrafung ohne Zuziehung des Staatsanwalts stellen und durch einen ihrer Beamten bei der Verhandlung vor dem Polizeirichter, wenn dieser eine Voruntersuchung nicht vorausgegangen ist, die Anklage vertreten lassen.

Der Staatsanwalt kann wegen Vergehen dieser Art auch dann, wenn nach den obigen Bestimmungen die Verwaltungsbehörden die Verfolgung nicht selbst übernehmen können, ein Strafverfahren nur auf Aufforderung der betreffenden Verwaltungsbehörde oder mit Genehmigung derselben veranlassen. Weigert die Verwaltungsbehörde die Genehmigung, so steht dem Staatsanwalt die Berufung an den Senat offen.

§ 9.

Bei Vergehen gegen die Ehre von Privatpersonen, (Criminalgesetzbuch Art. 166 und 167) hat, sofern nicht die unten erwähnte Ausnahme eintritt, der Verletzte selbst als Ankläger aufzutreten. Bei Angriffen gegen die Ehre von Verstorbenen sind dessen Ehegatte, Blutsverwandte und Verschwägerte in auf- und absteigender Linie, so wie leibliche Geschwister zur Anklage berechtigt.

Dem Ankläger steht vor Abgabe eines die Bestrafung aussprechenden Erkenntnisses das Recht zu, die Anklage wieder fallen zu lassen.

Wenn das Vergehen gegen die Ehre mit einem anderen von Staatswegen zu verfolgenden Verbrechen zusammentrifft (Art. 61 des Criminalgesetzbuchs), so hat der öffentliche Ankläger, auf den Antrag des eventuell in Kenntniß zu setzenden und zu einer Erklärung aufzufordernden Beleidigten, mit der Verfolgung wegen des anderen Verbrechens auch diejenige wegen der Ehrverletzung zu übernehmen, und mit derselben vor dem für das schwerere Vergehen competenten Gerichte zu combiniren. In solchem Falle kommt das Verfahren der §§ 242—250 nicht zur Anwendung.

Wird der Angeklagte wegen des von Staatswegen zu verfolgenden Verbrechens freigesprochen, so kann das Gericht dem Verletzten wegen des Vergehens gegen die Ehre die Anstellung einer Privatanklage vorbehalten, wenn es den Umständen nach eine sofortige Aburtheilung über dasselbe nicht angemessen erachtet.

§ 10.

Folgende im Criminalgesetzbuch aufgeführte Vergehen sollen nicht von Amtswegen, sondern nur auf Antrag oder mit Genehmigung des Beschädigten oder Verletzten verfolgt werden:

1) Hochverrätherische Handlungen gegen befreundete Staaten (Art. 76 des Criminalges.).
2) Beleidigungen gegen auswärtige Regenten (Art. 77).
3) Verletzung von Personen in denjenigen im Criminalgesetzbuch Art. 132, 133 und 134 aufgeführten Fällen, welche ausschließlich mit Gefängniß oder alternativ mit Gefängniß und Geldstrafe bedroht sind.
4) Entführung (Art. 143. 144).
5) Zwang zur Ehe (Art. 145).
6) Nothzucht (Art. 146).
7) Schändung (Art. 148).
8) Beeinträchtigung der Familienrechte (Art. 155).
9) Verleitung zur Ehe (Art. 156).
10) Betrügliche Ehe und Eheverlöbniß (Art. 157).
11) Beschädigung fremden Privateigenthums im Fall des Art. 180 unter 2.
12) Hausdiebstahl (Art. 186 unter g), sowie Unterschlagung in dem Art. 187 unter 2 b angeführten Falle, beide jedoch ohne Rücksicht auf den Werth des Gestohlenen oder Unterschlagenen.
13) Betrug in den Art. 190 des Criminalgesetzbuchs aufgeführten Fällen.
14) Entwendung eigener Sachen (Art. 191).
15) Verletzung fremder Geheimnisse (Art. 200).

Es findet jedoch auch wegen dieser Vergehen die Verfolgung von Amtswegen statt, wenn bei Verübung derselben die öffentliche Ruhe gestört, oder ein öffentliches Aergerniß gegeben wurde. Hat ein Vormund sich eines dieser Vergehen gegen seinen Mündel schuldig gemacht, so findet ebenfalls die Verfolgung von Amtswegen statt.

Frauenzimmer können den Antrag auf Verfolgung auch ohne einen Geschlechtscurator stellen.

Eine Zurücknahme des einmal gestellten Antrags oder der einmal ertheilten Genehmigung zur Verfolgung des Vergehens ist, nachdem das Urtheil vom Polizeirichter gefällt ist, und, wenn die Anklage vor dem Strafgericht oder Geschwornengericht erhoben ist, nach dem Beginne der Hauptverhandlung nicht mehr zulässig.

§ 11.

Alle Gerichte sind verpflichtet, von den ihnen zur Kunde kommenden Vergehen,

oder nur auf Antrag desselben (§ 9 und § 10) verfolgt werden können, den Staatsanwalt in Kenntniß zu setzen und demselben die bezüglichen Actenstücke mitzutheilen.

Eine gleiche Verpflichtung liegt sämmtlichen Verwaltungsbehörden ob.

Gehört das Vergehen zu denjenigen, die nur auf Aufforderung einer Verwaltungsbehörde verfolgt werden können (§ 8), so hat der Staatsanwalt von der ihm gewordenen Mittheilung die betreffende Verwaltungsbehörde in Kenntniß zu setzen.

Dem Gericht oder der Verwaltungsbehörde, auf deren Anzeige oder Aufforderung der Staatsanwalt die Verfolgung übernommen hat, hat derselbe das Ergebniß des Verfahrens mitzutheilen.

§ 12.

Anzeigen wegen Verübung von Vergehen und Anträge auf Verfolgung derjenigen Vergehen, welche nicht von Amtswegen verfolgt werden (§ 10), können von Privatpersonen (vorbehältlich der Bestimmung des § 9) sowohl bei dem Staatsanwalt, als den Polizeibehörden angebracht werden. Die Letzteren haben, wenn der Fall nicht der Art ist, daß sie nach den Bestimmungen des § 7 selbst die Verfolgung übernehmen können, die bei ihnen angebrachten Anzeigen und Anträge dem Staatsanwalt mitzutheilen.

Kommt eins der im § 10 bezeichneten Vergehen zur Kenntniß des Staatsanwalts oder der Polizeibehörden, ohne daß die betreffende Anzeige von dem Beschädigten oder Verletzten ausgegangen oder aus sonstigen Umständen seine Kenntniß des Vergehens zu entnehmen ist: so kann derselbe von dem Thatbestand in Kenntniß gesetzt, und zu einer Erklärung aufgefordert werden, ob er die gerichtliche Verfolgung beantrage.

§ 13.

Insofern es sich um ein Vergehen handelt, welches nur auf Aufforderung der betreffenden Verwaltungsbehörde, oder um ein solches, das nur auf Antrag des Beschädigten verfolgt werden kann, steht der Verwaltungsbehörde und beziehungsweise dem Beschädigten, in allen anderen Fällen aber jedem Privatmanne frei, wenn der Staatsanwalt sich weigert die Verfolgung zu eröffnen, wegen dieser Weigerung Beschwerde bei dem Senate zu führen.

Eine gleiche Beschwerde ist gegen die Polizeibehörden zulässig, wenn dieselben weder den Staatsanwalt von einem bei ihnen angebrachten Antrage oder einer ihnen gemachten Anzeige in Kenntniß setzen, noch, falls sie selbst die Verfolgung nach den Bestimmungen des § 7 übernehmen können, die Eröffnung eines Strafverfahrens veranlassen.

Wer dem Obigen gemäß zu einer Beschwerde gegen den Staatsanwalt und die Polizeibehörden befugt ist, kann auch, wenn diese Behörden nach Eröffnung des Strafverfahrens ihre amtlichen Obliegenheiten bei demselben nicht erfüllen, sich hierüber bei dem Senate beschweren.

§ 14.

Hält der Staatsanwalt die ihm von dem Beschädigten, oder demjenigen, der sonst ein nachweisbares Interesse an der Verfolgung eines Vergehens hat, zugegangene Anregung zur Verfolgung dieses Vergehens (§ 12) nicht dazu angethan, das gerichtliche Strafverfahren anhängig zu machen, so hat er ihn unter Angabe der Gründe zu bescheiden.

Demselben steht gegen die ablehnende Verfügung, sowie wenn der Staatsanwalt nach Eröffnung des Strafverfahrens seine amtlichen Obliegenheiten bei demselben nicht erfüllt, außer der Beschwerde bei dem Senate als vorgesetzter Dienstbehörde des Staatsanwalts, der Weg der Beschwerde an die Anklagekammer zu, welche die Eröffnung des strafgerichtlichen Verfahrens, beziehungsweise dessen Fortsetzung, anordnen kann.

Halten der Staatsanwalt und dessen regelmäßige Vertreter eine ihnen in Folge der vorstehenden Bestimmungen oder im Auftrage des Senates obliegende Thätigkeit mit ihrer rechtlichen Ueberzeugung nicht für vereinbar, so bestellt der Senat einen Vertreter für den Fragefall. Dasselbe kann geschehen, wenn die Staatsanwaltschaft rechtliche Bedenken gegen die Zulässigkeit eines von einer Verwaltungsbehörde in Anregung gebrachten strafgerichtlichen Verfahrens geltend gemacht hat.

§ 15.

Läßt der Staatsanwalt sich durch einen Substituten vertreten, so gilt Alles, was dieses Gesetz hinsichtlich des Staatsanwalts bestimmt, auch von dem Substituten desselben.

Die Substituten des Staatsanwalts haben den Weisungen des Staatsanwalts Folge zu leisten. Beschwerden gegen sie können, vorbehältlich der Beschwerdeführung bei dem Senate nach Maaßgabe des § 13, bei dem Staatsanwalt angebracht werden.

Bei etwaigen Pflichtversäumnissen des Staatsanwalts hat das betreffende Gericht dem Senate Anzeige zu machen und nöthigenfalls die Bestellung eines Stellvertreters für den einzelnen Fall zu beantragen.

III. Verbindung des Civilverfahrens mit dem Strafverfahren.

§ 16.

Der durch das Vergehen Beschädigte kann, wenn der Polizeirichter zur Abgabe des Strafurtheils competent ist, in der Verhandlung vor demselben zugleich seine Entschädigungsansprüche geltend machen; der Polizeirichter kann jedoch, wenn die Sache ihm weitläufig oder verwickelt erscheint, die Entscheidung über die Entschädigungsansprüche an die Civilgerichte verweisen und muß dieses dann thun, wenn der Angeklagte darauf anträgt.

Vor dem Strafgericht sowie vor dem Geschwornengericht können Entschädigungsansprüche nur von dem Staatsanwalt Namens des Staats oder einer Behörde erhoben werden, es steht jedoch auch diesen Gerichten jeder Zeit frei, derartige Ansprüche an die Civilgerichte zu verweisen. Die Entscheidung über die vor dem Geschwornengericht erhobenen Entschädigungsansprüche hat der Gerichtshof zu fällen.

In allen Fällen, in denen den obigen Bestimmungen gemäß die Strafgerichte über Entschädigungsansprüche erkennen können, dürfen sie auch unter Anerkennung der Entschädigungspflicht die Betheiligten behufs Feststellung der Höhe der Entschädigung an die Civilgerichte verweisen.

§ 17.

Die Auslieferung der im Laufe des Strafverfahrens in Beschlag genommenen Gegenstände ist in der Regel von den Strafgerichten, und zwar ohne daß es eines hierauf gerichteten Antrags bedürfte, zu verfügen; die Strafgerichte können jedoch, wenn von verschiedenen Seiten der Besitz beansprucht wird, oder es ihnen sonst aus besonderen Gründen angemessen erscheint, die Beschlagnahme nach der Beendigung des Strafverfahrens fortbestehen lassen und die Betheiligten zur Geltendmachung ihrer Ansprüche an die Civilgerichte verweisen.

Zweiter Abschnitt.

Befugnisse des Staatsanwalts und der Polizeibehörden vor Eröffnung eines Strafverfahrens.

I. Befugnisse des Staatsanwalts.

§ 18.

In Folge der im § 4 enthaltenen Bestimmungen ist der Staatsanwalt befugt, sobald der Verdacht eines Vergehens, wegen dessen die Verfolgung ihm zusteht, zu seiner Kunde kommt, vor Eröffnung des Strafverfahrens Nachforschungen zur Ermittelung des Thatbestands und des Thäters anzustellen.

Zu diesem Behufe kann der Staatsanwalt von hiesigen und auswärtigen Behörden Auskunft einziehen und von allen polizeilichen und gerichtlichen Acten Einsicht nehmen.

Derselbe kann ferner durch Beamte oder Angestellte der Polizeibehörden Erkundigungen bei Privatpersonen einziehen lassen.

Der Staatsanwalt kann den Beistand der Polizeibeamten unmittelbar fordern.

Vorladungen können von dem Staatsanwalt nicht erlassen werden und zu dem angegebenen Behufe auch nicht von den Polizeibehörden oder deren Beamten.

§ 19.

Bei frischer That oder bei obwaltender Gefahr im Verzuge ist der Staatsanwalt berechtigt, sich an den Ort der That zu begeben und von den dort Anwesenden

Erkundigungen einzuziehen. Derselbe kann alsdann zugleich die auf das Vergehen bezüglichen Gegenstände in Beschlag nehmen und Anordnungen treffen, damit die Spuren, die das Vergehen zurückgelassen hat, bis zur Einnahme des richterlichen Augenscheins erhalten werden. Zu letzterem Behufe kann er namentlich auch eine Bewachung des Orts, an welchem die That geschehen ist, anordnen.

§ 20.

Bei frischer That oder bei obwaltender Gefahr im Verzuge kann der Staatsanwalt in den Fällen, in denen die Gerichte zur Anordnung einer Haussuchung befugt sind, zu einer solchen schreiten. Der Staatsanwalt kann in solchen Fällen auch die Beschlagnahme der Papiere eines Verdächtigen, niemals aber eine Durchsuchung derselben vornehmen.

§ 21.

Die Festnehmung eines Verdächtigen kann der Staatsanwalt anordnen, wenn die Voraussetzungen, unter denen die Gerichte einen Vorführungsbefehl erlassen dürfen, vorhanden sind und zugleich Gefahr auf dem Verzuge haftet.

§ 22.

Hat der Staatsanwalt die Festnehmung eines Verdächtigen nach Maaßgabe der vorstehenden Paragraphen vorgenommen, so hat derselbe unverzüglich und spätestens am folgenden Werktage die Eröffnung einer Voruntersuchung bei dem Untersuchungsgericht zu beantragen, oder, vorausgesetzt, daß die Competenz des Polizeirichters begründet ist, vor diesem die Anklage zu erheben. In gleicher Frist hat der Staatsanwalt dem Gericht den von ihm festgenommenen Verdächtigen zu überweisen.

Hat der Staatsanwalt eine Haussuchung oder Beschlagnahme vorgenommen, so muß er unverzüglich oder spätestens am folgenden Werktage die Einleitung einer Voruntersuchung beantragen, oder mindestens die über den Vorgang aufgenommene Verhandlung dem Untersuchungsgericht, beziehungsweise dem Polizeirichter vorlegen, welche die Beobachtung der gesetzlichen Vorschriften zu prüfen und eintretenden Falls zu bestätigen, andernfalls alsbald die nöthige Remedur zu veranlassen haben.

II. Befugnisse der Polizeibehörden.

§ 23.

In denjenigen Fällen, in denen die Polizeibehörden die Verfolgung des Vergehens übernehmen können und, falls eine Benachrichtigung des Staatsanwalts nicht rechtzeitig erfolgen kann, auch in den Fällen, in denen dem Staatsanwalt die Verfolgung zusteht, haben die Vorstände der Polizeibehörden die im § 18, und die Beamten

§ 24.

Polizeidiener und andere Diener der öffentlichen Gewalt können ausnahmsweise ohne weitere Ermächtigung denjenigen festnehmen, welchen sie

1) bei der Verübung eines Vergehens betreffen,
2) denjenigen, welchen sie unmittelbar nach der Verübung des Vergehens entweder am Orte der That unter Umständen antreffen, welche darauf schließen lassen, daß er das Vergehen begangen habe, oder auf der Flucht vom Orte der That,
3) denjenigen, welchen sie alsbald nach der That mit Werkzeugen, die muthmaßlich zur Verübung des Vergehens benutzt sind, betreffen, oder mit gestohlenem Gute, oder mit anderen Gegenständen, welche ihn als Urheber der That oder als Mitschuldigen verdächtig machen,
4) denjenigen, welcher ihnen alsbald nach der Verübung eines schweren Verbrechens in glaubwürdiger Weise von dem Verletzten als Thäter bezeichnet wird, oder von dem unter denselben Voraussetzungen andere Personen ihnen angeben, daß sie ihn bei der That oder unter den unter 2) und 3) angegebenen Umständen betroffen haben.

Gegenstände, welche der Festzunehmende bei sich führt, sind, insofern dieselben nicht außer Beziehung zu dem Vergehen stehen, bei der Festnehmung in Beschlag zu nehmen.

§ 25.

Bei Vergehen von geringerer Bedeutung, namentlich bei solchen Vergehen, welche in polizeilichen Verordnungen nur mit einer Geldstrafe bedrohet sind, darf auch in den im vorigen Paragraphen unter 1—3) aufgeführten Umständen eine Festnehmung nicht erfolgen, wenn der Festzunehmende nachweist, daß und wo er innerhalb des Hamburgischen Staats wohnhaft ist, oder eine genügende Sicherheit dafür giebt, daß er sich freiwillig stellen werde.

§ 26.

Die Polizeibehörden haben, sobald die ihren Beamten in den §§ 23 und 24 ertheilten Befugnisse ausgeübt werden, die dem Staatsanwalt im § 22 ertheilten Vorschriften zu beobachten, beziehungsweise durch rechtzeitige Benachrichtigung des Staatsanwalts diesen zur Beobachtung jener Vorschriften in den Stand zu setzen.

Dritter Abschnitt.

Die Voruntersuchung.

I. Zweck und Eröffnung derselben.

§ 27.

Die Voruntersuchung hat den Thatbestand des angezeigten Vergehens, sowie

zu erforschen, als dieses zur Entscheidung der Frage, ob, gegen wen und wegen welchen Vergehens eine Anklage zu erheben ist, und zur Vorbereitung der Hauptverhandlung erforderlich ist.

In der Voruntersuchung ist zugleich darauf Bedacht zu nehmen, daß eine Fortsetzung des Vergehens verhindert, und dem durch das Vergehen herbeigeführten Schaden Einhalt gethan werde.

§ 28.

Dem Verfahren vor dem Geschwornengericht muß stets eine Voruntersuchung vorausgehen.

Vor dem Strafgericht kann die Anklage, ohne daß eine Voruntersuchung vorausgegangen ist, erhoben werden. Wenn indessen in Folge der Bestimmungen des vorigen Abschnitts der Staatsanwalt oder die Polizeibehörden die Festnehmung eines Verdächtigen oder eine Haussuchung oder eine Beschlagnahme vorgenommen haben, so muß auch der Verhandlung vor dem Strafgericht stets eine Voruntersuchung vorausgehen.

Bei Vergehen, über welche der Polizeirichter zu entscheiden hat, ist in der Regel die Anklage, ohne daß eine Voruntersuchung vorausgegangen ist, zu erheben.

§ 29.

Abgesehen von der dem Polizeirichter in dem § 240 ertheilten Befugniß kann eine Voruntersuchung nur auf Antrag des Staatsanwalts oder auf Grund der Bestimmungen des § 14 eröffnet werden.

Findet der Vorsitzende des Untersuchungsgerichts den Antrag des Staatsanwalts begründet, so bedarf es zur Eröffnung der Voruntersuchung keines Beschlusses des Untersuchungsgerichts. Zur Abweisung eines solchen Antrags ist dagegen stets ein Beschluß des Untersuchungsgerichts erforderlich.

§ 30.

Ist Gefahr im Verzuge, so kann jedes Mitglied des Untersuchungsgerichts, wenn demselben Umstände zur Kunde kommen, die den Staatsanwalt voraussichtlich zur Beantragung einer Voruntersuchung veranlassen werden, ohne Weiteres die zur Feststellung des Thatbestandes nöthigen Untersuchungshandlungen vornehmen, sowie die Festnehmung des Verdächtigen anordnen. Der Staatsanwalt ist hiervon jedoch ohne Verzug in Kenntniß zu setzen und vor weiteren Untersuchungshandlungen dessen Antrag abzuwarten.

II. Das Untersuchungsgericht und der Untersuchungsrichter.

§ 31.

Die Voruntersuchungen werden unter Aufsicht des Untersuchungsgerichts geführt.

Ist in einer bereits einem Untersuchungsrichter übertragenen Voruntersuchung dieser abwesend oder verhindert, so kann ein anderes Mitglied des Untersuchungsgerichts seine Stelle vertreten.

§ 32.

Der Untersuchungsrichter hat in den ihm übertragenen Voruntersuchungen die erforderlichen Untersuchungshandlungen von Amtswegen vorzunehmen; eines Antrags des Staatsanwalts auf die Vornahme einer bestimmten Untersuchungshandlung bedarf es nur in den Fällen, für welche dieses besonders vorgeschrieben ist.

§ 33.

Die Vernehmungen, die Einnahme des Augenscheins am Orte der That, Haussuchungen, die Beschlagnahme und Durchsuchung von Papieren und die Eröffnung von Briefen sind gerichtliche Handlungen; sie müssen sämmtlich von dem Untersuchungsrichter persönlich vorgenommen werden. Ausnahmsweise kann der Untersuchungsrichter Haussuchungen und die Beschlagnahme von Papieren durch Polizeibeamte, oder auf dem entfernteren Landgebiet durch die Vögte, in beiden Fällen unter Zuziehung eines beeidigten Protokollführers, ausführen lassen.

§ 34.

Zur Vornahme aller gerichtlichen Untersuchungshandlungen ist neben dem Untersuchungsrichter stets noch die Gegenwart eines beeidigten Protokollführers erforderlich.

Ist in eiligen Fällen die Hinzuziehung eines solchen Protokollführers unausführbar, so müssen an dessen Stelle zwei unbetheiligte Urkundspersonen hinzugezogen werden.

§ 35.

Ist zu dem im § 27 angegebenen Zwecke der Voruntersuchung eine Untersuchungshandlung im Auslande nothwendig, so ist die zuständige auswärtige Behörde vom Untersuchungsgericht, oder Namens desselben vom Untersuchungsrichter, um die Vornahme dieser Handlung zu ersuchen.

§ 36.

Ueber die Lage der ihm übertragenen Untersuchungen hat der Untersuchungsrichter jeder Zeit dem Untersuchungsgericht auf dessen Aufforderung Bericht zu erstatten.

Derselbe hat ferner, sobald in den ihm übertragenen Voruntersuchungen einer der Fälle eintritt, in denen nach den Bestimmungen dieses Gesetzes dem Untersuchungsgericht die Entscheidung vorbehalten ist, eine Berathung und Beschlußnahme des Gerichts zu veranlassen.

Auch außerdem kann der Untersuchungsrichter, so oft er wegen der Wichtigkeit der Untersuchungshandlung es nöthig findet, einen Beschluß des Untersuchungsgerichts

III. Stellung des Staatsanwalts in der Voruntersuchung.

§ 37.

Der Staatsanwalt kann sich mit dem Untersuchungsrichter unmittelbar in Verkehr setzen, alle ihm erheblich erscheinenden Umstände demselben mittheilen und die Vornahme einzelner Untersuchungshandlungen bei demselben beantragen.

Der Staatsanwalt ist ferner befugt, jeder Zeit von dem Stande der anhängigen Voruntersuchungen Kenntniß zu nehmen.

Der Gang der Untersuchung darf jedoch dadurch nicht aufgehalten werden.

§ 38.

Bei dem Augenscheine, wenn dieser vom Untersuchungsrichter am Orte der That eingenommen wird, bei Haussuchungen und bei der Durchsuchung von Papieren kann der Staatsanwalt gegenwärtig sein und die Gegenstände bezeichnen, auf welche er diese Untersuchungshandlungen erstreckt zu sehen wünscht. Den Vernehmungen darf dagegen der Staatsanwalt niemals beiwohnen.

§ 39.

Glaubt der Untersuchungsrichter sich weigern zu müssen, auf einen Antrag des Staatsanwalts einzugehen, so hat er die Entscheidung des Untersuchungsgerichts über den Antrag einzuholen.

§ 40.

Hat das Untersuchungsgericht über einen Antrag des Staatsanwalts zu entscheiden, so ist, wenn es rechtzeitig geschehen kann, der Staatsanwalt aufzufordern in der Sitzung des Untersuchungsgerichts zugegen zu sein und seinen Antrag näher zu begründen.

Auch den sonstigen Berathungen des Untersuchungsgerichts kann der Staatsanwalt, wenn das Gericht es für angemessen hält, beiwohnen.

§ 41.

Während der Voruntersuchung kann auch der durch das Vergehen Beschädigte Anträge auf Vornahme einzelner Untersuchungshandlungen oder auf Sicherstellung seiner Entschädigungsansprüche stellen. Derselbe ist jedoch nicht befugt, vor dem Schlusse der Voruntersuchung Einsicht der Untersuchungsacten, oder Mittheilungen aus denselben zu verlangen.

§ 42.

Die dem Staatsanwalt und den Beamten der Polizeibehörden in dem zweiten

Befugnisse stehen denselben auch nach Eröffnung der Voruntersuchung zu, jedoch immer nur unter der Voraussetzung, daß durch eine Benachrichtigung des Untersuchungsrichters ein bedenklicher Verzug entstehen würde.

§ 43.

Die Polizeibehörden können von dem Untersuchungsrichter, entweder durch Vermittelung des Staatsanwalts oder unmittelbar, zur Einziehung von Erkundigungen aufgefordert werden, und haben über das Ergebniß ihrer Erkundigungen durch ihre Beamten schriftlich zu den Acten berichten zu lassen.

IV. Vorladung, Vorführung und Verhaftung.

1. Vorladung.

§ 44.

Ein Jeder, dessen Gegenwart an Gerichtsstelle Behufs seiner Vernehmung, oder einer anderen Untersuchungshandlung, oder Behufs Eröffnung eines Erkenntnisses erforderlich ist, ist schriftlich vorzuladen, insofern nicht die Voraussetzungen vorhanden sind, unter denen ein Vorführungsbefehl erlassen werden darf.

In der Vorladung ist in der Regel der Gegenstand der Untersuchung oder auch der Gegenstand der Vernehmung im Allgemeinen anzugeben und zugleich die im Falle des Nichterscheinens eintretende Strafe anzudrohen.

Die Zustellung der Vorladung hat spätestens am Tage vor der in derselben anberaumten Erscheinungszeit zu geschehen.

§ 45.

Derjenige, welcher auf die erste Vorladung nicht erscheint, ist in eine Strafe bis zu 5 Thalern, und falls er auch auf die zweite Vorladung ausbleibt, bis zu 10 Thalern zu nehmen.

Diese Strafen sind nicht auszusprechen, wenn der Vorgeladene bis zu der anberaumten Erscheinungszeit sein Ausbleiben genügend entschuldigt. Ob auf eine spätere Entschuldigung die Strafe zu erlassen ist, hat der Untersuchungsrichter nach Maaßgabe der Umstände zu entscheiden.

§ 46.

Ist der Vorgeladene auf die zweite Vorladung ohne genügende Entschuldigung ausgeblieben, so kann der Untersuchungsrichter einen Vorführungsbefehl gegen denselben erlassen.

Ein solcher Befehl kann auch gegen denjenigen erlassen werden, der sich der Zustellung einer für ihn bestimmten Vorladung in erweislich böser Absicht entzieht.

§ 47.

Ist der Vorzuladende durch Krankheit oder Gebrechlichkeit verhindert, an Gerichtsstelle zu erscheinen, so kann die Untersuchungshandlung in der Wohnung desselben vorgenommen werden und ist alsdann anstatt der Vorladung eine entsprechende Benachrichtigung zu erlassen.

2. Vorführung und Verhaftung.

§ 48.

Gegen einen Verdächtigen kann ohne vorgängige Vorladung ein Vorführungsbefehl erlassen werden:

1) wenn seine Wohnung nicht zu ermitteln ist,
2) wenn er in Folge gerichtlichen Urtheils unter Polizeiaufsicht steht,
3) bei frischer That,
4) wenn zu besorgen steht, daß der Verdächtige vor seiner Vernehmung sich von hier entfernen werde, oder einer der Gründe vorliegt, aus denen nach der Bestimmung des § 54 unter 2) und 3) die Untersuchungshaft eintreten kann.

§ 49.

Liegt keine der im vorigen Paragraphen für die Erlassung eines Vorführungsbefehls aufgeführten Voraussetzungen vor, so ist der Verdächtige unter Beobachtung der in den §§ 44—47 enthaltenen Vorschriften vorzuladen; es kann jedoch gegen einen Verdächtigen schon dann, wenn er auf die erste Vorladung ohne genügende Entschuldigung ausbleibt, ein Vorführungsbefehl erlassen werden.

§ 50.

Jeder Vorführungsbefehl muß den Namen des Verdächtigen, oder, wenn dieser unbekannt ist, eine genügende Bezeichnung seiner Person, enthalten, das Vergehen, auf welches sich der Verdacht bezieht, angeben und von dem Untersuchungsrichter unterzeichnet sein.

Geschieht die Vorführung nach Maaßgabe des § 46, so ist ebenfalls der Grund derselben in dem Befehle anzugeben.

Dem Vorzuführenden ist der Vorführungsbefehl sofort bei der Festnehmung zur Einsicht vorzulegen.

§ 51.

Sind die Voraussetzungen vorhanden unter denen ein Vorführungsbefehl erlassen werden darf, so kann dem Vorzuführenden auch eine Vorladung auf sofortiges Erscheinen mit der Androhung; daß sonst ein Vorführungsbefehl erlassen werde, zugestellt werden.

§ 52.

In allen Fällen, in denen Polizeidiener oder andere Diener der öffentlichen Gewalt kraft eines Vorführungsbefehls oder auch in Gemäßheit der Vorschriften des zweiten Abschnitts dieses Gesetzes zur Festnehmung eines Verdächtigen befugt sind, können sie Behufs Auffindung desselben auch dessen Wohnung durchsuchen, die Wohnung anderer Personen gegen deren Willen jedoch nur dann, wenn hierzu ein ausdrücklicher richterlicher Befehl ertheilt worden, oder in unmittelbarer Verfolgung desselben, oder wenn sonst dringende Gründe für die Vermuthung sprechen, daß der Verdächtige sich daselbst aufhalte, und zugleich Gefahr auf dem Verzuge steht.

Ein richterlicher Befehl zur Durchsuchung der Wohnung dritter Personen ist für diesen Zweck ebenfalls nur dann zu ertheilen, wenn für die Vermuthung, daß der Verdächtige sich daselbst aufhalte, triftige Gründe vorhanden sind.

§ 53.

Jeder, welcher kraft eines Vorführungsbefehls festgenommen ist, darf, falls seine Vernehmung nicht sofort erfolgen kann, einstweilen in eins der für Untersuchungsgefangene bestimmten Gefängnisse geführt werden, muß aber spätestens an dem darauf folgenden Werktage dem Untersuchungsrichter vorgeführt und von demselben in solcher Weise vernommen werden, daß er Gelegenheit hat, den gegen ihn entstandenen Verdacht zu beseitigen.

In gleicher Weise muß derjenige, welcher in Folge der Bestimmungen des zweiten Abschnitts festgenommen und dem Untersuchungsgericht überwiesen ist, spätestens an dem seiner Ueberweisung folgenden Werktage vernommen werden.

§ 54.

Gegen denjenigen, welcher nach seiner Vernehmung verdächtig bleibt, oder durch dieselbe verdächtig wird, kann der Untersuchungsrichter die Untersuchungshaft verfügen, wenn mit hinreichender Wahrscheinlichkeit anzunehmen ist,

1) daß der Verdächtige vor Beendigung des Verfahrens sich von hier entfernen werde, oder

2) daß derselbe die Spuren, welche die That zurückgelassen hat, vernichten, oder Gegenstände, die in Beschlag zu nehmen sind, beseitigen oder die Untersuchung durch Verabredung mit anderen zu vernehmenden Personen oder durch sonstige Veranstaltungen vereiteln, oder

3) daß derselbe das Vergehen fortsetzen werde.

Aus dem unter 1) aufgeführten Grunde kann die Untersuchungshaft gegen Jemand, der seinen regelmäßigen Wohnsitz im Hamburgischen Staate hat, nur dann verfügt werden, wenn derselbe auf der Flucht ergriffen worden ist, oder Anstalten zu seiner Entfernung getroffen hat, oder auch der Verdacht sich auf ein schweres Verbrechen bezieht.

Aus den unter 2) aufgeführten Gründen kann die Untersuchungshaft nicht verfügt werden, wenn der Verdacht sich nur auf eines derjenigen Vergehen bezieht, welche in den vom Senate und den Polizeibehörden erlassenen Verordnungen mit Strafe bedrohet sind.

§ 55.

Wegen solcher Vergehen, wegen derer der Verdächtige im Falle seiner Verurtheilung voraussichtlich nur mit einer Geldstrafe belegt werden wird, kann, auch wenn die in dem vorigen Paragraphen angegebenen Voraussetzungen vorhanden sind, doch niemals eine Untersuchungshaft eintreten, und auch ein Vorführungsbefehl nur in Gemäßheit der Vorschriften der §§ 46 und 49 erlassen werden.

§ 56.

Die Gründe, aus denen die Untersuchungshaft verfügt wird, sind in der Verfügung selbst anzugeben und zugleich mit dieser Verfügung dem zu Verhaftenden zu eröffnen.

Wird diese Verfügung nicht unmittelbar nach der Vernehmung abgegeben, so ist Behufs Eröffnung derselben entweder ein Vorführungsbefehl zu erlassen, oder eine Ausfertigung derselben dem zu Verhaftenden bei seiner Festnehmung zur Einsicht vorzulegen.

Es kann jedoch, wenn der Verdacht gegen Jemand, erst nachdem er vernommen und wieder entlassen ist, entsteht, die Untersuchungshaft niemals, bevor er aufs neue vernommen ist, verfügt werden, vielmehr immer nur eine Vorführung unter Beobachtung der Vorschriften des § 53 erfolgen.

§ 57.

Jeder, gegen den ein Vorführungsbefehl erlassen, oder die Untersuchungshaft verfügt ist, kann verlangen, daß ihm innerhalb 24 Stunden eine Ausfertigung des Befehls oder der Verfügung zugestellt werde.

§ 58.

Der zu Verhaftende ist in der Regel in einem der für Untersuchungsgefangene bestimmten Gefängnisse zu verwahren; auf seinen Antrag kann jedoch die Bewachung in seiner oder einer anderen Wohnung angeordnet werden, wenn die Kosten dieser Bewachung im Voraus sichergestellt werden und der Zweck der Haft in dieser Weise mit genügender Sicherheit erreicht werden kann.

§ 59.

Im Gefängniß kann der Verhaftete auf seine Kosten Beschäftigung und gewohnte Bequemlichkeit sich verschaffen, insofern sie die Sicherheit nicht gefährden und die Gefängnißordnung nicht stören.

Fesseln sind dem Verhafteten nur dann anzulegen, wenn es wegen besonderer Gefährlichkeit seiner Person, namentlich also auch zum Schutze Anderer, erforderlich ist.

§ 60.

Der Verhaftete kann, soweit der Zweck der Untersuchung es gestattet und soweit dadurch die Gefängnißordnung nicht gestört wird, mit anderen Personen mündlich oder schriftlich verkehren. Der Untersuchungsrichter hat diesen Verkehr zu überwachen und darf denselben gänzlich untersagen, wenn zu besorgen steht, daß der Verkehr zur Vereitelung des Zwecks der Untersuchung mißbraucht werde. Die Gefängnißverwaltung ist verpflichtet, etwaige Beschwerden der Untersuchungsgefangenen über ihre Behandlung im Gefängniß ungesäumt dem Untersuchungsrichter beziehungsweise der Anklagekammer oder dem Gericht zukommen zu lassen.

Mündlich bei dem Untersuchungsrichter angebrachte Beschwerden hat derselbe zu Protokoll zu nehmen.

§ 61.

Niemand darf länger als 8 Tage in der Untersuchungshaft zurückbehalten werden, wenn nicht inzwischen das Untersuchungsgericht die Haft ausdrücklich bestätigt hat.

§ 62.

Die Haft ist vom Untersuchungsrichter wieder aufzuheben, sobald ein Verdacht gegen den Verhafteten nicht mehr vorliegt, oder keine der im § 54 für die Verfügung der Haft angeführten Voraussetzungen mehr vorhanden sind.

3. Sicherheitsstellung.

§ 63.

Würde die Verhaftung nur aus dem im § 54 unter 1) angeführten Grunde sich rechtfertigen, so darf sie, falls nicht dringende Verdachtsgründe eines schweren Vergehens vorliegen, entweder nicht ausgeführt, oder muß doch sofort wieder aufgehoben werden, wenn der Verdächtige sich im Protokoll verpflichtet:

daß er bis zur Beendigung des Strafverfahrens den Hamburgischen Staat nicht verlassen, und von einer etwaigen Aenderung seiner, von ihm aufzugebenden Wohnung den Untersuchungsrichter sofort in Kenntniß setzen wolle —,

und zugleich durch Niederlegung einer Summe Geldes, oder durch Pfandbestellung oder durch selbstschuldige Bürgen für diese Summe eine genügende Sicherheit für die Ein-

Die Höhe der Sicherheitssumme ist nach den Umständen zu bestimmen; ebenso ist nach den Umständen über die Tauglichkeit der Bürgen oder der sonst in Vorschlag gebrachten Sicherheitsmittel zu entscheiden, sowie darüber, ob Ein Bürge genügt.

§ 64.

Ist der Verdächtige außer Stande eine Sicherheit zu bestellen, so darf er unter Umständen auch zu einer eidlichen Uebernahme der im vorigen Paragraphen angegebenen Verpflichtung zugelassen werden.

§ 65.

Ungeachtet der Sicherheitsstellung ist der Verdächtige, auch abgesehen von dem Fall, daß der Verdacht wegen eines anderen Vergehens gegen ihn entsteht, festzunehmen, wenn er auf eine an ihn ergangene Vorladung ohne genügende Entschuldigung ausbleibt, oder Anstalten zur Flucht trifft, oder seine Verhaftung aus einem der im § 54 unter 2) und 3) aufgeführten Gründe nothwendig wird.

Die Sicherheitssumme wird frei, sobald die Festnehmung wiederum erfolgt ist. Sie wird ferner frei, sobald die Einstellung des Verfahrens (§ 131) erfolgt oder der Verdächtige freigesprochen wird, sowie dann, wenn er die gegen ihn erkannte Freiheitsstrafe angetreten hat. Die Bürgen werden auch dann frei, wenn einer von ihnen seine Vermuthung, daß der Verdächtige sich von hier entfernen werde, so zeitig anzeigt, daß die Festnehmung füglich noch hätte erfolgen können.

§ 66.

Die bestellte Sicherheit ist, wenn sie nicht wieder frei geworden ist (§ 65), von dem Untersuchungsgericht für verfallen zu erklären, wenn der Verdächtige aus dem Hamburgischen Staate sich entfernt hat, oder in der von ihm aufgegebenen Wohnung nicht aufzufinden ist und auch von den Bürgen in einer ihnen zu gewährenden Frist nicht gestellt wird.

Die verfallene Sicherheitssumme fließt der Staatskasse zu, sie ist jedoch, soweit es zur Schadloshaltung des durch das Vergehen Beschädigten erforderlich ist, diesem vom Untersuchungsgericht zuzusprechen.

§ 67.

Bevor der Verhaftete, sei es gegen Bestellung einer Sicherheit, sei es ohne dieselbe, sei es gegen die im § 64 erwähnte eidliche Verpflichtung, aus der Haft entlassen wird, ist dem Staatsanwalt von der beabsichtigten Entlassung Nachricht zu geben und, falls derselbe der Entlassung widerspricht, oder die angebotene Sicherheit nicht für genügend erachtet, so wie in den §§ 39 und 40 vorgeschrieben, zu verfahren.

Beschließt das Untersuchungsgericht gegen den Widerspruch des Staatsanwalts die Entlassung aus der Haft, so steht dem Staatsanwalt gegen diese Verfügung die Appellation an das Obergericht zu, wenn er dieselbe sofort bei Eröffnung der Verfügung einlegt. Die Appellation ist innerhalb drei Tagen beim Obergericht auszuführen.

4. Verfahren gegen Abwesende und Flüchtige.

§ 68.

Richtet sich der Verdacht gegen einen Abwesenden, so kann das Untersuchungsgericht und in eiligen Fällen der Untersuchungsrichter die Behörde des Orts, an dem der Verdächtige sich aufhält, ersuchen, denselben zu verhaften, zu vernehmen, und das Vernehmungsprotokoll einzusenden.

Ist den Umständen nach anzunehmen, daß der Verdächtige, um dem Verfahren zu entgehen, sich entfernt hat, oder hält derselbe sich in einem nahe gelegenen Orte auf, oder kann die Vernehmung desselben in seinem Aufenthaltsorte nicht in genügender Weise erwirkt werden, so kann das Untersuchungsgericht auf Antrag des Staatsanwalts das fernere Ersuchen an die auswärtige Behörde stellen, den Verdächtigen an das hiesige Gericht auszuliefern.

Dasselbe Ersuchen hat das Untersuchungsgericht zu stellen, wenn der Staatsanwalt nach dem Schlusse der Voruntersuchung erklärt, daß er die Anklage gegen den auswärts Verhafteten erheben wolle.

§ 69.

Ist der Aufenthaltsort eines Verdächtigen unbekannt und ist anzunehmen, daß derselbe, um dem Verfahren zu entgehen, sich entfernt hat, so hat das Untersuchungsgericht auf Antrag des Staatsanwalts ein offenes, in hiesige und nach Befinden in ausländische Blätter einzurückendes, allgemeines Ersuchen um Festnehmung des Verdächtigen zu erlassen. Ein solcher Steckbrief kann auch dann, wenn gegen einen Abwesenden ein dringender Verdacht vorliegt und dessen Aufenthalt durch andere Nachforschungen nicht zu ermitteln ist, erlassen werden.

§ 70.

Bei Vergehen, wegen derer voraussichtlich nur auf eine Geldstrafe erkannt werden wird, ist ein Verfahren nach Maaßgabe der beiden vorigen Paragraphen niemals zulässig. Ein Steckbrief kann auch dann nicht erlassen werden, wenn das Strafurtheil von dem Polizeirichter abzugeben ist.

§ 71.

Einem Abwesenden, der sich gegen sicheres Geleit vor dem Gericht stellen zu wollen erklärt, kann dieses Geleit mit Zustimmung des Staatsanwalts vom Untersuchungsgericht, nach Befinden gegen Sicherheitsleistung, dergestalt ertheilt werden, daß er während der Voruntersuchung, oder auch bis zum Endurtheile von Festnehmung seiner Person befreiet sein soll.

Das sichere Geleit wirkt nur in Rücksicht des Vergehens, wegen dessen es ertheilt ist. Es verliert seine Wirkung, wenn derjenige, dem es ertheilt wurde, ungehorsam ausbleibt, wenn er sich der Fortsetzung des Verfahrens durch die Flucht oder durch Verbergen seines Aufenthaltes entzieht und, falls das Geleit ihm nur unter Bedingungen ertheilt war, wenn er diese Bedingungen nicht erfüllt.

Ist einem flüchtigen Falliten von den Civilgerichten sicheres Geleit gewährt, so ist dasselbe auch für die Strafgerichte maaßgebend.

V. Vernehmungen.

§ 72.

Soweit nicht die nachfolgenden Paragraphen eine Ausnahme zulassen, ist Jeder, dessen Vernehmung vom Untersuchungsrichter verfügt wird, verpflichtet, über Alles, was ihm von dem Gegenstande der Untersuchung bekannt ist, oder mit demselben im Zusammenhang steht, Auskunft zu ertheilen.

Wer seiner Verpflichtung entgegen die Auskunft im Allgemeinen oder auf einzelne Fragen verweigert, oder um sich der Verpflichtung zu entziehen, sich taub, stumm oder geistig unfähig stellt, kann vom Untersuchungsgericht in eine bei fortgesetzter Weigerung steigende Geldstrafe verurtheilt werden. In wichtigeren Fällen kann der die Auskunft Verweigernde, bis er sich zur Ertheilung derselben entschließt, in Verhaft genommen werden. Die Gesammtheit der wegen verweigerter Auskunft in einer und derselben Voruntersuchung gegen dieselbe Person erkannten Geldstrafen darf jedoch die Summe von 50 Thalern, die eventuell verhängte Gefängnißstrafe unter keinen Umständen die Dauer von vier Wochen übersteigen.

§ 73.

Gegen denjenigen, welcher des Vergehens, auf welches sich die Voruntersuchung bezieht, von dem Ankläger oder einem Dritten beschuldigt worden ist, sowie gegen denjenigen, welcher sich in Untersuchungshaft befindet, oder sonst als des Vergehens verdächtig behandelt wird, darf wegen Verweigerung der Auskunft weder eine der im vorigen Paragraphen angedroheten Strafen verfügt, noch sonst ein Zwangsmittel, um ihn zur Auskunftsertheilung zu veranlassen, angewendet werden.

§ 74.

Die Auskunft verweigern können Staatsbeamte in dem im § 170 unter 1) angegebenen Falle, sowie derjenige, welcher, wenn die Anklage gegen den Beschuldigten oder als verdächtig Behandelten erhoben werden sollte, aus einem der im § 170 unter 2), 3) und 4) angegebenen Gründe in der Hauptverhandlung die Ablegung des Zeugnisses verweigern kann.

Wird die Vernehmung einer der im § 170 unter 2) genannten Personen beabsichtigt, so ist derselben von ihrer Berechtigung, die Auskunft zu verweigern, zuvor Kenntniß zu geben, sobald die Umstände, welche dieselbe begründen, hervorgetreten sind, und daß solches geschehen im Protokoll zu vermerken.

§ 75.

Eine Bestrafung findet auch dann nicht statt, wenn den Umständen nach angenommen werden muß, daß der zu Vernehmende die Beantwortung einer Frage verweigert, um nicht zu seiner oder eines seiner im § 170 unter 2) aufgeführten Angehörigen Ueberführung beizutragen, oder Umstände, welche zu seiner oder seiner erwähnten Angehörigen Schande gereichen, aufzudecken.

§ 76.

Die Fragen nach seinem Namen, Gewerbe, Geburts- und Wohnorte, sowie sonstige nur auf seine persönlichen Verhältnisse bezüglichen Fragen hat Jeder, ohne daß für diese Fragen die Bestimmungen der §§ 73 und 75 in Betracht kämen, zu beantworten.

§ 77.

Die in Folge der Bestimmung des § 72 vollzogenen Strafen schließen eine Anklage wegen strafbarer Begünstigung nicht aus, sind jedoch im Falle der Verurtheilung auf diese Anklage bei der Strafausmessung in Anrechnung zu bringen.

§ 78.

Gegen denjenigen, welcher sich bei seiner Vernehmung oder sonst vor dem Untersuchungsrichter ein ungebührliches Betragen zu Schulden kommen läßt, kann das Untersuchungsgericht eine Strafe bis zu 8 Tagen Gefängniß und, wenn der zu Bestrafende sich bereits in Haft befindet, eine der angegebenen Strafe entsprechende gesetzliche Verschärfung derselben verfügen.

§ 79.

Die Fragen, welche der zu Vernehmende beantworten soll, dürfen nicht dunkel und vieldeutig sein. Auch dürfen solche Fragen nicht gestellt werden, in denen eine von dem Befragten noch nicht zugestandene Thatsache als zugestanden angenommen wird.

§ 80.

Zur Erlangung eines Geständnisses dürfen weder Versprechungen, noch Vorspiegelungen, noch Drohungen, noch Zwangsmittel irgend welcher Art angewendet werden.

§ 81.

Der zu Vernehmende hat die ihm vorgelegten Fragen mündlich zu beantworten, kann jedoch nach der Vernehmung noch eine schriftliche Auskunft zu den Acten geben.

Taube können schriftlich befragt, Stumme zur schriftlichen Beantwortung veranlaßt werden.

Der deutschen Sprache Unkundige können durch Vermittelung eines Dollmetschers vernommen werden.

§ 82.

Jeder ist, wenn nicht besondere Umstände eine Ausnahme erfordern, ohne daß andere Personen dabei zugegen sind, zu vernehmen.

Eine Gegenüberstellung der vernommenen Personen soll in der Voruntersuchung nur dann stattfinden, wenn sie nicht ohne Nachtheil für den Zweck derselben bis zur Hauptverhandlung verschoben werden kann. Der Grund dieser Maaßregel ist im Protokoll zu bemerken.

§ 83.

Die Beeidigung der Zeugenaussagen erfolgt regelmäßig erst in der Hauptverhandlung.

Ausnahmsweise kann unverdächtigen Personen schon in der Voruntersuchung, wenn zu vermuthen ist, daß sie verhindert sein werden, in der Hauptverhandlung Zeugniß abzulegen, nach stattgehabter Vernehmung der Zeugeneid abgenommen werden. Der Grund dieser Maaßregel ist im Protokoll zu bemerken, und ist in solchem Fall vor Abnahme des Eides dem Staatsanwalt und dem als verdächtig Behandelten, sowie dessen Rechtsbeistand, zur Befragung der Zeugen Gelegenheit zu geben.

§ 84.

Das Protokoll über die Vernehmung ist immer sofort in Gegenwart des Vernommenen aufzunehmen. Dasselbe wird dem Protokollführer vom Untersuchungsrichter dictirt, insofern nicht der letztere dem ersteren überläßt, dasselbe oder einzelne Theile desselben selbstständig aufzunehmen.

Hat der Protokollführer Bedenken gegen die Richtigkeit oder Vollständigkeit des ihm dictirten Protokolls oder gegen die ihm vom Untersuchungsrichter anbefohlene Aenderung eines von ihm selbst aufgenommenen Protokolls, so hat er diese Bedenken dem Untersuchungsrichter sofort mitzutheilen und, falls sie nicht gehoben werden, im Anhange zum Protokoll zu bemerken.

§ 85.

Dem Vernommenen ist das Protokoll vorzulesen, und wenn der Vernommene taub ist, sowie auch sonst, wenn derselbe es verlangt, zum Durchlesen vorzulegen und in dem Protokoll selbst die Vorlesung und Vorlegung zu bemerken.

Hält der Vernommene dafür, daß eine von ihm abgegebene Erklärung nicht richtig niedergeschrieben ist, so kann er selbst die Berichtigung zu Protokoll dictiren.

§ 86.

Der Vernommene hat das Protokoll zum Beweise seiner Genehmigung mit seinem Namen oder, falls er des Schreibens unkundig ist, mit einem seinen Namen vertretenden Handzeichen zu unterzeichnen. Will oder kann er dieses nicht, so ist dieser Umstand und die Ursache desselben, namentlich also auch der Grund der Weigerung, in dem Protokoll zu bemerken.

Am Schluß ist das Protokoll von dem Untersuchungsrichter und dem Protokollführer, zur Bezeugung ihrer Gegenwart bei der Vernehmung und der Vollständigkeit und Richtigkeit des Protokolls, zu unterzeichnen.

§ 87.

In dem bereits Niedergeschriebenen darf durch Zusätze zwischen den Zeilen nichts Erhebliches geändert werden. Was durchstrichen wird, muß lesbar bleiben. Erhebliche Aenderungen sind abgesondert zu Protokoll zu bemerken und wie im vorigen Paragraphen vorgeschrieben zu unterzeichnen.

§ 88.

Protokolle, die den in den §§ 86 und 87 enthaltenen Vorschriften nicht entsprechen, dürfen von dem Gericht, vor welchem die Hauptverhandlung stattfindet, nicht berücksichtigt werden.

VI. Einnahme des Augenscheins und Begutachtung durch Sachverständige.

1. Im Allgemeinen.

§ 89.

Der Untersuchungsrichter hat, wenn das Vergehen am Orte der That Spuren zurückgelassen hat, oder wenn es sonst der Zweck der Voruntersuchung erfordert, Augenschein am Orte der That einzunehmen.

Derselbe kann alsdann zugleich die auf das Vergehen bezüglichen Gegenstände in Beschlag nehmen, von den Anwesenden die geeigneten Erkundigungen einziehen, auch, wenn die Voraussetzungen, unter denen ein Vorführungsbefehl erlassen werden darf, vorhanden sind, die Festnehmung eines Anwesenden, Behufs seiner Vernehmung in der im § 53 angegebenen Frist, verfügen.

§ 90.

Bei der Aufnahme des Protokolls über die Einnahme des Augenscheins sind die Vorschriften der §§ 84, 86 und 87 zu beobachten, jedoch kann das Protokoll über diese Untersuchungshandlung nachträglich aufgenommen werden, wenn die sofortige Aufnahme desselben sich als unthunlich darstellt. Es sind alsdann in dem Protokoll selbst dessen spätere Aufnahme, sowie die Veranlassung derselben zu bemerken.

Ueber die in Augenschein genommenen Räumlichkeiten und Gegenstände hat das Protokoll ein möglichst treues Bild zu geben; wo es erforderlich ist, sind demselben Pläne oder Andeutungen in Handzeichnungen beizufügen.

§ 91.

Kommt es bei der Einnahme des Augenscheins auf Kenntnisse und Fähigkeiten an, welche außerhalb des Berufs des Richters liegen, so hat der Untersuchungsrichter Sachverständige hinzuzuziehen.

Auch in anderen Fällen kann der Untersuchungsrichter Sachverständige vernehmen, ihnen Gegenstände zur Untersuchung vorlegen und ihr Gutachten verlangen.

§ 92.

Den Augenschein leitet der Untersuchungsrichter auch dann, wenn Sachverständige zugezogen sind. Er bezeichnet die Gegenstände, auf welche sie ihre Beobachtungen zu erstrecken haben, und stellt die Fragen, deren Beantwortung er für erforderlich hält.

§ 93.

Für diejenigen Fälle, für welche Sachverständige ständig bestellt sind, sind diese zuzuziehen. Statt derselben sind jedoch andere zu wählen, wenn jene entweder abwesend oder sonst verhindert sind, oder auch gegen ihre völlige Unbefangenheit Zweifel erhoben werden könnten.

Neben den ständig bestellten Sachverständigen können stets, wenn die Umstände es räthlich erscheinen lassen, noch andere Sachverständige hinzugezogen werden.

§ 94.

Die Sachverständigen müssen, wenn sie nicht ständig bestellt sind und als solche einen Amtseid geleistet haben, schon in der Voruntersuchung und zwar in der Regel vor dem Beginne ihrer Thätigkeit dahin beeidigt werden:

daß sie die gemachten Wahrnehmungen treu und vollständig darlegen und ihr Gutachten nach bestem Wissen gewissenhaft abgeben wollen.

§ 95.

Vorbehältlich der den ständig bestellten Sachverständigen obliegenden Verpflichtung, ist Jeder, der vom Untersuchungsrichter als Sachverständiger vorgeladen wird, verpflichtet, soweit seine Sachkunde reicht, die ihm vorgelegten Fragen zu beantworten und sein Gutachten über einen ihm zur Besichtigung vorgelegten Gegenstand abzugeben. Wer dieses ohne eine den Umständen nach genügende Entschuldigung verweigert, kann vom Untersuchungsgericht in eine Strafe bis zu 20 Thalern und bei fortgesetzter Weigerung bis zu 50 Thalern genommen werden.

Sachverständige, welche nicht ständig bestellt sind, können indessen, wenn zur Beantwortung der ihnen vorgelegten Fragen, oder zur Abgabe eines Gutachtens über einen ihnen zur Besichtigung vorgelegten Gegenstand, weitere Untersuchungen oder längere Beobachtungen erforderlich sind, eine solche Thätigkeit ablehnen.

§ 96.

In allen Fällen, in denen zu vermuthen steht, daß der zu untersuchende Gegenstand in seinem gegenwärtigen Zustande sich nicht erhalten werde, sowie dann, wenn durch die Untersuchung selbst der Gegenstand verändert oder zerstört wird und es nicht genügt, nur einen Theil des Gegenstands der Untersuchung zu unterziehen, sind in der Regel mindestens zwei Sachverständige zu bestellen.

In solchen Fällen sind auch, wenn der Verdacht sich bereits gegen eine bestimmte Person gerichtet hat, dieser die zu bestellenden Sachverständigen zu benennen und, falls erhebliche Einwendungen gegen dieselben vorgebracht und begründet werden, anstatt derselben oder neben denselben andere Sachverständige zu bestellen.

§ 97.

Die Untersuchung haben die Sachverständigen in der Regel in Gegenwart des Untersuchungsrichters und Protokollführers vorzunehmen.

Ausnahmen von dieser Regel treten insbesondere dann ein, wenn Rücksichten des sittlichen Anstands es erfordern, oder wenn die erforderlichen Wahrnehmungen nur

§ 98.

Den Sachverständigen kann auch in den Fällen, in welchen sie ihre Beobachtungen in Gegenwart des Richters angestellt haben, eine Frist für die Abgabe ihres Gutachtens gestattet werden; jedenfalls haben sie aber diejenigen Wahrnehmungen, welche später möglicher Weise nicht mehr gemacht werden könnten, sofort zu Protokoll zu geben.

Wenn es angemessen scheint, kann auch den Sachverständigen vor Abgabe ihres Gutachtens die Einsicht der Untersuchungsacten oder einzelner Theile derselben verstattet werden.

§ 99.

Findet die Untersuchung der Sachverständigen nicht in Gegenwart des Richters statt, oder wird denselben eine Frist zur Abgabe des Gutachtens gegeben, so ist das Gutachten in der Regel schriftlich zu den Acten einzureichen.

Hinsichtlich des Protokolls, welches über die mündlichen Erklärungen der Sachverständigen aufzunehmen ist, gelten die Vorschriften der §§ 84—88.

§ 100.

Ist das Gutachten der Sachverständigen dunkel oder unvollständig, oder findet eine Meinungsverschiedenheit unter den Sachverständigen statt, so kann der Untersuchungsrichter eine erneuerte Begutachtung durch dieselben oder andere Sachverständige verfügen.

2. Insbesondere bei Tödtungen und Körperverletzungen.

§ 101.

Ist bei einem Todesfalle der Verdacht vorhanden, daß derselbe durch ein Verbrechen herbeigeführt sei, so ist vor der Beerdigung eine Leichenschau und Leichenöffnung vorzunehmen.

Ist der Verdacht erst nach der Beerdigung entstanden, so kann die Leiche ausgegraben werden, wenn nach dem Gutachten der Aerzte hiervon noch ein Nutzen für die Untersuchung zu erwarten steht.

§ 102.

Ehe zur Leichenöffnung geschritten wird, ist die Leiche erforderlichen Falls solchen Personen, welche den Verstorbenen gekannt haben, und, wenn sich der Verdacht bereits gegen eine bestimmte Person gerichtet hat, auch dieser zur Anerkennung vorzulegen.

Ist die Leiche von Niemanden erkannt, so ist eine Beschreibung derselben durch öffentliche Blätter bekannt zu machen.

§ 103.

Die Leichenschau und Leichenöffnung wird unter Leitung des Untersuchungsrichters in dessen und des Protokollführers Gegenwart, und im Beisein des Staatsanwalts, wenn dieser zugegen sein will, von zwei Aerzten vorgenommen. Den Aerzten bleibt es unbenommen, Gehülfen hinzuzuziehen. Die ärztliche Untersuchung liegt einem der Aerzte vorzugsweise ob.

Der Arzt, welcher den Verstorbenen in der, dem Tode unmittelbar vorhergehenden Krankheit behandelt hat, ist, insofern es ohne Verzögerung geschehen kann, zur Gegenwart bei der Leichenschau und Leichenöffnung aufzufordern.

§ 104.

Bei der Leichenschau hat der Untersuchungsrichter darauf zu achten, daß die Lage und Beschaffenheit des Leichnams, sowie alle diejenigen Umstände, welche auf die Untersuchung von Einfluß sein können, berücksichtigt werden.

Insbesondere sind Wunden und andere äußere Spuren erlittener Gewaltthätigkeit genau zu verzeichnen, und die etwa vorgefundenen möglicher Weise gebrauchten Werkzeuge mit den vorhandenen Verletzungen zu vergleichen.

§ 105.

Erklären die Aerzte nach vorgenommener Leichenschau es für zweifellos, daß der Tod nicht durch ein Verbrechen herbeigeführt worden, so kann, wenn der Staatsanwalt keinen Widerspruch erhebt, die Leichenöffnung unterbleiben.

Anderenfalls ist dieselbe und zwar in der Weise vorzunehmen, daß die Kopf-, Brust- und Unterleibshöhle geöffnet werden. Muß vorkommenden Falls die Oeffnung einer dieser Höhlen unterbleiben, so ist der Grund im Protokoll zu bemerken.

§ 106.

Bei dem Verdacht des Kindesmords sind bei der Leichenöffnung die von der Wissenschaft dargebotenen Mittel zur Beantwortung der Frage, ob das Kind lebendig geboren, anzuwenden.

§ 107.

Ergeben sich bei der Leichenöffnung Umstände, welche auf eine Vergiftung hinweisen, oder ist sonst der Verdacht einer Vergiftung vorhanden, so sind die in der Leiche etwa vorgefundenen verdächtigen Stoffe sowie die Körpertheile, in welchen solche enthalten sein können, Chemikern zur Prüfung zu übergeben.

§ 108.

Alles, was die Aerzte in Bezug auf ihre Wissenschaft bei der Leichenschau und Leichenöffnung wahrnehmen, ist nach deren Angabe sofort zu Protokoll zu bemerken. Außerdem ist von demjenigen Arzte, welchem vorzugsweise die ärztliche Untersuchung obliegt, ein schriftliches Gutachten über die Ursachen des Todes einzureichen. Demselben ist, wenn der Verdacht einer Vergiftung vorhanden ist, zuvor das von den Chemikern erstattete Gutachten (§ 107) mitzutheilen.

§ 109.

Bei erheblichen Körperverletzungen ist unverzüglich die Besichtigung des Verletzten durch einen Arzt anzuordnen und eine Vernehmung des Verletzten, sobald diese ohne Gefahr für denselben geschehen kann, vorzunehmen.

Die Besichtigung kann, ohne daß der Untersuchungsrichter oder Protokollführer zugegen ist, erfolgen. Ueber deren Befund ist ein Bericht zu den Acten einzureichen.

Läßt die Verletzung eine Lebensgefahr besorgen, so ist der Arzt, der den Verletzten behandelt, zu einer genauen Aufzeichnung des täglichen Befindens und der Art der Behandlung zu veranlassen. Der zum Sachverständigen bestellte Arzt kann, so oft es ihm erforderlich scheint, die Besichtigung wiederholen, hat sich jedoch wider den Willen des Verletzten nicht bei der ärztlichen Behandlung zu betheiligen.

§ 110.

Hinsichtlich der Wahl der Aerzte, welche die Leichenschau und Leichenöffnung vorzunehmen haben, sowie hinsichtlich der Wahl der im § 107 erwähnten Chemiker und des nach § 109 zur Besichtigung eines Verletzten zu bestellenden Arztes, finden die Bestimmungen der §§ 93—95 Anwendung, und thunlichst auch die im zweiten Absatze des § 96 enthaltene Vorschrift.

VII. Beschlagnahme der auf die Untersuchung bezüglichen Gegenstände.

1. Im Allgemeinen.

§ 111.

Wer Gegenstände besitzt, welche der Confiscation unterliegen, oder sonst zum Thatbestande des Vergehens gehören, oder auch solche Gegenstände, die zur Ermittelung des Thäters oder zur Ueberführung eines Verdächtigen dienen können, ist verpflichtet, diese Gegenstände auf Aufforderung des Untersuchungsrichters demselben vorzuzeigen.

Der Untersuchungsrichter kann auch die Einlieferung aller Gegenstände dieser Art verfügen, oder dieselben sonst in geeigneter Weise mit Beschlag belegen.

Bei solcher Beschlagnahme hat der Untersuchungsrichter besonders darauf zu achten, daß durch dieselbe jeder Nachtheil für den Eigenthümer des Gegenstands möglichst vermieden werde.

§ 112.

Die Bestimmungen des vorigen Paragraphen erstrecken sich auch auf Urkunden; jedoch kann Niemand, wenn er nicht selbst als verdächtig erscheint, angehalten werden, solche Urkunden vorzulegen, welche, wie Briefe naher Verwandter oder Geschäftsbücher, geheim gehalten zu werden pflegen, es sei denn, daß diese Urkunden selbst zum Thatbestande des Vergehens gehören.

§ 113.

Ist den Umständen nach dringend wahrscheinlich, daß Jemand den Besitz eines Gegenstands der im § 111 bezeichneten Art fälschlich in Abrede stellt, so kann Behufs Auffindung des Gegenstands eine Haussuchung gegen ihn angeordnet und demzufolge seine Wohnung und seine Sachen durchsucht werden.

Eine Haussuchung kann ferner gegen denjenigen angeordnet werden, der den Besitz eines Gegenstands einräumt, aber die Vorzeigung oder die Einlieferung desselben widerrechtlich verweigert. Gegen ihn kann jedoch auch, wenn die Haussuchung erfolglos bleibt, und, wenn es angemessen erscheint, auch ohne vorgängige Haussuchung so verfahren werden, wie gegen Jemand, der widerrechtlich Auskunft verweigert. (Vgl. § 72.)

§ 114.

In anderen Fällen, als den in dem vorigen Paragraphen bezeichneten, kann eine Haussuchung zur Auffindung von Gegenständen gegen unverdächtige Personen nicht verfügt werden.

Ebenso kann eine Durchsuchung von Papieren unverdächtiger Personen nur unter den Voraussetzungen des vorigen Paragraphen zur Auffindung einer Urkunde geschehen, welche nach den Bestimmungen des § 112 von diesen Personen vorzulegen ist.

§ 115.

Gegen einen Verdächtigen kann eine Haussuchung zur Auffindung eines bestimmten Gegenstands, sowie eine Durchsuchung seiner Papiere zur Auffindung einer bestimmten Urkunde auch ohne vorgängige Befragung über den Besitz des Gegenstands oder der Urkunde stattfinden.

Es ist ferner, falls der Verdacht sich auf ein schweres Verbrechen bezieht, eine Haussuchung gegen einen Verdächtigen und eine Durchsuchung seiner Papiere schon dann zulässig, wenn zu vermuthen steht, daß Gegenstände der in § 111 angegebenen Art oder für die Untersuchung erhebliche Urkunden sich bei dem Verdächtigen vorfinden.

§ 116.

In allen Fällen, in denen eine Durchsuchung von Papieren zulässig, aber nicht sofort ausführbar ist, kann der Untersuchungsrichter auch die einstweilige Beschlagnahme der zu durchsuchenden Papiere anordnen.

§ 117.

Die Gründe, aus denen der Untersuchungsrichter eine Haussuchung oder die Durchsuchung von Papieren oder deren Beschlagnahme verfügt, sind in der Verfügung selbst anzugeben. Eine Ausfertigung dieser Verfügung ist demjenigen, gegen den diese Handlungen gerichtet sind, auf dessen Verlangen innerhalb 24 Stunden zuzustellen.

§ 118.

Wird die Haussuchung oder die Beschlagnahme von Papieren nicht vom Untersuchungsrichter selbst vorgenommen (vgl. § 33), so hat derselbe diese Handlungen durch einen schriftlichen Befehl anzuordnen.

Dieser Befehl muß den Namen oder eine genügende Bezeichnung desjenigen, gegen den er gerichtet ist, enthalten, vom Untersuchungsrichter unterzeichnet sein und, falls es sich um die Auffindung eines bestimmten Gegenstands handelt, diesen Gegenstand genügend bezeichnen, anderen Falls das Vergehen, wegen dessen die Handlung angeordnet wird, namhaft machen.

Dieser Befehl ist sofort bei der Ausführung demjenigen, gegen den er gerichtet ist, vorzuzeigen.

§ 119.

Die Haussuchung, die Beschlagnahme und die Durchsuchung von Papieren ist, wenn thunlich, in Gegenwart desjenigen, dessen Wohnung und Sachen durchsucht werden sollen, und, wenn derselbe abwesend ist, in Gegenwart seines Bevollmächtigten oder eines seiner Angehörigen vorzunehmen.

Bei diesen Handlungen ist stets mit möglichster Schonung für den durch sie Betroffenen und dessen Angehörige zu verfahren. Zur Nachtzeit dürfen dieselben nur in dringenden Fällen vorgenommen werden.

§ 120.

Alle bei einer Haussuchung in Beschlag genommenen Gegenstände sind sofort genau zu verzeichnen, oder, wenn dieses nicht ausführbar sein sollte, durch Versiegelung sicher zu stellen. Jedem, welcher zu der Handlung hinzugezogen ist, steht es frei, sein Siegel beizusetzen. Derjenige, gegen welchen die Beschlagnahme erfolgt ist, sowie Jeder, der sein Siegel beigesetzt hat, ist aufzufordern bei der Entsiegelung gegenwärtig zu sein; im Falle des Ausbleibens dieser Person kann aber dennoch mit der Entsiegelung verfahren werden.

§ 121.

Will derjenige, dessen Papiere durchsucht werden sollen, die Durchsuchung oder die Durchlesung einzelner Stücke nicht gestatten, so hat der Untersuchungsrichter die betreffenden Papiere zu versiegeln und die Entscheidung des Untersuchungsgerichts darüber, ob die Papiere durchzusehen oder unentsiegelt zurückzugeben sind, einzuholen.

2. Beschlagnahme und Eröffnung von Briefen.

§ 122.

Noch uneröffnete Briefe, die an Jemand gerichtet sind, oder von denen den Umständen nach wahrscheinlich ist, daß sie von Jemandem herrühren, welcher eines Verbrechens dringend verdächtig ist, kann der Untersuchungsrichter in Beschlag nehmen und namentlich auch von den Postbehörden einfordern.

Die Befugniß zu dieser Beschlagnahme steht in eiligen Fällen auch dem Staatsanwalt zu, derselbe hat jedoch die in Beschlag genommenen Briefe uneröffnet dem Untersuchungsrichter zuzustellen. (Vergl. § 20.)

§ 123.

Eine Beschlagnahme nach Maaßgabe des vorigen Paragraphen kann unter den angegebenen Voraussetzungen namentlich dann stattfinden, wenn zu vermuthen steht, daß der Verdächtige Mitschuldige habe, sowie dann, wenn der Ort, an dem sich in Beschlag zu nehmende Gegenstände befinden, oder der Aufenthaltsort eines Verdächtigen zu ermitteln ist.

Die Eröffnung der Briefe soll, soweit thunlich, in Gegenwart des Adressaten erfolgen. Legt derselbe gegen die Eröffnung Widerspruch ein, so ist die Entscheidung des Untersuchungsgerichts einzuholen.

§ 124.

Ist derjenige, an den ein in Beschlag genommener Brief gerichtet ist, verhaftet, so ist hinsichtlich der Mittheilung des Inhalts den Bestimmungen des § 60 gemäß zu verfahren.

Ist der in Beschlag genommene Brief an einen Abwesenden gerichtet, so ist nach Eröffnung des Briefes thunlichst entweder der Absender von der Beschlagnahme in Kenntniß zu setzen, oder dem Bevollmächtigten des Abwesenden oder einem seiner Angehörigen der Inhalt des Briefes mitzutheilen, insoweit nicht zu besorgen steht, daß hierdurch der Zweck der Untersuchung vereitelt werde.

Unter derselben Voraussetzung ist demjenigen, an den der Brief eines Verdächtigen gerichtet ist, der Brief zu übergeben, oder dessen Inhalt mitzutheilen.

VIII. Schluß der Voruntersuchung und Einstellung des Verfahrens.

§ 125.

Die Voruntersuchung ist niemals weiter auszudehnen, als es zur Erreichung der für dieselbe im § 27 angegebenen Zwecke erforderlich ist.

§ 126.

Nach dem Schlusse der Voruntersuchung übersendet der Untersuchungsrichter die Acten dem Staatsanwalt. Dieser hat alsdann zu prüfen, ob ein genügender Grund für die Erhebung einer Anklage vorhanden ist.

Glaubt der Staatsanwalt, daß die Voruntersuchung noch einer Vervollständigung bedürfe, so hat er die Acten dem Untersuchungsrichter unter bestimmter Andeutung der

Umstände, über die er eine weitere Aufklärung begehrt, und der Mittel, durch welche er die Aufklärung für erreichbar hält, wiederzuzustellen.

Anderenfalls hat er dem Untersuchungsgericht anzuzeigen, daß und bei welchem Gericht er die Anklage erheben werde, oder — unter Rückgabe der Acten — daß er keinen Grund finde, eine Anklage zu erheben.

§ 127.

Der Staatsanwalt kann die Anzeige, daß er keinen Grund zur Erhebung einer Anklage finde, von der Bedingung abhängig machen, daß zuvor eine oder mehrere in der Voruntersuchung vernommene Personen, welchen, wenn es zur Hauptverhandlung kommen würde, der Zeugeneid abgenommen werden könnte, ihre Aussage eidlich bekräftigen.

§ 128.

Der Staatsanwalt kann auch, bevor der Untersuchungsrichter die Voruntersuchung schließt — vorausgesetzt, daß dieselbe nicht etwa in Folge der Bestimmung des § 14 auf Antrag des Beschädigten eröffnet ist — erklären, daß er von einer weiteren Verfolgung absehe. Der Untersuchungsrichter hat in solchem Falle — insofern nicht zuvor den Bestimmungen des § 129 gemäß zu verfahren ist — sofort seine Thätigkeit einzustellen und die Acten dem Untersuchungsgericht vorzulegen. In gleicher Weise hat der Untersuchungsrichter zu verfahren, wenn bei einem Vergehen, welches nur auf Antrag des Beschädigten verfolgt wird, dieser seinen Antrag zurücknimmt. In dem einen wie dem anderen Falle kann jedoch derjenige, welcher als verdächtig behandelt worden, oder des Vergehens beschuldigt ist, der Einstellung des Verfahrens widersprechen und verlangen, daß zuvor die zu seiner Entlastung dienenden Beweise erhoben werden.

§ 129.

Dem Beschädigten ist in der Regel, bevor der Untersuchungsrichter die Voruntersuchung schließt, hiervon Nachricht zu geben. Derselbe ist ferner, bevor die Einstellung des Verfahrens auf Grund der von dem Staatsanwalt nach dem Schlusse der Voruntersuchung abgegebenen Erklärung erfolgt, von dieser Erklärung in Kenntniß zu setzen, auch demselben eine angemessene Frist zur Einsicht der Acten und zur Stellung von Anträgen zu gestatten. Beantragt alsdann der Beschädigte die Vornahme fernerer Untersuchungshandlungen, so hat der Untersuchungsrichter über diesen Antrag zu entscheiden und, falls eine Wiederaufnahme der Voruntersuchung erfolgt, nach Beendigung dieses Verfahrens dem Staatsanwalt die Acten auf's Neue zur Abgabe einer ferneren Erklärung zugehen zu lassen.

§ 130.

Ist das Untersuchungsgericht der Ansicht, daß der Staatsanwalt ohne genügenden Grund von der weiteren Verfolgung (§ 128) oder von der Erhebung der Anklage absteht, so hat dasselbe hiervon den Senat in Kenntniß zu setzen und bis zu der vom Senate schleunigst zu treffenden weiteren Verfügung die Sache in unverändertem Stande zu erhalten.

Eine Anzeige an den Senat hat das Untersuchungsgericht auch dann ergehen zu lassen, wenn dasselbe den Staatsanwalt hinsichtlich der von ihm nach dem Schlusse der Voruntersuchung abzugebenden Erklärung säumig findet.

§ 131.

Erklärt der Staatsanwalt, daß er keinen Grund, eine Anklage zu erheben, finde, oder steht derselbe vor dem Schlusse der Voruntersuchung von der weiteren Verfolgung ab, oder nimmt der Beschädigte den zur Verfolgung des Vergehens erforderlichen Antrag zurück, so erkennt das Untersuchungsgericht — insofern nicht die Vorschriften der §§ 128—130 eine Aussetzung des Erkenntnisses erforderlich machen — unter Bezugnahme auf die vom Staatsanwalt abgegebene Erklärung oder, bei erfolgter Zurücknahme des Antrags, unter Bezugnahme auf diese, die Einstellung des Verfahrens, verfügt die Freilassung des Verhafteten, sowie die Aufhebung der Sicherheitsstellung, und entscheidet über die Auslieferung der in Beschlag genommenen Gegenstände dem § 17 gemäß.

Das Erkenntniß ist durch ein Mitglied des Untersuchungsgerichts dem durch das Vergehen Beschädigten, demjenigen, der als verdächtig behandelt worden ist, so wie demjenigen, welcher des Vergehens beschuldigt worden ist, zu eröffnen, dem letzteren jedenfalls dann, wenn er in der Voruntersuchung vernommen worden ist. Denselben Personen ist auf ihr Verlangen unentgeltlich eine Ausfertigung des Erkenntnisses zu verabfolgen.

IX. Vertheidigung in der Voruntersuchung.

§ 132.

Zur Ausführung von Beschwerden oder Anträgen, sowie zu dem im § 83 gedachten Zweck, kann sich der als verdächtig Behandelte schon in der Voruntersuchung eines Rechtsbeistands bedienen.

Dem Rechtsbeistand ist die Einsicht der Acten oder einzelner Theile derselben zu gedachten Zwecken zu gestatten, soweit dies nach richterlichem Ermessen ohne Nachtheil für die Untersuchung geschehen kann. Unter der gleichen Voraussetzung kann der Vertheidiger den Untersuchungshandlungen, welchen der Staatsanwalt beiwohnen kann, gleichfalls anwohnen. Von der Vornahme eines Augenscheins ist derselbe zu diesem Zweck wenn thunlich rechtzeitig zu benachrichtigen.

X. Rechtsmittel in der Voruntersuchung.

§ 133.

Der Staatsanwalt, derjenige, welcher als verdächtig behandelt worden ist, jeder Vernommene und Sachverständige, Personen, welche eine Bürgschaft für den Verdächtigen übernommen haben, der Beschädigte, überhaupt alle in der Voruntersuchung Betheiligte haben, wenn sie durch irgend eine Verfügung des Untersuchungsgerichts oder des Untersuchungsrichters, oder durch eine Verzögerung des Verfahrens, oder sonstwie sich verletzt halten, das Recht, bei dem Obergericht Beschwerde zu führen.

Gegen eine Verfügung oder Handlung des Untersuchungsrichters kann derjenige, der sich durch dieselbe verletzt hält, auch bei dem Untersuchungsgericht Beschwerde führen, ohne dadurch, falls das Untersuchungsgericht die Beschwerde verwirft, das Recht der Beschwerdeführung bei dem Obergericht zu verlieren.

Von dem Verhafteten kann jede derartige Beschwerde schriftlich erhoben werden, oder mündlich zu Protocoll bei dem Untersuchungsrichter. In dem letzteren Fall ist eine Ausfertigung des Protokolls über die Beschwerde dem Untersuchungsgericht, eventuell dem Obergerichte sofort einzusenden.

Wegen einer nach Maaßgabe des § 45 ausgesprochenen Strafe kann immer nur eine Beschwerde bei dem Untersuchungsgericht erhoben werden.

Die Beschwerdeführung hat keine aufschiebende Wirkung; es kann jedoch das Gericht, bei welchem die Beschwerde erhoben ist, wenn es den Fall für geeignet hält, bis auf Weiteres Einhalt gebieten.

§ 134.

Das Rechtsmittel der Appellation steht außer dem im § 67 angegebenen Falle demjenigen zu, der nach Maaßgabe der Bestimmungen der §§ 72, 78, 95 und 113 zu einer Strafe verurtheilt ist, und ferner den Betheiligten gegen ein Erkenntniß, welches auf Grund der Vorschriften des § 66 abgegeben worden ist.

Die Appellation muß — abgesehen von den in dem § 67 enthaltenen besonderen Vorschriften — innerhalb der drei auf die Eröffnung des Erkenntnisses folgenden Werktage bei dem Untersuchungsgericht eingelegt, und in den folgenden drei Werktagen bei dem Obergericht schriftlich ausgeführt werden.

§ 135.

Das Obergericht hat vor der Entscheidung über die erhobene Beschwerde oder die eingelegte Appellation, sofern dieselbe sich nicht sofort als unzulässig ergiebt, nach Beschaffenheit des Falls die Acten einzufordern, einen Bericht des Untersuchungsgerichts oder des Untersuchungsrichters einzuziehen, auch eine Vernehmlassung des Staatsanwalts oder der sonst Betheiligten zu verfügen.

Vierter Abschnitt.

Verfahren vor dem Strafgericht.

I. Einleitung der Hauptverhandlung.

1. Anklageschrift und deren Prüfung.

§ 136.

Will der Staatsanwalt einen Antrag auf Bestrafung, für welchen das Strafgericht zuständig ist, erheben, so hat er dem Strafgerichte die Anklageschrift einzureichen, und, falls eine Voruntersuchung stattgefunden hat, gleichzeitig die Acten zu übersenden.

§ 137.

Die Anklageschrift soll enthalten:

1) die Bezeichnung des oder der Angeklagten nach Namen, Wohnung und Gewerbe;
2) eine Darstellung der That oder der mehreren Vergehen, wegen deren die Anklage erhoben wird, sowie der erheblichen Nebenumstände;
3) den Antrag auf Bestrafung mit Bezugnahme auf das zur Anwendung zu bringende Strafgesetz, wobei auch eventuelle Anträge zulässig sind;
4) die Angabe der in der Hauptverhandlung zu benutzenden Beweismittel, insbesondere auch Namen, Wohnung und Gewerbe der Zeugen und Sachverständigen.

Zugleich ist für jeden Angeklagten eine vom Staatsanwalt unterzeichnete Abschrift der Anklageschrift einzureichen.

§ 138.

Der Vorsitzende des Strafgerichts, oder dasjenige Mitglied, dem er seine Vertretung überträgt, hat den Inhalt der Anklageschrift und der Acten zu prüfen. Hält er dafür,

1) daß die That, auf welche die Anklage gegründet wird, durch kein Gesetz mit Strafe bedrohet ist,
2) daß in Ermangelung eines in der Voruntersuchung erfolgten Geständnisses auch überall keine rechtlich zulässigen Beweismittel angegeben sind,
3) daß der Staatsanwalt ohne Antrag des Beschädigten, obgleich nach § 10 ein solcher Antrag erforderlich wäre, aufgetreten ist, oder daß die Sache in Gemäßheit des § 9 zu behandeln ist,
4) daß das in der Anklage behauptete Vergehen verjährt,
5) daß wegen desselben bereits ein rechtskräftiges Urtheil gegen den Angeklagten ergangen ist, so hat er dem Strafgericht hierüber Bericht zu erstatten. Findet sodann das Gericht nach Anhörung des Staatsanwalts die Anklage aus einem dieser Gründe unstatthaft, so ist die Anklage abzuweisen und dem Staatsanwalt und dem Angeklagten dieses Erkenntniß in Ausfertigung zuzustellen.

§ 139.

Ist der Vorsitzende der Ansicht, daß für die Sache das Geschwornengericht competent sei, so hat er die Acten an die Anklagekammer des Obergerichts einzusenden und hievon dem Staatsanwalt Kenntniß zu geben.

Die Anklagekammer verfügt sodann in Gemäßheit der §§ 194—199.

2. Vorbereitung der Hauptverhandlung.

§ 140.

Ist kein Grund zu dem im § 138 angegebenen Verfahren vorhanden, oder ist im Fall des § 139 eine Zurückverweisung an das Strafgericht erfolgt, so sind die zur Vorbereitung der Hauptverhandlung gesetzlich vorgeschriebenen oder sonst erforderlichen Anordnungen durch den Vorsitzenden des Strafgerichts zu treffen. Der Staatsanwalt kann jetzt seine Anklage nicht mehr zurücknehmen, es muß vielmehr ein Enderkenntniß erfolgen.

§ 141.

Eine Abschrift der Anklageschrift ist jedem Angeklagten und, falls er verhaftet ist, auch seinem Vertheidiger, wenn ein solcher vorhanden, zuzustellen.

Dem Verhafteten wird dieselbe durch den Gerichtsactuar vorgelesen, und er wird darüber vernommen, welche Beweismittel zu seiner Vertheidigung er herbeigeschafft, besonders welche Zeugen er vorgeladen zu sehen verlange. Zur Erklärung hierüber, resp. zu deren Ergänzung ist ihm eine angemessene Frist zu verstatten. Mit seinem Vertheidiger kann er von nun an sich ohne Beisein Dritter besprechen.

Der nicht Verhaftete wird zugleich schriftlich zu der Hauptverhandlung mit der Aufforderung vorgeladen, die zu seiner Vertheidigung dienenden Beweismittel mit zur Stelle zu bringen, oder solche vorher dem Gericht binnen einer bestimmten Frist anzugeben, damit sie gerichtseitig herbeigeschafft werden können.

§ 142.

Anträge des Angeklagten auf Herbeischaffung von Beweismitteln werden vom Vorsitzenden geprüft. Ueber etwaige Bedenken, denselben zu willfahren, entscheidet das Strafgericht. Wenn über einen Thatumstand vom Angeklagten eine größere Zahl von Zeugen vorgeschlagen ist, so wird in gleicher Weise auch die Zahl der vorzuladenden Zeugen bestimmt.

Die Anträge, soweit sie genehmigt werden, sind dem Staatsanwalt vor der Hauptverhandlung mitzutheilen.

§ 143.

Findet der Vorsitzende wegen der Schwere des Vergehens oder wegen Verwickelung des Falls oder aus anderen Gründen es erforderlich, daß der Angeklagte einen Vertheidiger erhalte, und wählt der Angeklagte auf Befragen nicht selbst einen Vertheidiger, so ist ihm ein solcher aus der Zahl der hiesigen Advocaten zu bestellen.

§ 144.

Vor Ablauf der im § 141 erwähnten Frist ist dem Vertheidiger und, wenn nicht besondere Gründe entgegenstehen, auch dem Angeklagten zu gestatten, die Acten auf der Gerichtskanzlei einzusehen und von den ihnen nothwendig scheinenden Actenstücken Abschrift zu nehmen oder nehmen zu lassen.

§ 145.

Will der Angeklagte seinen Beweis durch auswärtige Zeugen, welche noch nicht in der Voruntersuchung vernommen sind, führen, oder durch Urkunden, die sich im Besitz Dritter befinden, oder durch den Augenschein am Orte der That, oder andere Beweismittel, welche in der Voruntersuchung noch nicht erhoben sind und ihrer Natur nach nicht ohne Weiteres in der Verhandlugg vorgebracht werden können, so hat er innerhalb der im § 141 erwähnten Frist seine desfallsigen Anträge zu stellen.

Der Vorsitzende verweist solche Anträge, falls sie zulässig sind (§ 142) an das Untersuchungsgericht, welches demgemäß die Beweise, soweit thunlich, zu erheben hat.

Derselbe kann auch die Vorladung von Zeugen und Sachverständigen, welche weder vom Staatsanwalt noch vom Angeklagten vorgeschlagen sind, verfügen, insofern er deren Vernehmung in der Hauptverhandlung für dienlich erachtet.

Eine entsprechende Befugniß steht demselben auch in Bezug auf andere Beweismittel zu.

§ 146.

Entsteht während der Vorbereitung der Hauptverhandlung der Verdacht, daß der Angeklagte sich durch die Flucht dem weiteren Verfahren entziehen werde, so kann der Vorsitzende die Verhaftung desselben verfügen.

3. Vorladung zur Hauptverhandlung.

§ 147.

Zu der Hauptverhandlung sind der Staatsanwalt und, sofern er nicht verhaftet ist, der Angeklagte, ferner dessen Vertheidiger und die Zeugen und Sachverständigen vorzuladen. Die Vorladung ist dem Staatsanwalt, dem Angeklagten und dem Vertheidiger spätestens acht Tage, den übrigen Betheiligten in der Regel spätestens am zweiten Tage vor demjenigen, an welchem die Verhandlung stattfinden soll, zuzustellen. Sie muß eine allgemeine Androhung der für den Fall des Ausbleibens gesetzlich bestimmten Nachtheile enthalten.

§ 148.

Bleibt ein gehörig vorgeladener Angeklagter in der Hauptverhandlung ohne genügende Entschuldigung aus oder verläßt er die Sitzung vor Schluß der Verhandlung, so kann dessen Festnehmung und Vorführung in demselben Termin oder, wenn dies nicht mehr ausführbar ist, zu einem späteren Verhandlungstermin vom Gericht angeordnet, oder, wenn der Angeklagte von hier abwesend oder flüchtig geworden ist, die Sache an das Untersuchungsgericht Behufs Sistirung desselben in Gemäßheit der §§ 68 bis 71 verwiesen werden. Erscheint die sofortige Vorführung und Verhaftung nicht ausführbar oder angemessen, so kann auch nach Maaßgabe des § 149 ohne den Angeklagten zur Hauptverhandlung und zum Urtheil geschritten werden.

§ 149.

An die Stelle des im vorigen Paragraphen (148) vorgeschriebenen Verfahrens kann je nach den Umständen auch das folgende Contumacial-Verfahren eintreten:

1) Bleibt der gehörig vorgeladene Angeklagte in der Hauptverhandlung ohne genügende Entschuldigung aus oder verläßt er die Sitzung vor dem Schluß derselben, so wird, wenn eine nochmalige Ladung oder eine Vorführung oder Verhaftung nicht angemessen oder ausführbar erscheint, auf Antrag des Anklägers entweder sofort oder im Fall der Vertagung in dem angesetzten neuen Termine ohne den Angeklagten zur Hauptverhandlung und zum Urtheil geschritten.

   Es darf jedoch nur so verfahren werden, wenn der Angeklagte in der Vorladung auf diese Folge seines Ausbleibens ausdrücklich hingewiesen worden ist.

2) Kann einem abwesenden oder flüchtigen Angeklagten, weil dessen Aufenthaltsort unbekannt ist, oder aus sonstigen Gründen, die Vorladung zur Hauptverhandlung nicht zugestellt werden, so kann das Gericht auf Antrag des Staatsanwalts eine öffentliche Vorladung durch Einrücken in eine oder mehrere Zeitungen anordnen.

   In dieser öffentlichen Vorladung ist der Angeklagte unter kurzer Bezeichnung des den Gegenstand der Anklage bildenden Vergehens aufzufordern, sich binnen einer näher bestimmten angemessenen Frist zu stellen, widrigenfalls auch im Fall seines Nichterscheinens mit der Hauptverhandlung und dem Urtheil vorgeschritten werden werde. Diese öffentliche Vorladung kann geeigneten Falls mit einem Steckbrief, soweit derselbe zulässig ist (§§ 69 und 70) combinirt werden.

3) Wird auf Grund der vorstehenden Bestimmungen gegen einen nicht erschienenen Angeklagten mit der Hauptverhandlung vorgegangen und kann wegen Unzulänglichkeit der Beweise eine Verurtheilung nicht erfolgen, so wird das Verfahren bis zur Sistirung des Angeklagten eingestellt. Die Wiederaufnahme des Verfahrens kann nach Sistirung des Angeklagten beantragt und angeordnet werden, auch wenn keine neue Thatsachen oder Beweise vorgebracht sind.

4) Ein in Abwesenheit des Angeklagten ergangenes verurtheilendes Erkenntniß ist demselben in Abschrift zuzustellen. Ist dies nicht ausführbar, so ist das Urtheil

durch Einrücken in eine oder mehrere Zeitungen zu publiciren. Dasselbe gilt in diesem Falle am dreißigsten Tage nach dem ersten Einrücken als dem Angeklagten eröffnet.

Ist das Erkenntniß rechtskräftig, so wird dasselbe, so weit dies in Abwesenheit des Angeklagten geschehen kann, vollzogen.

Wird der Angeklagte später betreten, so ist demselben das Urtheil noch einmal zu verkünden. Derselbe kann, auch wenn das Urtheil bereits in die Rechtskraft übergegangen und vollzogen war, die Wiederaufnahme des Verfahrens auch ohne die Voraussetzungen des § 293 beantragen, wenn er bescheinigt, daß ihm wegen Krankheit oder anderweitiger Hindernisse zu erscheinen unmöglich war; ferner wenn er zur Zeit seiner Entfernung noch nicht als Beschuldigter vernommen war und zugleich wahrscheinlich ist, daß er nicht wegen des Vergehens, wegen dessen er verurtheilt ist, geflohen sei, auch von dem gegen ihn eingeleiteten Verfahren erst nach seiner Verurtheilung Kenntniß erlangt habe.

Es hat jedoch, wenn das in contumaciam abgegebene Urtheil eine höhere Strafe als einjährige Freiheitsstrafe ausspricht, die Wiederaufnahme des Verfahrens auch ohne die vorstehenden Voraussetzungen in allen Fällen auf den Antrag des Verurtheilten stattzufinden.

Wird auf den Antrag eines in contumaciam Verurtheilten auf Wiederaufnahme des Verfahrens eingegangen, so ist der Vollzug des ergangenen Erkenntnisses auszusetzen, und das ordentliche Verfahren einzuleiten.

§ 150.

Bleibt der Vertheidiger des Angeklagten aus, so kann die Verhandlung gleichwohl vor sich gehen. Hält jedoch das Gericht eine Vertheidigung für erforderlich, so ist, wenn solche nicht sofort in genügender Weise zu beschaffen ist, die Verhandlung auszusetzen.

Der ausgebliebene Vertheidiger verfällt in eine Strafe bis zu 50 Thalern.

§ 151.

Erscheint der Staatsanwalt nicht, so ist die Verhandlung zu vertagen, und hat das Gericht zu befinden, ob es deshalb Beschwerde beim Senate erheben wolle.

§ 152.

Wenn Zeugen oder Sachverständige bei der Hauptverhandlung nicht erscheinen, auch nicht mittelst Vorführungsbefehls sofort herbeigeschafft werden können, so entscheidet das Gericht nach Anhörung beider Parteien, und unter Berücksichtigung des Umstands, in wie weit die Ermittelung der Wahrheit durch die Aussagen der Ausgebliebenen erleichtert werden mag, ob die Verhandlung ausgesetzt werden oder ob sie vorkommenden Falls (§ 167) unter Vorlesung der in der Voruntersuchung von dem Ausgebliebenen ertheilten Auskunft, stattfinden soll.

Der ausbleibende Zeuge oder Sachverständige ist auf Antrag des Staatsanwalts in eine Geldstrafe bis zu 50 Thalern zu verurtheilen und, falls die Verhandlung wegen seines Ausbleibens ausgesetzt wird, durch steigende Geldstrafen, die jedoch den Gesammtbetrag von 100 Thalern nicht übersteigen dürfen, zum Erscheinen anzuhalten, oder behufs seiner Vorführung bis zur nächsten Gerichtssitzung zu verhaften. Die Dauer dieser Haft darf jedoch vierzehn Tage nicht übersteigen.

Der Zeuge oder Sachverständige, der ohne rechtmäßigen Grund die Aussage verweigert, kann in steigende Geld- oder Gefängnißstrafe verurtheilt werden. Die Gesammtheit dieser Geldstrafen darf jedoch 100 Thaler, die der Gefängnißstrafen sechs Wochen nicht übersteigen, und sind hierbei die etwa in Gemäßheit des vorigen Absatzes wegen Ausbleibens, jedoch nicht die in der Voruntersuchung gegen ihn erkannten Strafen, mit in Anrechnung zu bringen.

§ 153.

Die Bestimmungen der §§ 150 und 152 kommen, soweit sie eine Bestrafung und Verhaftung betreffen, dann nicht zur Anwendung, wenn der Ausbleibende sich entschuldigt und dabei nachweist, daß er durch Krankheit oder unabwendbare Umstände zu erscheinen verhindert sei.

Auf den Grund eines solchen Nachweises kann das Strafgericht auch den Erlaß oder eine Minderung der gegen den Ausgebliebenen bereits erkannten Strafe aussprechen.

Weitere Rechtsmittel wegen der erkannten Strafe finden nicht statt.

II. Hauptverhandlung und Urtheil.

1. Allgemeine Bestimmungen.

§ 154.

Die Hauptverhandlung vor dem Strafgericht ist öffentlich bei Strafe der Nichtigkeit.

Die Oeffentlichkeit ist für die ganze Hauptverhandlung oder einen Theil derselben auszuschließen, wenn durch sie eine Gefährdung der Sittlichkeit zu befürchten steht.

Das Gericht spricht auf Antrag des Staatsanwalts oder des Angeklagten oder von Amtswegen die Ausschließung der Oeffentlichkeit durch einen schriftlich abzufassenden, den Grund der Ausschließung enthaltenden Beschluß aus. Dieser Beschluß wird vor Beginn der Hauptverhandlung oder auch im Laufe derselben gefaßt, und vom Gerichtsactuare, im ersteren Falle bei dem Aufrufe der betreffenden Sache, vorgelesen, worauf die Zuhörer sich sofort zu entfernen haben.

Bei Verkündigung des Endurtheils tritt jedenfalls die Oeffentlichkeit wieder ein.

§ 155.

Des Ausschlusses der Oeffentlichkeit ungeachtet sind der durch das Verbrechen Verletzte und Personen, welche dem Richterstande oder dem Stande der Anwälte angehören, bei der Hauptverhandlung zuzulassen.

Der Vorsitzende kann auf Antrag des Angeklagten oder Verletzten, oder von Amtswegen auch einzelnen anderen bei der Verhandlung unbetheiligten Personen den Zutritt verstatten.

§ 156.

Dem Vorsitzenden steht die Leitung der Verhandlung zu. Ihm liegt die Erhaltung der Ordnung und Ruhe im Sitzungssaale ob. Zeichen des Beifalls und der Mißbilligung sind untersagt. Der Vorsitzende hat Jeden, welcher die Verhandlung stört, aus dem Sitzungssaale entfernen und, falls die Ruhe in anderer Weise nicht aufrecht zu erhalten ist, den Saal von den Zuhörern räumen zu lassen, ohne daß hieraus eine Nichtigkeit (§ 154) abgeleitet werden kann.

§ 157.

Ist derselbe Angeklagte wegen mehrerer Vergehen, oder sind mehrere Angeklagte wegen desselben Vergehens angeklagt, so hat der Vorsitzende von Amtswegen oder auf Antrag der Partien zu bestimmen, ob und in welcher Weise die Hauptverhandlung zu trennen oder zu verbinden ist.

§ 158.

Zwischenfragen im Laufe der Hauptverhandlung entscheidet das Gericht sofort. Beschwerden gegen diese Entscheidung können nur mit dem Rechtsmittel gegen das Endurtheil (achter Abschnitt) geltend gemacht werden.

2. Beginn der Verhandlung und Vernehmung des Angeklagten.

§ 159.

Die Verhandlung beginnt mit dem Aufrufe der Sache durch den Gerichtsactuar.

Der Angeklagte erscheint ungefesselt, wenn er verhaftet ist in Begleitung einer Wache.

Die zur Beweisführung etwa erforderlichen Gegenstände werden zuvor in den Sitzungssaal gebracht.

§ 160.

Der Vorsitzende befragt den Angeklagten nach seinem Namen, Alter, Gewerbe, Wohnungs- und Geburtsorte. Hierauf wird die Anklage von dem Staatsanwalt oder auf sein Verlangen von dem Gerichtsactuar verlesen.

Sodann läßt der Vorsitzende die vorgeladenen Zeugen und Sachverständigen aufrufen, entläßt dieselben in das für sie bestimmte Zimmer, und trifft nach Befinden Anordnungen zur Verhinderung gegenseitiger Verabredungen oder anderweitiger Mittheilungen.

§ 161.

Der Vorsitzende vernimmt hierauf den Angeklagten über alle für die Urtheilsfällung erheblichen Thatsachen. Eine weitere Befragung des Angeklagten findet im Laufe der Verhandlung, so wie es die vorgeführten einzelnen Beweismittel mit sich bringen, Statt.

Weicht der Angeklagte in seinen Erklärungen bei der Hauptverhandlung von denjenigen in der Voruntersuchung ab, so kann der Vorsitzende die dort abgelegte Erklärung verlesen lassen.

Der Angeklagte kann sich während der Verhandlung mit seinem Vertheidiger berathen; dies ist jedoch nicht zulässig, wenn er auf an ihn gestellte Fragen zu antworten hat.

3. Beweisverfahren.

§ 162.

Auf die Vernehmung des Angeklagten folgt die Vorführung der vom Staatsanwalt, und der von dem Angeklagten vorgeschlagenen Beweismittel. Die Reihenfolge der einzelnen Beweismittel wird unter Berücksichtigung der Anträge der vorschlagenden Partei vom Vorsitzenden bestimmt.

Der Staatsanwalt und der Angeklagte können von ihnen vorgeschlagene Beweismittel im Laufe der Verhandlung fallen lassen, wenn das Gericht zustimmt und der Gegner nicht aus erheblichen Gründen die Benutzung derselben verlangt.

§ 163.

Die Zeugen und Sachverständigen werden einzeln zur Vernehmung in den Sitzungssaal gerufen; sie sind jedoch, wenn ihre Aussagen von einander abweichen, gegen einander zu hören.

Die Vernehmung geschieht durch den Vorsitzenden.

Nach ihrer Abhörung bleiben Zeugen und Sachverständige noch so lange im Sitzungssaale anwesend, bis der Vorsitzende sie entläßt.

§ 164.

Die übrigen Mitglieder des Gerichts sind, nachdem sie dazu das Wort von dem Vorsitzenden erhalten haben, befugt, Fragen an die zu vernehmenden Personen unmittelbar zu stellen.

Dasselbe gilt von dem Staatsanwalt, dem Angeklagten und dessen Vertheidiger.

Der Vorsitzende weis't unangemessene Fragen zurück, oder entzieht im Fall fortgesetzten Mißbrauchs das Recht zu unmittelbarer Fragstellung — vorbehältlich der Entscheidung des Gerichts im Fall des Widerspruchs.

§ 165.

Der Vorsitzende kann auch während der Sitzung Zeugen und Sachverständige, welche vorher noch nicht vorgeladen waren, zu ihrer sofortigen Vernehmung vorladen lassen.

§ 166.

Der Vorsitzende ist befugt, den Angeklagten während der Abhörung eines Zeugen oder Mitangeklagten aus dem Sitzungssaale entfernen zu lassen; er muß ihn aber dann bei seiner Wiedereinführung von dem in seiner Abwesenheit Ausgesagten in Kenntniß setzen.

§ 167.

In der Regel ist die mündliche Vernehmung der Zeugen und Sachverständigen erforderlich; eine Verlesung ihrer in der Voruntersuchung erfolgten Aussagen und Gutachten kann nur dann erfolgen, wenn die Zeugen oder Sachverständigen inzwischen verstorben oder nicht aufzufinden sind, oder ihrem Erscheinen nach dem Ermessen des Gerichts überhaupt oder doch für längere Zeit erhebliche Hindernisse im Wege stehen oder endlich nach Ermessen des Gerichts auch in anderen Fällen, wenn sowohl der Ankläger wie der Angeklagte ihre Zustimmung ertheilen.

Weichen Zeugen oder Sachverständige in wesentlichen Punkten von ihren in der Voruntersuchung gemachten Angaben ab, so ist ihnen darüber Vorhalt zu machen, und kann zu dem Ende ausnahmsweise auch eine Verlesung aus ihren in der Voruntersuchung gemachten Aussagen stattfinden.

§ 168.

Besichtigungsprotokolle, frühere Straferkenntnisse, überhaupt Urkunden, welche für die Sache von Bedeutung sind, werden gleichfalls vorgelesen.

§ 169.

Im Laufe oder am Schlusse der Verhandlung läßt der Vorsitzende die zur Beweisführung dienenden Gegenstände dem Angeklagten vorlegen, und fordert ihn auf, sich über deren Anerkennung zu erklären.

In gleicher Weise sind die Gegenstände den Zeugen und Sachverständigen vorzulegen.

4. Ablehnung des Zeugnisses, Beeidigung der Zeugen und Sachverständigen.

§ 170.

Die Ablegung eines Zeugnisses können ablehnen:

1) Staatsbeamte und Staatsdiener, wenn sie durch ihr Zeugniß die ihnen obliegende Amtsverschwiegenheit verletzen würden, insofern sie nicht dieser Pflicht für den

2) Der Ehegatte und Verlobte eines Angeklagten oder Mitangeklagten, deren Verwandte und Verschwägerte in auf- und absteigender Linie, deren Verwandte im zweiten Grade der Seitenlinie, deren Adoptiveltern und Adoptivkinder.

3) Geistliche in Ansehung desjenigen, was ihnen unter geistlicher Amtsverschwiegenheit anvertrauet ist.

4) Anwälte und Vertheidiger in Ansehung dessen, was ihnen in dieser Eigenschaft anvertrauet ist.

§ 171.

Machen die im vorigen Paragraphen unter 2), 3) und 4) genannten Personen von dem Rechte der Ablehnung des Zeugnisses Gebrauch, so können auch die von ihnen in der Voruntersuchung etwa zu Protokoll gegebenen Aussagen nicht verlesen werden.

§ 172.

Jeder Zeuge kann die Beantwortung von Fragen ablehnen, auf welche er zu seiner eigenen Schande, oder zur Schande einer noch nicht angeklagten Person aussagen müßte, zu welcher er in einem der im § 170 unter 2) bezeichneten Verhältnisse steht.

Die Beantwortung von Fragen, welche auf ergangene Straferkenntnisse oder verbüßte Strafe gerichtet sind, kann nicht abgelehnt werden.

§ 173.

Jeder Zeuge, mit Ausnahme der in den beiden folgenden Paragraphen bezeichneten, ist bei Strafe der Nichtigkeit zu beeidigen.

Die Beeidigung erfolgt in der Regel vor der Vernehmung und zwar dahin:

daß er in dieser Sache nach seinem besten Wissen und Gewissen die Wahrheit aussagen und nichts, was zur Aufklärung der Sache gehört, vorsätzlich verschweigen wolle.

Ausnahmsweise kann, wenn Zweifel darüber obwalten, ob einer der in den beiden folgenden Paragraphen erwähnten Umstände vorliegt, die Beeidigung, respective die Enscheidung über deren Zulässigkeit, bis nach erfolgter Vernehmung ausgesetzt werden.

Der Eid lautet in diesem Falle dahin:

daß er in dieser Sache nach bestem Wissen und Gewissen die Wahrheit ausgesagt und nichts, was zur Aufklärung der Sache gehört, vorsätzlich verschwiegen habe.

Zeugen, welche schon in der Voruntersuchung beeidigt sind (§ 83), werden anstatt der Beeidigung an den von ihnen abgelegten Eid erinnert.

§ 174.

Folgende Personen dürfen zwar als Zeugen vernommen, jedoch nicht beeidigt werden:

1) wer das sechszehnte Lebensjahr noch nicht vollendet hat;
2) Geistesschwache, insofern deren Vernehmung überhaupt stattnehmig erscheint;
3) wer früher wegen eines der in den Artikeln 111—117 des Criminalgesetzbuchs bezeichneten Verbrechen bestraft worden ist;
4) wer in Bezug auf ein von ihm in der vorliegenden Sache abzulegendes Zeugniß Geschenke oder sonstige Vortheile für sich oder seine Angehörigen angenommen oder sich hat versprechen lassen;
5) die im § 170 unter 2) genannten Personen, wenn sie von dem Rechte, das Zeugniß abzulehnen, keinen Gebrauch machen.

§ 175.

Nach dem Ermessen des Gerichts mit oder ohne Zeugeneid sind zu vernehmen:
1) andere Verwandte und Angehörige des Angeklagten oder eines Mitangeklagten als die im § 170 unter 2) genannten;
2) der durch das Vergehen Beschädigte;
3) derjenige, welcher bei dem Ausgange des Verfahrens betheiligt ist;
4) wer wegen eines anderen Vergehens angeklagt, oder in einer Voruntersuchung als verdächtig behandelt ist, vor erfolgtem Schlußerkenntniß;
5) wer wegen eines durch das Criminalgesetzbuch bedroheten Vergehens zu einer Strafe verurtheilt ist, vor Erstehung dieser Strafe.

§ 176.

Jeder Sachverständige kann, wenn er in einem der im § 170 unter 2) aufgeführten Verhältnisse zu dem Angeklagten oder Mitangeklagten steht, seine sachverständige Erklärung verweigern.

Ist der Sachverständige nicht amtlich oder nicht bereits in der Voruntersuchung beeidigt, so ist ihm vor seiner Vernehmung der im § 94 vorgeschriebene Eid abzunehmen.

5. Ausführungen der Parteien.

§ 177.

Im Laufe der Hauptverhandlung können der Staatsanwalt sowohl, wie der Angeklagte oder dessen Vertheidiger, behufs Stellung und Begründung einzelner Zwischen-Anträge, mit Erlaubniß des Vorsitzenden das Wort nehmen.

Von dem Angeklagten oder dessen Vertheidiger kann alles zur Vertheidigung Dienliche vorgebracht oder beantragt werden, und steht der Berücksichtigung solcher Anträge ein etwa früher in der Voruntersuchung oder in Gemäßheit der §§ 138, 142, 145 und 196 gefaßter entgegengesetzter Beschluß nicht im Wege. (In Betreff des

§ 178.

Nach Beendigung des Beweisverfahrens erhält zuerst der Staatsanwalt das Wort, um die Ergebnisse der Beweisführung zusammen zu fassen und seine Anträge rücksichtlich der Schuld des Angeklagten und der gegen denselben zu erkennenden Strafe zu rechtfertigen.

Glaubt der Staatsanwalt nach dem Ergebniß der Verhandlung den Antrag auf Verurtheilung nicht aufrecht halten zu können, so kann er auf Freisprechung antragen, oder die Entscheidung dem Gericht anheimgeben.

Sodann wird dem Vertheidiger des Angeklagten oder, falls er keinen solchen hat, dem Angeklagten selbst das Wort gegeben, um auf die Ausführung und Anträge des Staatsanwalts zu entgegnen. Hat der Vertheidiger seine Entgegnung beendigt, so ist der Angeklagte zu befragen, ob er selbst noch etwas zu seiner Vertheidigung hinzuzufügen habe.

Der Staatsanwalt kann hierauf noch erwidern. Dem Angeklagten und seinem Vertheidiger gebührt jedoch jedenfalls das letzte Wort.

6. Urtheil des Gerichts.

§ 179.

Nach den Ausführungen der Parteien wird die Verhandlung durch den Vorsitzenden geschlossen. Das Gericht tritt in die Berathung, um das Erkenntniß zu beschließen.

Zieht sich das Gericht zu diesem Behuf in das Berathungszimmer zurück, so wird der Angeklagte, wenn er verhaftet war, nach Befinden einstweilen aus dem Sitzungssaal abgeführt.

§ 180.

Das Erkenntniß soll, falls das Gericht sich für zuständig hält, nur verurtheilen oder freisprechen.

Eine Unzuständigkeitserklärung darf nie aus dem Grunde erfolgen, weil die strafbare Handlung zur Zuständigkeit eines Gerichts beschränkterer Competenz gehört.

Ist in Gemäßheit des § 196 die Erhebung der Anklage vor dem Strafgericht von der Anklagekammer des Obergerichts verfügt worden, so kann das Strafgericht, abgesehen von dem in § 193 erwähnten Fall, die Sache nur dann an das Geschwornengericht verweisen, wenn die Vertheidigung darauf angetragen, und das Gericht die Zuständigkeit des Geschwornengerichts nicht wegen der Schwere des einzelnen Falls, sondern wegen der Art des Verbrechens (Gesetz, betr. Abänderungen in der Gerichtsverfassung u. s. w. § 24 unter 2) für begründet hält.

§ 181.

Das Gericht entscheidet nach freier gewissenhafter Ueberzeugung darüber, ob der Angeklagte schuldig sei.

Es spricht den Angeklagten frei, wenn eine der Voraussetzungen des § 138 unter 1), 3), 4) und 5) zutrifft, wenn der Thatbestand des Vergehens nicht hergestellt, oder die Thäterschaft nicht erwiesen ist, oder wenn Umstände vorliegen, welche die Strafbarkeit aufheben.

Hierbei soll eine dem Angeklagten nachtheilige Beantwortung einer Frage nur dann als beschlossen gelten, wenn sich wenigstens vier Stimmen für diese nachtheilige Beantwortung aussprechen, mit Ausnahme der Frage, ob die Anklage aus dem in § 138 unter 3) aufgeführten Grunde abzuweisen sei, über welche immer die einfache Stimmenmehrheit entscheidet.

§ 182.

Findet das Gericht den Angeklagten schuldig, so folgt die Berathung und Abstimmung über die ihm zuzumessende Strafe, wobei wie über die Nebenpunkte einfache Stimmenmehrheit entscheidet.

§ 183.

Das Gericht ist bei Beschließung des Erkenntnisses zwar an die Prüfung des thatsächlichen Inhalts der Anklage (vergl. jedoch § 193), nicht aber an die Rechtsausführungen und Strafanträge des Anklägers gebunden.

§ 184.

Das Erkenntniß soll mit Entscheidungsgründen abgegeben werden, in welchem die als erwiesen angenommenen Thatsachen und Vergehen anzugeben sind und das angewendete Strafgesetz anzuführen ist.

Die Verkündigung des Erkenntnisses erfolgt nach Schluß der Berathung, vorkommenden Falls (§ 179) nach Wiedereintritt des Gerichts und Wiedereinführung des Angeklagten in den Gerichtssaal, durch den Vorsitzenden.

Ausnahmsweise kann bei umfänglichen Sachen die Verkündigung des Erkenntnisses, unter sofortiger Ansetzung eines Termins für die Eröffnung desselben, auf längstens acht Tage aufgeschoben werden. Sie muß aber dann ebenfalls in öffentlicher Sitzung, zu welcher der Angeklagte, wenn er verhaftet ist, vorzuführen ist, erfolgen.

Auch können bei sofortiger Verkündigung eines Erkenntnisses die Entscheidungsgründe mündlich eröffnet und später schriftlich abgefaßt werden.

§ 185.

Der durch das Erkenntniß Freigesprochene ist, wenn er verhaftet war, sofort in Freiheit zu setzen, sofern nicht noch ein anderer Grund zu seiner Verhaftung vorliegt.

Der Freigesprochene darf wegen derjenigen Handlungen, wegen welcher die Anklage erhoben wurde, nicht noch einmal vor Gericht gezogen werden, vorbehältlich der Fälle, wo eine Wiederaufnahme des Strafverfahrens zulässig ist. (Vergl. den eilften Abschnitt.)

7. Protokollführung.

§ 186.

Das über die Verhandlung bei Strafe der Nichtigkeit durch den Gerichtsactuar aufzunehmende Protokoll soll enthalten: die Namen der anwesenden Gerichtsmitglieder, des öffentlichen Anklägers, des Angeklagten und seines Vertheidigers, der erschienenen Zeugen und Sachverständigen.

Es soll den Verlauf der Hauptverhandlung nach der Zeitfolge kurz erzählen. Dabei sind die Aussagen des Angeklagten, der Zeugen und Sachverständigen nur soweit, als sie nicht bereits in den Protokollen der Voruntersuchung enthalten sind oder als sie von diesen abweichen, und nur auf Verfügung des Vorsitzenden oder auf Antrag einer der Parteien in das Protokoll aufzunehmen; die Anträge der Parteien jedenfalls dann, wenn dies vom Vorsitzenden verfügt oder von einer Partei verlangt wird.

8. Zwischenvorfälle. Vertagung des Verfahrens.

§ 187.

Die Hauptverhandlung darf nicht durch fremdartige Geschäfte unterbrochen werden. Zu nöthiger Erholung kann nach Bestimmung des Vorsitzenden eine kurze Unterbrechung Statt finden, auch die Verhandlung, wenn sie nicht in einer Sitzung beendet werden kann, bis zum nächsten Werktage vertagt werden.

§ 188.

Störungen der Verhandlung durch den Angeklagten sucht der Vorsitzende durch Ermahnung desselben zu beseitigen. Im Wiederholungsfalle kann das Gericht erkennen, daß der Angeklagte aus der Sitzung ganz oder zeitweilig zu entfernen und die Verhandlung in seiner Abwesenheit fortzusetzen sei. Das gefällte Endurtheil wird ihm dann durch ein Mitglied des Gerichts verkündigt.

Hat der Angeklagte keinen Vertheidiger, so hängt es vom Ermessen des Gerichts ab, ihm bei seiner Entfernung einen solchen zu bestellen und, wenn ein Vertheidiger nicht sofort erlangt werden kann, die Hauptverhandlung zu vertagen.

§ 189.

Eine Vertagung der Verhandlung tritt ferner ein, wenn der Angeklagte dergestalt erkrankt, daß er derselben nicht mehr beiwohnen kann, und nicht selbst in deren Fortsetzung während seiner Abwesenheit einwilligt. Willigt er ein, so bestimmt, falls er noch keinen Vertheidiger hat, das Ermessen des Gerichts darüber, ob ihm ein solcher zu bestellen, und ob auf dessen Antrag die Verhandlung zu vertagen sei.

§ 190.

Nach Ermessen des Gerichts kann eine Vertagung auch dann angeordnet wer[illegible] wenn die Erhebung neuer Beweismittel erforderlich scheint und diese nicht sofort herbeigeschafft werden können; wenn ferner wegen bereits vorgeführter Beweismittel, wegen eines Zeugnisses, einer Urkunde Verdacht der Fälschung während der Verhandlung hervorgetreten ist, und weitere nicht sofort zu beschaffende Ermittelungen in dieser Beziehung für angemessen erachtet werden; ingleichen wenn wegen Erkrankung eines Gerichtsmitglieds oder wegen sonstiger äußerer Hindernisse, welche nicht sofort beseitigt werden können, eine zeitweilige Aufschiebung der Verhandlung nothwendig oder zweckmäßig erscheint.

§ 191.

Ergiebt die Hauptverhandlung mit Wahrscheinlichkeit, daß ein Zeuge wissentlich falsch ausgesagt habe, so kann der Vorsitzende auf Antrag des Staatsanwalts den Zeugen Behufs der Eröffnung einer Voruntersuchung gegen denselben sofort verhaften lassen.

§ 192.

Vergehen, welche von irgend Jemand während der Verhandlung im Sitzungssaale begangen werden, können, sofern das Strafgericht deren Aburtheilung nicht an das Geschwornengericht erwachsen erachtet, entweder mit Unterbrechung der Hauptverhandlung oder am Schlusse derselben, nach Anhörung des Staatsanwalts, Vernehmung des Thäters und nach Befinden Abhörung von Zeugen oder Sachverständigen, von dem versammelten Gericht sogleich abgeurtheilt werden.

Gegen ein solches Urtheil sind zwar die gewöhnlichen Rechtsmittel zulässig, jedoch ohne aufschiebende Wirkung.

§ 193.

Ergeben sich während der Hauptverhandlung neue in der Anklage nicht enthaltene Thatumstände gegen den Angeklagten, so ist der Staatsanwalt zu dem Antrage befugt, daß diese Thatsachen zur Vervollständigung der Anklage zugelassen, und das Urtheil auf sie miterstreckt werde. Diese Befugniß steht dem Staatsanwalt auch dann zu, wenn das dem Angeklagten zur Last gelegte Vergehen sich in Folge jener Umstände als eine Gesetzesverletzung einer anderen, selbst schwereren Gattung darstellt.

Das Gericht hat jedoch, wenn sich solche neue Thatumstände ergeben, auf Antrag des Staatsanwalts oder des Angeklagten die weitere Verhandlung auszusetzen, sobald mit Rücksicht auf die veränderte Sachlage eine Vertagung im Interesse der Anklage oder der Vertheidigung erforderlich erscheint. Erfolgt aus diesem Grunde eine Vertagung, so hat der Staatsanwalt behufs Vervollständigung seiner Anklage einen schriftlichen Nachtrag zu derselben einzureichen. Ist jedoch nach Ansicht des Gerichts nunmehr das Geschwornengericht zur Aburtheilung des Falls competent, so hat es, unter Einstellung des Verfahrens, den Staatsanwalt anzuweisen, die Sache bei dem Geschwornengericht nach den für dieses Gericht geltenden Vorschriften anzubringen.

eine fernere strafbare That begangen habe, so kann auf Antrag des Staatsanwalts entweder die Verhandlung einstweilen ausgesetzt und wegen dieser anderen oder ferneren strafbaren That eine Voruntersuchung angeordnet werden, oder auch, falls der Angeklagte darin willigt und der Fall zur Competenz des Strafgerichts steht, die Verhandlung und das Urtheil sofort auf dieselbe erstreckt werden.

Erfolgt aus einem der obigen Gründe eine Vertagung, oder weil die Sache nunmehr vor das Geschwornengericht gehört, eine Einstellung der Verhandlung, so kann das Gericht auf Antrag des Staatsanwalts die Verhaftung des Angeklagten verfügen.

Fünfter Abschnitt.

Verfahren vor dem Geschwornengericht.

I. Einleitung der Hauptverhandlung und Versetzung in den Anklagestand.

§ 194.

Hält der Staatsanwalt dafür, daß die Hauptverhandlung vor das Geschwornengericht gehörig sei, so hat er die Anklageschrift mit den Acten der Voruntersuchung an die Anklagekammer des Obergerichts zu übersenden, und bei derselben den schriftlichen Antrag auf Versetzung des Angeschuldigten in Anklagestand zu stellen.

Für die bei Strafe der Nichtigkeit erforderliche Anklageschrift gelten die Vorschriften des § 137.

§ 195.

In der dazu angesetzten Sitzung der Anklagekammer des Obergerichts wird der wesentliche Inhalt der in der Voruntersuchung aufgenommenen Acten von einem Mitgliede vorgetragen, der Staatsanwalt gehört, und sodann, jedoch ohne Beisein des Staatsanwalts nach vorheriger Berathung der Beschluß gefaßt.

Gegen diesen Beschluß findet kein Rechtsmittel Statt.

§ 196.

Findet die Anklagekammer die Anklage aus einem der in § 136 angeführten Gründe unstatthaft, oder den Angeschuldigten des ihm zur Last gelegten Verbrechens nicht verdächtig, so beschließt sie die Einstellung des strafrechtlichen Verfahrens.

Hält die Anklagekammer nach Maaßgabe der gesetzlichen Bestimmungen das Strafgericht oder den Polizeirichter für die Entscheidung der Sache zuständig, so verfügt sie die Erhebung der Anklage vor dem Strafgericht oder dem Polizeirichter.

Diese Verfügung ist von dem Staatsanwalt mit der Anklage dem betreffenden Gericht vorzulegen, welches sodann in Gemäßheit der §§ 140 ff. resp. des § 235 die Hauptverhandlung vorzubereiten und den Termin dazu anzusetzen hat.

§ 197.

Ist eine Sache durch rechtskräftige Entscheidung des Strafgerichts in Gemäßheit des § 180 an das Geschwornengericht verwiesen worden, so kann die Anklagekammer nicht wieder die Erhebung der Anklage vor dem Strafgericht oder dem Polizeirichter verfügen, hat vielmehr, sofern nicht (§ 196 Alinea I) Grund zur Einstellung des strafrechtlichen Verfahrens vorliegt, den Angeschuldigten in Anklagestand zu versetzen (§ 199).

§ 198.

Um die Sache an das Geschwornengericht zu verweisen, ist nicht erforderlich, daß die Anklagekammer die Ueberzeugung von der Schuld des Angeschuldigten habe, sondern nur daß dringende Verdachtsgründe gegen ihn vorliegen.

Insofern die Zuständigkeit des Geschwornengerichts nach der Schwere des einzelnen Falls sich richtet, hat die Anklagekammer vor ihrem Verweisungsbeschlusse auch die Strafzumessungs- und etwaigen Milderungsgründe, soweit dieselben aus den Acten der Voruntersuchung sich ergeben, zu erwägen.

§ 199.

Durch den Beschluß der Anklagekammer, die Sache an das Geschwornengericht zu verweisen, wird der Angeschuldigte in Anklagestand versetzt.

Der Staatsanwalt, welchem dieser Beschluß schriftlich mit der von ihm übersandten Anklage zuzustellen ist, kann seinen Antrag von nun an nicht mehr fallen lassen, sondern es muß ein Enderkenntniß erfolgen.

§ 200.

Der Staatsanwalt muß binnen drei Tagen die Anklage mit dem Beschlusse über die Versetzung in Anklagestand und den Acten dem Vorsitzenden des Geschwornengerichts einsenden. Der Vorsitzende hat hierauf die zur Vorbereitung der Hauptverhandlung erforderlichen Anordnungen auch in Gemäßheit der §§ 140—146 zu treffen. Die daselbst und in den §§ 148—153 erwähnten gerichtlichen Entscheidungen stehen für das Verfahren vor dem Geschwornengericht dem Gerichtshof zu.

§ 201.

Dem Angeschuldigten ist mit der Anklageschrift auch der Beschluß über seine Versetzung in Anklagestand in Abschrift zuzustellen.

Hat der in Anklagestand Versetzte nicht selbst einen Vertheidiger gewählt, so muß demselben jedenfalls ein Vertheidiger durch den Vorsitzenden des Geschwornen-

II. Hauptverhandlung und Urtheil.

1. Allgemeine Bestimmungen.

§ 202.

Die Hauptverhandlung vor dem Geschwornengericht ist öffentlich bei Strafe der Nichtigkeit. Es findet jedoch die in den §§ 154 und 155 angeordnete Ausnahme auch hier Statt.

§ 203.

Der Vorsitzende des Gerichtshofs des Geschwornengerichts hat die in den §§ 156 und 157 aufgeführten Rechte und Pflichten.

Der Gerichtshof entscheidet, wie in § 158 angegeben ist.

§ 204.

Die Sitzung wird mit der Beeidigung der Geschwornen eröffnet.

Begiebt sich während der Verhandlung der Gerichtshof in sein Berathungszimmer, so ziehen sich zugleich auch die Geschwornen in das ihrige zurück.

Während der Berathung der Geschwornen oder des Gerichtshofs kann der Vorsitzende den Angeklagten aus dem Sitzungssaale entfernen lassen.

2. Beweisverfahren. Ausführungen der Parteien.

§ 205.

Nach Eröffnung der Sitzung befragt der Vorsitzende den Angeklagten, wie im § 160 vorgeschrieben, und läßt die Anklageschrift durch den Secretair verlesen.

Der Vorsitzende befragt hierauf den Angeklagten, ob er sich schuldig bekenne oder nicht.

Bekennt der Angeklagte sich schuldig, und räumt er auf näheres Befragen auch die thatsächlichen Bestandtheile des Verbrechens, welches Gegenstand der Anklage ist, ein, so wird der Staatsanwalt und der Vertheidiger darüber gehört, ob die Schuld des Angeklagten als durch sein Geständniß festgestellt zu erachten sei.

Nimmt der Gerichtshof dieses an, so hat er, wofern er gegen die Richtigkeit des Bekenntnisses kein Bedenken hegt, nach Anhörung des Staatsanwalts und des Vertheidigers über die Anwendung des Gesetzes ohne Zuziehung von Geschwornen das Urtheil zu fällen. Wenn Umstände in Frage kommen, welche die Ausschließung oder Milderung der gesetzlichen Strafe zu begründen geeignet sind, oder von welchen die Entscheidung über die Anwendbarkeit einer milderen strafgesetzlichen Bestimmung abhängig ist, [illegible] nterbleibt die Verhandlung vor den Geschwornen nur dann, wenn der Staatsan[illegible] rücksichtlich solcher Umstände sich zu Gunsten des Angeklagten erklärt, und der G[illegible] hof kein Bedenken hat, der dem Angeklagten günstigen Annahme beizutreten.

§ 206.

Trägt der Angeklagte bei seiner Befragung aus einem der im § 138 unter 1), 3), 4) und 5) aufgeführten Gründe auf seine Freisprechung an, so hat der Gerichtshof über den Antrag zu entscheiden. Kann diese Entscheidung nach den Umständen des Falls nicht sofort erfolgen, so ist dieselbe bis nach dem Schlusse des Beweisverfahrens, oder auch bis nach der Verkündigung des Spruchs der Geschwornen auszusetzen.

Der Gerichtshof kann übrigens den Angeklagten aus einem dieser Gründe, wenn derselbe sich während der Verhandlung als vorhanden herausstellt, freisprechen, auch wenn der Angeklagte bei seiner Befragung einen desfallsigen Antrag nicht gestellt hat.

§ 207.

Liegen die Voraussetzungen, unter welchen nach den §§ 205 und 206 der Gerichtshof allein das Urtheil fällen kann, nicht vor, so beginnt die Beweisaufnahme.

Die Zeugen und Sachverständigen werden aufgerufen; gegen die ungehorsamen wird nach Vorschrift des § 152 verfahren. Die erschienenen Zeugen werden vorläufig wieder entlassen.

Der Angeklagte wird vernommen, und die Beweismittel werden vorgeführt nach den in den §§ 162—176 gegebenen Vorschriften.

Das im § 164 den Mitgliedern des Gerichts eingeräumte Recht der Fragestellung steht auch den Geschwornen mit Einschluß der Ersatzgeschwornen zu.

Die Geschwornen können den Vorsitzenden zur Vornahme von Handlungen auffordern, welche geeignet erscheinen, Aufklärung über Punkte herbeizuführen, die für die Beurtheilung der Sache von Erheblichkeit sind.

§ 208.

Ergeben sich während des Beweisverfahrens neue Thatumstände, so kommen in Bezug auf dieselben die Vorschriften des § 193 zur Anwendung, jedoch ist, wenn der Staatsanwalt oder der Angeklagte die Erhebung neuer Beweismittel über diese Thatumstände fordert, und eine sofortige Herbeischaffung der Beweismittel unthunlich ist, jedenfalls die Verhandlung zu vertagen und unter Umständen die Ergänzung der Voruntersuchung anzuordnen.

Ergiebt sich während der Hauptverhandlung der Verdacht, daß der Angeklagte noch eine andere strafbare That begangen habe, so kann die Verhandlung nur dann auf diese andere strafbare That erstreckt werden, wenn der Staatsanwalt es beantragt und der Angeklagte einwilligt. Anderenfalls hat der Gerichtshof zu entscheiden, ob die Verhandlung über die der Anklage zu Grunde liegende strafbare That fortgesetzt, oder einstweilen eingestellt werden, und zunächst wegen der anderen strafbaren That eine Vor-

§ 209.

In Beziehung auf die Anträge und Ausführungen des Staatsanwalts, des Vertheidigers und des Angeklagten kommen die Vorschriften der §§ 177 und 178 zur Anwendung.

In ihren Ausführungen nach beendigtem Beweisverfahren haben sie sich jedoch auf die Ergebnisse der Hauptverhandlung, soweit sie dem Ausspruch der Geschwornen zu unterstellen sind, zu beschränken.

3. Fragestellung an die Geschwornen und Vortrag des Vorsitzenden.

§ 210.

Nach Beendigung dieser Ausführungen werden die an die Geschwornen zu richtenden Fragen durch den Vorsitzenden bestimmt. Sie müssen schriftlich vorgelegt, von dem Vorsitzenden unterzeichnet und von demselben verlesen werden.

Der Staatsanwalt und der Angeklagte können Einwendungen gegen die Fragestellung vorbringen, der Gerichtshof entscheidet darüber. Wird die Fragestellung abgeändert, so sind die geänderten Fragen nochmals zu verlesen.

§ 211.

Die Hauptfrage soll dahin gehen:

ob der Angeklagte des Vergehens schuldig sei, welches den Gegenstand der Anklage bildet.

In dieselbe sind nicht nur die Merkmale des gesetzlichen Thatbestandes des dem Angeklagten zur Last gelegten Vergehens, sondern auch, soweit der Richter dies für erforderlich hält, die diesen Merkmalen entsprechenden Thatumstände aufzunehmen.

Ist die Anklage eventuell auf ein geringeres Vergehen gerichtet, so ist auf dieses eine eventuelle Frage zu stellen.

Erscheint durch die Behauptungen der Anklage auch dann der Thatbestand eines Vergehens hergestellt, wenn einzelne der in der Anklage angegebenen Thatsachen nicht begründet sind, so ist geeigneten Falls entweder die Hauptfrage nicht mit auf diese Thatsachen zu erstrecken und auf dieselben besondere Fragen zu richten, oder neben der diese Thatsachen mit umfassenden Hauptfrage eine oder mehrere eventuelle Fragen zu stellen, welche sich auf diese Thatsachen nicht mit erstrecken.

Ueber das Vorhandensein der Zustände, Verhältnisse und Thatsachen, welche nach gesetzlicher Vorschrift die Zurechnung ausschließen oder eine Strafmilderung begründen, oder von denen die Anwendbarkeit einer schwereren oder leichteren strafgesetzlichen Bestimmung nach gesetzlicher Vorschrift abhängt, gebührt die Entscheidung den Geschwornen und sind geeigneten Falls darauf besondere Fragen zu stellen. Werden besondere Fragen [illegible] Art gestellt, bei deren Bejahung eine Bestrafung ganz ausgeschlossen sein würde, [illegible]innt die Hauptfrage mit den Worten:

Ist der Angeklagte überführt?

Zur ausschließlichen Erwägung des Gerichtshofs dagegen stehen die thatsächlichen Verhältnisse, welche nur für die Strafzumessung innerhalb des gesetzlichen Strafmaaßes oder für die Frage von Bedeutung sind, ob ein Fall zu den im Strafgesetz ohne Bezeichnung besonderer Unterscheidungsmomente unterschiedenen schwereren oder leichteren Fällen gehöre, sowie die Entscheidung darüber, ob der Art. 60 des Criminalgesetzbuchs zur Anwendung zu bringen sei.

Die an die Geschwornen zu richtenden Fragen sind so zu stellen, daß sie mit Ja oder Nein zu beantworten sind.

§ 212.

Zum Schluß der Verhandlung hat der Vorsitzende die gesammte Lage der Sache auseinander zu setzen, die gesetzlichen Vorschriften, welche bei Beantwortung der gestellten Fragen in Betracht kommen, zu erläutern, diejenigen Punkte zu bezeichnen, auf welche die Geschwornen ihre Aufmerksamkeit vorzüglich zu richten haben, überhaupt alle diejenigen Erläuterungen zu geben, welche ihm zur Herbeiführung eines sachgemäßen Spruches geeignet erscheinen, ohne jedoch seine eigene Ansicht über die auf die gestellten Fragen zu ertheilende Antwort kund zu geben.

Der Vortrag des Vorsitzenden darf von Niemandem unterbrochen oder zum Gegenstande einer Aeußerung oder eines Antrags in der Sitzung gemacht werden.

§ 213.

Den Geschwornen werden die Fragen vom Vorsitzenden schriftlich zugestellt. Sie ziehen sich hierauf mit den Fragen in ihr Berathungszimmer zurück. Die Anklageschrift und die in der Sache vorgebrachten Beweisstücke werden ihnen mitgegeben.

Der Angeklagte wird nach erfolgter Zustellung der Fragen an die Geschwornen einstweilen aus dem Sitzungssaale entfernt.

4. Berathung und Abstimmung der Geschwornen.

§ 214.

Die Berathung der Geschwornen leitet ein von ihnen aus ihrer Mitte zu wählender Obmann, der unter dem Vorsitze des zuerst Ausgeloosten gewählt wird. Bei dieser Wahl entscheidet einfache Stimmenmehrheit, und bei Stimmengleichheit das höhere Lebensalter.

Der Obmann hat vor Beginn der Berathung folgende Belehrung zu verlesen:

Das Gesetz fordert von den Geschwornen keine Angabe der Gründe ihrer Ueberzeugung, und schreibt ihnen keine Regeln vor, nach denen sie die Wirkung und Vollständigkeit eines Beweises zu beurtheilen haben. Es legt ihnen aber die Pflicht auf, alle für und wider den Angeklagten vorgebrachten Beweise sorgfältig und gewissenhaft zu prüfen und nach der durch diese Prüfung gewonnenen innersten

Ihre Berathung und ihr Ausspruch muß sich auf die ihnen vorgelegten Fragen beschränken.

Ihre Ansicht über die Rechtmäßigkeit oder Zweckmäßigkeit des Strafgesetzes darf auf ihren Ausspruch keinen Einfluß haben. Nicht sie, sondern die Richter sind berufen, die gesetzlichen Folgen auszusprechen, welche den Angeklagten wegen der ihm zur Last fallenden Handlungen treffen. Die Geschwornen haben daher ihren Ausspruch ohne Rücksicht auf die gesetzlichen Folgen desselben zu fällen.

Diese Belehrung, sowie die §§ 215—217 sollen im Berathungszimmer der Geschwornen in mehreren Exemplaren ausliegen.

§ 215.

Entstehen bei den Geschwornen Zweifel über das von ihnen zu beobachtende Verfahren, oder über den Sinn der gestellten Fragen, so können sie darüber in öffentlicher Sitzung vom Gerichtshof Aufklärung fordern.

Sowohl der Staatsanwalt als der Angeklagte können darüber das Wort nehmen.

Ueber den Vorgang ist im Protokoll Vermerkung zu machen, und in dasselbe die Auskunftsertheilung in ihrer schließlichen Fassung aufzunehmen.

§ 216.

Das Berathungszimmer wird nach Anordnung des Vorsitzenden des Gerichtshofs bewacht.

Dasselbe darf, bevor die Geschwornen nach Beendigung der Berathung sich in den Sitzungssaal begeben, von keinem von ihnen ohne schriftliche Erlaubniß des Vorsitzenden verlassen werden. Im Uebertretungsfalle erkennt der Gerichtshof auf eine Geldbuße bis zu 50 Thalern, ohne daß ein Rechtsmittel dagegen zulässig ist. Kann ein Geschworner der Berathung nicht bis zu Ende beiwohnen, so läßt ihn der Vorsitzende auf erhaltene Anzeige durch einen Ersatzgeschwornen ersetzen.

Niemand außer den Geschwornen darf das Berathungszimmer betreten bei vier und zwanzigstündiger Gefängnißstrafe, welche der Gerichtshof erkennt, mit Ausschluß aller Rechtsmittel.

§ 217.

Die Geschwornen stimmen nach gehaltener Berathung über die Fragen, in der Ordnung in welcher sie vorgelegt sind, ab.

Der Obmann hat bei jeder Frage jeden Geschwornen einzeln nach seiner Abstimmung zu fragen. Er zählt unter Mitwirkung eines zweiten Geschwornen die Stimmen, und schreibt neben jede Frage das Ergebniß der Abstimmung. Den Geschwornen ist gestattet, eine Frage theilweise zu bejahen oder zu verneinen. An Stelle der in die Fragen aufgenommenen, den Verbrechensmerkmalen entsprechenden Thatumstände können die Geschwornen auch andere Thatumstände setzen, es steht aber in diesem Falle dem Gerichtshof die Entscheidung zu, ob diese Thatumstände den Merkmalen des gesetzlichen Thatbestandes entsprechen.

§ 218.

Jede dem Angeklagten nachtheilige Beantwortung einer Frage kann nur mit Stimmenmehrheit beschlossen werden. Im Falle der Stimmengleichheit entscheiden die ihm günstigeren Stimmen.

In jedem Ausspruche, durch welchen eine Frage zum Nachtheile des Angeklagten beantwortet wird, muß ausdrücklich angegeben sein, ob derselbe mit einer Mehrheit von mehr als sieben Stimmen, oder nur mit sieben Stimmen gegen fünf beschlossen ist, bei Strafe der Nichtigkeit. — Im Uebrigen darf die Zahl der Stimmen niemals ausgedrückt werden.

5. Ausspruch der Geschwornen.

§ 219.

Nach beendigter Abstimmung kehren die Geschwornen in den Gerichtssaal zurück. Eine neue Berathung derselben kann, außer im Falle des § 220, von jetzt an nicht mehr stattfinden.

Auf die Frage des Vorsitzenden nach dem Ergebnisse der Berathung verliest der Obmann die gestellten Fragen, und unmittelbar nach jeder Frage die ertheilte Antwort.

Hierauf ist der Ausspruch, vom Obmann unterschrieben, dem Vorsitzenden zu übergeben, von diesem gleichfalls zu unterzeichnen und zu den Acten zu legen.

§ 220.

Findet der Gerichtshof einen Ausspruch der Geschwornen nicht regelmäßig in der Form, oder in der Sache undeutlich, unvollständig oder sich widersprechend, oder ergiebt sich, daß die Geschwornen die Frage mißverstanden haben, so hat er zu verordnen, daß die Geschwornen sich in ihr Berathungszimmer zurückbegeben, um dem Mangel abzuhelfen.

Das Ergebniß dieser anderweiten Berathung der Geschwornen ist, wie § 219 angeordnet, vorzulesen und zu unterzeichnen.

§ 221.

Wenn die dem Angeklagten nachtheilige Beantwortung einer Frage nur mit einer Mehrheit von sieben gegen fünf Stimmen erfolgt ist, so tritt der Gerichtshof über dieselbe Frage in Berathung, und entscheidet sie nach Stimmenmehrheit ohne Angabe von Gründen.

§ 222.

Haben die Geschwornen den Angeklagten für schuldig erklärt, der Gerichtshof

Umständen, rücksichtlich der That überhaupt bei ihrem Ausspruche geirrt haben, so erkennt er, daß die Entscheidung auszusetzen und die Sache vor andere Geschworne zu verweisen sei. Ein solches Erkenntniß erfolgt von Amtswegen, und kann von den Parteien nicht beantragt werden.

Die ausgesprochene Verweisung soll sich nicht auf etwaige Mitangeklagte erstrecken, in Betreff welcher der Gerichtshof keinen Irrthum der Geschwornen annimmt.

Das andere Geschwornengericht darf nur mit Geschwornen besetzt sein, welche an dem ersten Geschwornengericht nicht Theil genommen haben. Bei seinem Ausspruche hat es sein Bewenden, und eine weitere Verweisung findet nicht Statt.

§ 223.

Demnächst wird der nach § 213 einstweilen abgeführte Angeklagte wieder vorgeführt, und ihm der Ausspruch der Geschwornen oder das nach § 221 gefällte Erkenntniß des Gerichtshofs durch Vorlesen bekannt gemacht.

§ 224.

Haben die Geschwornen ausgesprochen, daß der Angeklagte nicht schuldig sei, so verkündigt der Vorsitzende sofort, daß der Angeklagte von der Anklage freigesprochen werde.

Wegen der Entlassung des Angeklagten aus der Haft und der Unzulässigkeit einer nochmaligen Anklage gilt, was im § 185 verordnet ist.

6. Weiteres Verfahren und Urtheil des Gerichtshofs.

§ 225.

Ist der Angeklagte schuldig befunden, so erhält zunächst der Staatsanwalt das Wort, um seine Anträge in Bezug auf Art und Maaß der zu erkennenden Strafe zu stellen, sodann der Vertheidiger und der Angeklagte, wie in § 178 bestimmt ist.

Diese Ausführungen haben von demjenigen abzusehen, was bereits durch den Spruch der Geschwornen festgestellt ist, und sich nur auf dasjenige zu erstrecken, was noch zur Entscheidung des Gerichtshofs steht. (§ 209.)

§ 226.

Hierauf zieht sich der Gerichtshof zur Fällung des Urtheils in sein Berathungszimmer zurück. Der Angeklagte wird nach Ermessen des Vorsitzenden abgeführt.

§ 227.

Der Gerichtshof beschließt das Strafurtheil, ohne an die Anträge des Staatsanwalts hinsichtlich der Strafart und Strafgröße gebunden zu sein, in Gemäßheit der Strafgesetze.

Das Urtheil muß enthalten eine Bezugnahme auf die dasselbe begründenden Aussprüche der Geschwornen, die Bezeichnung der angewendeten strafgesetzlichen Bestimmungen und die zuerkannte Strafe, bei Strafe der Nichtigkeit.

§ 228.

Die Verkündigung des Urtheils geschieht durch den Vorsitzenden, nachdem der Gerichtshof sich in den Gerichtssaal zurückverfügt hat und der Angeklagte wieder vorgeführt worden ist. Dasselbe wird in einer besonderen Ausfertigung von dem Vorsitzenden unterzeichnet und zu den Acten gegeben.

§ 229.

In Betreff der Protokollführung, der Vertagung des Verfahrens und der Zwischenvorfälle finden die Vorschriften der §§ 186—192 analoge Anwendung.

Im Falle des § 192 entscheidet der Gerichtshof ohne die Geschwornen in den Grenzen der Zuständigkeit des Strafgerichtes.

Sechster Abschnitt.

Verfahren vor dem Polizeirichter.

§ 230.

Die Vorschriften, welche hinsichtlich der Oeffentlichkeit der Verhandlung vor dem Strafgericht und dem Geschwornengericht in diesem Gesetz getroffen sind, gelten auch für das Verfahren vor dem Polizeirichter.

§ 231.

Der Polizeirichter hat zu allen vor ihm stattfindenden Verhandlungen einen Protokollführer hinzuzuziehen.

§ 232.

Abgesehen von der für den Fall, daß eine Voruntersuchung stattgefunden hat, im § 235 gegebenen Vorschrift kann die Anklage vor dem Polizeirichter sowohl mündlich, als schriftlich erhoben werden; dem Polizeirichter bleibt es jedoch unbenommen, in verwickelten Fällen die Beibringung einer schriftlichen Anklage zu verfügen.

§ 233.

Ist ein Verdächtiger in Folge der Bestimmung des zweiten Abschnitts festgenommen, so muß derselbe sofort bei Eingang der Anklage über dieselbe vernommen werden. Ist er geständig, oder sind die Beweismittel zur Hand, so giebt der Richter nach Anhörung der Parteien, erforderlichen Falls nach erfolgter Beweisaufnahme, sogleich das Urtheil ab.

Kann das Urtheil nicht sogleich gefällt werden, so ist zur Verhandlung und Entscheidung der Sache ein möglichst naher Termin anzuberaumen, zu welchem auch

§ 234.

Ist der Angeklagte nicht festgenommen, so ist derselbe nach Eingang der Anklage vorzuladen. In der Vorladung muß das Vergehen, auf welches sich die Anklage bezieht, angegeben und der Beklagte aufgefordert werden, die zu seiner Vertheidigung dienenden Beweise, falls thunlich, mitzubringen. Zugleich sind die vom Ankläger über erhebliche Umstände vorgeschlagenen Zeugen, sowie diejenigen Personen, deren Vernehmung sonst noch erforderlich erscheint, vorzuladen.

In dem Termine wird der Angeklagte vernommen, mit der Beweisaufnahme in Gegenwart der Parteien verfahren und nach Anhörung derselben das Urtheil gefällt.

Ergiebt sich jedoch bei der Vernehmung des Angeklagten, oder bei der Beweisaufnahme, daß vor der Abgabe des Urtheils noch weitere Beweise zu erheben sind, so ist die Verhandlung zu vertagen und zu deren Fortsetzung ein fernerer Termin anzuberaumen.

§ 235.

Hat in einer zur Competenz des Polizeirichters stehenden Sache eine Voruntersuchung stattgefunden, so hat der Staatsanwalt die Acten der Voruntersuchung dem Polizeirichter zuzustellen und denselben eine Bemerkung darüber, gegen wen und wegen welchen Vergehens er die Anklage erheben wolle, hinzuzufügen. Der Staatsanwalt hat zugleich, falls er es für erforderlich hält, daß zu dem für die Verhandlung anzuberaumenden Termine außer dem Angeklagten noch andere Personen vorgeladen werden, dieselben namhaft zu machen. Der Polizeirichter hat alsdann den Termin zur Verhandlung anzuberaumen und zur Vorbereitung desselben nach Anleitung der §§ 141, 142, 144—146 zu verfahren.

§ 236.

Ist das Vergehen nur mit Geldstrafe bedrohet, so kann der Angeklagte in dem von dem Polizeirichter anberaumten Termin sich durch einen Beauftragten vertreten lassen, der Richter kann jedoch auch in einem solchen Fall jeder Zeit das persönliche Erscheinen des Angeklagten verfügen.

§ 237.

Für die Vorladungen vor den Polizeirichter und die gegen nicht Erschienene zu treffenden Verfügungen kommen die Vorschriften der §§ 44—46 zur Anwendung; im Uebrigen finden die §§ 149—153 auch auf das Verfahren vor dem Polizeirichter Anwendung.

§ 238.

Der Polizeirichter ist befugt, Vorführungsbefehle zu erlassen und bis zur Abgabe des Urtheils die Untersuchungshaft gegen den Angeklagten zu verfügen. Derselbe kann ferner sowohl vor dem von ihm zur Verhandlung anzuberaumenden Termine, als auch, wenn es sich in diesem Termine als erforderlich herausstellt, unter Vertagung der Verhandlung die Beschlagnahme von Gegenständen, sowie eine Haussuchung anordnen. Es sind jedoch für alle diese Untersuchungshandlungen die Vorschriften maaßgebend, welche der Untersuchungsrichter zu beobachten hat.

Den Augenschein am Orte der That kann der Polizeirichter durch den Protokollführer einnehmen lassen, der alsdann über das Ergebniß in dem Verhandlungstermine zu berichten hat.

Die vernommenen Zeugen sind nur dann zu beeidigen, wenn eine der Parteien darauf anträgt, oder der Polizeirichter es für erforderlich hält.

§ 239.

In das Protokoll ist das Wesentliche der Verhandlung, sowie ein kurzer Bericht über die etwa nach Maaßgabe des vorigen Paragraphen erfolgten Untersuchungshandlungen aufzunehmen, und ferner auch das Urtheil.

Das letztere ist nebst den Entscheidungsgründen den Parteien oder deren Vertretern zu eröffnen und, insofern sie ausgeblieben sind, denselben in einer Ausfertigung zuzustellen.

Uebrigens finden hinsichtlich einer Aussetzung des Erkenntnisses die Bestimmungen des § 184 Anwendung.

§ 240.

Findet der Polizeirichter, daß zur Vorbereitung der Verhandlung eine Voruntersuchung nothwendig oder rathsam sei, so verweist er die Sache an das Untersuchungsgericht und setzt zugleich den Staatsanwalt hiervon in Kenntniß.

§ 241.

Bei einem ausschließlich oder alternativ mit Geldstrafe bedrohten Vergehen kann der Polizeirichter, wenn die nach seiner Ansicht verwirkte Strafe 50 Thaler nicht übersteigt, sofort nach Eingang der Anklage die Strafe festsetzen und sie dem Angeklagten durch eine schriftliche Verfügung mit dem Bedeuten bekannt machen: daß der Angeklagte, wenn er durch diese Straffestsetzung sich beschwert erachte, innerhalb einer Frist von acht Tagen, vom Tage der Zustellung der Verfügung angerechnet, schriftlich oder durch mündliche Anzeige zu Protokoll Einspruch zu erheben, anderenfalls die Vollstreckung der Strafe zu gewärtigen habe.

In dieser Verfügung muß das Vergehen, sowie die Zeit und Umstände seiner Verübung angegeben sein und ferner auch die Strafvorschrift, auf welche die festgesetzte Strafe sich gründet.

Erhebt der Angeklagte Einspruch gegen die Strafansetzung, so ist in Gemäßheit des § 234 zu verfahren; erfolgt kein Einspruch, so ist die Strafe nach Ablauf der bestimmten Frist sofort vollziehbar.

Weist der Angeklagte nach, daß er durch unabwendbare Umstände an der recht-

Siebenter Abschnitt.
Verfahren in Injuriensachen.

§ 242.

In Injuriensachen kommen, soweit nicht die nachstehenden Bestimmungen eine Ausnahme begründen, die allgemeinen Vorschriften über das Verfahren respective vor dem Polizeirichter und dem Strafgericht zur Anwendung.

§ 243.

In den zur Verhandlung angesetzten Terminen müssen der Angeklagte und der Ankläger, unbeschadet ihrer Befugniß, sich durch einen Rechtsbeistand assistiren zu lassen, persönlich erscheinen. Für den als Privatankläger auftretenden Verletzten ist jedoch eine Vertretung zuzulassen, wenn derselbe nicht in Hamburg anwesend oder domicilirt ist, und kann auch in anderen Fällen sowohl rücksichtlich des Anklägers wie des Angeklagten geeigneten Falls eine Vertretung vom Gericht zugelassen werden, unbeschadet der Befugniß des Gerichts, in jeder Lage der Sache das persönliche Erscheinen der Parteien anzuordnen.

§ 244.

Bleibt in dem zur Verhandlung angesetzten Termin der Ankläger nach gehöriger Vorladung ohne genügende Entschuldigung aus, so erfolgt die Freisprechung des Angeklagten. Dies Präjudiz ist in der Vorladung anzudrohen.

§ 245.

Der Ankläger kann jedoch innerhalb einer Frist von acht Tagen, oder, soweit er durch unabwendbare Umstände an der Beobachtung dieser Frist nachweislich verhindert war, noch später den Angeklagten zur Begründung eines Gesuches um Wiedereinsetzung in den vorigen Stand vorladen lassen, über welches Gesuch das Gericht nach Anhörung beider Parteien endgültig entscheidet.

§ 246.

Für die Vorladung des Angeklagten und das beim Ausbleiben desselben eintretende Verfahren, finden vor dem Polizeirichter die Vorschriften der §§ 44—46, vor dem Strafgericht diejenigen der §§ 147 und 148, vor beiden außerdem die des § 149 Anwendung.

§ 247.

In dem zur Verhandlung angesetzten ersten Termine findet vorgängig ein Güteversuch statt.

§ 248.

In der Verhandlung kann auch der als Privatankläger auftretende Verletzte vernommen, oder wenn derselbe abwesend ist, dessen Vernehmung in Gemäßheit des § 35 verfügt werden.

§ 249.

Jedoch kann in Injuriensachen der Verletzte niemals zum Zeugeneid zugelassen werden (vergl. § 175), vielmehr kommen, soweit durch die sonstigen Beweismittel die in Betracht kommenden Thatsachen nicht oder nicht genügend hergestellt werden können, die Grundsätze des Civilprocesses in Betreff der Zulässigkeit und Wirkung von zugeschobenen und richterlich auferlegten Eiden zur Anwendung. Wird demgemäß auf einen Eid erkannt, so ist die für den Fall der Ableistung oder Ablehnung des Eides zu treffende Entscheidung in das Erkenntniß mit aufzunehmen. Dies Erkenntniß ist als Endurtheil im Sinn des § 251 anzusehen, und die Abnahme des Eides bis nach dessen Rechtskraft auszusetzen.

§ 250.

Der Strafantrag des Anklägers in Injuriensachen darf von dem urtheilenden Gericht nicht überschritten werden.

Achter Abschnitt.

Rechtsmittel gegen Endurtheile.

1. Allgemeine Bestimmungen.

§ 251.

Gegen Enderkenntnisse des Polizeirichters, des Strafgerichts, des Obergerichts und des Geschwornengerichts ist das Rechtsmittel der Nichtigkeitsbeschwerde zulässig; gegen Enderkenntnisse des Polizeirichters und die vom Strafgericht in erster Instanz ergangenen außerdem die Appellation.

Eine Verbindung der Appellation als eventuelles Rechtsmittel mit der Nichtigkeitsbeschwerde ist statthaft.

§ 252.

Ueber Rechtsmittel gegen Erkenntnisse des Polizeirichters hat das Strafgericht, über Rechtsmittel gegen Erkenntnisse des Strafgerichts das Obergericht, über Rechtsmittel gegen Erkenntnisse des Obergerichts und des Geschwornengerichts das Oberappellationsgericht zu entscheiden.

Gegen Entscheidungen des Obergerichts in Strafsachen ist nur das Rechtsmittel der Nichtigkeitsbeschwerde, und nur in den Fällen zulässig, wenn das Obergericht in zweiter Instanz erkannt und bei dem obergerichtlichen Verfahren eine der im § 254 bezeichneten Nichtigkeiten stattgefunden hat.

§ 253.

Auf die Entscheidungen, welche das Strafgericht in Folge einer Appellation oder in Folge einer Nichtigkeitsbeschwerde (vgl. § 257, zweiter Absatz) abzugeben hat,

2. Die Nichtigkeitsbeschwerde.

§ 254.

Die Nichtigkeitsbeschwerde findet Statt:

1) wegen wesentlicher Mängel in Hinsicht der Gerichtspersonen, insbesondere wegen wesentlicher Mängel in Besetzung des Gerichtshofs und der Geschwornenbank, sowie wegen Verletzung der gesetzlichen Bestimmungen über die Zuständigkeit (Competenz). Die Zuständigkeit der höheren Gerichte involvirt jedoch immer die der niederen und kann daher um deswillen, weil der Straffall eigentlich vor einem niederen Gerichte zu erledigen gewesen wäre, nicht angefochten werden;
2) wegen wesentlicher Mängel hinsichtlich der Person der Parteien, insbesondere auch wenn der Staatsanwalt bei einem Vergehen, welches nicht von Amtswegen zu verfolgen ist, ohne Antrag der Betheiligten aufgetreten ist;
3) wegen Verletzung, Verabsäumung oder unrichtiger Anwendung solcher Proceßvorschriften und Grundsätze, deren Nichtbeachtung einen wesentlichen Mangel des Verfahrens begründet.

Ein wesentlicher Mangel des Verfahrens wird insbesondere begründet:

a. wenn gegen eine Bestimmung gefehlt wurde, die ausdrücklich bei Strafe der Nichtigkeit vorgeschrieben war,
b. wenn dem Angeklagten oder dem Ankläger bei der Hauptverhandlung, ungeachtet eines an das Gericht gestellten Antrags, Befugnisse oder Proceßhandlungen rechtswidrig beschränkt oder versagt wurden, welche als Mittel der Vertheidigung oder der erlaubten Strafverfolgung anzusehen sind.

In anderen als den vorstehend bezeichneten Fällen unterliegt es der Beurtheilung des Gerichts, welches über die Nichtigkeitsbeschwerde zu entscheiden hat, ob die Nichtbeachtung der Vorschrift, deren Verletzung oder unrichtige Anwendung behauptet wird, als ein wesentlicher Mangel des Verfahrens anzusehen sei.

§ 255.

Außerdem findet die Nichtigkeitsbeschwerde auch wegen des Inhalts der Urtheile Statt:

1) wenn in einem durch rechtskräftigen Spruch, Verjährung oder sonst rechtlich bereits erledigten Straffalle Anklage und Verurtheilung erfolgt, oder umgekehrt Freisprechung darauf hin erkannt ist, daß irriger Weise die That als bereits abgeurtheilt oder erledigt angenommen worden ist;
2) wenn ein Urtheil des Geschwornengerichts nicht auf Grund ordnungsmäßigen Ausspruchs der Geschwornen oder rechtsgenügenden Geständnisses des Angeklagten (§ 205) ergangen ist, oder damit nicht im Einklang steht — außer in den Fällen der §§ 221 und 222;

3) wegen Verletzung oder falscher Anwendung eines Gesetzes oder Rechtsgrundsatzes, jedoch nicht anders als wenn wegen vermeintlichen Mangels einer auf die That anwendbaren Strafbestimmung Freisprechung erfolgt, oder Verurtheilung eingetreten ist, entweder wegen einer gesetzlich straflosen That oder in eine Strafe, welche, ohne durch gesetzliche Milderungs- oder Schärfungsgründe motivirt zu sein, sei es ihrer Gattung nach, den Bestimmungen des auf die That anwendbaren Gesetzes nicht entspricht, sei es ihrer Dauer und Größe nach, nicht innerhalb des gesetzlichen Maximal- und Minimal-Strafsatzes sich hält.

§ 256.

Ueber die Beschränkung von Proceßbefugnissen kann Niemand Beschwerde führen, wenn er durch sein eigenes Verhalten zu erkennen gegeben hat, daß er die Beschränkung für eine ihm nachtheilige nicht erachte. Die Verletzung von Vorschriften, welche lediglich im Interesse des Angeklagten gegeben sind, kann von dem Staatsanwalt niemals zu dem Zwecke geltend gemacht werden, um eine Vernichtung der ergangenen Entscheidung zum Nachtheile des Angeklagten herbeizuführen.

§ 257.

Ist die Nichtigkeitsbeschwerde begründet, so hebt das über dieselbe urtheilende Gericht das ergangene Erkenntniß wieder auf.

War das aufgehobene Erkenntniß vom Polizeirichter ergangen, so ist die Sache dadurch an das Strafgericht erwachsen, und von diesem, erforderlichen Falls nach weiterer Verhandlung vor ihm, anderweitig zu entscheiden.

War das Erkenntniß vom Strafgericht ergangen, so erkennt das Obergericht, wenn der Nichtigkeitsgrund nicht in Mängeln des Verfahrens liegt, unter Wiederaufhebung des Erkenntnisses zugleich anderweitig in der Sache. Wird dagegen das Erkenntniß wegen Mängel des Verfahrens aufgehoben, so hat das Obergericht zugleich die gänzliche oder theilweise Vernichtung des Verfahrens auszusprechen, und die Sache zur anderweiten Verhandlung und Entscheidung zurück zu verweisen.

In gleicher Weise hat das Oberappellationsgericht, wenn es ein Urtheil des Obergerichts oder des Geschwornengerichts vernichtet, nach Maaßgabe § 23 der „Bestimmungen über die Competenz des Oberappellationsgerichts und den Proceßgang in Strafsachen" die Sache entweder zur anderweitigen Verhandlung und Entscheidung zurück zu verweisen oder selbst in der Sache zu entscheiden.

§ 258.

Wird eine neue Verhandlung verfügt, so darf an dieser keiner der Richter oder Geschwornen Theil nehmen, welche an der ersten Verhandlung Theil genommen haben.

Die von den über die Nichtigkeitsbeschwerde erkennenden Gerichten als Grund der Nichtigkeit des ersten Verfahrens ausgesprochene Ansicht ist für das neue Verfahren maaßgebend.

§ 259.

Wegen offenbaren Mißbrauchs der Nichtigkeitsbeschwerde ist die Partei und deren Sachführer in dem dieselbe verwerfenden Erkenntniß zugleich in eine Geldstrafe bis zu 50 Thalern zu verurtheilen.

3. Die Appellation.

§ 260.

Die Appellation gegen Erkenntnisse des Polizeirichters steht sowohl dem Ankläger als dem Angeklagten zu, jedoch wegen der Zumessung der Strafe nach Art und Größe nur dem Angeklagten.

§ 261.

Gegen ein vom Strafgericht in erster Instanz ergangenes Erkenntniß steht nur dem Angeklagten die Appellation zu, und zwar nur wegen der Zumessung der Strafe nach Art und Größe.

Das Obergericht hat bei seinem Urtheile über die Appellation die in der Entscheidung des Strafgerichts ausgesprochenen thatsächlichen Feststellungen zum Grunde zu legen.

§ 262.

Wird die Appellation begründet befunden, so hebt das Gericht das Erkenntniß, soweit dasselbe angefochten war, auf, und entscheidet auf Grund der erhobenen Beschwerde anderweitig in der Sache.

4. Verfahren.

§ 263.

Für das Verfahren in den bei dem Oberappellationsgericht anhängig zu machenden Nichtigkeitsbeschwerden kommen die Vorschriften in den „Bestimmungen über die Competenz des Oberappellationsgerichts und den Proceßgang in Strafsachen" in Betracht.

Für die bei dem Obergericht und dem Strafgericht anzubringenden Rechtsmittel gelten die folgenden Vorschriften.

Das Rechtsmittel der Nichtigkeitsbeschwerde oder der Appellation ist innerhalb einer Nothfrist von zehn Tagen nach Verkündigung oder, in Betreff abwesender Parteien, nach Insinuation des Erkenntnisses bei dem erkennenden Gericht schriftlich oder zu Protokoll einzuwenden.

Innerhalb derselben zehn Tage hat der Beschwerdeführer seine Beschwerdepunkte schriftlich in doppelter Ausfertigung bei demselben Gericht einzureichen. Nichtigkeitsgründe müssen hierbei einzeln und bestimmt angegeben werden.

§ 264.

Wenn von einem Erkenntnisse des Polizeirichters wegen darin angenommenen oder nicht angenommenen Beweises appellirt wird, so hat der Appellant zugleich diejenigen bereits vernommenen Personen und benutzten sonstigen Beweismittel, auf deren abermalige Vorführung er antragen will, sowie etwaige neue Beweismittel deutlich zu bezeichnen.

§ 265.

Nach Ablauf der zehntägigen Nothfrist (§ 263) sind die Acten dem zur Entscheidung über das Rechtsmittel zuständigen Gericht einzusenden. Dasselbe hat ein versäumtes oder nicht gehörig eingewendetes Rechtsmittel ohne weitere Verhandlung zu verwerfen.

§ 266.

Sind die Förmlichkeiten des Rechtsmittels gewahrt, so läßt das zur Entscheidung über dasselbe zuständige Gericht dem Gegner des Beschwerdeführers die Einwendung und die Beschwerdepunkte mittheilen, und bestimmt zugleich einen Termin zur öffentlichen mündlichen Verhandlung.

Im Falle des § 264 verbindet das Strafgericht damit die Mittheilung des daselbst erwähnten Verzeichnisses an den Appellaten, und erläßt zugleich an ihn die Aufforderung, die von ihm wieder zu benutzenden oder zu beantragenden neuen Beweismittel binnen einer bestimmten Frist dem Gericht zum Zweck ihrer Herbeischaffung anzugeben. Hinsichtlich solcher Anträge ist dann ferner wie nach § 142 zu verfahren.

Das Strafgericht kann überdies von Amtswegen die nochmalige Vorführung von Beweismitteln, die bereits vor dem Polizeirichter benutzt waren, anordnen.

§ 267.

Zu dem angesetzten Termin sind die bei dem Rechtsmittel Betheiligten unter der Androhung vorzuladen, daß der Ausbleibende des Rechtsmittels, beziehungsweise der Vernehmung auf dasselbe werde verlustig erklärt werden. Ist der Angeklagte verhaftet und hatte dieser früher einen Vertheidiger, so ist auch dieser unter der Ankündigung vorzuladen, daß im Falle seines Nichterscheinens gleichwohl werde verhandelt und erkannt werden.

Für die Vorladung von Zeugen und Sachverständigen durch das Strafgericht und hinsichtlich der Folgen ihres Ausbleibens finden die Vorschriften der §§ 147, 152, 153 analoge Anwendung.

§ 268.

Die Verhandlung beginnt mit dem durch ein Mitglied des Gerichts zu haltenden Vortrage aus den Acten, welcher den bisherigen Verlauf der Sache, soweit derselbe für die Beurtheilung der aufgestellten Beschwerden erheblich ist, jedoch keine Ansicht über die zu ertheilende Entscheidung enthält.

Darauf werden die Parteien, und zwar zuerst der Beschwerdeführer, jedoch in jedem Falle zuletzt noch der Angeklagte, falls derselbe selbst oder durch einen Vertheidiger anwesend ist, gehört.

Wenn vom Strafgericht in der Verhandlung über die Appellation Beweismittel zu erheben sind, so geht deren Vorführung den Ausführungen der Parteien vorher.

§ 269.

Ist eine der Parteien ausgeblieben, so geht die Verhandlung dennoch vor sich, und sind durch ein Gerichtsmitglied für den Ausgebliebenen die etwa nöthigen Mittheilungen aus den Acten zu machen.

§ 270.

Das Erkenntniß ist vom Gericht nach stattgefundener Berathung entweder in derselben oder in einer dazu anzusetzenden, spätestens nach acht Tagen zu haltenden öffentlichen Sitzung zu verkündigen.

Neunter Abschnitt.

Kosten des Strafverfahrens.

§ 271.

Zu den Kosten des Strafverfahrens gehören alle Gebühren und Auslagen, die zum Behufe der Durchführung des einzelnen in Rede stehenden Verfahrens sowohl während der Voruntersuchung, als auch durch die Hauptverhandlung erwachsen sind.

§ 272.

Wird der Angeklagte in der Hauptsache verurtheilt, so ist derselbe auch in die Kosten des Strafverfahrens zu verurtheilen, soweit solche nicht etwa durch ein Verschulden dritter Personen herbeigeführt wurden.

§ 273.

Sind mehrere Mitschuldige eines Vergehens in demselben Strafverfahren befangen gewesen und in der Hauptsache verurtheilt, so fallen dem Einzelnen diejenigen Kosten ausschließlich zur Last, welche durch seine Bewachung, seinen Unterhalt, oder durch besondere nur bei ihm eingetretene Ereignisse, oder durch sein besonderes Verschulden entstanden sind.

Alle anderen Kosten sind für die mehreren Mitschuldigen dergestalt gemeinschaftlich, daß zwar ein jeder nach Verhältniß seiner Theilnahme in einen entsprechenden Antheil, sämmtliche Theilnehmer aber zur solidarischen Haftung zu verurtheilen sind.

Bei gemeinschaftlich begangenen Vergehen aus Fahrlässigkeit fällt die solidarische Haftung weg.

§ 274.

Wird der Angeklagte freigesprochen, so ist der Ankläger in die Kosten des Strafverfahrens zu verurtheilen.

Die Kosten hat in diesem Falle, von Injuriensachen abgesehen, der Staat zu tragen, so daß die dem Angeklagten zu erstattenden Kosten aus der Staatscasse zu vergüten sind.

Hatte jedoch der Angeklagte die Verdachtsgründe, durch welche das gegen ihn eingeleitete Strafverfahren veranlaßt wurde, auf schuldvolle Weise selbst hervorgerufen, so sind die Kosten zu compensiren oder nach Beschaffenheit des Falls ihm zur Last zu bringen.

§ 275.

Ist gegen einen Angeklagten ein Strafverfahren wegen mehrerer Vergehen eingeleitet, und erfolgt ein gemischtes, ihn theils verurtheilendes, theils freisprechendes Erkenntniß, so sind, falls die Kosten sich nicht füglich absondern lassen, dieselben entweder zu compensiren, oder es ist ein nach richterlichem Ermessen festzustellender Theil der Kosten dem Angeklagten zu ersetzen, beziehungsweise derselbe in einen solchen zu verurtheilen.

Nach demselben Grundsatze ist zu verfahren, wenn von mehreren wegen eines Verbrechens Angeklagten der eine freigesprochen und der andere verurtheilt wird.

§ 276.

Wird ein Rechtsmittel eingewandt, so trägt der in dieser Instanz unterliegende Theil die in derselben erwachsenen Kosten.

Sind die in der höheren Instanz aufgestellten Beschwerden nur theilweise berücksichtigt oder verworfen worden, oder erlangt der Angeklagte auf sein Rechtsmittel nur eine Herabsetzung der Strafe, so steht es zum Ermessen des Gerichts, je nach Lage der Sache auf vollständige oder theilweise Erstattung der Kosten oder auf deren Compensation zu erkennen.

§ 277.

Wurde das Verfahren vor dem Endurtheil eingestellt, so kommen die Grundsätze des § 274 zur Anwendung. Läßt in einer Injuriensache der Ankläger die Anklage fallen, so ist derselbe in sämmtliche bereits erwachsene Kosten zu verurtheilen. In diese Kosten ist der Beschädigte zu verurtheilen, wenn derselbe bei Vergehen, die nicht von Amtswegen verfolgt werden können, seinen Antrag auf Verfolgung zurücknimmt (vergl. § 10).

§ 278.

Wenn ein Angeklagter unvermögend ist, so sind die ihm zur Last fallenden Kosten einstweilen, und bis er zu Vermögen kommt, aus der Staatscasse zu bestreiten, jedoch mit Ausschluß der Gebühren eines Vertheidigers.

§ 279.

Dritte Personen, welche den Angeklagten zu ernähren verbunden sind, können nicht angehalten werden, Kosten für denselben zu bezahlen, auch nicht die Kosten seines Unterhalts, während er verhaftet ist.

§ 280.

Gegen die richterliche Entscheidung über den Kostenpunkt ist ein Rechtsmittel nur in Verbindung mit anderen Beschwerden zulässig.

Zehnter Abschnitt.

Vollziehung der Strafurtheile.

§ 281.

Die Vollziehung der Strafurtheile geschieht durch die städtische Polizeibehörde, mit Ausnahme derjenigen auf Geldstrafe, welche durch das Executionsbüreau beigetrieben wird.

§ 282.

Die Sorge für die Anordnung der Vollziehung liegt dem öffentlichen Ankläger ob.

Ist in Injuriensachen ein verurtheilendes Erkenntniß ergangen, so hat das Gericht unmittelbar die Polizeibehörde oder das Executionsbüreau um die Vollziehung anzugehen.

§ 283.

Zur Vollziehung des Urtheils auf Freiheitsstrafe ist regelmäßig binnen vier und zwanzig Stunden von dem Zeitpunkte an zu schreiten, wo die Frist zur Einwendung eines Rechtsmittels gegen das Urtheil verstrichen ist, ohne daß ein solches eingewendet wurde; oder, wenn ein Rechtsmittel eingelegt wurde, von dem Zeitpunkte, wo dasselbe zurückgenommen oder durch ein Urtheil höherer Instanz erledigt wurde; oder, wo kein Rechtsmittel weiter zulässig war oder der Verurtheilte sich der erkannten Strafe unbedingt unterwirft, von dem Zeitpunkte der Eröffnung des Urtheils.

Die Gerichte können jedoch, wenn der zu einer Freiheitsstrafe Verurtheilte nicht bereits verhaftet ist, denselben auf Antrag des öffentlichen Anklägers sofort nach Abgabe des Erkenntnisses verhaften lassen.

§ 284.

Dem Verurtheilten ist gestattet, wenn er oder sein Gegner ein Rechtsmittel gegen das ergangene Urtheil eingewendet hat, die vorläufige Antretung der erkannten Freiheitsstrafe zu verlangen.

§ 285.

Die Vollziehung der Freiheitsstrafe ist aufzuschieben, wenn der Verurtheilte sich im Zustande der Geisteskrankheit, völliger Geistesschwäche oder in einem solchen körperlichen Zustande befindet, daß die Vollziehung der Strafe mit der Einrichtung der Strafanstalt nicht verträglich, oder davon eine Lebensgefahr für den Verurtheilten zu besorgen ist.

§ 286.

Sofern durch sofortige oder ununterbrochene Gefängnißstrafe der Nahrungsstand oder der Unterhalt der Familie des Verurtheilten gefährdet würde, kann auf dessen Gesuch von der Polizeibehörde (siehe § 281) ein kurzer Aufschub, auch Verbüßung der Strafe mit kurzen Zwischenzeiten bewilligt werden.

§ 287.

Begnadigungsgesuche hemmen eine Strafvollziehung nur dann, wenn der Senat durch eine dem Staatsanwalt zugestellte Verfügung den einstweiligen Aufschub anordnet.

§ 288.

Die Bestimmungen über Vollziehung der Todesstrafe enthält die Verordnung vom 20. October 1854.

Eilfter Abschnitt.

Wiederaufnahme eines Strafverfahrens.

§ 289.

Wenn das Untersuchungsgericht nach Inhalt des § 131 die Einstellung der Voruntersuchung erkannt, oder das Strafgericht aus dem im § 138 unter 2) aufgeführten Grunde die Anklage abgewiesen, oder die Anklagekammer des Obergerichts wegen nicht ausreichenden Verdachts nach § 196 die Einstellung des Verfahrens beschlossen hat, so kann der Staatsanwalt die Wiederaufnahme des Verfahrens beantragen, wenn er neue Beweismittel beibringt, welche entweder schon vorhandene Verdachtsgründe verstärken, oder neue darbieten.

Hatte in dem Falle des § 10 der Beschädigte den Antrag zurückgenommen, so kann das Verfahren von ihm nicht wieder aufgenommen werden.

§ 290.

Wurde ein Angeklagter von der Anklage aus dem Grunde freigesprochen, weil ein unbefugter Ankläger gegen ihn aufgetreten war, so bleibt dem zur Anklage Berechtigten die Wiederaufnahme des Verfahrens unbenommen.

§ 291.

Wurde der Angeklagte aus einem anderen Grunde durch das Endurtheil freigesprochen, so kann die Wiederaufnahme des Verfahrens gegen ihn nur in folgenden Fällen beantragt werden:

1) wenn die Freisprechung durch Fälschung, falsches Zeugniß, Bestechung oder durch ein sonstiges Verbrechen des Angeklagten oder einer dritten Person herbeigeführt wurde, und hierüber bereits ein gerichtliches Strafurtheil vorliegt;

2) wenn der Freigesprochene später ein Geständniß des Verbrechens gerichtlich abgelegt hat;

3) wenn später andere Personen wegen desselben Verbrechens verurtheilt worden sind, und sich bei dieser Veranlassung Beweismittel ergeben haben, welche die Ueberführung des Freigesprochenen als Mitschuldigen zu begründen geeignet sind.

§ 292.

Auch wenn der Angeklagte in dem Endurtheile verurtheilt wurde, kann der Staatsanwalt die Wiederaufnahme des Verfahrens in den im vorigen Paragraphen aufgeführten Fällen beantragen, vorausgesetzt, daß in dem unter 1) erwähnten Falle in dem fraglichen Verbrechen die Veranlassung zu einem milderen Strafurtheile lag, oder in den unter 2) und 3) erwähnten Fällen aus dem Geständnisse oder den Beweismitteln sich ergiebt, daß das Vergehen härter zu bestrafen war, als in dem Endurtheile geschehen ist.

Jedoch soll in allen diesen Fällen die Wiederaufnahme des Verfahrens nicht stattfinden, wenn es sich nur um Erhöhung der Strafe innerhalb derselben gesetzlichen Strafgrenzen handeln würde; sie soll daher nur dann eintreten, wenn die Folge der Wiederaufnahme eine Beurtheilung nach einer anderen Strafbestimmung sein wird.

§ 293.

Ein verurtheilter Angeklagter kann zu jeder Zeit, selbst nach vollzogener Strafe, die Wiederaufnahme des Verfahrens zum Behufe der Aufhebung oder Milderung des früheren Straferkenntnisses verlangen:

1) wenn er darthut, daß Urkunden, welche gegen ihn vorgebracht und berücksichtigt wurden, falsch oder verfälscht, oder daß Sachverständige oder Zeugen, die zu seinem Nachtheile aussagten, meineidig, oder daß einer oder mehrere derselben bestochen gewesen sind, oder

2) wenn er neue Beweismittel vorbringt, welche allein oder in Verbindung mit früher erhobenen Beweisen geeignet sind, seine Freisprechung herbeizuführen, oder seine That als ein nach einer anderen und gelinderen Strafbestimmung zu beurtheilendes Vergehen darzustellen.

§ 294.

Unter den Voraussetzungen im vorigen Paragraphen kann auch nach dem Tode des Angeklagten von dessen Ehegatten, Verwandten und Verschwägerten in aufsteigender oder absteigender Linie und Verwandten in der Seitenlinie bis zum dritten Grade die Wiederaufnahme des Verfahrens verlangt werden.

§ 295.

Anträge auf Wiederaufnahme des Verfahrens sind unter gehöriger Begründung bei demjenigen Gericht schriftlich anzubringen, vor welchem die Hauptverhandlung stattgefunden hat, und, falls die Hauptverhandlung vor dem Geschwornengericht stattfand, bei der Anklagekammer des Obergerichts.

Das Gericht hat alsdann, wenn der Antrag sich nicht sofort als verwerflich darstellt, nach Vernehmung der anderen Partei über die Wiederaufnahme zu entscheiden und, falls es dieselbe zulässig erachtet, eine neue Hauptverhandlung anzuordnen.

Dem Gericht steht es jedoch auch frei, vor der Entscheidung über die Wiederaufnahme des Verfahrens die neu angegebenen Beweise vorläufig durch das Untersuchungsgericht nach Maaßgabe der für die Voruntersuchung geltenden Vorschriften erheben zu lassen.

§ 296.

Wenn ein Verurtheilter die Wiederaufnahme des Verfahrens beantragt hat, so hemmt die Wiederaufnahme des Verfahrens den Vollzug der Strafe nicht; es sei denn, daß das Gericht, welches über die Wiederaufnahme zu entscheiden hat, eine Hemmung den Umständen des Falls nach angemessen erachtet.

Anhang.

Taxordnung in Strafsachen.

A. Gerichtsgebühren.

I. Bei dem Polizeirichter.

	℔	ß
Für das ganze Verfahren, es mag eine Voruntersuchung stattgefunden haben oder nicht, wenn erkannt ist		
a. Bis auf 2 ℔ oder 48 Stunden Gefängniß	2	—
b. Von 2 ℔ bis auf 10 ℔, oder über 48 Stunden bis zu 14 Tagen Gefängniß	4	—
c. Von 10 ℔ bis zu 50 ℔, oder über 14 Tage bis zu 4 Wochen Gefängniß	8	—
d. Ueber 50 bis zu 100 ℔, oder über 4 Wochen bis zu 2 Monaten Gefängniß	10	—
e. Ueber 100 bis 300 ℔	30	—

	ℋ	ß
Für eine im Mandatsverfahren (§ 241 der Strafproceßordnung) erlassene Strafverfügung	2	—
Wird auf Antrag des Beschuldigten die Verfügung durch ein abänderndes Urtheil aufgehoben, so fällt die Gebühr für die erste Verfügung weg.		
Wird der Einspruch gegen eine im Mandatswege erlassene Verfügung verworfen, so sind je nach der Größe der verfügten Strafe die Gebühren unter a, b und c zu berechnen.		

II. Bei dem Strafgerichte.

1) In erster Instanz.

Für die Hauptverhandlung und das Urtheil		
a. Wenn eine Voruntersuchung stattgefunden hat	50—300	—
b. Wenn nicht	30—150	—
Für eine durch den Angeklagten verschuldete Aussetzung oder Vertagung einer Sitzung	10	—
Erkennt das Strafgericht auf eine Strafe unter seiner Zuständigkeit, so bestimmen die Gebühren sich nach den Ansätzen unter I, a—e.		

2) In zweiter Instanz.

A. Für die Verhandlung einer Nichtigkeitsbeschwerde einschließlich des Urtheils	3—15	—
Erkennt jedoch das Strafgericht in der Sache selbst (§ 257 Alinea 2 der Strafproceßordnung) so ist die Urtheilsgebühr nach der Taxe für das Verfahren vor dem Polizeirichter zu berechnen.		
B. Für die Verhandlung einer Appellation einschließlich des Urtheils:		
a. Wenn bis 2 ℋ oder 48 Stunden Gefängniß erkannt war	3	—
b. Wenn darüber bis zu 10 ℋ oder 14 Tagen Gefängniß	6	—
c. Wenn über 10 bis zu 50 ℋ oder über 14 Tage bis zu 4 Wochen Gefängniß	12	—
d. Wenn über 50 bis zu 100 ℋ oder über 4 Wochen bis zu 2 Monaten Gefängniß	24	—
e. Wenn über 100 ℋ	45	—

III. Bei dem Geschwornengerichte.

Für die Hauptverhandlung und das Urtheil	100—500	—
Wird die Sache an andere Geschworne verwiesen (§ 222 der Strafproceßordnung), so wird dieser Ansatz selbstverständlich nur einmal berechnet.		

IV. Bei dem Obergerichte.

1) Für ein Erkenntniß auf ein in der Voruntersuchung eingelegtes Rechtsmittel (§§ 133 ff. der Strafproceßordnung)	3	12
2) Bei Rechtsmitteln gegen ein vom Strafgerichte in erster Instanz abgegebenes Erkenntniß		
für Verhandlung der Sache, einschließlich des Urtheils	15—30	—
Erkennt jedoch das Obergericht in Folge einer eingebrachten Nichtigkeitsbeschwerde in der Sache selbst (§ 257 Alinea 3 der Strafproceßordnung),		

	ℳ	ß
3) Bei Rechtsmitteln gegen vom Strafgericht in zweiter Instanz abgegebene Erkenntnisse		
a. Bei einer Strafe von 2 ℛ oder 48 Stunden Gefängniß	3	—
b. Darüber bis zu 10 ℛ oder 14 Tagen Gefängniß	6	—
c. Darüber bis zu 50 ℛ oder 4 Wochen Gefängniß	12	—
d. Darüber bis zu 100 ℛ oder 2 Monaten Gefängniß	24	—
e. Ueber 100 ℛ	45	—

V. Bei dem Oberappellationsgerichte.

Ueber die Gebühren bei dem Oberappellationsgerichte wird dieses seiner Zeit eine Bekanntmachung erlassen.

B. Gebühren der Auskunfts-Personen.

Den Zeugen ist auf ausdrückliches Verlangen zu gewähren eine Entschädigung von 6 ß für jede Stunde Versäumniß, wobei bei außerhalb der Stadt wohnenden Personen die auf den Hin- und Rückweg zu verwendende Zeit mit in Anschlag zu bringen ist. Den in größerer Entfernung von der Stadt wohnenden Zeugen sind etwaige baare Auslagen für Hin- und Rückbeförderung nebenbei zu ersetzen. Abgesehen von diesen Auslagen darf der Gesammtbetrag der Entschädigung für einen Tag die Summe von 2 ℳ 4 ß nicht übersteigen, und erlischt der Anspruch auf diese Entschädigung wenn der Zeuge sie nicht bei seiner Entlassung ausdrücklich in Anspruch nimmt.

Auswärtigen Zeugen sind Reisekosten und Versäumniß nach billigem Ermessen des Gerichts zu ersetzen. Ihnen gleich stehen diejenigen Zeugen vom hiesigen Gebiete, welche an dem Tage ihrer Vernehmung nicht die Hin- und Rückreise bewerkstelligen können, also genöthigt sind hier zu übernachten.

Insofern nicht rücksichtlich der Erstattung von Gutachten besondre Taxen Anwendung finden, haben die Sachverständigen diejenige Gebühr, welche sie beanspruchen zu können glauben, dem Gerichte anzugeben, welches dieselbe nach der Wichtigkeit der Sache, nach der Größe der aufgewandten Mühe und nach dem Umfange des abgegebenen Gutachtens endgültig feststellen wird.

Die Gebühren für Zeugen und Sachverständige werden Vorschußweise aus der Gerichtscasse bezahlt, und sind im Falle der Verurtheilung des Angeschuldigten in die Kosten von diesem zu ersetzen.

Die ständig bestellten Sachverständigen (z. B. die Mitglieder des Gesundheitsrathes) haben jedoch die Gebühren für ihre Gutachten nur aus dem Vermögen des in die Kosten verurtheilten Angeschuldigten zu beanspruchen. Baare Auslagen sind ihnen im Falle des Unvermögens des Verurtheilten aus der Gerichtscasse zu ersetzen.

C. Gebühren der Advocaten.

	ℳ	ß
1) Für die Einsicht der Acten		
a. Bei dem Polizeirichter	3	—
b. Bei den andren Gerichten in Strafsachen	5—20	—
Bei besonders umfangreichen Acten kann der höchste Satz bis auf das Doppelte erhöht werden.		

	℞	ß
2) Für die mündliche Verhandluug und Vertheidigung		
a. Bei dem Polizeirichter	5—10	—
b. Bei dem Strafgerichte	15—100	—
c. Bei dem Geschwornengerichte	30—150	—
d. Bei dem Obergerichte	15—30	—
e. Bei dem Oberappellationsgerichte, einschließlich der Reisekosten	30—60	—
3) Für Denkschriften und schriftliche Anträge		
a. Bei dem Polizeirichter pr. Bogen	3	—
b. Bei den andren Gerichten pr. Bogen	6	—
Jede Seite muß enthalten 25 Zeilen, jede Zeile durchschnittlich 10 Silben.		
4) Für eine Unterredung mit dem verhafteten Beschuldigten, nach deren Dauer und Wichtigkeit	3	12
	bis	
	7	8
5) Unmittelbare Auslagen aller Art, z. B. Stempelpapier, Gerichtsgebühren, Porto u. s. w. werden nach ihrem vollen Betrage ersetzt.		
6) Copialien pr. Bogen	—	4
Der theilweise beschriebene Bogen wird für voll gerechnet; die Seite muß enthalten 25 Zeilen, die Zeile durchschnittlich 10 Silben.		

Allgemeine Bestimmungen.

Zu den Kosten des Strafverfahrens gehören außer den Gerichtsgebühren alle durch die Sache während der Voruntersuchung und der Hauptverhandlung veranlaßten Auslagen des Staates, namentlich die durch die Requisition auswärtiger Behörden, durch den Transport des auswärts verhafteten Angeschuldigten oder anderwärts in Haft befindlicher Mitschuldiger oder Zeugen Behufs ihrer Vernehmung in der Voruntersuchung oder in der Hauptverhandlung verursachten, die Kosten des Unterhalts Verhafteter, ferner Porto, die Gebühren für Sachverständige und Zeugen und die Kosten der Vertheidigung.

Werden Abschriften von Actenstücken oder Beglaubigungen gefordert außer den Fällen, wo solche vom Gerichte kostenfrei zu verabfolgen sind, so sind für jeden Bogen 4 ß zu entrichten.

Wo die Gebühr nach einem niedrigsten und höchsten Satze bestimmt ist, hat das Gericht bei Abgabe eines Strafurtheils die Höhe der zu berechnenden Gebühr innerhalb jener Grenzen nach der Wichtigkeit der Sache, der Zahl der Angeschuldigten, der Weitläufigkeit der Verhandlungen und der Verschuldung des Verurtheilten an der letzteren zu bestimmen.

Gegeben in der Versammlung des Senats, Hamburg, den 30. April 1869.

№ 10. den 30. April 1869.

Criminalgesetzbuch.

Inhalt.

Erster Theil. Von Verbrechen und deren Bestrafung im Allgemeinen.

Der Senat hat in Uebereinstimmung mit der Bürgerschaft beschlossen und verkündet hiedurch als Gesetz, welches an einem späterhin von ihm zu bestimmenden und öffentlich bekannt zu machenden Tage in Kraft zu treten hat, was folgt:

Erster Theil.

Von Verbrechen und deren Bestrafung im Allgemeinen.

Titel 1.

Von Anwendung der Strafgesetze.

Art. 1.

1. Einheimische Verbrechen.

Wer innerhalb der Grenzen des Hamburgischen Staats den Strafgesetzen desselben zuwider handelt, soll nach deren Inhalt gerichtet werden, er möge hier wohnhaft sein oder nicht.

Art. 2.

2. Auswärtige Verbrechen.

Wegen eines auswärts begangenen und dort nicht bestraften Verbrechens sind Angehörige des Hamburgischen Staats hier nach den hiesigen Strafgesetzen zu richten. Ist jedoch nach den am Orte der That geltenden Gesetzen die That straflos, so dürfen auch die hiesigen Gerichte wegen derselben nur dann auf Strafe erkennen, wenn die That gegen den Hamburgischen Staat oder einen Angehörigen desselben gerichtet war.

Art. 3.

Verbrechen der Ausländer im Auslande sind von den hiesigen Gerichten und nach den hier geltenden Strafgesetzen nur dann zu bestrafen, wenn die That gegen den hiesigen Staat oder einen Angehörigen desselben gerichtet, wenn sie auch nach den Gesetzen des Ortes der That strafbar und dort nicht schon bestraft worden ist.

Art. 4.

Kein Hamburgischer Staatsangehöriger darf einem anderen Staate zur Bestrafung ausgeliefert werden.

Art. 5.

3. Strafbare Handlungen.

Keine Begehung oder Unterlassung ist als Verbrechen zu bestrafen, welche nicht vorher vom Gesetz mit Strafe bedroht war.

Titel 2.

Von den Strafen.

Art. 6.

1. Allgemeine Bestimmung.

Die zulässigen allgemeinen Strafarten sind Todesstrafe, Freiheitsstrafen, Verlust der staatsbürgerlichen Rechte, Geldstrafe. Die Freiheitsstrafen sind: Zuchthaus, Strafarbeitshaus oder Gefängnißstrafe.

Ist im Allgemeinen Freiheitsstrafe angedrohet, so steht die Entscheidung über die eintretende Strafart zum richterlichen Ermessen (s. jedoch Art. 10).

Art. 7.

2. Todesstrafe.

Die Todesstrafe wird durch Enthauptung mittelst des Fallbeils vollzogen. Das Nähere darüber bestimmt die Verordnung über die Vollziehung von Todesstrafen vom 20. October 1854.

Art. 8.

3. Freiheitsstrafen.

Die geringste Dauer der Zuchthausstrafe beträgt sechs Monate; die höchste Dauer derselben fünf und zwanzig Jahre. Die Dauer der Gefängnißstrafe beträgt mindestens einen Tag und höchstens fünf und zwanzig Jahre.

Art. 9.

Im Zuchthause und im Strafarbeitshause sollen die Sträflinge zu Arbeiten, wie sie ihren Kräften entsprechend sind, angehalten werden.

Den zu Gefängnißstrafe Verurtheilten ist, wenn sie nicht selbst eine der Gefängnißordnung entsprechende Beschäftigung wählen, eine ihre Fähigkeiten und Gewohnheiten berücksichtigende Arbeit thunlichst anzuweisen.

Art. 10.

Das Gesetz bedroht kein Verbrechen ausdrücklich mit Strafarbeitshaus. Der Richter ist aber befugt, statt der, die Dauer eines Jahres nicht übersteigenden Zuchthausstrafe, und statt einer Gefängnißstrafe bis zu zwei Jahren, bei Personen, die als Arbeitsscheue oder Landstreicher erscheinen, auf Strafarbeitshaus zu erkennen.

Art. 11.

In den Fällen, wo eine Gefängnißstrafe in Zuchthaus oder Strafarbeitshaus zu verwandeln ist (Art. 10, Art. 62) gelten die beiden letzteren als doppelt so schwere Strafen als die erstere, so daß ein Jahr Gefängniß einer sechsmonatlichen Zucht- oder Strafarbeitshausstrafe gleichgestellt wird.

Art. 12.

Wenn in diesem Gesetzbuch Gefängnißstrafe ohne weitere Zeitangabe verfügt wird, so beträgt deren höchste Dauer ein Jahr.

Art. 13.

Der Richter ist befugt, die Gefängnißstrafe durch Beschränkung der Kost auf Wasser und Brod und durch einsame Haft zu verschärfen.

Die Beschränkung der Kost auf Wasser und Brod darf nur einen Tag um den anderen, und höchstens für die Dauer der ersten und letzten vierzehn Tage der Strafzeit, einsame Haft nur auf vier Wochen verhängt werden.

Art. 14.

Bei den Freiheitsstrafen wird ein Tag zu vierundzwanzig Stunden, eine Woche zu sieben Tagen, ein Monat und ein Jahr nach dem Kalender gerechnet.

Art. 15.

Wenn während der Vollziehung einer Freiheitsstrafe wegen Geistes- oder körperlicher Krankheit eines Strafgefangenen dessen Versetzung in eine öffentliche Heilanstalt nothwendig wird, so wird die Zeit seines Aufenthalts in derselben auf seine Strafzeit in Anrechnung gebracht.

Art. 16.

Die Dauer einer unverschuldeten während der Untersuchung oder des Strafverfahrens erlittenen Haft ist auf die Freiheitsstrafe und Geldstrafe anzurechnen. Die Frage, ob und wie viel von jener Haft als unverschulder zu betrachten sei, bleibt dem Ermessen der Gerichte überlassen, jedoch muß das Urtheil zugleich aussprechen, wie lange

Art. 17.

4. Verlust der staatsbürgerlichen Rechte.

Der Verlust der staatsbürgerlichen Rechte kann entweder auf eine gewisse Zeit oder für immer verhängt werden, und zwar im ersteren Falle auf mindestens ein und höchstens zehn Jahre, nachdem die sonstige Strafe verbüßt ist.

Der Verlust der staatsbürgerlichen Rechte bewirkt den Verlust, resp. die Unfähigkeit zum Erwerb aller politischen Rechte, namentlich also des Wahlrechts zur Bürgerschaft, der Wählbarkeit in dieselbe und zu öffentlichen Ehrenämtern, ferner die Unfähigkeit zur Bekleidung eines öffentlichen Amts, sowie auch des Notariats.

Art. 18.

5. Geldstrafe.

Ist alternativ mit der Gefängnißstrafe eine Geldstrafe angedroht, so steht die Wahl zwischen diesen Strafarten zum richterlichen Ermessen.

Wird auf Geldstrafe erkannt, so ist für den Fall, daß dieselbe nicht entrichtet wird, auf eine statt derselben zu verbüßende Gefängnißstrafe zu erkennen.

Wenn in diesem Gesetzbuch Geldstrafe ohne Angabe der Summe verfügt wird, so ist darunter eine Geldstrafe bis zum Belauf von höchstens 100 Thalern zu verstehen.

Art. 19.

6. Nebenstrafübel.

a. Confiscation.

Die zur Begehung eines vorsätzlichen Verbrechens bestimmten oder gebrauchten Werkzeuge oder Mittel, insofern sie dem Verbrecher gehören, oder von dem Eigenthümer wissentlich zu dem verbrecherischen Zweck hergegeben sind, sowie die durch die verbrecherische Thätigkeit hervorgebrachten Sachen, sind zu confisciren.

Art. 20.

b. Stellung unter Polizeiaufsicht.

Der öffentlichen Sicherheit und Sittlichkeit gefährliche Verbrecher können durch richterlichen Ausspruch, nach erlittener Strafe, jedoch höchstens auf fünf Jahre, unter polizeiliche Aufsicht gestellt werden. Die Dauer derselben wird in dem Straferkenntnisse bestimmt.

Der unter Polizeiaufsicht Gestellte muß der Polizei jederzeit seine Wohnung und jede Veränderung derselben anzeigen, und ihr auf Verlangen stets über seinen Betrieb und Erwerb Auskunft geben. Die Polizei ist berechtigt, jederzeit bei ihm eine Haussuchung vorzunehmen.

Während der Dauer der Polizeiaufsicht können staatsbürgerliche Rechte, auch wenn nicht ohnehin auf deren Verlust erkannt worden, nicht ausgeübt werden.

Ob und inwieweit die Polizeiaufsicht durch Caution aufgehoben werden kann, bleibt dem Ermessen der Polizeibehörde überlassen. Eidliche Caution ist hier nicht zulässig.

Gegen Nichtstaatsangehörige ist statt auf Stellung unter Polizeiaufsicht auf Verweisung aus dem Hamburgischen Gebiet zu erkennen.

Titel 3.

Allgemeine Bedingungen der Strafbarkeit.

Art. 21.

1. Allgemeiner Grundsatz.

Nur wer aus bösem Vorsatz oder in den besonders bestimmten Fällen aus Fahrlässigkeit das Strafgesetz übertritt, ist strafbar.

Art. 22.

2. Böser Vorsatz.

Wer sich zu einer Handlung oder Unterlassung, durch welche das Strafgesetz übertreten wird, mit Absicht bestimmt, ist als vorsätzlicher Verbrecher zu bestrafen.

Art. 23.

Unbestimmter böser Vorsatz. Zusammentreffen des bösen Vorsatzes und der Fahrlässigkeit. Irrthum im Gegenstande des Verbrechens.

Der Erfolg eines Verbrechens ist dem Thäter auch alsdann zum Vorsatz zuzurechnen, wenn er nicht ausschließlich diesen, sondern unbestimmt diesen oder einen geringeren Erfolg beabsichtigte.

Dagegen ist der eingetretene, nicht mitbeabsichtigte strafbare Erfolg nicht zum Vorsatze, sondern zur Fahrlässigkeit zuzurechnen.

Der böse Vorsatz wird jedoch dadurch nicht ausgeschlossen, daß der Thäter irrthümlich seine verbrecherische Thätigkeit gegen eine andere Person oder gegen eine andere Sache richtete, als die, worauf seine Absicht eigentlich ging.

Art. 24.

3. Fahrlässigkeit.

Wer ohne Absicht, aus Mangel an Aufmerksamkeit oder Ueberlegung, das Strafgesetz übertritt, ist wegen Verbrechens aus Fahrlässigkeit strafbar. (S. jedoch Art. 21.)

Art. 25.

4. Zurechnung.

a. Nichtzurechnungsfähige.

Kinder unter vierzehn Jahren, Personen, welche des Gebrauchs ihrer Vernunft

zur Zeit der Begehung der That völlig bewußtlos waren, trifft keine Strafe wegen gesetzwidriger Handlungen, wiewohl damit polizeiliche Maaßregeln gegen sie nicht ausgeschlossen sind.

Art. 26.

b. Verwirrung.

Der Zustand einer vorübergehenden Verwirrung der Sinne oder des Verstandes schließt die Zurechnung alsdann nicht aus, wenn entweder der Thäter sich absichtlich in einen solchen versetzt hatte, um in demselben ein im zurechnungsfähigen Zustande beschlossenes Verbrechen auszuführen, oder wenn in Beziehung auf die Handlung, durch welche er sich in jenen Zustand versetzt hatte, und auf die darin verübte That, die Bedingungen der Zurechnung zur Fahrlässigkeit vorhanden sind.

Art. 27.

c. Zwang.

Dasjenige, wozu Jemand durch unwiderstehliche körperliche Gewalt, oder durch solche Drohungen gezwungen wurde, welche für ihn oder seine Angehörigen mit gegenwärtiger unabwendbarer Gefahr für Leib oder Leben verbunden waren, wird ihm nicht zugerechnet.

Art. 28.

d. Irrthum in Thatsachen.

Der Irrthum des Thäters schließt die Zurechnung zur Schuld in so weit aus, als die Strafbarkeit der Handlung durch solche Thatumstände bedingt ist oder erhöhet wird, welche ihm ohne sein Verschulden unbekannt geblieben sind.

Art. 29.

e. Wahn und Rechtsunwissenheit.

Irrthum oder Unwissenheit über die Strafbarkeit der That oder über die Art und Größe der Strafe, die Meinung des Thäters, als ob die gesetzlich mit Strafe bedrohete Handlung nach seinem Gewissen oder seiner Religion erlaubt sei, sowie die Beschaffenheit seines Beweggrundes oder Endzwecks schließen die Strafbarkeit nicht aus.

Art. 30.

f. Nothstand.

Jedoch sind Handlungen, welche zur Rettung aus einer gegenwärtigen, dringenden, nicht anders abzuwendenden Gefahr für Leib oder Leben des Thäters oder seiner Angehörigen begangen werden, straffrei, wenn ein solcher Nothstand ohne strafbares Verschulden des Thäters eingetreten war.

Unter Angehörigen sind überall, wo dieser Ausdruck in diesem Gesetze gebraucht wird, zu verstehen: Blutsverwandte in auf- und absteigender Linie und in der Seitenlinie bis zum dritten Grade einschließlich, Stief- und Schwieger-Eltern und Kinder, Ehegatten, Verlobte, Adoptiv-Eltern und Kinder, Pflege-Eltern und Kinder, Vormund und Mündel.

Titel 4.

Vollendung, Versuch und Vorbereitung von Verbrechen.

Art. 31.

I. Vollendung.

Die volle, im Gesetz einem Verbrechen gedrohete Strafe findet nur dann Anwendung, wenn das Verbrechen ausgeführt und, sofern ein bestimmter Erfolg zu den gesetzlichen Erfordernissen desselben gehört, dieser bewirkt ist.

Art. 32.

2. Versuch.

Handlungen, wodurch die Ausführung eines unvollendet gebliebenen vorsätzlichen Verbrechens angefangen worden, sind als Versuch desselben mit einer gelinderen Strafe, als das vollendete Verbrechen selbst zu bestrafen.

Art. 33.

Ausmessung der Strafe des Versuchs.

Die Strafbarkeit des Versuchs steigt theils mit dem Grade, in welchem der Thäter sich der Vollendung des Verbrechens genähert hat, theils mit dem Maaße der von ihm für diesen Zweck angewendeten Thätigkeit.

Art. 34.

Strafe des beendigten Versuchs.

Wenn Alles geschehen ist, was abseiten des Thäters zur Ausführung des Verbrechens erforderlich war, so kann wegen eines solchen beendigten Versuchs bei den Verbrechen, welche das Gesetz mit Todesstrafe bedrohet, bis auf fünf und zwanzig Jahre Zuchthaus, in allen übrigen Fällen bis auf zwei Drittheile der Strafe des vollendeten Verbrechens erkannt werden.

Art. 35.

Unbestimmte Absicht.

Wenn das Gesetz die Strafe des vollendeten Verbrechens nach der Größe der durch dasselbe bewirkten Beschädigung, oder nach dem Werthe des Gegenstandes, oder nach anderen Strafabstufungsgründen bestimmt, und in diesen Beziehungen über die bestimmte Absicht des Thäters nichts erhellt, so ist die Strafe des Versuchs nur nach dem niedrigsten Grade jenes Abstufungsgrundes auszumessen.

Art. 36.

Freiwilliges Abstehen vom Versuch.

Wenn der Thäter von der angefangenen Ausführung des Verbrechens aus freiem Antriebe völlig absteht, so bleibt der Versuch straffrei. Ist jedoch das Geschehene schon an sich mit Strafe bedroht, so kommt diese zur Anwendung.

Art. 37.

3. Vorbereitung.

Handlungen, wodurch die Ausführung eines Verbrechens noch nicht angefangen, sondern nur vorbereitet wurde, unterliegen keiner Strafe, mit Ausnahme derjenigen Fälle, für welche entweder das Gegentheil gesetzlich bestimmt ist, oder in denen die Vorbereitungshandlung in einer schon an sich strafbaren That besteht.

Titel 5.

Von den Mitschuldigen.

Art. 38.

1. Anstifter und Urheber.

Wer dadurch ein Verbrechen veranlaßt hat, daß er einen Anderen (Urheber) zur Begehung desselben vorsätzlich bestimmte, wird bestraft, als ob er die That selbst begangen hätte (Anstifter).

Art. 39.

Verantwortlichkeit des Anstifters.

Dem Anstifter ist jedes zur Ausführung des Verbrechens angewandte Mittel und jeder eingetretene Erfolg zuzurechnen, ausgenommen, wenn dieselben den Umständen nach als nicht in seiner Absicht begriffen gewesen angenommen werden können.

Art. 40.

2. Theilnehmer.

a. Nicht verabredete Theilnahme.

Von Mehreren, welche ohne Uebereinkunft bei Ausführung einer verbrecherischen Handlung mitwirken, trifft jeden nur die durch seine eigene Thätigkeit verwirkte Strafe.

Art. 41.

b. Verbrecherische Verbindung.

Wenn sich mehrere Personen zur Ausführung eines gemeinschaftlich bezweckten Verbrechens ausdrücklich oder stillschweigend verbunden haben, so ist von ihnen ein jeder, welcher auf irgend eine Weise vor oder bei oder nach der That mitgewirkt, oder durch seine Gegenwart bei der Ausführung sich zur Mitwirkung bereit gezeigt hat, als Theilnehmer dieses Verbrechens zu bestrafen.

Art. 42.

Strafmaaß.

Das jeden einzelnen Theilnehmer treffende Strafmaaß wird, innerhalb der gesetzlichen Grenzen, nach dem Verhältniß seines Einflusses auf den verbrecherischen Entschluß und seiner Mitwirkung vor, bei, oder nach der That selbst bestimmt.

Art. 43.

Strafe des unthätigen Theilnehmers.

Hat Jemand an einer Verbindung Theil genommen, aber weder vor, noch bei, noch nach der Ausführung des Verbrechens auf irgend eine Weise mitgewirkt, und ist er auch nicht bei derselben gegenwärtig gewesen, so ist er, wenn er nicht die verbrecherische Verbindung angestiftet hat, nur wegen nicht beendigten Versuchs zu strafen.

Art. 44.

3. Beihülfe.

Wer das vorsätzliche Verbrechen eines Andern wissentlich durch Rath oder That erleichtert oder befördert, ist als Gehülfe zu strafen.

Art. 45.

Strafe des Gehülfen.

Die Strafe des Gehülfen ist nach der dem Urheber gesetzlich angedroheten Strafe, jedoch in geringerem Maaße, und zwar nach Verhältniß des Einflusses zu bestimmen, welchen die Beihülfe auf die Ausführung der That gehabt hat.

Die Strafe des Gehülfen darf zwei Drittheile der dem Urheber angedroheten Strafe nicht übersteigen. Trifft dem Urheber Todesstrafe, so ist diese dabei der längsten Dauer der Zuchthausstrafe gleich zu rechnen.

Art. 46.

4. Gemeinschaftliche Bestimmungen.

a. Oeffentliche Anstiftung.

Wer öffentlich durch Rede oder Schrift zur Verübung einer verbrecherischen Handlung aufgefordert oder angereizt hat, ist, wenn die Aufforderung oder Anreizung die Vollendung oder den Versuch der strafbaren That zur Folge hatte, in Gemäßheit der Art. 38 und 39 als Anstifter zu bestrafen.

Hat die Aufforderung oder Anreizung keinen Erfolg gehabt, so soll dieselbe mit Gefängniß bis zu 3 Monaten oder Geldstrafe bis zu 300 Thalern, in schwereren Fällen mit Gefängniß bis zu einem Jahr bestraft werden.

Art. 47.

b. Strafe der Verbindung.

Die Verbindung zur Verübung einer bestimmten verbrecherischen Handlung ist auch dann strafbar, wenn der Anfang zu deren Ausführung noch nicht geschah. Die Strafe darf jedoch ein Viertheil derjenigen nicht überschreiten, welche im Falle des vollendeten Verbrechens gegen den Urheber zu erkennen gewesen wäre. Ist das vollendete Verbrechen mit Todesstrafe bedrohet, so wird diese hiebei der längsten Dauer der Zuchthausstrafe gleich geachtet.

Art. 48.

c. Bei unbestimmten Verbrechen.

Die Verbindung zur Verübung verschiedener, einzeln noch unbestimmter verbrecherischer Handlungen ist als nicht beendigter Versuch des schwersten der Verbrechen, auf welche die Absicht gerichtet war, zu bestrafen. Die Strafe darf jedoch ein Viertheil derjenigen, die im Fall der Vollendung dieses Verbrechens gegen den Urheber zu erkennen gewesen wäre, nicht überschreiten.

Art. 49.

d. Ueberschreitung der Absicht oder Uebereinkunft.

Hat ein Mitschuldiger bei Ausführung der That eine bei der Anstiftung oder Hülfeleistung nicht beabsichtigte oder in der Uebereinkunft nicht begriffene strafbare Handlung verübt, so wird diese den übrigen Mitschuldigen nicht zugerechnet.

Art. 50.

e. Werthbestimmung.

Insoweit sich die Größe der Strafe nach dem Werthe des Gegenstandes des Verbrechens oder nach dem angerichteten Schaden bestimmt, ist jedem Mitschuldigen dessen ganzer Betrag anzurechnen.

Art. 51.

f. Verhältniß der Strafbarkeit unter Mitschuldigen.

Die aus den persönlichen Verhältnissen eines Mitschuldigen sich ergebenden besonderen Eigenschaften der That, so wie die in dessen Person liegenden besonderen Zumessungs- oder Milderungsgründe sind für die übrigen Mitschuldigen ohne Einfluß, vielmehr ist deren Strafbarkeit lediglich nach den bei ihnen selbst in Betracht kommenden Gründen dieser Art zu beurtheilen.

Art. 52.

5. Zurücktretende Mitschuldige.

Straffrei soll sein:

1) Jeder Mitschuldige, welcher zu einer Zeit, wo noch der Vollendung des Verbrechens vorgebeugt werden konnte, von diesem und von seinen Theilnehmern der

2) Der Anstifter oder Theilnehmer, welcher von dem verbrecherischen Vorhaben zurücktrat, wenn die Ausführung desselben unterblieben ist.

3) Der Theilnehmer, welcher den Uebrigen seinen Rücktritt erklärt, wenn er dieselben zugleich von der Ausführung abzuhalten mit allen ihm zu Gebote stehenden Mitteln sich bemühet. Den Anstifter trifft in diesem Falle die Strafe des nicht beendigten Versuchs.

Art. 53.

6. Begünstigung.

Wer ohne vorheriges Einverständniß dem Verbrecher erst nach der That in Beziehung auf das Verbrechen Vorschub leistet, indem er ihm hinsichtlich der Sicherung oder des Genusses der Vortheile aus dem Verbrechen förderlich, oder zur Vereitelung der gerichtlichen Verfolgung behülflich ist, soll als Begünstiger, unter Berücksichtigung der Größe und Beschaffenheit des Hauptverbrechens und seiner Beweggründe, mit Geldstrafe oder mit Gefängnißstrafe bis zu einem Jahre belegt werden.

Tritt aber hinsichtlich des Begünstigers einer der im Art. 56 unter 5) oder 6) erwähnten Erschwerungsgründe ein, so kann der Begünstiger als Gehülfe (Art. 45) bestraft werden.

Art. 54.

Straflose Begünstigung.

Die Begünstigung, welche bloß aus verwandtschaftlichen, häuslichen oder diesen ähnlichen Rücksichten stattfand, ist straffrei, wenn dadurch nur die Person des Thäters gegen Entdeckung oder gerichtliche Verfolgung geschützt werden sollte.

Titel 6.

Gründe der Strafzumessung innerhalb des gesetzlichen Strafmaaßes, und Milderungsgründe.

Art. 55.

1. Allgemeiner Grundsatz.

Innerhalb der gesetzlich bestimmten Grenzen hat der Richter dem Schuldigen unter sorgfältiger Berücksichtigung der besonderen Umstände des einzelnen Falls die Strafe zuzumessen, und zwar vornehmlich nach Maaßgabe der Bösartigkeit und Stärke des verbrecherischen Willens, außerdem nach der Schädlichkeit und Gefährlichkeit der That.

Die gesetzlich bestimmten Grenzen darf der Richter wegen solcher Erschwerungs- und Minderungsgründe nicht überschreiten, und daher außer den Fällen des Art. 60 weder die festgesetzte Strafart noch das festgesetzte Strafmaaß ändern.

Art. 56.

2. Erschwerungsgründe.

Rücksichtlich der Bösartigkeit und Stärke des verbrecherischen Willens steigt

1) Je wichtiger die Beweggründe für die Unterlassung der That waren, namentlich je vielfachere und größere Pflichten von dem Thäter verletzt wurden, und je mehr derselbe im Stande war, diese Pflichten und Beweggründe deutlich zu erkennen;

2) je mehr Geflissenheit, List oder Dreistigkeit von ihm angewandt, oder je mehr und größere Hindernisse überwunden sind;

3) je geringfügiger die äußere Veranlassung zur That war, und je mehr der Thäter aus eigenem Antriebe gehandelt hat;

4) je mehr Theilnehmer er zu dem Verbrechen mit sich verbunden, und je verwerflichere Mittel er angewandt hat, um sie herbeizuziehen;

5) je öfter er wegen früherer Verbrechen bereits verurtheilt oder bestraft, je größer die vorher erlittenen Strafen, und je kürzer der Zeitraum zwischen der früheren Verurtheilung oder Bestrafung und dem jetzigen Verbrechen ist;

6) je mehr Fortsetzungen des Verbrechens (Art. 63) vorliegen, und je bedeutender dieselben erscheinen;

7) bei fahrlässigen Verbrechen, je mehr der Thäter die Gefährlichkeit seiner Handlung einsah, oder je mehr er im Stande war, die Entstehung und die Größe des rechtswidrigen Erfolgs vorherzusehen.

Art. 57.

3. Minderungsgründe.

In der nämlichen Rücksicht vermindert sich dagegen die Strafbarkeit insbesondere:

1) Wenn der Thäter den Umfang der Gefährlichkeit und die Größe der Strafwürdigkeit seiner Handlung nicht eingesehen hat;

2) wenn er durch Ueberredung, arglistiges Versprechen, Befehl oder Drohungen (sofern letztere die Strafbarkeit nicht ausschließen, Art. 27) zu dem Verbrechen verleitet ist;

3) wenn eine ungesuchte und unerwartet eingetretene Gelegenheit die Entstehung und gleichzeitige Ausführung seines verbrecherischen Entschlusses veranlaßt hat;

4) wenn er in einer großen, zufällig entstandenen, an sich zu entschuldigenden Gemüthsbewegung gehandelt hat;

5) wenn aus seinem bisherigen Lebenswandel oder aus seinem Benehmen bei Ausführung der That auf einen noch geringen Grad von Verdorbenheit des Willens geschlossen werden kann, oder wenn er nach der That Beweise einer thätigen Reue an den Tag gelegt, namentlich insofern er

a. seine Genossen von größerem Schaden abgehalten,
b. die schädlichen Folgen des Verbrechens zu verhindern gesucht,
c. den verursachten Schaden zu vergüten freiwillig sich bemüht,
d. sich selbst nach vollführter That dem Gerichte angezeigt,
e. in der Untersuchung vor der Ueberführung seine Schuld bekannt hat.

4. Milderungsgründe.

Art. 58.

a. Jugend.

Die Jugend gilt als Milderungsgrund bis zum vollendeten achtzehnten Lebensjahre.

Art. 59.

b. Andere Milderungsgründe.

Eine Strafmilderung wird außerdem durch diejenigen Zustände und Verhältnisse, welche nach Art. 25, 27, 28 und 30, bei dem Dasein des dort vorausgesetzten Grades, die Zurechnung überhaupt ausschließen, insofern begründet, als sie in dem einzelnen Falle diesem Grade nahe kommen.

Art. 60.

5. Nichtanwendbarkeit des Minimums.

In allen solchen Fällen, wo entweder ein oder mehrere Strafmilderungsgründe ausschließlich vorliegen, oder wo so viele und erhebliche Strafminderungsgründe vorkommen, sei es ausschließlich oder in Concurrenz mit einem oder mehreren Strafmilderungsgründen, daß sie die etwa vorhandenen Straferschwerungsgründe anderer Art mehr als aufwiegen, oder daß sich (weil keine solche Erschwerungsgründe vorhanden sind) bei der Festsetzung des gesetzlichen Minimums die Berücksichtigung des besonderen Falls nicht annehmen läßt, kann der Richter eine geringere Strafe als das gesetzliche Minimum erkennen.

Titel 7.

Vom Zusammentreffen mehrerer Verbrechen.

Art. 61.

1. Gleichzeitiges Zusammentreffen.

Enthält dieselbe Handlung mehrere Uebertretungen, so ist die auf die schwerste derselben angedrohete Strafe zu erkennen, bei deren Ausmessung aber das Zusammentreffen der Uebertretungen dergestalt zu berücksichtigen, daß die Strafe innerhalb der gesetzlichen Grenzen mit der Zahl und Schwere der einzelnen Uebertretungen steige.

Art. 62.

2. Ungleichzeitiges Zusammentreffen.

Sind durch verschiedene Handlungen, welche nicht die Fortsetzung desselben Verbrechens bilden, mehrere Uebertretungen begangen und zugleich zu bestrafen, so ist gegen den Thäter, falls nicht wegen einer dieser Handlungen auf Todesstrafe zu erkennen ist, auf sämmtliche durch dieselben begründeten Strafen vereinigt zu erkennen. Es kann jedoch insofern es sich um Freiheitsstrafen handelt, die Dauer derselben bis auf das

Maaß der für das schwerste Verbrechen verwirkten Freiheitsstrafe herabgesetzt werden; und darf andererseits die Summe aller erkannten Freiheitsstrafen niemals mehr, als das Doppelte der für das schwerste der begangenen Verbrechen verwirkten Strafe, und auch niemals mehr als fünf und zwanzigjährige Zuchthausstrafe betragen. Bei der Concurrenz von Zuchthaus und Gefängniß muß auf das erstere, bei dem Zusammentreffen von Geldstrafen aber ohne Rücksicht auf die Größe der Summe auf den Gesammtbetrag erkannt werden.

Stellt sich nach erfolgter Verurtheilung wegen eines Verbrechens heraus, daß der Verurtheilte sich vor derselben noch eines anderen Verbrechens schuldig gemacht hatte, so ist bei Aburtheilung des letzteren in Gemäßheit der vorstehenden Bestimmungen auf die frühere Bestrafung Rücksicht zu nehmen.

Art. 63.

3. Fortsetzung des Verbrechens.

Handlungen, welche als Fortsetzungen eines und desselben Verbrechens anzusehen sind, sind nur als ein Verbrechen zu strafen.

Titel 8.

Von der Verjährung.

Art. 64.

1. Verjährung der richterlichen Verfolgung.

Die richterliche Verfolgung der von Amtswegen zu verfolgenden Verbrechen verjährt bei den im höchsten Strafmaaß mit Todes- und Zuchthausstrafe von zehn Jahren und darüber bedroheten durch den Ablauf von zwanzig Jahren, bei den im höchsten Strafmaaß mit fünf Jahren Zuchthaus und darüber bedroheten durch den Ablauf von zehn Jahren, bei den mit geringerer Strafe bedroheten durch den Ablauf von fünf Jahren und bei den im Art. 46 Alinea 2, Art. 77 Alinea 2, Art. 89 und 90 mit Strafe bedroheten Vergehen durch den Ablauf von sechs Monaten.

Art. 65.

Anfang der Verjährung.

Diese Verjährung beginnt mit dem Zeitpunkte, in welchem das Verbrechen vollendet oder die Versuchshandlung beendigt ist; bei fortgesetzten Verbrechen mit deren Aufhören.

Art. 66.

Verjährung der nicht von Amtswegen zu verfolgenden Verbrechen.

Wegen der nicht von Amtswegen zu verfolgenden strafbaren Handlungen erlischt

schaft von dem Verbrechen erhielt; außerdem auch mit dem Ablauf einer fünfjährigen Frist nach Verübung der strafbaren Handlung. Nach rechtzeitig gemachter Anzeige treten auch für die Verjährung dieser Uebertretungen die im Art. 64 bestimmten Zeiträume ein.

Art. 67.

Unterbrechung der Verjährung.

Die Verjährung der richterlichen Verfolgung wird durch jede Handlung der untersuchenden Behörde, welche wegen der verübten That gegen den Angeschuldigten als solchen gerichtet wurde, unterbrochen. Sie beginnt in solchem Fall von Neuem mit dem Zeitpunkt der letzten richterlichen Handlung, welche gegen den Angeschuldigten gerichtet war.

Art. 68.

2. Verjährung der Strafe.

Von den bereits erkannten Strafen verjährt die Todes- und Zuchthausstrafe von zehn Jahren und darüber in zwanzig Jahren, die kürzere Zuchthausstrafe in zehn, die Gefängniß- und Geldstrafe in fünf Jahren.

Art. 69.

Anfangspunkt.

Die Verjährung der Strafen beginnt mit der Eröffnung des vollstreckbaren Erkenntnisses, oder, falls die Vollstreckung bereits begonnen hatte, mit dem Zeitpunkte, in welchem dieselbe eingestellt wird oder der Verurtheilte sich ihr entzieht.

Art. 70.

Unterbrechung.

Die Verjährung der Strafe wird durch den Anfang der Strafvollstreckung, oder, falls dieser Anfang bereits gemacht war, durch Erneuerung derselben unterbrochen.

Art. 71.

3. Berechnungsart.

Die Verjährung der gerichtlichen Verfolgung, so wie der Strafe, ist beendigt mit dem Anfange des letzten Tages der Verjährungsfrist.

Zweiter Theil.

Von den einzelnen Verbrechen und deren Bestrafung.

Titel 1.

Hochverrath, Staatsverrath und verwandte Verbrechen.

Art. 72.

1. Hochverrath.

Der gewaltsame Angriff

1) auf die Verfassung des Staats, um dieselbe entweder ganz oder in ihren wesentlichen Theilen zu verändern, oder

2) auf die Selbstständigkeit des Staats, um sein ganzes Gebiet oder einen Theil desselben einem anderen Staate einzuverleiben oder zu unterwerfen, oder einen Theil seines Gebiets von dem Ganzen loszureißen;

ist als Hochverrath mit Freiheitsstrafe von fünf bis zu zwanzig Jahren und Verlust der staatsbürgerlichen Rechte für immer oder auf Zeit zu bestrafen.

Art. 73.

2. Gewaltsamer Angriff auf die gesetzgebende Gewalt.

Der gewaltsame Angriff auf den Senat oder die Bürgerschaft, um diese Behörden in der Ausübung ihrer verfassungsmäßigen Befugnisse zu hindern oder auf ihre Beschlüsse zwangsweise einzuwirken, ist, insofern der Angriff nicht in Hochverrath übergeht, mit Freiheitsstrafe von ein bis zu zehn Jahren und Verlust der staatsbürgerlichen Rechte für immer oder auf Zeit zu bestrafen.

Art. 74.

Vorbereitungshandlungen.

Wer zur Vorbereitung eines der in den beiden vorhergehenden Artikeln erwähnten Angriffe

1) sich mit einer auswärtigen Regierung einläßt, oder
2) die ihm vom Staate anvertraute Macht mißbraucht, oder
3) Mannschaften anwirbt oder in den Waffen übt, oder
4) Vorräthe von Waffen sammelt oder vertheilt, oder
5) die bewaffnete Macht des Staats oder einzelne Mitglieder derselben zur Meuterei oder zum Ungehorsam verleitet,

ist mit Freiheitsstrafe von sechs Monaten bis zu acht Jahren und Verlust der staats-

Wer öffentlich durch Rede oder Schrift zu einem der erwähnten Angriffe auffordert oder anreizt, ist mit Freiheitsstrafe bis zu zwei Jahren zu bestrafen.

Art. 75.

3. Staatsverrath.

Wer mit einer fremden Regierung oder deren Agenten in Verbindung tritt, um die erstere zu Feindseligkeiten oder feindlichen Demonstrationen gegen unsern Staat zu veranlassen, wer bei Ausbruch eines Krieges, an welchem der hiesige Staat Theil nimmt, ungezwungen die Waffen wider denselben oder dessen Bundesgenossen trägt, wer vor dem Feinde unser oder verbündetes Militair zur Widersetzlichkeit, zum Aufstand, zur Desertion, zum Ueberlaufen oder zu ähnlicher Untreue verleitet, dem Feinde Operationspläne oder dergleichen andere Nachrichten oder Urkunden mittheilt, ihm Mannschaften oder sonstigen Kriegsbedarf zuführt, ihm als Spion dient, oder einem feindlichen Spion wissentlich Beistand leistet, oder sonst den Feind freiwillig in seinen Unternehmungen gegen unsern Staat oder dessen Verbündete unterstützt; wer ferner Briefe, Urkunden oder Geheimnisse, von denen er weiß, daß das Wohl unseres Staats deren Geheimhaltung einer fremden Regierung gegenüber erfordert, dieser Regierung mittheilt oder veröffentlicht, oder dieselben zu Gunsten einer fremden Regierung unterdrückt, verfälscht, vernichtet; oder wer ein ihm aufgetragenes Staatsgeschäft vorsätzlich zum Nachtheil des hiesigen und zum Vortheil des fremden Staats betreibt, ist wegen Staatsverraths mit Freiheitsstrafe von zwei bis zwanzig Jahren und Verlust der staatsbürgerlichen Rechte für immer oder auf Zeit zu bestrafen.

4. Feindliche Handlungen gegen befreundete Staaten.

Art. 76.

Hochverrätherische Handlungen.

Hochverrätherische Angriffe gegen einen der norddeutschen Bundesstaaten werden mit Freiheitsstrafe bis zu fünf Jahren, Vorbereitungshandlungen (Art. 74) dazu mit Gefängniß bestraft.

Sind diese Handlungen gegen einen nicht zum norddeutschen Bunde gehörigen Staat gerichtet, so werden dieselben, wenn in diesem Staat nach publicirten Gesetzen oder Verträgen die Gegenseitigkeit verbürgt ist, ebenfalls bestraft, und zwar entweder nach Maaßgabe der obigen Bestimmungen oder, falls die in jenem Staat für Angriffe auf den Hamburgischen zur Anwendung kommenden Strafen gelinder sind, nach Maaßgabe dieser letzteren. In diesem Falle tritt die gerichtliche Verfolgung nur auf Antrag der betreffenden auswärtigen Regierung ein.

Art. 77.

Thätlichkeiten und Beleidigungen gegen auswärtige Regenten.

1) Wer das Oberhaupt eines befreundeten Staats thätlich beleidigt oder

2) Wer das Oberhaupt eines befreundeten Staats, oder dessen hiesige Repräsentanten in dieser Eigenschaft, in ihrer Gegenwart oder öffentlich, oder durch an sie gerichtete oder veröffentlichte Schriften schmäht, beschimpft oder sonst beleidigt, wird mit Gefängniß bis zu neun Monaten oder Geldstrafe bis zu 600 Thalern bestraft.

Im Fall der No. 2 tritt die gerichtliche Verfolgung nur auf Antrag der betreffenden auswärtigen Regierung ein.

Titel 2.

Widerstand gegen die Staatsgewalt und Verbrechen wider die öffentliche Ordnung und Ruhe.

Art. 78.

1. Widersetzlichkeit gegen Behörden und Beamte.

Wer der Vollstreckung der Gesetze, oder der Anordnungen der öffentlichen Behörden, oder der Urtheile und Verfügungen der Gerichte gewaltsamen Widerstand leistet, wird mit Gefängniß bis zu sechs Monaten bestraft.

In leichteren Fällen kann statt auf Gefängniß auf Geldstrafe erkannt werden.

Art. 79.

2. Gewaltthätigkeit gegen Behörden und Beamte.

Wer gegen Mitglieder von Behörden oder Beamte Gewalt oder Drohungen anwendet, um sie zur Vornahme oder Unterlassung einer Amtshandlung zu nöthigen, wer an Mitgliedern von Behörden oder Beamten während der Ausübung ihres Amts Thätlichkeiten verübt, oder wegen einer Amtshandlung thätliche Rache an ihnen nimmt, ist mit Freiheitsstrafe von einem Monat bis zu drei Jahren zu bestrafen.

Art. 80.

3. Aufruhr.

Wenn eine größere Anzahl von Personen sich öffentlich zusammenrottet, um mit vereinten Kräften die in den Art. 78 und 79 bezeichneten Handlungen zu verüben, so werden dieselben wegen Aufruhrs mit Freiheitsstrafe von drei Monaten bis zu fünf Jahren bestraft.

Art. 81.

4. Oeffentliche Gewaltthätigkeit.

Wenn eine größere Anzahl von Personen sich öffentlich zusammenrottet, um Gewalt an Personen oder Sachen zu verüben, so werden dieselben wegen öffentlicher Gewaltthätigkeit mit Freiheitsstrafe bis zu zwei Jahren bestraft.

Art. 82.

Thätige Reue.

Wer sich an einer Zusammenrottung zum Aufruhr oder zu öffentlicher Gewaltthätigkeit betheiligt, jedoch sich entfernt und zur Ordnung gefügt hat, bevor an Personen oder Sachen Gewalt verübt worden, unterliegt wegen dieser Betheiligung keiner Strafe. Ausgenommen hiervon sind die Anstifter und Anführer solcher Zusammenrottungen, denen jedoch, wenn das ganze Unternehmen unter ihrer persönlichen Mitwirkung vor dem ebenbezeichneten Zeitpunkte aufgegeben wurde, die Strafe um so geringer zugemessen werden soll.

Art. 83.

5. Auflauf.

Wenn eine größere Anzahl von Personen auf eine ruhestörende Art sich öffentlich zusammenrottet und den Behörden, ihren Mitgliedern oder Angestellten bei ihren Amtsverrichtungen Ungehorsam oder Verachtung bezeigt, so sind dieselben mit Gefängniß bis zu sechs Monaten, oder Geldstrafe bis zu 200 Thalern zu bestrafen.

Wird bei einem Auflauf, oder einer der im Art. 81 bezeichneten oder einer sonst zufällig entstandenen öffentlichen Zusammenrottung gegen die Behörden, die Beamten, oder die bewaffnete Macht mit vereinten Kräften ein thätlicher Widerstand geleistet, oder Gewalt verübt, so treten für diejenigen, welche sich an diesen Handlungen betheiligt haben, die Strafen des Aufruhrs ein.

Art. 84.

Zuschauer.

Gegen diejenigen, welche sich einer zum Aufruhr oder zu öffentlicher Gewaltthätigkeit zusammengerotteten Menge oder einem Auflauf als Zuschauer beigesellt haben, und auf Aufforderung oder Warnung der Behörden oder ihrer Angestellten sich nicht entfernen, ist auf Gefängniß bis zu drei Monaten oder Geldstrafe zu erkennen.

Art. 85.

6. Meuterei und Befreiung von Gefangenen.

Gefangene der Strafanstalten oder Verhaftete, welche sich zusammenrotten, um sich mit Gewalt zu befreien, sind als Aufrührer zu bestrafen.

Wer einen Gefangenen aus dem Gefängniß oder bei seiner Verhaftung befreit, oder eine Verhaftung verhindert, ist, sofern die Umstände des Art. 79 vorliegen, mit der dort angedroheten Strafe, sonst mit Gefängniß zu bestrafen.

Art. 86.

Gemeinschaftliches für die Art. 78—85.

In allen diesen Fällen soll den Anstiftern und Anführern, sowie denjenigen, welche sich zu der That mit Waffen versehen haben, die Strafe strenger zugemessen werden.

Sind in diesen Fällen verbrecherische Gewaltthaten an Personen oder Sachen verübt worden, welche schon an sich und unabhängig von den Bestimmungen der vorhergehenden Artikel mit Strafe bedroht sind, so kommen für die Bestrafung der Urheber und Mitschuldigen solcher Gewaltthaten die im Theil 1 Tit. 7 über das Zusammentreffen mehrerer Verbrechen gegebenen Vorschriften zur Anwendung.

Sind von einer aufrührerischen oder zu öffentlicher Gewaltthätigkeit zusammengerotteten Menge Tödtungen, schwere Körperverletzungen, Raub, Brandstiftungen oder andere gemeingefährliche Beschädigungen (Art. 178) verübt worden, so sollen für die Anstifter und Anführer dieser Zusammenrottungen, wenn ihnen jene Verbrechen zwar nicht als vorsätzlich zugerechnet werden können, sie aber den eingetretenen Erfolg ihrer Handlungen mit Wahrscheinlichkeit vorhersehen konnten, die Strafen der Art. 80 und 81 bei verübter Tödtung bis zu Zuchthaus von funfzehn Jahren, in den anderen Fällen bis zu Zuchthaus von zehn Jahren gesteigert werden können.

Wird in Gemäßheit der vorstehenden Bestimmungen auf Zuchthausstrafe erkannt, so ist gleichzeitig auf Verlust der staatsbürgerlichen Rechte für immer oder auf Zeit zu erkennen.

Art. 87.

7. Eindringen in öffentliche Gebäude.

Wer widerrechtlich in das Sitzungslocal von öffentlichen Behörden oder ein sonst zum öffentlichen Dienst bestimmtes Gebäude oder in den dazu gehörigen geschlossenen Raum eindringt, soll, sofern die Handlung nicht in ein schwereres Verbrechen übergeht, mit Gefängniß bestraft werden, falls er sich dazu mit Waffen versehen hatte, oder Gewalt an Personen verübte, in anderen Fällen mit Gefängniß bis zu sechs Monaten oder Geldstrafe bis zu 200 Thalern.

Wer wider ergangenes Verbot in solchem Local verweilt, ist mit Gefängniß bis zu drei Monaten oder Geldstrafe zu bestrafen.

8. Gefährdung des öffentlichen Friedens.

Art. 88.

a. durch ungesetzliche Bewaffnung.

Wer unter Gefährdung des öffentlichen Friedens Andere zu ungesetzlicher Bewaffnung verleitet, oder unbefugt bewaffnete Haufen bildet, befehligt oder an solchen Theil nimmt, oder eine Mannschaft, von der er weiß, daß sie ohne gesetzliche Befugniß gesammelt ist, mit Waffen oder anderen Kriegsbedürfnissen versieht, soll mit Gefängniß bis zu zwei Jahren bestraft werden.

Art. 89.

b. durch Aufreizung, Erregung von Haß oder Mißtrauen, Verbreitung falscher Nachrichten.

Wer öffentlich durch Rede oder Schrift

1) zum Ungehorsam gegen Gesetze oder zum Widerstand gegen Anordnungen der zuständigen Behörden auffordert oder anreizt, oder

2) durch Anführung unwahrer oder entstellter Thatsachen oder durch Schmähungen gegen die Thätigkeit oder die Anordnungen der öffentlichen Behörden Haß oder Mißtrauen gegen dieselben zu erregen sucht, oder
3) in einer den öffentlichen Frieden gefährdenden Weise Haß oder Verachtung zwischen den verschiedenen Klassen der Bevölkerung zu erregen sucht, oder
4) wissentlich falsche zur Benachtheiligung Hamburgs oder eines befreundeten Staats oder zur Gefährdung der öffentlichen Sicherheit geeignete Nachrichten verbreitet,

ist mit Gefängniß bis zu drei Monaten oder Geldstrafe bis zu 300 Thalern zu bestrafen.

Art. 90.

9. Amtsbeleidigung.

Wer eine öffentliche Behörde oder ein Mitglied derselben in dessen amtlicher Thätigkeit in Gegenwart oder an öffentlichen Orten oder vor einer versammelten Menge, oder durch Schriften schmäht, beschimpft oder sonst, doch nicht thätlich, beleidigt, wird mit Gefängniß bis zu neun Monaten oder Geldstrafe bis zu 600 Thalern, wer solche Handlungen gegen Beamte oder Angestellte verübt, mit Gefängniß bis zu sechs Monaten oder Geldstrafe bis zu 600 Thalern bestraft.

Art. 91.

Unter Behörden sind in diesem und dem vorhergehenden Titel überall auch der Senat, die Bürgerschaft und der Bürger-Ausschuß, sowie die Gerichte verstanden.

Unter Schrift sind überall, wo das Criminalgesetzbuch diesen Ausdruck gebraucht, Handschriften, Druckschriften, und alle durch mechanische Mittel vervielfältigte schriftliche Darstellungen und Bildwerke zu verstehen.

Art. 92.

10. Anmaaßung und Erschleichung öffentlicher Berechtigungen.

Wer sich die Ausübung eines ihm nicht übertragenen Staats- oder Gemeindeamts, oder einer ihm nicht zustehenden öffentlichen Berechtigung anmaaßt; wer, um eine öffentliche Anstellung, das Bürgerrecht, die Staats- oder Gemeindeangehörigkeit, die Berechtigung zur Ausübung einer Kunst und Wissenschaft oder eines Gewerbes, zu welchen eine öffentliche Concession erforderlich ist, zu erschleichen, Betrug, oder andere unerlaubte Mittel anwendet, verfällt, falls die That kein schwereres Verbrechen in sich schließt, in eine Gefängnißstrafe bis zu einem Jahre oder Geldstrafe bis zu 600 Thalern und kann außerdem für eine gewisse Zeit seiner staatsbürgerlichen Rechte verlustig erklärt werden.

Ebenso wird bestraft wer dergleichen Verbrechen verübt, um das Stimmrecht oder die Wahlfähigkeit bei öffentlichen Wahlen zu erlangen, oder bei solchen Wahlen

Stimmen erkauft, seine Stimme verkauft, mehr als einmal bei der nehmlichen Wahlhandlung seine Stimme abgiebt oder sich für einen anderen Wahlberechtigten ausgiebt, oder sonst zur Einwirkung auf die Wahl widerrechtliche Mittel anwendet.

Art. 93.

11. Verleitung zur Desertion.

Wer ohne staatsgefährlichen Zweck unser oder verbündetes Militair zur Desertion verleitet, soll, wenn dies zu einer Zeit geschah, wo das Militair auf den Kriegsfuß gesetzt oder mobil gemacht wurde, Freiheitsstrafe bis zu zwei Jahren, sonst Gefängniß bis zu einem Jahre erleiden.

Wer dessen Desertion befördert oder begünstigt, wird mit Gefängniß bis zu sechs Monaten oder Geldstrafe bis zu 200 Thalern bestraft.

Art. 94.

12. Verletzung öffentlicher Bekanntmachungen und Siegel.

Wer Hoheitszeichen, amtliche, öffentlich aushängende Bekanntmachungen, von einer öffentlichen Behörde zum Verschlusse oder zur Verwahrung von Sachen angelegte Siegel verletzt oder vernichtet, wer amtlich sequestrirte, gepfändete oder mit gerichtlichem oder polizeilichem Beschlag belegte Gegenstände verletzt, vernichtet, veräußert oder verbraucht, ist, insofern seine Handlung nicht in ein schwereres Verbrechen übergeht, mit Gefängniß bis zu sechs Monaten oder Geldstrafe bis zu 200 Thalern zu bestrafen.

Art. 95.

13. Rückkehr eines Verwiesenen und Ueberschreitung der Polizeiaufsicht.

Wer durch die zuständige Behörde aus Stadt und Gebiet verwiesen ist, und ohne Erlaubniß derselben zurückkehrt, erleidet Gefängnißstrafe bis zu sechs Monaten, im Wiederholungsfalle Freiheitsstrafe bis zu einem Jahr. Die Androhung dieser Strafe ist bei der Ausweisung auszusprechen.

Die Uebertretung der Vorschriften für die durch ein Straferkenntniß unter Polizeiaufsicht Gestellten zieht Gefängnißstrafe bis zu drei Monaten nach sich.

Art. 96.

14. Störung der religiösen Ordnung.

Wer öffentlich, sei es mündlich oder in Schriften, eine im Staate bestehende Religionsgesellschaft durch Verspottung der Gegenstände ihrer Verehrung beleidigt, oder zur Verfolgung einer solchen Religionsgesellschaft auffordert, wird mit Gefängniß bis zu einem Jahre bestraft.

Art. 97.

15. Störung des Gottesdienstes.

Wer widerrechtlich in eine Kirche oder in einen anderen Versammlungsort einer Religionsgesellschaft eindringt, um den Gottesdienst zu stören, oder wer gottesdienstliche Versammlungen oder Verrichtungen durch Gewalt oder Drohungen zu verhindern sucht, soll mit Gefängniß bis zu zwei Jahren gestraft werden.

Andere ungebührliche Störungen des Gottesdienstes oder gottesdienstlicher Verrichtungen sind mit Gefängniß bis zu einem Jahr zu ahnden.

Art. 98.

16. Gewaltsame Selbsthülfe.

Wer, außer in den gesetzlich erlaubten Fällen, einen wirklichen oder vermeintlichen Rechtsanspruch eigenmächtig in Vollzug setzt, erleidet, wenn dabei Gewalt an Personen oder Sachen verübt wurde, Gefängniß bis zu sechs Monaten oder Geldstrafe bis zu 300 Thalern.

Art. 99.

17. Duell.

Wer einen Anderen zum Duell mit Waffen herausfordert, oder wer auf solche Herausforderung sich stellt, soll folgendermaaßen bestraft werden:

I. mit Gefängniß von drei bis zehn Jahren, wenn verabredet ist, daß das Duell so lange, bis einer der Kämpfer getödtet sei, fortgesetzt werden solle, und die Tödtung wirklich erfolgt, und mit Gefängniß von ein bis fünf Jahren, wenn eine solche Verabredung getroffen ist, die Tödtung aber durch andere Gründe, als durch den freiwilligen Rücktritt der Duellanten von dieser Verabredung, unterbleibt.

II. wenn ohne eine solche Verabredung das Duell stattfand:

1) mit Gefängniß von einem bis zu fünf Jahren, wenn eine Tödtung;

2) mit Gefängniß von sechs Monaten bis zu drei Jahren, wenn eine lebensgefährliche oder mit bleibendem Nachtheil für die Gesundheit verbundene Verletzung erfolgt;

3) mit Gefängniß von vier Wochen bis zu einem Jahre, wenn bei dem Duell eine geringere oder gar keine Verletzung stattfand.

Derjenige, welcher durch die Beschaffenheit der Beleidigung oder durch leichtsinnige oder boshafte Herausforderung das Duell herbeiführte, ist innerhalb der obigen gesetzlichen Strafgrenzen härter zu bestrafen.

Wer jedoch mit vorsätzlicher Verletzung der hergebrachten oder verabredeten Regeln des Duells seinen Gegner tödtet oder verletzt, ist nach den Bestimmungen über Tödtung oder Körperverletzung zu bestrafen, falls nicht schon wegen des Duells eine höhere Strafe verwirkt ist.

Art. 100.

Beihülfe.

Wer einem Duell als Secundant oder als zugezogener Zeuge beiwohnt, wird, wenn die im vorigen Artikel unter I. erwähnte Verabredung stattfand und er sie kannte, mit Gefängniß von drei bis zu sechs Monaten, in anderen Fällen mit Gefängniß bis zu acht Wochen belegt.

Secundanten oder Zeugen, welche das Duell selbst oder während desselben dessen schädlichen Erfolg, so viel an ihnen war, zu hindern bemüht, so wie Aerzte, die zugegen waren, sind straffrei.

Die Secundanten jedoch, welche durch vorsätzliche Verletzung der hergebrachten oder verabredeten Regeln des Duells eine Tödtung oder Körperverletzung verschuldet, sind nach den Bestimmungen über diese Verbrechen zu bestrafen.

Art. 101.

Herausforderung.

Die Herausforderung zum Duell und deren Annahme wird, wenn dessen Ausführung verhindert ist, an den Duellanten mit Gefängniß bis zu drei Monaten, an den Secundanten und Zeugen, falls sie nicht nach Art. 100 straflos sind, mit Gefängniß bis zu vier Wochen bestraft. Standen die Parteien freiwillig vom Kampfe vor dessen Anfang ab, so findet keine Strafe statt.

Art. 102.

Anreizung zum Duell.

Wer einen Anderen zum Duell aufhetzt, erleidet Gefängniß bis zu einem Jahre.

Titel 3.

Verbrechen wider öffentliche Treue und Glauben.

Art. 103.

1. Falschmünzen und Münzfälschung.

Wer widerrechtlicher Weise Metall- oder Papiergeld nachmacht, um dasselbe in den Verkehr zu bringen, oder sonst als Geld zu gebrauchen, oder wer in dieser Absicht ächtem Metall- oder Papiergeld durch Veränderung des Stempels oder der Bezeichnung den Schein eines höheren Werthes giebt, soll mit Zuchthaus bis zu zehn Jahren und Verlust der staatsbürgerlichen Rechte für immer oder auf gewisse Zeit bestraft werden. Die Strafe ist um so höher zuzumessen, je größer der Nennwerth des Geldes ist; je mehr davon verfertigt oder verfälscht worden; je geringer der innere Gehalt des unächten Geldes ist; wenn von demselben Gebrauch gemacht worden; wenn im täglichen Verkehr befindliches Geld nachgemacht worden ist.

Art. 104.

2. Verringerung des Werthes ächter Münzen.

Wer in rechtswidriger Absicht durch Beschneiden, Abfeilen oder auf andere Art den Werth ächter Gold- und Silbermünzen verringert, ist mit Gefängniß, beziehungsweise wenn das Geld nach dem ursprünglichen Werth verausgabt worden ist, nach den Bestimmungen über Betrug (Art. 189 und 190) zu bestrafen.

Art. 105.

3. Verbreitung falschen, verfälschten oder im Werth verringerten Geldes.

Wer im Einverständniß mit dem Urheber des Verbrechens falsches oder verfälschtes Geld in Umlauf setzt, soll einem Falschmünzer oder Münzverfälscher gleich gestraft werden. Wer ohne dieses Einverständniß wissentlich falsches oder verfälschtes Geld ausgiebt, oder wer wissentlich im Werth verringertes Geld nach seinem ursprünglichen Werth verausgabt, wird, wenn er solches Geld in gewinnsüchtiger Absicht an sich gebracht hat, als ein Betrüger gestraft (Art. 189 und 190).

Lag dem Erwerbe keine gewinnsüchtige Absicht zu Grunde, so ist das wissentliche Ausgeben falschen oder verfälschten Geldes mit Gefängniß bis zu drei Monaten oder Geldstrafe zu bestrafen.

Art. 106.

4. Fälschung von Staatspapieren.

Die Verfertigung falscher, die Verfälschung ächter, und die Verbreitung falscher oder verfälschter Staatspapiere oder der zu diesen Papieren gehörigen Zins- oder Erneuerungsscheine ist den am Gelde begangenen Münzverbrechen gleich zu beurtheilen und zu bestrafen.

Art. 107.

5. Fälschung von Stempelpapier, öffentlichen Urkunden ꝛc.

Wer in der Absicht sich oder Anderen Vortheil zu verschaffen, oder Anderen Schaden zuzufügen, falsches Stempelpapier, falsche öffentliche Urkunden, Loose, Ziehungslisten von Lotterien, Siegel, Wasserzeichen, Stempelabdrücke, mit falschen Zeichen öffentlicher Beglaubigung versehene Maaße und Gewichte verfertigt oder ächte verfälscht, wer ferner falsche oder verfälschte in gleicher Absicht gebraucht, soll mit Zuchthaus bis zu acht Jahren und Verlust der staatsbürgerlichen Rechte auf gewisse Zeit, in leichteren Fällen mit Gefängniß bestraft werden.

Wer ohne jene Absicht einen Reisepaß, einen Legitimationsschein, ein Wanderbuch oder andere dergleichen öffentliche Urkunden falsch anfertigt, verfälscht, oder von einer solchen Urkunde wissentlich Gebrauch macht, ist mit Gefängniß bis zu sechs Monaten oder Geldstrafe bis zu 200 Thalern zu bestrafen.

Art. 108.
6. Vorbereitung zu den vorerwähnten Verbrechen.

Wer zum Zweck der Verübung von Münzverbrechen oder einer Fälschung von Staatspapieren, von Stempelpapier, oder von öffentlichen Urkunden Stempel oder andere dazu dienende Werkzeuge oder Gegenstände verfertigt, eingerichtet oder angeschafft hat, ist, auch wenn noch kein Gebrauch davon gemacht wurde, mit Gefängniß bis zu einem Jahre zu bestrafen.

Art. 109.
7. Täuschung öffentlicher Behörden.

Wer in der Absicht, sich oder Anderen einen Vortheil zu verschaffen oder Anderen Schaden zuzufügen, eine Behörde, einen Beamten oder einen Notar zur Beurkundung einer unwahren Thatsache verleitet, oder wer in derselben Absicht von solchen Beurkundungen, deren Falschheit ihm bekannt ist, Gebrauch macht, soll mit Freiheitsstrafe bis zu zwei Jahren bestraft werden.

Wer ohne diese Absicht eine Behörde, einen Beamten oder einen Notar wissentlich zur Beurkundung einer unwahren Thatsache verleitet, ist mit Gefängniß bis zu sechs Monaten oder Geldstrafe bis zu 200 Thalern zu bestrafen.

Art. 110.
8. Grenzveränderung.

Wer unter öffentlicher Autorität gesetzte Grenzzeichen oder Merkmale des Wasserstandes wegnimmt, vernichtet, verrückt, oder dergleichen Zeichen, als unter öffentlicher Autorität aufgestellt, fälschlich setzt, soll, wenn er in gewinnsüchtiger Absicht oder um Anderen Schaden zuzufügen gehandelt, mit Gefängniß bis zu sechs Monaten, sonst mit Gefängniß bis zu vierzehn Tagen oder verhältnißmäßiger Geldstrafe bestraft werden.

Art. 111.
9. Meineid.

Wer vor einer öffentlichen Behörde wissentlich eine unwahre Angabe oder Aussage durch förmlichen Eid bekräftigt, der Eid mag der Angabe oder der Aussage vorhergehen oder nachfolgen, soll folgende Strafen erleiden:

1) wenn es in einem Strafprocesse geschehen ist, um einen Unschuldigen in Strafe, oder einen Schuldigen in eine schwerere Strafe, als er verwirkt hat, zu bringen, Zuchthaus von drei bis zu zehn Jahren, und falls an dem fälschlich Beschuldigten eine Strafe in Folge des Meineids wirklich vollzogen worden, bis zu funfzehn Jahren;

2) wenn von Parteien, Zeugen oder Sachverständigen in einem Civilprocesse meineidig geschworen ist, Zuchthaus von einem bis zu sechs Jahren;

3) in anderen Fällen Zuchthaus bis zu fünf Jahren.

In allen diesen Fällen ist auch auf Verlust der staatsbürgerlichen Rechte für immer zu erkennen.

Art. 112.

10. Falsche Versicherung an Eidesstatt.

Wer vor einer öffentlichen Behörde wissentlich eine unwahre Angabe mittelst Handgelöbnisses oder Versicherung an Eidesstatt bekräftigt, soll Gefängniß von einem bis zu achtzehn Monaten und Verlust der staatsbürgerlichen Rechte auf gewisse Zeit erleiden.

Art. 113.

11. Leichtsinniger Eid.

Wer aus Mangel an pflichtmäßiger Besonnenheit, Ueberlegung oder Nachforschung eine unwahre eidliche Angabe vor einer öffentlichen Behörde macht, soll mit Gefängniß bis zu einem Jahr bestraft werden. Die Strafe wird ausgeschlossen, wenn der Thäter, bevor eine Anzeige gegen ihn gemacht oder eine Untersuchung gegen ihn eingeleitet worden, und ehe noch ein Rechtsnachtheil für einen andern daraus entstanden ist, seine unwahre Angabe bei derjenigen Behörde, vor welcher er sie gemacht hat, widerruft.

Art. 114.

12. Eidesbruch.

Wer ein Versprechen durch Eid oder durch Angelöbniß an Eidesstatt oder durch Beziehung auf einen bereits geleisteten Eid vor einer öffentlichen Behörde bekräftigt, und solches Versprechen wissentlich bricht, soll mit Gefängniß bis zu einem Jahr bestraft werden.

Art. 115.

A. Gemeinschaftliche Bestimmungen für Meineid, leichtsinnigen Eid und Eidesbruch.

Die statt des Eides gesetzlich zulässigen Bekräftigungsformeln der Mennoniten und Mitglieder anderer Religionsgesellschaften sind dem förmlichen Eide gleich zu achten.

Art. 116.

B. Gemeinschaftliche Bestimmungen für Meineid, falsche Versicherung an Eidesstatt und leichtsinnigen Eid.

Ist die unwahre Angabe mit Beziehung oder Verweisung auf einen bereits geleisteten, für den vorliegenden Fall zur Angabe der Wahrheit verpflichtenden und zu deren rechtlichem Beweise dienlichen Eid, oder in Beziehung auf eine solche Versicherung an Eidesstatt gemacht, der die Versicherung auf Bürgereid gleichsteht, so treten die für den Meineid oder den leichtsinnigen Eid beziehungsweise für die falsche Versicherung an Eidesstatt festgesetzten Strafen gleichfalls ein.

Art. 117.

13. Falsche Anklage.

Wer, um gegen einen Unschuldigen eine Untersuchung zu veranlassen, bei der Behörde eine strafbare Handlung wissentlich fälschlich anzeigt, soll eine Freiheitsstrafe bis zu drei Jahren erleiden, womit Verlust der staatsbürgerlichen Rechte für immer oder auf Zeit verbunden werden kann.

Titel 4.

Verbrechen wider das Leben Anderer.

1. Vorsätzliche Tödtungen.

Art. 118.

a. Mord.

Wer mit überlegtem Vorsatz oder in Folge eines mit Ueberlegung gefaßten Entschlusses einen Menschen tödtet, soll mit Zuchthaus von funfzehn bis zu fünfundzwanzig Jahren, und wenn der Mord verübt wurde, um zu rauben, um Lohn, durch Gift oder Brand, mit Peinigung des Entleibten, von Mehreren, welche sich zu dem Verbrechen vereinigten, an einer Schwangeren, deren Zustand der Thäter kannte, an Angehörigen des Thäters, oder an einem Beamten während der Ausübung seines Amts, mit dem Tode bestraft werden.

In den im Art. 60 vorausgesetzten Fällen ist statt auf Todesstrafe auf fünfundzwanzigjähriges Zuchthaus zu erkennen.

Art. 119.

b. Todtschlag.

Wer ohne Ueberlegung, im Affect, eine Tödtung beschließt und ausführt, erleidet Zuchthausstrafe von vier bis zu funfzehn Jahren.

Wurde der Thäter durch schwere Beleidigungen, durch unverdiente Kränkungen oder thätliche Mißhandlungen gegen ihn oder seine Angehörigen zum Affect gereizt, so kann die Strafe bis auf einjähriges Gefängniß herabsinken.

Art. 120.

c. Tödtung eines Einwilligenden.

Hat den Thäter das ausdrückliche und ernstliche Verlangen des Getödteten zu der Tödtung bestimmt, so ist auf Gefängniß von einem bis zu drei Jahren, und, falls der Entleibte ein Todtkranker oder tödtlich Verwundeter war, auf Gefängniß von drei bis zu zwölf Monaten zu erkennen.

Art. 121.

d. Anstiftung und Beihülfe zum Selbstmorde.

Wer einen Anderen zum Selbstmorde anstiftet oder wer ihm dazu Hülfe leistet, soll nach den in Art. 120 gegebenen Bestimmungen bestraft werden.

Art. 122.

e. Kindesmord.

Eine Mutter, welche ihr uneheliches Kind während der Geburt oder innerhalb der ersten vier und zwanzig Stunden nach derselben vorsätzlich tödtet, soll ein- bis achtjährige Zuchthausstrafe erleiden.

Dieselbe mildere Bestrafung findet statt, wenn zwar das Verbrechen nach Ablauf jener vier und zwanzig Stunden verübt ist, aber der besondere geistige und körperliche, die Zurechnung mindernde Zustand der Thäterin zur Zeit der That noch fortgedauert hat.

War das getödtete Kind aus Nothzucht oder Schändung erzeugt, so kann die Strafe bis auf ein Jahr Gefängniß herabgesetzt werden.

Die Strafe ist um so strenger zuzumessen, je länger die That schon vor oder erst nach der Niederkunft beschlossen, und wenn sie mit Ueberlegung ausgeführt ist.

Art. 123.

f. Vorbereitungen zum Morde.

Wer in der Absicht, einen Mord auszuführen, mit Waffen auflauert, oder in gleicher Absicht Gifte oder andere tödtliche Stoffe anschafft oder zubereitet, oder eine Brandstiftung vorbereitet, ist wegen dieser Handlung mit Zuchthaus bis zu drei Jahren oder mit Gefängniß zu bestrafen.

Art. 124.

2. Unvorsätzliche Tödtungen.

Wer, ohne daß ihm der Vorsatz zu tödten beigemessen werden kann, durch die Verübung eines anderen vorsätzlichen Verbrechens den Tod eines Menschen verursacht, erleidet, wenn er diesen Erfolg seiner That mit Wahrscheinlichkeit erwarten konnte, Zuchthausstrafe von vier bis zu funfzehn Jahren, falls jenes Verbrechen mit überlegtem Vorsatz, oder in Folge eines mit Ueberlegung gefaßten Entschlusses von ihm ausgeführt wurde; Freiheitsstrafe von zwei bis zu zehn Jahren, falls dasselbe im Affect beschlossen und ausgeführt wurde, welche Strafe, wenn der Thäter in der Art. 119, Alinea 2 und Art. 183 Alinea 2 erwähnten Weise zum Affect gereizt war, bis auf Gefängniß von einem Jahr herabsinken kann.

Konnte derjenige, der durch die Verübung eines anderen vorsätzlichen Verbrechens den Tod eines Menschen verursacht, diesen Erfolg seiner That nicht mit Wahrscheinlichkeit voraussehen, so erleidet er Freiheitsstrafe bis zu fünf Jahren.

Andere durch F[illegible]ssigkeit verursachte Tödtungen sind, wenn der Thäter den Erfolg seiner That m[illegible]rscheinlichkeit voraussehen konnte, mit Gefängniß von einem bis drei Jahre[illegible]it Gefängniß bis zu einem Jahre zu bestrafen.

3. Gemeinschaftliche Bestimmungen bei Tödtungen.

Art. 125.

a. Raufhandel.

Wenn Mehrere bei einem zufälligen Zusammentreffen mit einander in Rauferei, Schlägerei oder Handgemenge gerathen, so sollen schon allein um deswillen die Theilnehmer, falls ein Mensch getödtet wird, mit Gefängniß von drei Monaten bis zu zwei Jahren, falls nur eine schwere Körperverletzung oder eine schwere Mißhandlung erfolgte, mit Gefängniß bis zu sechs Monaten bestraft werden.

Art. 126.

b. Erschwerungsgrund.

Wer eins von den Art. 119 und 124 aufgeführten Verbrechen an Angehörigen oder an Personen, denen er besondere Achtung schuldig ist, verübt, dem soll die Strafe um so strenger zugemessen werden.

Art. 127.

c. Tödtlichkeit der Verletzungen.

Auf die rechtliche Beurtheilung der Tödtlichkeit einer Verletzung ist es ohne Einfluß, ob ihr tödtlicher Erfolg durch Hülfe Dritter in diesem Falle hätte verhindert werden können, oder etwa in anderen Fällen schon abgewandt worden ist, und ob sie allgemein tödtlich ist, oder es nur wegen der besonderen Beschaffenheit des Getödteten oder wegen der zufälligen dabei obwaltenden Umstände wurde.

Art. 128.

4. Abtreibung der Leibesfrucht.

Wer die Frucht einer Schwangeren im Mutterleibe tödtet oder dieselbe abtreibt, soll

1) wenn dies ohne Einwilligung der Schwangeren geschieht, Zuchthausstrafe von fünf bis zehn Jahren,
2) wenn es mit ihrer Einwilligung geschieht, oder wenn sie selbst die Thäterin ist, Freiheitsstrafe von sechs Monaten bis zu fünf Jahren erleiden.

Wer gewerbsmäßig dies Verbrechen ausübt oder zu demselben Beihülfe leistet, ist mit ein- bis zehnjährigem Zuchthaus zu bestrafen.

Art. 129.

5. Aussetzung.

Wer das eigene Kind oder sonst eine Person, zu deren Ernährung, Verpflegung, Fortschaffung oder Aufnahme er rechtlich verpflichtet ist, in hülfloser Lage vorsätzlich aussetzt oder verläßt, soll

1) wenn er die Rettung des Ausgesetzten oder Verlassenen mit Wahrscheinlichkeit nicht erwarten konnte, Zuchthaus bis zu acht Jahren;

2) wenn er sie mit Wahrscheinlichkeit erwarten konnte, Freiheitsstrafe bis zu drei Jahren;

3) wenn gar keine Gefahr zu befürchten war, Gefängniß bis zu sechs Monaten erleiden.

Ist ein neugeborenes Kind durch die uneheliche Mutter ausgesetzt worden, so kann, wenn die Voraussetzungen des Art. 122 vorliegen, auch in dem ersten der obigen Fälle bis auf Gefängniß von sechs Monaten herabgegangen werden.

Art. 130.

6. Verwahrlosung und Mißhandlung.

Personen, denen die Ernährung und Verpflegung von Kindern oder sonst Hülflosen obliegt, oder welche dieselbe als Kostmütter oder anderweitig vertragsmäßig übernommen haben, und die den Pflegbefohlenen mißhandeln, ihm die nöthige Nahrung entziehen, oder ihn sonst verwahrlosen, werden, wenn kein schwereres Verbrechen vorliegt, falls der Tod erfolgt ist, mit den in Art. 124 angedroheten Strafen, bei Körperverletzungen nach Maaßgabe des Art. 132 unter 2) und 3), in sonstigen Fällen mit Gefängniß bestraft.

Art. 131.

7. Verheimlichte Niederkunft.

Eine Frauensperson, welche ihre Niederkunft in dem Maaße verheimlicht, daß dadurch die erforderlichen Hülfsleistungen Anderer ausgeschlossen werden, erleidet, wenn das Kind umkommt oder Schaden leidet, Gefängniß bis zu zwei Jahren, es sei denn, daß sich ergiebt, daß das Kind auch bei Anwendung pflichtmäßiger Sorgfalt umgekommen oder beschädigt sein würde.

Titel 5.

Verletzungen an der Person.

1. Vorsätzliche Verletzungen.

Art. 132.

a. Ueberlegte.

Wer mit überlegtem Vorsatz oder in Folge eines mit Ueberlegung gefaßten Entschlusses

1) durch Vergiftung solcher Sachen, durch deren Gebrauch eine unbestimmte Menschenzahl an der Gesundheit erheblich beschädigt werden kann, einen Andern an seinem Körper verletzt, soll Zuchthaus von fünf bis fünfzehn Jahren erleiden;

2) einem Anderen einen nicht vorübergehenden Nachtheil an der Gesundheit seines Körpers oder Geistes zufügt, namentlich ihn der Sprache, des Gesichts, des Gehörs, der Zeugungsfähigkeit beraubt, oder ihn sonst beträchtlich verstümmelt oder auffallend verunstaltet, oder ihn dauernd zur Berufsarbeit unfähig macht, soll Zuchthaus von drei bis zehn Jahren erleiden;

3) einem Andern eine vorübergehende Krankheit, oder eine vorübergehende Unfähigkeit zur Berufsarbeit, oder eine geringere Verstümmelung oder eine nicht auffallende Verunstaltung zufügt, soll Freiheitsstrafe von einem Monat bis zu fünf Jahren erleiden, wobei die Strafe außer nach den allgemeinen Strafzumessungsgründen (Art. 55—57) auch nach der Dauer der verursachten Krankheit und Arbeitsunfähigkeit, sowie nach der Größe und Dauer der damit verbundenen Gefahr, der Schmerzen und des sonst entstandenen Schadens auszumessen ist;

4) einem Anderen sonstige Körperverletzungen zufügt, wird mit Gefängniß bestraft.

Art. 133.
b. Im Affect.

Wer sich im Affect der Verletzung eines Anderen schuldig macht, erleidet in dem zweiten der Art. 132 erwähnten Fälle Freiheitsstrafe von ein bis sechs Jahren, in dem dritten Freiheitsstrafe bis zu drei Jahren, und in dem vierten Gefängniß bis zu sechs Monaten oder Geldstrafe bis zu 200 Thalern.

Veranlaßte der Verletzte den Affect durch Thätlichkeiten oder andere strafbare Angriffe auf Ehre oder Person des Thäters oder seiner Angehörigen, so ist die Strafe um so geringer zuzumessen, und kann auch in dem ersten der oberwähnten Fälle auf sechsmonatliches Gefängniß herabgegangen werden.

Art. 134.
2. Unvorsätzliche Verletzungen.

Wer durch die Verübung eines vorsätzlichen Verbrechens eine nicht beabsichtigte Verletzung eines Andern verursacht, soll wenn er den eingetretenen Erfolg mit Wahrscheinlichkeit erwarten konnte, in dem zweiten der Art. 132 erwähnten Fälle Freiheitsstrafe bis zu fünf Jahren, in dem dritten Gefängniß erleiden. Konnte er den Erfolg nicht mit Wahrscheinlichkeit erwarten, oder liegen andere durch Fahrlässigkeit verursachte Verletzungen vor, so tritt Gefängniß oder Geldstrafe bis zu 300 Thalern ein.

Art. 135.
Gemeingefährliche unvorsätzliche Verletzungen.

Wer, ohne den Vorsatz, zu verletzen, Waaren, Nahrungsmittel oder zum öffentlichen Gebrauche dienende Gegenstände durch eine Beimischung, welche der Gesundheit Schaden bringen kann, ungeachtet seiner Kenntniß von dieser Schädlichkeit verfälscht, oder solche verfälschte Gegenstände wissentlich absetzt, ist in dem Falle 2 des Art. 132 mit Gefängniß von drei Monaten bis zu drei Jahren, sonst mit Gefängniß bis zu sechs Monaten oder Geldstrafe bis zu 200 Thalern zu belegen.

Art. 136.

3. Erschwerungsgründe.

Wer Verletzungen bei einem heimtückischen Ueberfall, oder mit lebensgefährlichen Werkzeugen, wer sie ferner an Angehörigen oder an Personen, denen er besondere Achtung schuldig ist, oder an Schwangeren verübt, dem soll die Strafe um so strenger zugemessen werden.

Art. 137.

4. Schmerzengeld.

Dem Verletzten, welcher nicht zuerst Thätlichkeiten verübt hat, kann in dem Straferkenntniß nach Maaßgabe der ihm verursachten Leiden ein Schmerzengeld von 1 bis 300 Thalern, vorbehältlich seiner Entschädigungsansprüche, zuerkannt werden.

5. Nothwehr.

Art. 138.

a. Erforderniße der Nothwehr.

Wer sich oder andere gegen einen augenscheinlich drohenden oder bereits begonnenen gewaltthätigen, rechtswidrigen, nicht vorsätzlich von ihm veranlaßten Angriff auf die Person, auf die Ehre, auf das Vermögen, oder gegen das widerrechtliche Eindringen in ein Besitzthum zu vertheidigen sucht, ist wegen der Folgen einer solchen Nothwehr nicht verantwortlich, insofern die Art der Vertheidigung in dem gehörigen Verhältnisse mit der abzuwendenden Gefahr steht, und er nicht absichtlich die vorhandene amtliche Hülfe oder andere weniger gefährliche Mittel verabsäumte.

Nach gleichen Grundsätzen sind diejenigen zu beurtheilen, welche zur Nothwehr greifen, weil sie bei Ausrichtung ihrer Amtsobliegenheiten oder bei Ausführung obrigkeitlicher Befehle, oder bei Ergreifung auf frischer That ertappter oder mit Steckbriefen verfolgter Verbrecher, oder bei Verfolgung eines entlaufenen Räubers, Diebes oder Entführers, oder endlich bei Vertreibung der in ein Besitzthum widerrechtlich Eingedrungenen gewaltsamen Widerstand finden.

Art. 139.

b. Ueberschreitung der Grenzen der Nothwehr.

Wer die Grenzen der straflosen Nothwehr oder in den Fällen des zweiten Absatzes des Art. 138 diejenigen der straflosen Amtsthätigkeit oder Selbsthülfe überschreitet, kann niemals die volle Strafe des verübten Verbrechens erleiden, und unter Berücksichtigung der Umstände ist das Gericht befugt, selbst nur auf eine Gefängniß- oder

Art. 140.

c. Unterlassene Anzeige einer Verletzung durch Nothwehr, oder einer Gesetzesübertretung aus Zwang oder im Nothstande.

Wer unterläßt, die von ihm in der Nothwehr verursachte Tödtung oder Verwundung, oder die aus Zwang (Art. 27) oder in einem Nothstande (Art. 30) von ihm begangene gesetzwidrige Handlung der Behörde sofort anzuzeigen, soll mit Gefängniß bis zu drei Monaten oder Geldstrafe bestraft werden.

Titel 6.

Verbrechen wider die Freiheit der Person.

Art. 141.

1. Menschenraub.

Wer ohne Recht sich eines Menschen, sei es durch Gewalt oder List, oder falls es ein Kind ist, gegen den Willen derjenigen, welche es in ihrer rechtmäßigen Gewalt haben, bemächtigt und den Geraubten dem Schutz des Staats entzieht, soll

1) wenn es geschah, um ihn entweder in hülfloser Lage auszusetzen, oder mit Gefahr für sein Leben oder seine Freiheit einer auswärtigen Macht auszuliefern, oder in Sclaverei, Leibeigenschaft oder in einen anderen ähnlichen Zustand persönlicher Unfreiheit zu bringen, acht bis fünfzehn Jahre Zuchthaus erleiden, und zwölf- bis achtzehnjähriges, wenn die Absicht erreicht ist;

2) wenn es geschah, um ihn in auswärtigen Kriegs- oder Schiffsdienst zu bringen, oder wenn der Raub zum Zweck der Benutzung des Geraubten bei dem Gewerbe von Bettlern, Landstreichern, Gauklern oder dergleichen Personen verübt wurde, Zuchthaus von zwei bis acht Jahren.

Ward in dem zuletzt aufgeführten Falle den daselbst erwähnten Personen ein Kind von dessen Eltern, Pflegeeltern, Vormündern oder Erziehern überlassen, so sind diese, wenn sie aus Haß, Rache oder Eigennutz handelten, mit Zuchthaus bis zu drei Jahren; sonst mit Gefängniß bis zu einem Jahre; die Annehmer des Kindes aber mit Gefängniß bis zu drei Monaten zu belegen; Beides insofern nicht die zuständige Behörde des Kindes die Genehmigung zu dessen Ueberlassung ertheilt hat.

Art. 142.

2. Widerrechtliche Freiheitsberaubung.

Wer in rechtswidriger Absicht einen Menschen durch Einsperrung oder auf andere Weise der persönlichen Freiheit beraubt, ist nach Maaßgabe der Zeitdauer der Gefangenhaltung und der sonst aus der Freiheitsberaubung entstehenden Leiden und Entbehrungen des Gefangenen, mit Freiheitsstrafe bis zu acht Jahren zu bestrafen.

Art. 143.

3. Entführung Minderjähriger.

Wer eine unter elterlicher oder vormundschaftlicher Gewalt stehende Person durch widerrechtliche und eigenmächtige Handlungen dieser Gewalt oder den aus derselben fließenden Anordnungen entzieht, soll, wenn es ohne den Willen der Person geschah, oder dieselbe das vierzehnte Jahr noch nicht vollendet hatte, Freiheitsstrafe bis zu drei Jahren, anderenfalls Gefängniß erleiden; und kann in diesem letzten Falle auch die entführte Person mit Gefängnißstrafe bis zu drei Monaten belegt werden.

Art. 144.

4. Entführung von Frauenspersonen.

Wer eine Frauensperson, um dadurch die Eingehung einer Ehe oder die Gestattung eines außerehelichen Beischlafs, sei es mit ihm oder einem Anderen, herbeizuführen, mit List oder mit Gewalt, oder, falls sie das vierzehnte Jahr noch nicht überschritten hatte, selbst mit ihrer Einwilligung, dem Schutze des Staats oder ihrer Eltern, Vormünder oder Erzieher entzieht, soll Zuchthausstrafe bis zu acht Jahren erleiden.

Ist die Entführte eine Ehefrau, und mit ihrer Zustimmung aber ohne Willen des Ehemanns entführt, so ist gegen den Entführer auf Freiheitsstrafe bis zu drei Jahren, gegen die Entführte auf Gefängniß zu erkennen.

Ist eine unverehelichte Person über vierzehn Jahren mit ihrer Einwilligung, jedoch ohne Willen ihres Vaters oder Vormunds entführt, so trifft, wenn die Ehe nicht beabsichtigt wurde, den Entführer Freiheitsstrafe bis zu vier Jahren, die Entführte Gefängniß bis zu sechs Monaten; anderen Falls den Ersteren Gefängniß, die Entführte Gefängniß bis zu drei Monaten.

Ist zwischen Beiden eine Ehe zu Stande gekommen, so kann, nur wenn diese für nichtig erklärt worden ist, eine Strafverurtheilung eintreten.

Die Strafe ist um so strenger zuzumessen, wenn eine Entführung zu dem Zwecke verübt wurde, eine unbescholtene Frauensperson zu gewerbsmäßiger Unzucht zu verleiten, oder wenn des Entführers verbrecherische Absicht erreicht ist.

Hat dagegen der Entführer freiwillig seine verbrecherische Absicht aufgegeben, und die Entführte unverletzt aus seiner Gewalt entlassen, so ist die Strafe um so geringer zuzumessen, und kann dann auch in dem im ersten Absatz erwähnten Fall bis auf dreimonatliches Gefängniß herabgegangen werden.

Art. 145.

5. Zwang zur Ehe.

Eltern, Pflegeeltern oder Vormünder, welche ihr Kind oder Mündel durch Zwang oder Drohungen zur Eingehung einer Ehe genöthigt haben, sollen, wenn diese

Art. 146.

6. Nothzucht.

Wer von einer Frauensperson durch Gewalt, oder durch Drohungen, oder durch Versetzung derselben in einen bewußtlosen Zustand einen außerehelichen Beischlaf erzwingt, soll bestraft werden:

1) mit Zuchthaus von fünf bis zwölf Jahren, wenn der Angriff lebensgefährlich war, oder wenn Mehrere ihn gemeinschaftlich unternahmen, oder wenn die Angegriffene noch nicht mannbar war;

2) mit Freiheitsstrafe bis zu fünf Jahren in allen übrigen Fällen.

Es ist bei der Strafausmessung zu berücksichtigen, ob die Angegriffene bereits früher die weibliche Ehre eingebüßt hatte, und ob sie eine Person ist, die sich um Lohn Preis giebt.

Art. 147.

Wer eine Frauens- oder Mannsperson unter Anwendung von Gewalt oder Drohungen, oder nachdem er sie in einen bewußtlosen Zustand versetzt hat, zu naturwidriger Befriedigung des Geschlechtstriebs mißbraucht, soll einem Nothzüchter gleich gestraft werden.

Art. 148.

7. Schändung.

Wer eine geistesschwache, geisteskranke, oder sonst in einem bewußt- oder willenlosen Zustande befindliche Person, welche er nicht absichtlich in diesen Zustand versetzte, oder eine noch nicht mannbare Person zur Unzucht mißbraucht, ist mit Freiheitsstrafe bis zu drei Jahren zu bestrafen.

Art. 149.

8. Raub.

Wer unter Anwendung von Gewalt gegen eine Person oder unter Bedrohung einer Person mit augenblicklicher Gefahr für Leib oder Leben eine fremde bewegliche Sache wegnimmt oder deren Herausgabe erzwingt, um sich dieselbe in rechtswidriger Weise anzueignen, soll Zuchthausstrafe erleiden, und zwar:

1) Von acht bis achtzehn Jahren, wenn der Thäter mit Waffen versehen war und von diesen Gebrauch gemacht hat; oder wenn der räuberische Angriff sonst für Leib oder Leben gefährlich, oder mit Qualen verbunden, oder von einer Bande, oder auf offener See verübt war.

2) Von sechs bis sechszehn Jahren, wenn Mehrere sich zu der That verbunden haben; wenn der Ueberfall mit Waffen, zur Nachtzeit, auf Strömen oder Revieren, oder sonst auf einem öffentlichen Wege oder Platze, mit Eindringen in eine Wohnung

oder in den dazu gehörigen befriedigten Raum geschah; oder wenn der Thäter sich durch falsche Amtskleidung, Uniform oder vorgezeigten falschen Befehl einer Behörde Zutritt verschaffte oder sich durch Vermummung oder sonst unkenntlich zu machen suchte.

3) Von einem bis zu sechs Jahren in anderen Fällen.

In allen Fällen ist auch auf Verlust der staatsbürgerlichen Rechte ohne Zeitbeschränkung zu erkennen.

Bei Ausmessung der Strafe ist vorzüglich die Beschaffenheit der angewandten Gewalt oder Drohung, der Umstand, ob die Absicht erreicht wurde oder nicht; im ersteren Falle der Werth des geraubten Guts, so wie die Menge der zusammentreffenden erschwerenden Umstände, und, sofern der Räuber Waffen bei sich führte, zu berücksichtigen, ob er sich zuvor absichtlich damit versah, oder sie nur zufällig zur Hand hatte.

Art. 150.

Vorbereitung zum Raube.

Wer in räuberischer Absicht mit Waffen auflauert, soll Zuchthausstrafe bis zu zwei Jahren oder Gefängniß erleiden.

Art. 151.

9. Erpressung.

Wer außer dem Fall des Raubes durch Anwendung von Gewalt oder durch Bedrohung mit augenblicklicher Gefahr für Leib oder Leben eine Person zu einer Handlung, Duldung oder Unterlassung zwingt, um sich oder anderen einen unrechtmäßigen Gewinn zu verschaffen, ist einem Räuber gleich zu strafen.

Art. 152.

10. Nöthigung.

Wer Gewalt oder mit augenblicklicher Gefahr für Leib oder Leben verbundene Drohungen gegen eine Person anwendet, um sie zu einer Handlung, Duldung oder Unterlassung zu nöthigen, ist, insofern die That nicht ein anderes schwereres Verbrechen in sich schließt, mit Freiheitsstrafe bis zu drei Jahren zu bestrafen.

Art. 153.

11. Drohungen.

Wer Drohungen, die nicht mit augenblicklicher Gefahr für Leib oder Leben verbunden sind, anwendet, um sich oder Anderen einen unrechtmäßigen Gewinn zu verschaffen, oder um Jemanden zu einer Handlung, Duldung oder Unterlassung rechtswidrig zu nöthigen, oder Andere mit Verübung von Verbrechen bedrohet, soll, wenn Mord oder Brandstiftung gedrohet wurde, Freiheitsstrafe von sechs Monaten bis zu vier Jahren, sonst Gefängniß oder Geldstrafe bis zu 300 Thalern erleiden.

Art. 154.

12. Hausfriedensbruch.

Wer in die Wohnung eines Anderen oder den dazu gehörigen befriedigten Raum widerrechtlich eindringt, oder wider das Verbot des Berechtigten darin verweilt, soll

1) wenn es mit Waffen geschehen, oder Gewalt an Personen verübt worden, und die Handlung in kein schwereres Verbrechen übergeht, mit Gefängniß bis zu einem Jahre,

2) sonst mit Gefängniß bis zu drei Monaten oder Geldstrafe bestraft werden.

Titel 7.

Verbrechen wider die Familien- und sonstigen Standesrechte der Person.

Art. 155.

1. Beeinträchtigung der Familienrechte.

Wer durch widerrechtliche Handlungen die Familienrechte eines Menschen unterdrückt oder verändert, oder ein Kind denjenigen, welchen es angehört, vorenthält, oder Anderen ein fremdes Kind als ihnen angehörig unterschiebt, ist mit Freiheitsstrafe bis zu fünf Jahren zu bestrafen.

Art. 156.

2. Verleitung zur Ehe.

Wer eine Person durch Betrug oder andere rechtswidrige Mittel zu einer ungültigen Ehe mit sich oder einem Dritten verleitet, ist mit Freiheitsstrafe von sechs Monaten bis zu zwei Jahren zu bestrafen.

Art. 157.

3. Betrügliche Ehe oder Eheverlöbniß.

Wer eine Frauensperson zur Gestattung des Beischlafes dadurch verleitet, daß er eine Trauung vorspiegelt oder einen andern Irrthum erregt, in welchem sie den Beischlaf für einen ehelichen halten mußte, ist mit Freiheitsstrafe bis zu vier Jahren; wer ein unbescholtenes Frauenzimmer, welches er aus rechtsgültigen Ursachen nicht heirathen kann, unter betrüglicher Verschweigung oder Ableugnung dieser Ursachen durch ein Eheversprechen zum Beischlafe verführt, ist mit Gefängniß zu bestrafen.

Art. 158.

4. Mehrfache Ehe.

Wer nach dem förmlichen Abschluß und vor Auflösung oder Nichtigkeits-Erklärung einer Ehe eine neue Ehe schließt, ist mit Freiheitsstrafe bis zu vier Jahren zu bestrafen und die Strafe ihm um so strenger zuzumessen, wenn er unter Verheimlichung seines Ehestandes eine unverheirathete Person zur Ehe verleitet oder wissentlich eines Anderen Ehegatten geheirathet hat.

Eine ledige Person, welche eine bereits verehelichte wissentlich heirathet, erleidet Gefängniß von drei Monaten bis zu einem Jahre.

Titel 8.

Verbrechen wider die Sittlichkeit.

Art. 159.

1. Kuppelei.

Wer eine Frauensperson zur Unzucht mit Anderen verführt, oder diese Verführung erleichtert, befördert oder vermittelt, soll

1) wenn die Verführte seine Ehefrau, sein Kind, oder sonst seiner Erziehung, Pflege oder Aufsicht anvertraut war, mit Zuchthaus bis zu vier Jahren,

2) in anderen Fällen, wenn die Verführte eine unbescholtene Person oder noch nicht vierzehn Jahre alt war, oder wenn dieselbe noch im elterlichen oder in dem ihr vom Vormunde angewiesenen Hause wohnte, mit Freiheitsstrafe bis zu einem Jahre bestraft werden.

Die Strafe ist in diesen Fällen um so strenger zuzumessen, wenn die Kuppelei gewerbsmäßig betrieben wird.

Art. 160.

2. Mißbrauch zur Unzucht.

Wer als Pflegevater, Vormund, Lehrer oder in einer ähnlichen Stellung das untergeordnete Verhältniß, in welchem eine Person zu ihm steht, zur Unzucht mit derselben mißbraucht, ist mit Freiheitsstrafe von drei Monaten bis zu drei Jahren zu bestrafen.

Ebenso ist der Mißbrauch einer Gefangenen zur Unzucht zu bestrafen.

Art. 161.

3. Incest.

Wer Blutsverwandte in absteigender Linie zum Beischlafe mißbraucht, ist mit Zuchthaus von einem bis zu drei Jahren, und der Verwandte in absteigender Linie mit Gefängniß zu bestrafen.

Stief- oder Schwiegereltern, welche sich dieses Verbrechens mit ihren Stief- oder Schwiegerkindern schuldig machen, sollen Gefängniß nicht unter zwei Monaten, die Stief- oder Schwiegerkinder aber Gefängniß bis zu sechs Monaten erleiden.

Vollbürtige und halbbürtige Geschwister werden wegen dieses Verbrechens mit Gefängniß bis zu sechs Monaten bestraft.

Art. 162.

4. Gemeinschaftliches in Betreff einiger Unzuchtsverbrechen.

Der Beischlaf gilt als vollzogen, sobald die Vereinigung der Geschlechtstheile erfolgt ist.

Art. 163.

5. Widernatürliche Unzucht.

Unzucht wider die Natur ist, wenn die Umstände des Art. 148 oder des Art. 160 vorliegen, mit den dort angedrohten Strafen, sonst mit Freiheitsstrafe bis zu zwei Jahren zu bestrafen.

Art. 164.

6. Unzüchtige, zum öffentlichen Aergerniß gereichende Handlungen.

Die Verletzung der Sittlichkeit durch unzüchtige, zum öffentlichen Aergerniß gereichende Handlungen, Ausstellung oder Verbreitung unzüchtiger Schriften oder bildlicher Darstellungen, ist mit Gefängniß bis zu sechs Monaten oder Geldstrafe bis zu 200 Thalern zu bestrafen.

Art. 165.

7. Thierquälerei.

Boshaftes oder muthwilliges Quälen von Thieren ist mit Gefängniß bis zu vier Wochen oder mit Geldstrafe zu bestrafen.

Titel 9.

Angriffe auf die Ehre.

Art. 166.

1. Beleidigung.

Wer sich durch ehrenkränkende oder nach der gemeinen Meinung Verachtung ausdrückende Handlungen oder Aeußerungen einen Angriff auf die Ehre eines Anderen zu Schulden kommen läßt, soll, wenn kein schwereres Verbrechen vorliegt und sofern der Angriff nicht in Verläumdung übergeht, bestraft werden:

1) mit Gefängniß bis zu sechs Monaten oder Geldstrafe bis zu 600 Thalern, wenn die Beleidigung in einer überlegten Thätlichkeit bestand, oder in einer verbreiteten oder veröffentlichten Schrift verübt wurde, deren Verfasser seinen Namen verschwiegen oder entstellt hat (Pasquill);

2) mit Gefängniß bis zu vier Monaten oder Geldstrafe bis zu 500 Thalern, wenn die Beleidigung in einer nicht überlegten Thätlichkeit bestand, oder in einer ver-

breiteten oder veröffentlichten Schrift, vor einer versammelten Menge oder bei einer feierlichen Gelegenheit verübt wurde; wenn sie für den Geschäftsbetrieb oder das Fortkommen des Beleidigten nachtheilige Folgen haben kann; wenn sie gegen Vorgesetzte oder Personen, denen der Beleidiger besondere Achtung schuldig ist, gerichtet war;

3) mit Gefängniß bis zu zwei Monaten oder Geldstrafe bis zu 300 Thalern in den übrigen Fällen.

Art. 167.

2. Verläumdung.

Wer einem Anderen ein Verbrechen oder eine Handlung, welche dessen guten Ruf oder Credit zu gefährden geeignet ist, durch öffentliche oder heimliche Verbreitung wissentlich fälschlich beimißt, ist mit Gefängniß zu bestrafen, wenn dem Beleidigten ein mit Zuchthausstrafe bedrohetes Verbrechen beigemessen oder durch die Verläumdung ein erheblicher Nachtheil zugefügt ist, sonst mit Gefängniß bis zu sechs Monaten oder Geldstrafe bis zu 600 Thalern.

Art. 168.

3. Erwiederung einer Beleidigung oder Verläumdung.

Eine Beleidigung, welche als Erwiederung auf eine vorausgegangene Beleidigung oder Verläumdung in nicht bedeutend höherem Maaße erfolgt, ist straflos.

Ist die Erwiederung in nicht geringerem Maaße erfolgt, so hebt sie die Anklage wegen der vorausgegangenen Ehrenkränkung auf.

Art. 169.

4. Einrede der Wahrheit.

Die Erzählung einer wahren jedoch der Ehre eines Anderen nachtheiligen Thatsache, oder die Vorhaltung einer verübten strafbaren oder den Ruf gefährdenden Handlung ist straflos, wenn sie auf eine Art geschieht, die an sich nicht ehrenkränkend ist, oder wenn der Vorhaltende durch seine Stellung zu dem Beschuldigten zu solcher, nach Zeit, Ort, und in dem angewandten Maaße, berechtigt war.

In anderen Fällen kann die Wahrheit einer kränkenden Thatsache nur als Minderungsgrund in Betracht gezogen werden.

Art. 170.

5. Bekanntmachung des Erkenntnisses.

Bei einer öffentlich oder in Schriften verübten Beleidigung oder Verläumdung kann auf Antrag des Gekränkten die Bekanntmachung des Straferkenntnisses in einem periodisch erscheinenden Blatt auf Kosten des Verurtheilten gerichtsseitig verfügt, und wenn der Verurtheilte selbst Redacteur oder Herausgeber derjenigen Zeitung oder Zeitschrift ist, in welcher die Beleidigung erfolgte, derselbe durch angemessene Geld- oder Gefängnißstrafe angehalten werden, das Straferkenntniß binnen einer bestimmten Frist unentgeltlich und ohne Zusätze und Bemerkungen in seinem Blatte oder Hefte abdrucken zu lassen.

Art. 171.

6. Ehrenerklärung und Widerruf.

In Fällen minder erheblicher Beleidigungen und Verläumdungen ist der Richter bei sofortigem Erbieten des Beleidigers zu einer öffentlichen Ehrenerklärung oder zum Widerruf (vor Gericht oder in einem öffentlichen Blatte) berechtigt, von einer Bestrafung des Beleidigers abzustehen.

Wird auf eine Geldstrafe erkannt, so kann der Beleidigte über die Verwendung derselben zu milden Zwecken verfügen.

Titel 10.

Vermögens-Beschädigungen.

1. Vorsätzliche Beschädigungen.

a. Brandstiftung.

Art. 172.

A. Mit Gefahr für Personen.

Wer ein bewohntes Gebäude, ein Schiff, oder sonst eine Räumlichkeit, wo sich gewöhnlich oder doch zur Zeit des Verbrechens ein Mensch aufhält, falls dies der Thäter vermuthen konnte, vorsätzlich in Brand steckt, soll folgendermaaßen bestraft werden:

1) mit fünf- bis zwanzigjähriger Zuchthausstrafe, wenn das Feuer an verschiedenen Orten zugleich angelegt wurde; wenn das Verbrechen geschah, damit ein anderes von dem Brandstifter oder einem Anderen verübt werden könne; wenn der Thäter sich mit Mehreren verband, um das Verbrechen mit offener Gewalt zu verüben; wenn er entweder selbst oder durch Andere, um das Löschen des Feuers zu verhindern oder zu erschweren, das Löschgeräth entfernt, oder sonst dessen Gebrauch zu vereiteln gesucht, oder vermittelst Gewalt oder Drohungen die Löschung verhindert oder erschwert hat; wenn durch das Feuer nach den dem Thäter bekannten Umständen eine versammelte Menschenmenge in Gefahr gerieth; wenn die Brandstiftung bei Aufruhr, Wassersnoth, Kriegsgefahr oder sonst in gemeiner Noth verübt wurde, wenn Schießpulver oder andere, eine Explosion hervorbringende Mittel zur Brandlegung benutzt; oder Gebäude, in denen solche Gegenstände vorräthig sind, oder Orte, in deren Nähe sie liegen angezündet wurden, sofern der Thäter dieses wußte:

2) mit zwei- bis zehnjähriger Zuchthausstrafe in anderen, durch einen der obigen Umstände nicht erschwerten Fällen.

B. Ohne Gefahr für Personen.

Art. 173.

1) An öffentlichen Gebäuden.

Wer ohne Gefahr für Personen ein zu öffentlichem oder gottesdienstlichem Gebrauche bestimmtes Gebäude vorsätzlich in Brand steckt, wird, wenn einer der im Art. 172 unter 1) erwähnten erschwerenden Umstände vorliegt, mit fünf- bis zwanzigjährigem, sonst mit zwei- bis zehnjährigem Zuchthause bestraft.

Art. 174.

2) An fremden Sachen.

Wer ein fremdes nicht bewohntes Gebäude, Schiff oder sonstiges Local zu einer Zeit, wo sich seinem Wissen nach Menschen nicht darin befinden, vorsätzlich in Brand steckt, soll, unter Berücksichtigung der Größe des angerichteten Schadens oder der entstandenen Gefahr, mit Zuchthaus bis zu acht Jahren bestraft werden.

Art. 175.

3) An eigenen Sachen.

Ebenso wird bestraft, wer ohne Gefahr für Personen das ihm gehörige Gebäude, Schiff oder sonstige Local in rechtswidriger Absicht in Brand steckt.

Art. 176.

C. Vollendung der Brandstiftung.

Das Verbrechen der Brandstiftung gilt als vollendet, sobald durch das von dem Thäter angewandte Mittel der anzuzündende Gegenstand glimmt oder entflammt.

Art. 177.

D. Thätige Reue.

Hat der Thäter das von ihm angelegte Feuer gleich selbst gelöscht, so daß kein irgend erheblicher Schaden dadurch entstanden ist, so kann statt auf Zuchthaus auf Gefängniß, und selbst bis unter sechs Monate erkannt werden.

Art. 178.

b. Andere gemeingefährliche Beschädigungen.

Wer eine Ueberschwemmung oder eine Schiffswegsetzung verursacht, oder eine sonstige Eigenthumsbeschädigung durch Explosion mit Gefahr für Menschen oder deren Wohnungen veranlaßt, wer eine Eisenbahn, einen Eisenbahnwagen, ein Dampfschiff oder sonst eine zu allgemeinen Zwecken dienende Maschine, eine öffentliche Land- oder Wasserstraße, ein daselbst angebrachtes Wahrzeichen, einen Deich, eine Brücke, Fähre oder andere zum öffentlichen Gebrauche dienende Bauwerke oder Anlagen mit Gefahr für Menschen beschädigt oder unbrauchbar macht oder durch Aufstellung falscher Wahrzeichen an öffentlichen Land- oder Wasserstraßen Gefahr für Menschen herbeiführt soll Zuchthausstrafe erleiden:

1) von vier bis zu zwanzig Jahren, wenn das Verbrechen geschah, damit ein anderes von dem Thäter oder einem Anderen verübt werden könne; wenn er sich mit Mehreren verband, um das Verbrechen mit offener Gewalt zu verüben; wenn durch das Verbrechen nach den dem Thäter bekannten Umständen eine Menschenmenge in Gefahr gerieth; wenn das Verbrechen beim Aufruhr, bei Kriegsgefahr oder sonst in gemeiner Noth geschah.

2) bis zu acht Jahren in anderen durch einen dieser Umstände nicht erschwerten Fällen.

Art. 179.

c. Vergiftung von Weiden und Verbreitung von Viehseuchen.

Wer, um Thiere Anderer zu tödten oder zu beschädigen, Weiden, Viehtränken oder zu gleichem Zwecke dienende Wasserbehälter, Futterbehälter oder das Viehfutter vergiftet, oder eine Viehseuche verbreitet, soll nach der Größe des von ihm verursachten Schadens mit einer Strafe bis zu sechs Jahren Zuchthaus, oder Gefängniß nicht unter zwei Monaten belegt werden.

Art. 180.

d. Einfache Beschädigungen.

Wer ohne Gefahr für Menschen fremdes Eigenthum in rechtswidriger Absicht zerstört oder beschädigt, soll folgende Strafen leiden:

1) Gefängniß von vier Wochen bis zu vierjährigem Zuchthause, wenn die That aus Rache wegen einer Amtshandlung oder von Mehreren in Verbindung verübt wurde, wenn dabei Einbruch oder Einsteigen in ein Gebäude stattfand; wenn Waffen oder Feuer, ohne daß die That in das Verbrechen der Brandstiftung überging, dabei angewendet wurden; wenn die Beschädigung an einem dem Gottesdienste gewidmeten Gegenstande, einem Kirchhof, Grab oder Grabmal, an einem öffentlichen Denkmal, an Feuerlöschgeräth, an einer öffentlichen Sammlung für Kunst, Wissenschaft oder Gewerbe, an einem öffentlichen Grenzstein, oder einer Telegraphenleitung verübt wurde;

2) in anderen Fällen, namentlich wenn die Beschädigung an einer öffentlichen Anpflanzung oder an einem anderen zum öffentlichen Gebrauche dienenden Bauwerke oder Anlage verübt wurde, Gefängniß bis zu sechs Monaten oder Geldstrafe bis zu

Art. 181.

2. Gemeinschaftliche Bestimmung für Brandstiftung und vorsätzliche Beschädigung.

Ward eine Brandstiftung oder vorsätzliche Beschädigung begangen, um ein anderes Verbrechen zu verüben, für welches das Criminalgesetzbuch die Strafe des Verlustes der staatsbürgerlichen Rechte androhet, oder erfolgte die Brandstiftung oder Beschädigung beim Aufruhr oder sonst in gemeiner Noth, so ist allemal auch auf Verlust der staatsbürgerlichen Rechte, auf gewisse Zeit oder für immer, zu erkennen.

Art. 182.

3. Feuerverwahrlosung und unvorsätzliche Beschädigung.

Wer durch Fahrlässigkeit einen Brand, die Strandung eines Schiffes oder eine andere gemeingefährliche Eigenthumsbeschädigung verursacht, oder wer das bei ihm ausgebrochene Feuer zu verheimlichen sucht und auf diese Weise dessen Löschung verhindert, soll unter Berücksichtigung der Größe des angerichteten Schadens und der etwa dabei statt gefundenen Gefahr für Menschen, mit Gefängniß bis zu zwei Jahren oder Geldstrafe bis zu 1000 Thalern bestraft werden.

Wenn derjenige, durch dessen Fahrlässigkeit der Schaden entstanden ist, zu besonderer Aufsicht oder Thätigkeit in Betreff des beschädigten oder zerstörten Gegenstandes verpflichtet war, so kann die Strafe bis zu vierjähriger Gefängnißstrafe erhöhet werden.

Titel 11.

Diebstahl und Unterschlagung.

1. Diebstahl.

Art. 183.

a. Diebstahl ersten Grades.

Wer eine fremde bewegliche Sache aus dem Gewahrsam eines Anderen, zwar ohne Gewalt an einer Person, aber ohne Einwilligung des Berechtigten nimmt, um sich dieselbe in gewinnsüchtiger Absicht zuzueignen, soll folgendermaaßen bestraft werden:

1. Mit Zuchthaus von zwei bis zu achtzehn Jahren, wenn der Thäter sich zur Ausführung der That mit einer Waffe versehen hat, und von derselben nach vollbrachtem Diebstahl, um sich oder das gestohlene Gut zu schützen, gegen eine Person zu deren Mißhandlung oder mit Bedrohung mit augenblicklicher Gefahr für Leib oder Leben Gebrauch gemacht hat.

Bei Ausmessung dieser Strafe ist nach Anleitung der hinsichtlich des Raubes im Art. 148 aufgestellten Vorschriften zu verfahren.

Art. 184.

b. Diebstahl zweiten Grades.

II. Mit Zuchthaus bis zu zwölf Jahren, wenn der Thäter sich zur Ausführung der That mit einer Waffe versehen, jedoch von derselben keinen Gebrauch gemacht hat, oder von einer am Orte der That vorgefundenen Waffe in der im vorigen Artikel bezeichneten Weise Gebrauch gemacht hat, wenn er in Gemeinschaft mit einem oder mehreren Genossen, mit welchen er sich zur fortgesetzten Verübung von Raub oder Diebstahl verbunden hatte, das Verbrechen ausführt; wenn dabei Einbruch in ein Gebäude stattfand.

Art. 185.

c. Diebstahl dritten Grades.

III. Mit Freiheitsstrafe von zwei Monaten bis zu fünf Jahren,

1) wenn der Werth des Gestohlenen 200 Thaler übersteigt;

2) wenn der Werth des Gestohlenen 5 Thaler übersteigt, und

a. wenn der Diebstahl zur Nachtzeit in einem bewohnten Gebäude verübt wurde, in welches der Thäter sich in diebischer Absicht eingeschlichen oder verborgen hatte, oder

b. wenn er durch Einsteigen verübt wurde,

c. der Dieb das Stehlen gewerbsmäßig treibt oder schon zweimal wegen Diebstahls bestraft worden ist, oder

d. wenn eine dem kirchlichen Gebrauche unmittelbar geweihete Sache aus einem Gotteshause, oder

e. wenn eine Leiche, oder wenn eine Sache aus einem Grabe oder von einer Grabstätte, oder

f. wenn in einem für den Staat, die Kaufmannschaft oder sonst für einen öffentlichen Zweck bestimmten Gebäude Gut, welches für einen solchen Zweck bestimmt ist, entwandt wird, oder

g. wenn der Diebstahl bei Gelegenheit einer Feuers-, Wassers- oder einer sonstigen allgemeinen oder einer solchen Noth, welche den Bestohlenen besonders betraf, so wie an Strandgut, oder aus einem gestrandeten oder in Gefahr befindlichen Schiffe geschah, oder

h. wenn der Dieb im Innern eines Gebäudes eine Wand, eine Thür, einen Behälter oder dergleichen erbrach, oder

i. wenn er eine Thür oder einen Behälter mit einem Dietrich, Nachschlüssel, oder mit einem zu dem Ende ohne Einwilligung des Berechtigten erlangten Schlüssel eröffnete;

k. wenn der Diebstahl an Waaren oder sonstigem Gut auf Schiffen, Fahrzeugen oder Wagen von den mit der Einladung, Ausladung, Bewachung, oder dem Fortschaffen solcher Gegenstände beauftragten Personen verübt wurde;

l. wenn ein Wirth, oder dessen Dienstböte das Gut des Gastes, oder ein Gast die in einem Wirthshause, in welchem er Aufnahme gefunden hat, befindliche oder, wenn ein Wächter oder Hüter eine unter seine Aufsicht gestellte Sache stiehlt.

Art. 186.

d. Diebstahl des vierten und fünften Grades.

IV. Mit Gefängniß von vier Wochen bis zu einjährigem Zuchthaus,

1) wenn der Werth des Gestohlenen 50 Thäler übersteigt;

2) wenn er 5 Thaler übersteigt und

a. ein zur unmittelbaren Vertheilung unter die Armen bestimmter Gegenstand, oder

b. eine dem kirchlichen Gebrauche unmittelbar geweihete Sache nicht aus einem Gotteshause, oder wenn aus einem Gotteshause eine nicht dem kirchlichen Gebrauche unmittelbar geweihete Sache, oder

c. Post-, Fracht- oder Reisegut, oder

d. Dachrinnen, Blitzableiter, Stadtleuchten, gefälltes Holz, Bäume und Pflanzen in den öffentlichen Anlagen oder aus Gärten, Feld- und Gartenfrüchte, Vieh auf der Weide, Waaren aus einem Fahrzeuge oder Wagen oder andere dem Schutze des Publikums anvertraute Gegenstände, oder

e. öffentliches Eigenthum oder eine im besonderen gerichtlichen oder amtlichen Schutze stehende Sache gestohlen ward, oder

f. wenn das Verbrechen auf einem Jahrmarkte, in einer Markthalle, auf einem Marktplatze, oder sonst im Gedränge einer versammelten Menschenmenge, oder aus einem offenen Laden oder sonstigem Locale, wo Gegenstände zum Verkauf ausliegen, oder aus einem Speicher, Waarenlager rc. geschah, oder

g. wenn eine Person bestohlen ist, in deren Kost oder Lohn der Dieb als Commis, Lehrling, Dienstbote, Geselle, Hausknecht, Fabrikarbeiter oder in einem ähnlichen Verhältnisse steht, oder jemand, der mit solcher Person in derselben häuslichen Gemeinschaft lebt;

3) wenn der Diebstahl unter einem der im Art. 185, unter 2) a bis l angeführten Umstände verübt wurde, der Werth des Gestohlenen aber 5 Thaler nicht übersteigt.

V. Findet sich bei einem Diebstahle keiner der in den Artikeln 183 bis 185 oder der vorstehend in diesem Artikel aufgeführten Umstände, so ist derselbe mit Gefängniß zu bestrafen.

Art. 187.

2. Unterschlagung.

Wer eine fremde bewegliche Sache, welche ihm zur Aufbewahrung, Verwaltung, oder in Folge eines anderen die Verbindlichkeit zur Zurückgabe oder Ablieferung begründenden Rechtsgeschäfts anvertrauet oder übergeben ist, sich in rechtswidriger Absicht zueignet, namentlich sie ganz oder theilweise verbraucht, veräußert, versetzt, auf die Seite schafft, gegen den Betheiligten den Besitz ableugnet oder verheimlicht, ist mit Freiheitsstrafe bis zu fünf Jahren zu bestrafen:

1) wenn der Werth des Unterschlagenen 200 Thaler übersteigt,

2) wenn der Werth des Unterschlagenen 20 Thaler übersteigt, und

a. der Thäter zu dem Geschäfte, in Beziehung dessen er sich einer Unterschlagung schuldig gemacht, obwohl dasselbe kein öffentliches und amtliches ist, doch, z. B. als Vormund vor einer Behörde beeidigt worden, oder als Curator, Bevollmächtigter, Executor oder durch ein ähnliches Verhältniß dem Verletzten zu besonderer Treue verpflichtet war;

b. wenn er zu dem Verletzten in dem Art. 186, g erwähnten Verhältnisse steht;

c. wenn ein Schiffer an dem ihm anvertraueten Schiffe oder Gut, oder wenn ein Fuhrmann an dem ihm anvertraueten Gut das Verbrechen verübt;

d. wenn ihm der unterschlagene Gegenstand zur Zeit einer Feuers-, Wassers-, Kriegs- oder sonstigen allgemeinen oder besonderen Noth in Verwahrung gegeben ward, oder

e. wenn ein Schloß oder ein Siegel geöffnet, oder ein Behältniß erbrochen werden mußte, um das Verbrechen zu verüben.

Andere Unterschlagungen, sowie die widerrechtliche Zueignung einer gefundenen Sache, sind mit Gefängniß bis zu einem Jahre oder Geldstrafe bis zu 400 Thalern zu ahnden.

Bei Ausmessung der Strafe ist besonders auf den dem Verletzten erwachsenen Schaden Rücksicht zu nehmen, und gilt es als Minderungsgrund, wenn der Unterschlagende den Schaden ersetzt.

Der Verbrauch fremder Gelder und anderer vertretbarer Sachen fällt nicht unter den Begriff und die Strafen der Unterschlagung, wenn derselbe ohne rechtswidrige Absicht und in der wohlbegründeten Ueberzeugung erfolgte, dieselben zur bestimmten Zeit, oder wenn eine solche nicht bestimmt war, auf jedesmaliges Anfordern des Berechtigten sofort aus bereiten Mitteln zurückerstatten zu können.

Art. 188.

Widerrechtliche Benutzung fremder Sachen.

Wer eine fremde Sache zum Nachtheil des Berechtigten widerrechtlich benutzt, ist, wenn er nicht vor dem Einschreiten der Behörde aus bereiten Mitteln Ersatz leistet, mit Gefängniß bis zu zwei Monaten oder Geldstrafe zu bestrafen.

Titel 12.

Betrug, Fälschung und verwandte Verbrechen.

Art. 189.

1. Betrug.

Wer, um sich oder Anderen einen rechtswidrigen Vortheil zu verschaffen, durch Vorspiegelung falscher oder durch Unterdrückung wahrer Thatsachen oder durch Anwendung arglistiger Kunstgriffe eine Täuschung hervorruft oder unterhält, und dadurch einem Anderen einen Vermögensschaden zufügt, soll bestraft werden:

I. Mit Zuchthaus bis zu fünf Jahren, wenn der angestiftete Schaden 50 Thaler übersteigt, und

1) wenn der Thäter den Betrug gewerbsmäßig betreibt,
2) wenn er zum Zweck des Betrugs einen falschen Amtstitel oder fälschlich amtliche Aufträge oder Befugnisse vorgiebt, oder
3) sich einen fremden Namen beilegt, oder
4) wenn er als Kunstverständiger oder Schiedsrichter in seinem Wirkungskreise den Betrug verübt, oder
5) wenn der Betrug durch rechtswidrige Vernichtung, Unbrauchbarmachung oder Unterdrückung einer gültigen Urkunde, oder
6) vermittelst Mißbrauchs eines ächten öffentlichen Siegels, Stempels oder Merkzeichens, ferner vermittelst Mißbrauchs einer für einen Anderen bestimmten öffentlichen Urkunde, oder
7) durch Verausgabung mit einem öffentlichen Siegel verschlossener und mit Angabe des Inhalts versehener Geldbeutel, Geldpackete oder Geldrollen verübt wurde, deren Inhalt durch künstliche Eröffnung verringert worden ist.

Art. 190.

Fortsetzung.

II. Freiheitsstrafe von vier Wochen bis zu drei Jahren:

1) wenn der angestiftete Schaden 200 Thaler übersteigt,
2) wenn er 50 Thaler übersteigt, und der Betrug unter einem der im Art. 187 unter 2) a—d angeführten Umstände verübt wurde.

III. Freiheitsstrafe bis zu einem Jahre, wenn der angestiftete Schaden 50 Thaler übersteigt, ohne daß einer der vorstehend angeführten Umstände vorliegt.

IV. Gefängniß bis zu sechs Monaten oder Geldstrafe bis zu 200 Thalern in allen übrigen Fällen.

In allen vier Graden ist bei Ausmessung der Strafe theils die Größe des angestifteten Schadens oder entzogenen Vortheils, theils der Umstand zu berücksichtigen, ob der Betrug auf besonders arglistige und schwer zu entdeckende Weise verübt wurde, und ob er nicht blos zur Benachtheiligung eines Einzelnen, sondern des Publikums überhaupt abzielte.

Art. 191.

Entwendung eigener Sachen.

Wer die eigene bewegliche Sache dem Niesbraucher, dem Pfandgläubiger oder sonstigen rechtmäßigen Inhaber entwendet, und dadurch den Berechtigten um sein Benutzungsrecht oder seine Befriedigung bringt, soll einem Betrüger gleich gestraft werden.

Art. 192.

2. Fälschung von Privaturkunden.

Wer eine Privaturkunde verfälscht, oder eine falsche Privaturkunde anfertigt, und von derselben Gebrauch macht, um einem Anderen einen Vermögensschaden zuzufügen oder sich oder Anderen Vortheil zu verschaffen, oder wer zu einem dieser Zwecke wissentlich von einer verfälschten oder falschen Privaturkunde Gebrauch macht, soll bestraft werden:

I. Mit Zuchthaus bis zu acht Jahren, wenn der Betrag der Fälschung 50 Thaler übersteigt, und

1) die Fälschung Schuldverschreibungen auf Inhaber betrifft, oder Actien, sowie die deren Stelle vertretenden Interimsscheine oder Quittungen oder die zu diesen Papieren gehörenden Zins- oder Erneuerungsscheine;

2) Wenn sie einen Wechsel, Creditbrief, eine Anweisung, ein Connossement, Handlungsbücher, oder eine letztwillige Verordnung betrifft;

3) wenn der Thäter zu dem Geschäfte, in Ansehung dessen er sich einer Fälschung schuldig gemacht hat, obwohl dasselbe kein öffentliches und amtliches ist, doch vor einer Behörde beeidigt wurde.

II. Mit Freiheitsstrafe von zwei Monaten bis zu fünf Jahren,

1) wenn einer der vorstehend unter I. 1)—3) angeführten Umstände vorliegt, der Betrag der Fälschung aber 50 Thaler nicht übersteigt;

2) wenn er 50 Thaler übersteigt, ohne daß einer dieser Umstände vorliegt.

III. Mit Gefängniß oder Geldstrafe bis zu 300 Thalern in allen übrigen Fällen.

Bei Ausmessung der Strafe ist auch die Größe des herbeigeführten Schadens oder entzogenen Vortheils zu berücksichtigen.

Einer Fälschung wird es gleich geachtet, wenn Jemand in der Absicht, sich oder Anderen Gewinn zu verschaffen, oder Anderen Schaden zuzufügen, ein mit der Unterschrift eines Anderen versehenes Papier (Blanquet) ohne dessen Willen ausfüllt und von einer solchen Urkunde Gebrauch macht.

Art. 193.

Vorbereitungshandlungen.

Wer zum Zweck der Verübung einer Fälschung der unter I. 1) und 2) genannten Privaturkunden Stempel oder andere dazu dienende Werkzeuge oder Gegenstände verfertigt, eingerichtet oder angeschafft hat, ist, auch wenn noch kein Gebrauch davon gemacht wurde, mit Gefängniß zu bestrafen.

Art. 194.

Thätige Reue bei Beschädigungen, Diebstahl, Unterschlagung und Betrug.

Wenn derjenige, der sich einer einfachen Vermögensbeschädigung, eines Diebstahls, einer Unterschlagung oder eines Betruges schuldig gemacht hat, vor dem Einschreiten der Behörde dem Beschädigten durch Rückgabe oder Werthserstattung Ersatz leistet, so soll die Strafe um so geringer zugemessen werden, und der Richter namentlich dann, wenn der Ersatz aus freiem Antriebe erfolgte, befugt sein, eine der Art und dem Maaße nach geringere Strafe, als die sonst gesetzlich verwirkte, zu erkennen.

3. Bankerott.

Art. 195.

a. Betrügerischer.

Als betrügerischer Fallit ist mit Freiheitsstrafe bis zu fünf Jahren derjenige Fallit zu bestrafen, der

1) Theile seines Vermögens an die Seite geschafft hat;

2) der zu einer Zeit, da er seine Zahlungseinstellung bereits voraussah

a. mit dem Bewußtsein, seine Gläubiger zu benachtheiligen, Theile seines Vermögens ohne Gegenleistung, oder gegen eine ersichtlich zu geringe Gegenleistung weggegeben hat,

b. um einzelne Gläubiger zu bevorzugen, unbezahlte Wechsel, Waaren, Connossemente oder andere unbezahlte Gegenstände, welche anderen Falls noch von demjenigen der sie geliefert hat, aus der Masse hätten vindicirt werden können, veräußert oder verpfändet;

3) der Speditionsgut oder sonst ihm anvertraute Gegenstände, ohne daß er zu deren Veräußerung befugt war, veräußert oder in Pfand gegeben hat;

4) der nach erfolgter Falliterklärung sich dem Gericht nicht stellt oder die Ableistung des Manifestationseides verweigert;

5) der, um seinen Vermögensstand oder von ihm abgeschlossene Geschäfte zu verbergen, Handlungsbücher gar nicht oder nur unordentlich geführt oder vernichtet oder an die Seite gebracht hat;

6) wissentlich unrichtige Angaben über seine Vermögensverhältnisse macht oder erhebliche Thatsachen verheimlicht oder die von ihm verlangte Auskunft verweigert;

Es ist ferner jeder, der sich in Bezug auf sein Fallissement einen Betrug oder eine Unterschlagung in anderen Beziehungen als den oben angegebenen, oder eine Fälschung zu Schulden kommen läßt, als betrügerischer Fallit zu bestrafen, und soll, wenn diese Verbrechen mit einer höheren Strafe, als der oben angedroheten, zu belegen sein würden, diese höhere Strafe erleiden.

Art. 196.

b. Leichtsinniger.

Als leichtsinniger Fallit ist mit Gefängniß derjenige Fallit zu bestrafen, der seine Zahlungsunfähigkeit dadurch herbeigeführt oder vergrößert hat, daß er

1) ohne ein entsprechendes Vermögen zu besitzen, sich in gewagte Unternehmungen, in Börsenspiel oder Lieferungsgeschäfte über Waaren oder Creditpapiere, die großen Preisschwankungen unterworfen sind, eingelassen oder im Verhältniß zu seinem Vermögen bedeutende Beträge unversichert gelassen hat;

2) daß er sein Geschäft hauptsächlich durch Wechselreiterei betrieben;

3) daß er durch Verschwendung, Spiel oder sonstigen Aufwand verhältnißmäßig große Summen verbraucht hat.

Es soll ferner als leichtsinnig derjenige Fallit mit Gefängniß bestraft werden,

4) der Handlungsbücher, die ihm, weil es sein Geschäft erforderte, zu führen oblag, wenn auch nicht aus der im vorigen Artikel unter 5) angeführten Absicht entweder gar nicht oder unordentlich oder ungenügend geführt hat;

5) der, ungeachtet seiner schon eingetretenen oder von ihm vorausgesehenen Zahlungseinstellung seine Activmasse durch Zahlungen, Cessionen, Hingaben an Zahlungsstatt, Bestellung von Pfandrechten oder sonstige Deckungen an einzelne Gläubiger erheblich verringert hat, es sei denn daß seine Handlungsweise in besonderen Umständen ihre Entschuldigung findet;

6) der, obschon ihm bekannt war oder bekannt sein mußte, daß seine Passiva seine Activa um einen verhältnißmäßig erheblichen Betrag überschreiten, ein kaufmännisches Geschäft fortgeführt hat.

Art. 197.

Betrügerischer Accord.

Wer, um sich durch einen Nachlaßvertrag zu bereichern, seinen Gläubigern erheblich falsche Angaben über seinen Vermögensstand wissentlich macht oder machen läßt, soll einem betrügerischen Falliten gleich gestraft werden.

Art. 198.

Gemeinschaftliche Bestimmungen für Diebstahl, Unterschlagung, Betrug, Fälschung und Bankerott.

Wird wegen Diebstahls, Unterschlagung, Betrugs, Fälschung oder Bankerotts eine Zuchthausstrafe verhängt, so ist allemal auch auf Verlust der staatsbürgerlichen

Art. 199.
4. Mißbrauch des Vertrauens.

Wer als Vormund, Curator, Testamentsvollstrecker, Verwalter einer milden Stiftung, Vorstand einer Genossenschaft oder einer Privatanstalt, oder als Mandatar oder in einem ähnlichen Verhältniß vorsätzlich zum Nachtheil der seiner Fürsorge anvertraueten Personen oder Sachen handelt, ist, wenn es in der Absicht geschieht, sich oder Anderen Gewinn zu verschaffen, mit Gefängniß, sonst mit Gefängniß bis zu sechs Monaten oder Geldstrafe bis zu 300 Thalern zu bestrafen.

Art. 200.
5. Verletzung fremder Geheimnisse.

Wer einen versiegelten Brief oder eine andere versiegelte Schrift, die nicht zu seiner Kenntnißnahme bestimmt ist, eigenmächtig eröffnet, um unbefugter Weise zur Kenntniß des Inhalts zu gelangen, oder zu gleichem Zwecke eines offenen Briefes oder einer unverschlossenen Schrift unbefugter Weise durch Gewalt oder List sich bemächtigt, wie auch derjenige, welcher ein Geheimniß das ihm als Gehülfen in Handlungs- und Fabrikgeschäften in Beziehung auf diesen Beruf anvertraut wurde, unbefugter Weise einem Anderen mittheilt oder für sich benutzt, ist mit Gefängniß bis zu sechs Monaten oder Geldstrafe bis zu 300 Thalern zu bestrafen.

Titel 13.
Partirerei und Hehlerei.

Art. 201.

Wer Sachen in dem Bewußtsein, daß sie geraubt, gestohlen, unterschlagen oder mittelst anderer Verbrechen erlangt sind, als Eigenthum oder als Pfand erwirbt, soll, sofern nicht im einzelnen Fall schon nach den allgemeinen Bestimmungen im Theil I. Tit. 5 eine höhere Strafe zur Anwendung kommt, wegen Partirerei mit Freiheitsstrafe bis zu drei Jahren bestraft werden.

Die Strafe ist um so höher zuzumessen, je beträchtlicher der Werth der erworbenen Sachen, und je größer der Vortheil war, der für den Erwerber in Aussicht stand.

Art. 202.

Ist der Erwerb unter Umständen erfolgt, welche nicht auf das bestimmte Bewußtsein des Erwerbers von der verbrecherischen Erlangung der Sachen schließen lassen, wohl aber ergeben, daß der Erwerber entweder diesen Sachverhalt vermuthet hat oder bei Aufwendung eines auch nur geringen Grades von Nachdenken zu jenem Bewußtsein hätte gelangen müssen, so tritt Gefängnißstrafe bis zu sechs Monaten, in leichteren Fällen

Die Strafe ist, innerhalb dieser Grenzen in höherem Maaße zu bestimmen, wenn:

1) der Erwerber durch die auf sein Gewerbe bezüglichen Gesetze oder Verordnungen zu besonderer Sorgfalt beim Erwerbe verpflichtet, oder durch die Natur seines Gewerbes auf besondere Sorgfalt angewiesen war;

2) der Veräußerer zu den Persönlichkeiten gehört, von welchen nach bestehenden Gesetzen oder Verordnungen nicht ohne vorgängige Ueberzeugung des Erwerbers von der rechtlichen Erlangung erworben werden darf.

3) beim Erwerbe von Unerwachsenen.

Bei wiederholtem Rückfalle kann die Strafe bis zu einjährigem Gefängnisse gesteigert werden.

Art. 203.

Gewerbsmäßige Partirerei und Hehlerei.

Gewerbsmäßige Partirerei und gewerbsmäßige Begünstigung von Verbrechern durch Einräumung von Localitäten, zur Einschleppung oder Niederlegung geraubter, gestohlener, unterschlagener oder durch sonstige Verbrechen erlangter Gegenstände oder durch Aufbewahrung solcher Gegenstände soll, sofern nicht schon nach den Bestimmungen im Theil I. Titel V. eine höhere Strafe zur Anwendung kommt, mit Freiheitsstrafe bis zu vier Jahren und Entziehung der staatsbürgerlichen Rechte gestraft werden.

Titel 14.

Amtsverbrechen.

A. Allgemeine Bestimmungen.

Art. 204.

1. Umfang dieser Bestimmungen.

Die nachfolgenden Bestimmungen gelten:

1) für die Mitglieder des Senates, der Verwaltungsdeputationen und der Gerichte;
2) für alle Beamten und Angestellten des Hamburgischen Staats, sowie für die Gehülfen und Vertreter jener Beamten und Angestellten, soweit sie von einer öffentlichen Behörde ausdrücklich zugelassen sind, oder besoldet werden;
3) für Lehrer an öffentlichen Schulen, und andere an öffentlichen Schulen Angestellte;
4) für Gemeindebeamte und Gemeindediener.

Art. 205.

2. Besondere Strafarten.

Die auf die Amtsverbrechen gesetzten besonderen Strafen sind: Cassation (Amtsentsetzung) und Amtsentlassung. Beide bewirken den Verlust des Amts oder der Anstellung und der damit verbundenen Befugnisse. Die Cassation zieht zugleich den Verlust der staatsbürgerlichen Rechte nach sich; jedoch ist das Gericht befugt, in dazu geeigneten

Beim Zusammentreffen von Amtsverbrechen, deren jedes mit Cassation oder Entlassung bedroht ist, oder wenn ein Amtsverbrechen zu einer Zeit zu bestrafen ist, wo das amtliche Verhältniß nicht mehr besteht, tritt neben diesen Strafen oder an die Stelle derselben Gefängniß bis zu zwei Jahren, für die Cassation außerdem auch Verlust der staatsbürgerlichen Rechte ein.

Art. 206.

3. Gehülfen und Begünstiger.

Vorgesetzte oder Mitglieder von Behörden, welche wissentlich Amtsverbrechen ihrer Untergebenen geschehen lassen, sind als Gehülfen zu strafen; als Begünstiger aber diejenigen Beamten oder Mitglieder von Behörden oder Gerichten, welche dem von ihren Untergebenen verübten Verbrechen wissentlich nachsehen, ohne davon der ihnen vorgesetzten Behörde oder beziehentlich derjenigen, deren Mitglieder sie sind, Anzeige zu machen.

Ist in einem solchen Falle der Untergebene mit Cassation oder Entlassung bestraft worden, so ist Behufs Ausmessung der Strafe des Vorgesetzten die Cassation gleich einer Gefängnißstrafe von einem Jahre, die Entlassung gleich einer Gefängnißstrafe von neun Monaten zu veranschlagen.

Art. 207.

4. Theilnahme Nicht-Angestellter an Amtsverbrechen.

Wer ohne in öffentlichem Dienste zu stehen, sich an einem Amtsverbrechen als Mitschuldiger, Gehülfe oder Begünstiger betheiligt, wird nur insofern mit Strafe belegt, als seine Handlung als gemeines Verbrechen strafbar ist.

Art. 208.

5. Straflosigkeit befolgter Befehle.

Haben öffentliche Behörden oder öffentliche Beamte einem untergeordneten Beamten, der ihnen zu gehorchen schuldig ist, in der vorgeschriebenen Form eine Handlung befohlen, welche nur als Mißbrauch oder Ueberschreitung der Amtsgewalt oder als Verletzung der Amtspflicht strafbar ist, so wird nur der Befehlende verantwortlich.

Art. 209.

6. Verübung gemeiner Verbrechen der Beamten oder Angestellten mit oder ohne Amtsmißbrauch.

Begeht eine der im Art. 204 genannten Personen ein gemeines Verbrechen, so ist neben der sonst verwirkten Strafe auf Entlassung dann zu erkennen, wenn das Verbrechen von der Beschaffenheit ist, daß der Schuldige dadurch derjenigen Achtung und des Zutrauens verlustig wird, welche bei der Ausübnng des Amts erforderlich sind.

Ist das Amtsverhältniß zur Verübung des gemeinen Verbrechens mißbraucht worden, so ist dieser Mißbrauch als Erschwerungsgrund anzusehen und kann statt auf

Ebenso trifft die Advocaten und Procuratoren, Notare, Aerzte, Wundärzte, Mäkler und überhaupt solche Personen, denen von Staatswegen die besondere Befugniß zur Ausübung ihres Gewerbes ertheilt ist, wenn sie ein Verbrechen begehen, durch das sie sich des für ihre Geschäftsführung erforderlichen Vertrauens verlustig machen, immerwährende oder zeitliche Entziehung der ihnen ertheilten Befugniß.

Art. 210.

7. Disciplinarstrafen.

Ueber solche Amtsvergehen der im Art. 204 unter 2), 3) und 4) erwähnten Personen, welche in den folgenden Artikeln nicht namentlich aufgeführt sind, vielmehr in sonstiger Nichtbeobachtung amtlicher Pflichten bestehen, ist nach Maaßgabe der Amtseide und Instructionen oder sonst nach den bestehenden Rechten und speciellen Verordnungen zu entscheiden.

Art. 211.

8. Verjährung.

Hinsichtlich der Verjährung der in diesem Titel aufgeführten Verbrechen kommen, soweit sie anwendbar sind, die allgemeinen Vorschriften der Artikel 64 und flgg. zur Anwendung. Ist jedoch ein Verbrechen neben der sonstigen Strafe oder ausschließlich mit Cassation bedroht, so tritt keine kürzere als eine zehnjährige, und wenn das Gesetz Entlassung vorschreibt, mindestens eine fünfjährige Verjährung ein.

B. Einzelne Amtsverbrechen.

1. Bestechung.

Art. 212.

a. Passive.

Wer in Beziehung auf seine amtliche Thätigkeit Geschenke oder einen anderen gesetzlich nicht gestatteten Vortheil annimmt oder sich versprechen läßt, oder gestattet, daß solche Geschenke, Vortheile, oder Versprechungen von seinen Angehörigen angenommen werden, soll wegen Bestechung bestraft werden, und zwar:

1) wenn es geschah um eine Amtshandlung entweder auf eine pflichtwidrige Art vorzunehmen oder pflichtwidrig zu unterlassen, mit Cassation oder Entlassung und entweder Gefängniß oder Geldstrafe bis zu 300 Thalern; wenn die Amtshandlung auf pflichtwidrige Art wirklich vorgenommen oder unterlassen worden ist, mit Cassation oder Entlassung und Freiheitsstrafe bis zu zwei Jahren.

2) wenn es sonst in Beziehung auf eine bei der Amtsstelle des Beamten anhängige oder anhängig zu machende Angelegenheit geschah, bei deren Erledigung der Beamte in der Lage war, einen Betheiligten zum Nachtheil eines Anderen oder des Staats zu begünstigen, mit Gefängniß oder Geldstrafe bis zu 300 Thalern, wenn

derjenigen Achtung und des Zutrauens verlustig wird, welche bei der Ausübung des Amts erforderlich sind. Beim ersten Rückfall ist jedenfalls auf Entlassung oder Cassation zu erkennen.

Diese Strafbestimmung findet auf Geschworne, sowie auch auf Zeugen oder Sachverständige, welche in Beziehung auf von ihnen zu machende Aussage außer den etwa gesetzlich gestatteten Gebühren Geschenke oder Versprechungen angenommen oder deren Annahme durch ihre Angehörigen gestattet haben, mit der Abänderung Anwendung, daß an die Stelle der Entlassung oder Cassation Verlust der staatsbürgerlichen Rechte auf gewisse Zeit tritt.

Das Geschenk, oder falls dessen Herausgabe aus irgend einem Grunde unthunlich ist, der Werth desselben verfällt an die allgemeine Armenanstalt.

Art. 213.

b. Active.

Wer unter den im vorigen Artikel erwähnten Umständen einem Beamten, Geschwornen, Zeugen oder Sachverständigen resp. deren Angehörigen Geschenke giebt oder verspricht, ist mit Gefängniß oder Geldstrafe bis zu 300 Thalern zu bestrafen und kann in schwereren Fällen auch seiner staatsbürgerlichen Rechte für gewisse Zeit verlustig erklärt werden.

Art. 214.

2. Annahme von Geschenken.

Wer außer den Fällen des Art. 212 in Beziehung auf seine amtliche Thätigkeit oder in Beziehung auf eine bereits vorgenommene Amtshandlung ungeachtet des in seiner Instruction enthaltenen oder von der ihm vorgesetzten Behörde speciell ertheilten Verbotes Geschenke oder andere Vortheile annimmt oder sich versprechen läßt oder gestattet, daß solche Geschenke oder Versprechungen von seinen Angehörigen angenommen werden, ist mit Gefängniß bis zu drei Monaten oder Geldstrafe zu belegen, womit im Wiederholungsfalle Entlassung verbunden werden kann.

Das Geschenk oder dessen Werth verfällt an die allgemeine Armenanstalt.

Art. 215.

3. Amtsmißbrauch.

Wer die ihm anvertrauete Amtsgewalt aus Eigennutz, Haß oder Parteilichkeit zur Bedrückung oder Mißhandlung Anderer, oder zu widerrechtlicher Begünstigung einer Person mit dem Schaden Anderer oder des Gemeinwesens mißbraucht, ist mit Entlassung oder Cassation, und sofern seine Handlung zugleich ein anderes Verbrechen

Art. 216.

4. Widerrechtliche Verhaftung.

Wer vorsätzlich eine rechtswidrige Verhaftung oder vorläufige Festnahme anordnet oder vornimmt oder die Dauer der Haft verlängert, wird nach den im Art. 142 gegebenen Bestimmungen und unter der Voraussetzung des Art. 209 außerdem mit Cassation oder Entlassung bestraft.

Art. 217.

5. Erpressung im Amte.

Wer, um einen rechtswidrigen Vortheil für sich oder Andere zu erpressen, mit der ihm anvertraueten Amtsgewalt drohet, oder solche zur Erhebung unerlaubter Abgaben, Gebühren oder Vergütungen für amtliche Mühwaltungen mißbraucht, ist, auch wenn seine Handlung nicht zugleich ein anderes gemeines Verbrechen enthält, mit Gefängniß bis zu drei Monaten oder Geldstrafe, in schwereren Fällen oder im Wiederholungsfalle außerdem mit Entlassung zu bestrafen.

Art. 218.

6. Veruntreuung.

Wer Gelder oder andere Gegenstände, welche ihm vermöge seines Amts anvertrauet sind, unterschlägt, soll mit Cassation, und außerdem mit Freiheitsstrafe bis zu acht Jahren nach der Größe des Veruntreueten und unter Berücksichtigung des geleisteten Ersatzes bestraft werden.

Wer dergleichen Gelder ohne die Absicht der Unterschlagung zu seinem Nutzen verwendet, ist mit Gefängniß bis zu drei Monaten oder Geldstrafe, im Wiederholungsfalle außerdem mit Entlassung zu bestrafen.

Art. 219.

7. Eigennützige Geschäftsführung.

Der Beamte, welcher, offen oder versteckt, unmittelbar oder durch Zwischenpersonen, an seiner Leitung anvertraueten Verkäufen, Verpachtungen oder anderen derartigen Geschäften, ohne Ermächtigung des Berechtigten oder der zuständigen Behörde, Theil nimmt, oder nachher in das Geschäft eintritt, oder auf diese Weise seine Angehörigen Theil nehmen oder eintreten läßt, und den Berechtigten dadurch Schaden zufügt, ist des Amts zu entlassen, und außerdem unter vorkommenden Umständen wegen Betrugs zu bestrafen.

Art. 220.

8. Rechnungsfälschung.

Wer, um einen Defect an der von ihm verwalteten Casse oder an sonstigen Gegenständen zu verbergen, die Rechnungen oder die zum Eintragen oder zur Controle der Einnahme und Ausgabe bestimmten Bücher und Register verfälscht, einen unrichtigen

schafft, oder sich sonst einen Betrug oder eine Fälschung zu Schulden kommen läßt, namentlich einen eingegangenen Posten nicht verrechnet, eine nicht geleistete Zahlung als Ausgabe in Rechnung bringt, eine unverkaufte Sache als verkauft, eine verkaufte als nicht verkauft einträgt, ist nach den Bestimmungen über die Bestrafung der Fälschung öffentlicher Urkunden und unter vorkommenden Umständen wegen Veruntreuung (Art. 218) nach den über das Zusammentreffen mehrerer Verbrechen gegebenen Vorschriften, und allemal außerdem mit Cassation zu bestrafen.

Art. 221.

9. Betrug und Fälschung bei Amtshandlungen.

Ein Beamter oder Notar, der wissentlich bei Aufnahme oder Abfassung einer in sein Amt einschlagenden Urkunde die Verhandlung, Willenserklärung oder Aussage der Betheiligten oder Zeugen durch Auslassung, Zusatz oder Veränderung entstellt, in einer solchen Urkunde eine erdichtete oder untergeschobene Person, oder einen Abwesenden als anwesend aufführt, eine Unterschrift nachmacht, unter amtlichem Glauben eine unwahre Thatsache wissentlich als wahr berichtet oder beurkundet, eine Acte, Urkunde oder andere Schrift, welche ihm wegen seines Amts anvertrauet ist, verfälscht, vernichtet, unbrauchbar macht, auf die Seite schafft, oder unterdrückt, oder sonst einen Betrug oder eine Fälschung mit Mißbrauch der Amtsgewalt verübt, ist nach Beschaffenheit des Verbrechens mit den Strafen des Betrugs und der Fälschung zu belegen, und außerdem durch Cassation oder Entlassung zu bestrafen.

Art. 222.

10. Verletzung der Amtsverschwiegenheit.

Wer, um sich oder einem Anderen einen Gewinn zu verschaffen, oder um einem Anderen zu schaden, die Amtsverschwiegenheit verletzt, ist mit Gefängniß bis zu drei Monaten oder Geldstrafe, in schwereren Fällen oder im Wiederholungsfalle außerdem auch mit Entlassung zu bestrafen.

Art. 223.

11. Unterlassene Anzeige verübter Verbrechen.

Wer vermöge seines Amts oder Berufs oder in Gemäßheit besonderer Dienstvorschriften verübte Verbrechen anzuzeigen verpflichtet ist, soll, falls nicht Art. 206 in Betracht kommt, wegen wissentlich unterlassener Erfüllung dieser Pflicht mit Gefängniß bis zu drei Monaten oder Geldstrafe, in schwereren Fällen außerdem mit Entlassung bestraft werden.

Gegeben in der Versammlung des Senats, Hamburg, den 30. April 1869.

№ 11. den 30. April 1869.

Gesetz

betreffend das Verhältniß der Verwaltung zur Strafrechtspflege und die Competenz der Polizeibehörde.

Inhalt.

Der Senat hat in Uebereinstimmung mit der Bürgerschaft beschlossen und verkündet hiedurch als Gesetz, welches an einem späterhin von ihm zu bestimmenden und öffentlich bekannt zu machenden Tage in Kraft zu treten hat, was folgt:

Erster Abschnitt.

Verhältniß der Verwaltung zur Strafrechtspflege.

§ 1.

Strafjustiz der Gerichte.

Unbeschadet der nachstehend festgestellten Befugnisse der Verwaltungsbehörden steht die Führung von Untersuchungen wegen strafbarer Handlungen oder Unterlassungen und die Entscheidung von Strafsachen ausschließlich den Gerichten zu.

§ 2.

Verfolgung durch Verwaltungsbehörden.

Uebertretungen der die indirecten und directen Steuern betreffenden Gesetze, so wie anderer Gesetze, deren Ausführung und Aufrechthaltung besonderen Verwaltungsbehörden obliegt, sind in Gemäßheit der Strafproceßordnung von diesen Behörden, oder auf die von ihnen ergangene Aufforderung durch einen öffentlichen Ankläger, vor den Gerichten zu verfolgen.

§ 3.

Aufforderung zur Auskunft-Ertheilung.

Bevor die betreffende Behörde in den Fällen des vorigen Paragraphen die gerichtliche Verfolgung veranlaßt, kann sie den des Vergehens Verdächtigen bei einer Ungehorsamsstrafe bis zu 5 Thalern, den Ausbleibenden bis zu 10 Thalern, zur Ertheilung der erforderlichen Auskunft vorladen.

Bleibt auch die zweite Vorladung erfolglos, oder verweigert der Vorgeladene die Auskunft oder die Vorlegung von zur Einsicht geforderten Documenten, so hat die Behörde die Eröffnung der gerichtlichen Untersuchung zu veranlassen.

Die Einziehung der verwirkten Ungehorsamsstrafen, so wie Erlaß oder Minderung derselben, steht der betreffenden Behörde zu.

§ 4.

Anerkennung verwirkter Vermögensstrafen.

Steht wegen der im § 2 bezeichneten Uebertretung eine Freiheitsstrafe nicht in Frage, so hat die betreffende Verwaltungsbehörde, wenn sie eine weitere Untersuchung nicht für geboten erachtet, vor Eröffnung des gerichtlichen Verfahrens dem ihrer Ansicht nach Schuldigen eine Anzeige darüber zugehen zu lassen, welche Strafe er verwirkt habe.

Dem Letzteren steht frei, innerhalb zehn Tagen, nachdem diese Anzeige ihm zugegangen, die gerichtliche Untersuchung und Entscheidung zu verlangen. Mit der Anzeige der verwirkten Strafe ist der Betheiligte zugleich darauf aufmerksam zu machen, daß diese Befugniß ihm zusteht, und wo die erforderliche Erklärung abzugeben ist. Wird von der Befugniß Gebrauch gemacht, worüber auf Verlangen eine Bescheinigung zu ertheilen ist, so ist die von der Behörde erlassene Anzeige als nicht ergangen zu betrachten.

Läßt dagegen der Betheiligte die zehntägige Frist ohne Abgabe der gedachten Erklärung verstreichen, so ist die Strafe als verfallen zu betrachten, und erforderlichen Falls von der Verwaltungsbehörde einzuziehen.

Reicht der Betheiligte vor Ablauf der zehn Tage ein Gnadengesuch bei dem Senate ein, so verzichtet er damit auf gerichtliche Untersuchung und Entscheidung.

§ 5.

Beschlagnahme von Gegenständen.

Die Verwaltungsbehörden sind in demselben Umfange wie bisher berechtigt, Gegenstände in Beschlag zu nehmen, welche zur Verübung eines der im § 2 erwähnten Vergehen benutzt sind, oder mittelst welcher der Versuch zur Verübung eines derartigen Vergehens gemacht wurde.

Ist eine Beschlagnahme erfolgt, so hat die Behörde dem ihrer Ansicht nach Schuldigen innerhalb zehn Tagen entweder die im § 4 erwähnte Anzeige zugehen zu lassen, oder das gerichtliche Verfahren zu veranlassen.

§ 6.

Festnehmung von Personen.

Die Beamten und Angestellten der Verwaltungsbehörden sind berechtigt, bei Uebertretungen der im § 2 bezeichneten Art den des Vergehens Verdächtigen festzunehmen, wenn die Voraussetzungen des § 24 der Strafproceßordnung vorliegen.

In diesem Fall ist indeß immer das gerichtliche Verfahren, und zwar unter Beobachtung der im § 22 der Strafproceßordnung für den Staatsanwalt geltenden Vorschriften, einzuleiten.

§ 7.

Sicherung gegen Drohungen.

Derjenige, durch dessen Drohungen mit Begehung von Verbrechen gemeine Gefahr oder Gefahr für Personen entsteht, kann auch in den Fällen, in welchen nach den Vorschriften des Criminalgesetzbuchs ihn keine Strafe trifft, festgenommen werden; er ist jedoch nach den näheren Bestimmungen der Strafproceßordnung dem zuständigen Strafgerichte zu überweisen. Auf Antrag eines öffentlichen Anklägers hat das Gericht ihn zu Bestellung einer Caution (s. Strafproceßordnung §§ 63—67) und zwar, sofern nicht den Umständen nach eine eidliche Caution zuzulassen ist auf eine angemessene Zeit dafür, daß er das Verbrechen, mit dessen Begehung er gedrohet hat, nicht ausüben werde, anzuhalten, in Ermangelung der Sicherheitsbestellung aber auf Fortdauer der Haft je nach der Schwere des gedroheten Verbrechens bis zu einem Jahre und Stellung unter Polizeiaufsicht (Art. 20 des Criminalgesetzbuchs) zu erkennen.

Bei Bedrohung mit Vergehen, welche nur mit Geldstrafe zu bestrafen sind, kann eine solche Verurtheilung zur Cautionsleistung nicht eintreten.

§ 8.

Strafrecht von Verwaltungsbehörden.

Das Recht der Verwaltungsbehörden, vermöge der ihnen zustehenden Disciplinargewalt, oder um ihren gesetzmäßigen Anordnungen die Befolgung zu sichern, so wie zum Schutz ihrer amtlichen Wirksamkeit Strafverfügungen zu erlassen, wird durch die Bestimmung des § 1 nicht berührt.

Dieses Recht kommt, außer in den in den §§ 3 und 9 bezeichneten, in nachstehenden Fällen nach Maaßgabe der folgenden Bestimmungen zur Anwendung:

1) Den Verwaltungsbehörden bleibt die Befugniß, wegen Disciplinarvergehen ihrer Beamten und Angestellten Untersuchungen einzuleiten und Strafen zu verfügen; sie haben jedoch hinsichtlich der Ausübung dieser Befugniß die Vorschrift des Art. 210 des Criminalgesetzbuchs zu beobachten.

2) Die Verwaltungsbehörden haben die Befugniß, gegen die Interessenten der ihrer besonderen Aufsicht unterstellten Institute, so wie gegen die Genossen der unter ihrer besonderen Autorität oder Controle stehenden Gewerbe oder Geschäftsbetriebe wegen Uebertretung der darüber gegebenen Vorschriften Ordnungsstrafen bis zu 6 Thalern zu verfügen.

3) Der Senat und die Verwaltungsbehörden können Denjenigen, welcher sich in einer an sie gerichteten Eingabe ungebührliche Aeußerungen erlaubt, oder sich vor ihrem Protokoll ungebührlich beträgt, zu einer Geldstrafe verurtheilen, und zwar der Senat bis zu 100 Thalern, die Verwaltungsbehörden bis zu 25 Thalern. Es bleibt jedoch dem Senate wie den Verwaltungsbehörden unbenommen, wegen eines derartigen Vergehens die Eröffnung eines Strafverfahrens zu veranlassen.

4) Gegen Personen, welche sich in einer öffentlichen Anstalt in Haft oder Verwahrung befinden, können von der der Anstalt vorgesetzten Behörde nach Maaßgabe der Hausordnung Strafen verfügt werden.

In den unter 1) bis 3) aufgeführten Fällen ist dem zu einer Strafe Verurtheilten verstattet, innerhalb zehn Tagen eine Beschwerde bei dem Senate zu erheben.

§ 9.

Befehle und Verbote.

Die Verwaltungsbehörden können, so weit sie bisher dazu ermächtigt waren, im öffentlichen Interesse Einzelne durch Befehle zu Handlungen oder Unterlassungen anhalten, unter Androhung einer in dem Befehle namhaft zu machenden Geldstrafe für die Nichtbefolgung.

Die Behörde, welche den Befehl erließ, veranlaßt, wenn eine solche Geldstrafe verwirkt wird, die Execution derselben ohne Vermittelung der Gerichte.

§ 10.

Verwandlung von Geldstrafe in Freiheitsstrafe.

Von den in Gemäßheit der beiden vorigen Paragraphen von den Verwaltungsbehörden zu verfügenden Geldstrafen sind durch den Ausspruch der betreffenden Behörde im Fall des Unvermögens die folgenden in eine Gefängnißstrafe umzuwandeln:

die Strafe wegen Disciplinarvergehen (§ 8 unter 1) und die wegen Nichtbefolgung eines Befehls (§ 9) verwirkte Strafe in eine Gefängnißstrafe zur höchsten Dauer von vierzehn Tagen;

die Strafe wegen Ungebühr (§ 8 unter 3) in eine Gefängnißstrafe bis zu acht Tagen;

die Strafe wegen Ordnungswidrigkeit (§ 8 unter 2) in Gefängniß bis zu drei Tagen.

Dagegen kann die Umwandlung anderweitig verwirkter Geldstrafen in Freiheitsstrafen, und zwar auch der in Gemäßheit § 4 verfallenen, nur von den Gerichten auf Antrag der Verwaltungsbehörde ausgesprochen werden.

Dem Gericht steht, wenn die Strafverfügung den Bestimmungen dieses Gesetzes entspricht, eine Prüfung darüber, ob die Strafe in dem einzelnen Fall gerechtfertigt sei, nicht zu.

Zweiter Abschnitt.

Competenz der Polizeibehörde.

§ 11.

Außer den für alle Verwaltungsbehörden gemeinsamen Bestimmungen des ersten Abschnitts treten für die Polizeibehörde an Stelle des Gesetzes über die polizeiliche Competenz vom 9. Juni 1826 noch die folgenden Bestimmungen in Kraft:

§ 12.
Vorbereitende Thätigkeit im Strafverfahren.

Die Polizeibehörde hat zur Verfolgung von strafbaren Handlungen durch die in der Strafproceßordnung (daselbst §§ 7, 23—26) ihr angewiesene Thätigkeit mitzuwirken.

§ 13.
Wegnahme von gefährlichen Gegenständen.

Die Polizeibehörde ist berechtigt, Gegenstände, von denen ein gemeingefährlicher Gebrauch zu befürchten steht, oder welche zur Verübung eines Verbrechens bestimmt sind, in Verwahrung zu nehmen und sofern deren Aufbewahrung unthunlich oder gefährlich ist, dieselben zu vernichten.

§ 14.
Requisitionen in Strafsachen.

Ueber Requisitionen auswärtiger Behörden, welche sich auf die Verfolgung von Vergehen beziehen, hat das Untersuchungsgericht zu beschließen, insofern es sich nicht nur um eine solche Thätigkeit handelt, welche nach den Vorschriften der §§ 18 und 23 der Strafproceßordnung dem Staatsanwalt und der Polizeibehörde obliegt.

Die Verhaftung und Auslieferung eines dem hiesigen Staate nicht Angehörigen kann jedoch auf Requisition seiner Heimathbehörde wegen gemeiner Vergehen von der Polizeibehörde verfügt werden.

§ 15.

Schutzarrest, Verwahrung von Legitimationslosen.

Die Polizeibehörde, ihre Beamte und Angestellte, so wie die Wachmannschaften können Personen, deren eigener Schutz diese Maaßregel erforderlich macht, in Verwahrung nehmen.

In polizeiliche Verwahrung können auch solche Personen genommen werden, welche, hier nicht domicilirt, auf Befragen weder gehörige Legitimationspapiere vorzuzeigen, noch sich anderweitig sofort zu legitimiren vermögen.

Der Vorstand der Polizeibehörde hat jedoch die in Folge dieser Bestimmungen in Verwahrung genommenen Personen spätestens am nächsten Werktage entweder wieder zu entlassen, oder die nöthigen Maaßregeln zum ferneren Schutz, beziehungsweise zur Legitimation dieser Personen anzuordnen.

§ 16.

Ausweisung und deren Ausführung.

Darüber, ob Personen, welche dem hiesigen Staate nicht angehören, der Aufenthalt hieselbst zu gestatten sei, hat die Polizeibehörde, übrigens unter Berücksichtigung der Vorschriften des für den Norddeutschen Bund erlassenen Gesetzes über die Freizügigkeit vom 1. November 1867, zu entscheiden. Insofern die Bestimmungen dieses Gesetzes nicht entgegenstehen, ist die Polizeibehörde, falls sie dies im öffentlichen Interesse für erforderlich hält, befugt, solche Personen aus Stadt und Gebiet zu verweisen, und zwar unter Beobachtung der bezüglichen Vorschrift des Art. 95 des Criminalgesetzbuchs.

Behufs Ausführung einer Ausweisung können von der Polizeibehörde namentlich solche Personen, welche wegen eines Vergehens eine Freiheitsstrafe erduldet haben, festgenommen werden, ebenso diejenigen, welche der gegen sie verfügten Ausweisung nicht Folge leisten.

Ingleichen steht es der Polizeibehörde zu, insofern die hiesige Staatsangehörigkeit einer Person in Zweifel steht, die erforderlichen Ermittelungen darüber anzustellen.

§ 17.

Controle über die Unzucht.

Wegen Uebertretung der Vorschriften, welche zur Controle über die geduldete Unzucht erlassen sind, können gegen solche Personen, welche in Folge dieser Vorschriften unter besonderer Aufsicht der Polizeibehörde stehen, von dieser Behörde innerhalb der Competenz des Polizeirichters Geld- und Freiheitsstrafen verhängt werden. Gegen eine solche Verurtheilung findet die Einlegung von Rechtsmitteln nicht Statt.

Eben so können dahin gehörende Civilstreitigkeiten zwischen diesen Personen, oder

§ 18.

Schutz für Forderungen an Durchreisende.

Gegen Personen, die sich nur vorübergehend hier aufhalten, kann wegen eines während ihres hiesigen Aufenthalts entstandenen Civilanspruchs auf Antrag des Gläubigers von der Polizeibehörde der Personalarrest einstweilen verfügt werden, insoweit nicht Staatsverträge dem entgegenstehen. Dieser Arrest ist jedoch sofort wieder aufzuheben,

1) wenn der Festgenommene eine genügende Caution für die Forderung leistet und einen hiesigen Bevollmächtigten bestellt, so wie
2) wenn nicht am nächsten Werktage die Bestätigung des Arrestes bei dem zuständigen Richter erwirkt wird.

§ 19.

Versuch gütlicher Ausgleichung.

Die Polizeibehörde kann in den anderweitig an sie erwachsenen Fällen, wenn zugleich eine damit connexe Civilstreitigkeit vorliegt, deren gütliche Erledigung unter den Betheiligten versuchen, und den etwa geschlossenen Vergleich zu Protokoll nehmen.

Ist ein dem hiesigen Staate nicht Angehöriger behufs seiner Ausweisung (§ 16) oder Auslieferung (§ 14) festgenommen, so kann, wenn hiesige Gläubiger des Festgenommenen sich melden, auch dessen hier befindliches Vermögen von der Polizeibehörde in Beschlag genommen werden, und unter ihrer Leitung eine gütliche Verhandlung zwischen dem Schuldner und den Gläubigern stattfinden. Bleibt jedoch diese Verhandlung fruchtlos, so sind die Gläubiger unter einstweiliger Aufrechthaltung des Beschlages an die Gerichte zu verweisen.

§ 20.

Provisorische Entscheidungen.

Die Polizeibehörde kann bei Streitigkeiten über die Vergütung für solche Dienstleistungen, für welche eine polizeiliche Taxe besteht, auf Antrag einer der Parteien eine Entscheidung fällen.

Dieselbe kann ferner, wenn Ansprüche der im § 18 bezeichneten Art bei ihr erhoben werden, auf Antrag des Gläubigers den Schuldner, jedoch nur bis zur Summe von Crt.₰ 60 verurtheilen.

Diese Entscheidungen sind sofort vollstreckbar; Rechtsmittel können dawider nicht eingelegt werden. Sie sind jedoch in so fern nur provisorisch, als es den Parteien zusteht vor den Gerichten eine andere Entscheidung zu erwirken. Dem Gläubiger bleiben demgemäß weitere Ansprüche vorbehalten, und demjenigen, der in Folge der polizeilichen Entscheidung Zahlung geleistet hat, bleibt es unbenommen, Klage auf Rückzahlung gegen den Empfänger vor den Gerichten zu erheben.

§ 21.

Provisorische Anordnungen.

Zur Verhinderung von Friedensstörungen ist die Polizeibehörde auch befugt:

Friedensbefehle zu erlassen;

Eheleute oder andere Personen, welche eine gemeinschaftliche Wohnung inne haben, von einander zu trennen, über den Besitz bis dahin von diesen Personen gemeinsam besessener Gegenstände Anordnungen zu treffen, und dem Einen von ihnen zu verbieten, gegen den Willen des Anderen die Wohnung wieder zu betreten;

Befehle zur Aufrechthaltung des Besitzstandes zu erlassen, so wie Gegenstände in Sequestration zu nehmen.

Für ein späteres gerichtliches Verfahren unter den Parteien sind diese Anordnungen unpräjudicirlich.

§ 22.

Vorladungen.

Die Polizeibehörde hat das Recht, zur Feststellung der in ihren Geschäftskreis fallenden Thatsachen Vorladungen bei einer Strafe bis zu 10 Thalern zu erlassen.

Gegeben in der Versammlung des Senats, Hamburg, den 30. April 1869.

№ 12. den 30. April 1869.

Einführungsgesetz

zu den Gesetzen betreffend Reform des Strafverfahrens.

Der Senat hat in Uebereinstimmung mit der Bürgerschaft beschlossen und verkündet hiedurch als Gesetz was folgt:

I. Allgemeine Bestimmungen.

§ 1.

Nach Vollziehung der in Folge des Gesetzes über die Gerichtsverfassung erforderlichen Wahlen und Anordnung der sonst zu treffenden Vorbereitungen treten für das Hamburgische

Staatsgebiet an einem vom Senat zu bestimmenden und öffentlich bekannt zu machenden Tage zugleich mit dem gegenwärtigen Gesetze in Kraft:

das Gesetz betreffend Aenderungen in der Gerichtsverfassung behufs Einführung des öffentlich-mündlichen Anklageverfahrens in Strafsachen,

die Strafproceßordnung,

das Criminalgesetzbuch,

das Gesetz betreffend das Verhältniß der Verwaltung zur Strafrechtspflege und die Competenz der Polizeibehörde,

die Bestimmungen über die Competenz des Oberappellationsgerichts und den Proceßgang in Strafsachen, bekannt gemacht am 6. October 1865.

§ 2.

Alle den in § 1 bezeichneten Gesetzen oder dem gegenwärtigen entgegenstehenden älteren Gesetze und Verordnungen werden hierdurch aufgehoben.

Insbesondere treten außer Kraft:

die strafrechtlichen Bestimmungen des Stadtrechts von 1603,

die Verordnung die Gränzen des Polizeiamtes gegen die Civiljustiz und die Strafcompetenz der Polizeibehörde betreffend vom 9. Juni 1826,

der § 11 unter d bis i, die §§ 12—15, 17, 21 erster Absatz, § 31, 37 des provisorischen Gesetzes betreffend Veränderungen in der Organisation der Justiz vom 28. September 1860.

II. Zu dem Gesetz betreffend Aenderungen in der Gerichtsverfassung.

§ 3.

Zur Wahrnehmung der Functionen der Staatsanwaltschaft bei dem Oberappellationsgericht in den an dasselbe von Hamburg gelangenden Strafsachen kann dem Staatsanwalt ein Stellvertreter aus der Zahl der in Lübeck zugelassenen Advocaten beigegeben werden. Im Uebrigen finden auch auf diesen Vertreter die Bestimmungen des § 6 des Gesetzes betreffend die Gerichtsverfassung Anwendung.

§ 4.

Die zufolge § 15 des Gesetzes betreffend Aenderungen in der Gerichtsverfassung vorzunehmende Vermehrung des niedergerichtlichen Beamtenpersonals wird dahin festgestellt:

Ein rechtsgelehrter Actuar. Derselbe bezieht ein Gehalt von Crt. ℳ 4000, welches nach zehnjähriger Amtsdauer auf Crt. ℳ 4500 erhöhet wird.

Ein Registrator mit einem Gehalt von 2500 ℳ.

Vier Protokollführer mit einem Gehalt von 1500 ℔ und einer Functionszulage von 200 ℔ für den Protokollisten des Untersuchungsgerichts.

Drei Kanzlisten. Der zugleich mit der Cassenführung gegen Leistung genügender Caution betrauete bezieht ein Gehalt von 1500 ℔, die zwei anderen 1200 ℔.

Fünf Boten, welche außer dem Botendienst und der Aufwartung in den Audienzen auch zu Kanzleiarbeiten zu verwenden sind, mit einem Gehalt von 1000 ℔.

Bei nachgewiesenem Bedürfniß dazu kann dieses Personal noch um zwei Personen mit einem Gehalt von zusammen bis 2400 ℔ vom Senat unter Zustimmung des Bürgerausschusses vermehrt werden.

Die Artikel 5 und 6 der Verordnung vom 21. December 1840 betreffend Ergänzung und Abänderung der das Justizwesen betreffenden Gesetze werden dahin geändert, daß die Actuare des Niedergerichts vom Niedergerichte zu erwählen sind. Es steht dem Gerichte und ihnen eine sechsmonatliche Kündigung ihres Amtes frei.

Die beim Niedergerichte fungirenden Protokollführer, Registratoren, Kanzlisten und Boten werden ebenfalls vom Gerichte ernannt und sind mit gegenseitiger sechsmonatlicher Kündigung angestellt.

III. Zur Strafproceßordnung.

§ 5.

In Gemäßheit des § 11 der Strafproceßordnung hat auch das Handelsgericht in Betreff der zu seiner Kunde kommenden strafbaren Handlungen in Zukunft zu verfahren. Der Art. 17 der Handelsgerichtsordnung und der letzte Satz des Art. 18 daselbst werden hiermit aufgehoben.

Eben so hat die Vormundschafts-Deputation anstatt der in Art. 103 der Vormundschafts-Ordnung vorgeschriebenen Verweisung zu verfahren.

§ 6.

Die Gerichte haben, wenn Uebertretungen der Stempelverordnung zu ihrer Kunde kommen, die gesetzliche Stempelstrafe nicht selbst auszusprechen, sondern die Sache, unter Einsendung des nicht gesetzmäßig gestempelten Documentes, zur Veranlassung des Weiteren an die Deputation für indirecte Abgaben Section für Stempel zu verweisen. Der § 24 der revidirten Stempelverordnung vom 15. December 1856 wird hierdurch demgemäß abgeändert.

§ 7.

Nach Maaßgabe der Strafproceßordnung und vor den zufolge des Gesetzes betreffend Aenderungen in der Gerichtsverfassung dafür competenten Gerichten sind auch die mittelst der Presse begangenen Vergehen zu verfolgen. Der Titel 3 des Preßgesetzes vom 5. October 1849 wird aufgehoben (S. jedoch unten § 11,) wie auch der dritte

IV. Zum Criminalgesetzbuch.

§ 8.

Neben dem Criminalgesetzbuch bleiben in unveränderter Geltung die in Specialgesetzen über andere als die im Criminalgesetzbuch behandelten Gegenstände enthaltenen Strafverfügungen, unter Anderem die strafrechtlichen Bestimmungen in

den Gesetzen über Steuern und Abgaben,
den Verordnungen über Maaße und Gewichte,
über die Beförderung von Auswanderern,
über den Sklavenhandel,
über den Nachdruck,
der Jagdverordnung,
der Seemannsordnung,
der Medizinalordnung,
der Mäklerordnung,
dem Gewerbegesetz,
dem Baupolizeigesetz,
dem Gesetz betreffend Civilstandsregister und Eheschließung,
der Quarantaine-Verordnung,
der Feuercassen-Ordnung,
der Verordnung über die Schiffspapiere,
dem Zollstrafgesetz.

§ 9.

Die Strafdrohungen in den vom Senat erlassenen Mandaten und den Verordnungen der Polizeibehörden bleiben in Kraft, sofern sie sich nicht auf Gegenstände des Criminalgesetzbuchs beziehen, jedoch mit den Modificationen:

1) daß, wenn darin ein bestimmter Strafsatz als geringster angedrohet ist, die desfallsige Bestimmung wegfällt,

2) daß auch in den Fällen, wo die darin angedrohete höchste Strafe die Competenz des Polizeirichters übersteigen würde, oder wo eine dem Maaße nach unbestimmte Strafe angedrohet wird, immer nur auf eine innerhalb der Competenz des Polizeirichters liegende Strafe angetragen und erkannt werden kann.

§ 10.

Bei Vergehen gegen die in den §§ 8 und 9 angeführten Gesetze und Verordnungen sind keine anderen Strafarten zulässig als diejenigen, welche das Criminalgesetzbuch vorschreibt.

§ 11.

Bei dem die Preßpolizei betreffenden ersten Titel des Preßgesetzes hat es sein Bewenden; desgleichen bei den §§ 11, 23—26 desselben Gesetzes, dem § 28 so weit er der Polizeibehörde die Controle über die Beobachtung der Preßpolizei überträgt, und den beiden ersten Sätzen des § 50. An die Stelle der hiermit aufgehobenen §§ 12 bis 22 und § 27 treten die bezüglichen Vorschriften des Criminalgesetzbuchs.

§ 12.

Mit Einführung des Criminalgesetzbuchs fällt die Befugniß weg, wegen Beleidigung oder Verläumdung auf Zahlung einer Geldsumme an den Kläger (ästimatorisch) zu klagen. Dasselbe gilt von Abbitte, Widerruf oder Ehrenerklärung, auf deren Leistung nur unter den Voraussetzungen des Art. 171 des Criminalgesetzbuchs erkannt werden kann. Die vor jenem Zeitpunkte bereits anhängig gemachten Injurienklagen sind vor den Civilgerichten fortzusetzen und von diesen nach dem bisherigen Recht zu entscheiden.

§ 13.

Die Art. 195, 196 und 198 des Criminalgesetzbuchs treten, so viel die Strafbarkeit des Bankerotts betrifft, an die Stelle der Art. 16 Nr. 2, Art. 101—108, Art. 109 Nr. 6 der Fallitenordnung von 1753 und der Erläuterung des Art. 109 unter g zweiter Absatz, h und i, welche hiermit aufgehoben werden.

Die in der Fallitenordnung vorgeschriebene Classificirung der Falliten und das hinsichtlich der Classificirung im Art. 18 der Handelsgerichtsordnung vorgeschriebene Verfahren fällt weg. Jeder Fallit, aus dessen Masse die Gläubiger nicht 80, 60 und 40 Procent erhielten, bleibt bis zu diesen Beträgen nach den näheren Bestimmungen des fünften Additional-Artikels zur Falliten-Ordnung dem Nachmahnungsrecht unterworfen; wer als betrügerischer Fallit verurtheilt ist, bleibt seinen Gläubigern unbeschränkt für seine Schulden verantwortlich. Das Letztere gilt auch von jedem Falliten, der vor Eröffnung des Fallissements von hier entwichen ist, wenn er nicht vor Beendigung des Fallissements sich dem Gerichte stellt, so wie von solchen Falliten, welche auf eine ihnen im Auslande zugegangene ordnungsmäßige Aufforderung, oder nachdem eine Edictalladung oder ein Steckbrief gegen sie erlassen ist, sich dem Gerichte nicht stellen. Das Gericht, bei welchem das Fallissement anhängig ist, hat, vorbehältlich der Beschwerdeführung bei dem Obergericht, darüber, ob eine Edictalladung zu erlassen ist, zu entscheiden, und die Edictalladung zu erlassen.

V. Zu dem Gesetz betreffend das Verhältniß der Verwaltung zur Strafrechtspflege und die Competenz der Polizeibehörde.

§ 14.

Die Verhältnisse des Militairs einschließlich der Landwehr- und der Militair-Ersatz-Verhältnisse und die dabei vorkommenden Straffälle bleiben von dem in der Ueberschrift genannten Gesetze unberührt.

§ 15.

Der Inhalt des zweiten Abschnittes desselben Gesetzes, die Competenz der Polizeibehörde betreffend, findet auf den Patron der Vorstadt St. Pauli und auf die Landherren der Geestlande und Marschlande als die Polizeibehörden für die genannten Districte gleichfalls Anwendung.

§ 16.

Die auf die bisherige Gerichtsverfassung berechneten Vorschriften des Zollstrafgesetzes vom 16./30. September 1868 werden nunmehr wie folgt abgeändert und festgestellt:

§ 30 letzter Satz. „Inwieweit die vorläufige Festnahme einer Person zulässig ist, muß nach den im Allgemeinen dieserhalb bestehenden gesetzlichen Bestimmungen, insbesondere nach den §§ 23—26 der Strafproceßordnung bemessen werden."

§ 36 letzter Satz. „Die Einleitung der gerichtlichen Untersuchung wird von dem Haupt-Zoll- oder Steueramte durch Abgabe der Verhandlungen an die Staatsanwaltschaft veranlaßt."

§ 38. „Die Führung der gerichtlichen Untersuchungen erfolgt, je nach dem Orte der stattgehabten Zuwiderhandlung gegen die Zollgesetze, in den Aemtern Ritzebüttel und Bergedorf durch die dortigen Amtsgerichte, im Uebrigen in Gemäßheit der Bestimmungen der Strafproceßordnung. Die Entscheidung erfolgt von dem nach Maaßgabe des Gesetzes betreffend Aenderungen in der Gerichtsverfassung dafür zuständigen Gerichte.

Wenn der Angeschuldigte bei einer im Verwaltungswege gegen ihn geführten Untersuchung während der zehntägigen Frist nach Bekanntmachung des Strafbescheides (§ 36, 44) auf rechtliches Gehör angetragen hat, so kann der Angeschuldigte, so lange ein Erkenntniß nicht ergangen, indem er sich bei dem ergangenen Bescheide beruhigt, den Antrag auf rechtliches Gehör zurücknehmen. Es fallen ihm jedoch alsdann auch die bis dahin erwachsenen Kosten zur Last.

Der Angeschuldigte, welcher zu einer Strafe gerichtlich verurtheilt wird, hat auch die durch das Verfahren im Verwaltungswege entstandenen Kosten zu tragen."

§ 52. „Kann die Geldbuße ganz oder theilweise nicht beigetrieben werden, so ist, wenn nicht schon für den Unvermögensfall auf eine Freiheitsstrafe erkannt worden, die Geldbuße von dem Gericht in eine verhältnißmäßige Freiheitsstrafe zu verwandeln und letztere zu vollstrecken.

Wenn es auf eine solche Strafumwandlung ankommt, sind die Verhandlungen an die Staatsanwaltschaft abzugeben, welche die Sache mit ihrem Antrage auf Strafumwandlung dem competenten Gericht vorlegt. Es ist alsdann, ohne daß das Gericht die Entscheidung der Verwaltungsbehörde seiner Beurtheilung zu unterziehen hat, über die Strafumwandlung zu erkennen und hinsichtlich der Vollstreckung in Gemäßheit der §§ 281—287 der Strafproceßordnung zu verfahren."

VI. Besondere Bestimmungen für die Aemter Ritzebüttel und Bergedorf.

§ 17.

Als Polizeirichter fungiren in den Aemtern Ritzebüttel und Bergedorf die dortigen Amtsrichter. Dieselben haben auch über solche Vergehen zu erkennen, welche für Ritzebüttel in den früher vom Amtmann, jetzt von der Landherrenschaft, und für Bergedorf von der Visitation oder den dortigen Behörden erlassenen polizeilichen Verordnungen mit Strafe bedrohet sind.

§ 18.

Für alle in Ritzebüttel oder in Bergedorf zu führenden Untersuchungen hat der dortige Amtsrichter als ständiger Untersuchungsrichter zu fungiren. Demnach findet dort der § 31 Absatz 2 der Strafproceßordnung keine Anwendung, und gilt dagegen von dem Amtsrichter dasjenige, was in den §§ 30 und 131 desselben Gesetzes von Mitgliedern des Untersuchungsgerichts und in § 145 Absatz 2 vom Untersuchungsgericht bemerkt wird.

Im Uebrigen steht der Amtsrichter in Betreff jener Functionen zu dem Untersuchungsgericht in demselben Verhältniß wie dessen einzelne Mitglieder; er hat namentlich auch in allen Fällen, für welche die Strafproceßordnung es vorschreibt, die Entscheidung dieses Gerichts herbeizuführen. Die Vorschrift des § 10 Absatz 3 des Gesetzes, betreffend Aenderungen in der Gerichtsverfassung behufs Einführung des öffentlich-mündlichen Anklageverfahrens, von den Worten „und, wenn es" bis zum Schluß ist darauf nicht anzuwenden.

Die bisherige Zuziehung von zwei Rathsmitgliedern zu den Untersuchungen in Bergedorf fällt weg.

§ 19.

Findet der Amtsrichter, daß zur Vorbereitung der Verhandlung in einer zu seiner Entscheidung geeigneten Strafsache eine Voruntersuchung nothwendig oder rathsam fel, so hat er nicht in Gemäßheit des § 240 der Strafproceßordnung zu verfahren, sondern die Voruntersuchung ohne Weiteres selbst einzuleiten und zu führen.

§ 20.

Die Protokollführung sowie die Kanzleigeschäfte im Polizeigericht und bei dem Untersuchungsrichter liegen in Ritzebüttel den Beamten des Amtsgerichts, in Bergedorf bis auf Weiteres dem Amts- und Gerichtsactuar ob.

§ 21.

Die Vollziehung der Strafurtheile (s. § 281, 282 der Strafproceßordnung) hat in Ritzebüttel und Bergedorf durch den Amtsverwalter zu geschehen, mit Ausnahme der vom Amtsrichter erkannten Geldstrafen, deren Beitreibung durch diesen selbst erfolgt.

In Bergedorf tritt für die Vollziehung von Geldstrafen die Pfändung an die Stelle der Einlieger so weit diese dort üblich sind.

§ 22.

Requisitionen auswärtiger Behörden über welche in Hamburg das Untersuchungsgericht zu beschließen haben würde (§ 14 des Gesetzes über das Verhältniß der Verwaltung zur Strafrechtspflege) sind in Ritzebüttel und Bergedorf in der Regel durch den Amtsrichter zu erledigen. Jedoch kann der Amtsrichter so oft er wegen der Wichtigkeit der von ihm requirirter Maßen vorzunehmenden Thätigkeit es nöthig erachtet, einen Beschluß des Untersuchungsgerichts darüber herbeiführen und hat dies jedenfalls dann zu thun, wenn er dazu bei der in Frage kommenden Thätigkeit auch im Laufe einer dort geführten Untersuchung verpflichtet sein würde (wie im Fall des § 121 der Strafproceßordnung), desgleichen wenn er der Ansicht ist, daß der Requisition keine Folge zu geben ist.

§ 23.

Die Bestimmungen des Gesetzes betreffend das Verhältniß der Verwaltung zur Rechtspflege über die Competenz der Polizeibehörde gelten auch für die in Ritzebüttel und Bergedorf mit der Verwaltung der dortigen Polizei betraueten Amtsverwalter. Hinsichtlich der am Schluß des § 8 jenes Gesetzes verstatteten Beschwerde verbleibt es jedoch für Ritzebüttel bei der Vorschrift des § 12 erster Absatz des Gesetzes vom 22. Juni 1864.

§ 24.

Von dem provisorischen Gesetz betreffend die veränderte Organisation der Verwaltung und Rechtspflege im Amte Ritzebüttel publicirt den 22. Juni 1864 wird der § 5, vorbehältlich der Bestimmungen über die Preßpolizei, ferner die Bestimmung in § 8 über Bestrafung von Vergehen, § 12 Absatz 2, § 20 und § 21 Absatz 2 hiermit aufgehoben.

§ 25.

Das von dem Amtsrichter in Bergedorf zu beziehende jährliche Gehalt wird von jetzt an auf Crt.℔ 6000 festgestellt.

§ 26.

Die im Städtchen Bergedorf dem dortigen Rathe in einigen polizeilichen Angelegenheiten bisher zustehende Strafgewalt fällt weg. Soweit nach der Strafproceßordnung die Polizeibehörden befugt sind, Anträge auf Bestrafung zu stellen und die Anklage durch einen ihrer Angestellten vertreten zu lassen, wird diese Befugniß auch für Bergedorf ausschließlich von dem Amtsverwalter ausgeübt.

VII. Uebergangsbestimmungen.

1. Das Personal der Gerichte betreffend.

§ 27.

Alsbald nach Verkündung dieses Gesetzes wird in Gemäßheit § 4 des Gesetzes betreffend Aenderungen in der Gerichtsverfassung die Wahl des Staatsanwalts durch den Senat erfolgen. In Gemäßheit der §§ 4 und 6 desselben Gesetzes hat der Staatsanwalt nach seiner Beeidigung dem Senate über seine Stellvertretung und sein Büreau-Personal geeignete Vorschläge zu machen.

Bis zur Beschließung des nächsten Jahresbudgets wird die für diesen Zweck erforderliche Summe dem Senate unter Zustimmung des Bürgerausschusses zur Verfügung gestellt.

§ 28.

Nach der Wahl des Staatsanwalts wird zur Ergänzung des Niedergerichts geschritten.

Der bisherige Actuarius in Criminalibus tritt kraft Gesetzes auf eine ihm vom Senat gewordene Anzeige nach Ableistung des Richtereides in das Niedergericht als dessen Mitglied ein, jedoch erst mit dem in § 1 bezeichneten Tage, bis zu welchem er seine bisherige Amtsthätigkeit fortzusetzen hat. Dasselbe gilt beziehungsweise von den durch Neuwahl eintretenden übrigen rechtsgelehrten Mitgliedern des Niedergerichts.

Für die Wahl dieser neu eintretenden rechtsgelehrten Mitglieder kommen für dieses Mal nicht die Vorschriften im § 9 des Gesetzes betreffend Veränderungen in der Organisation der Justiz vom 28. September 1860, sondern die folgende Bestimmung zur Anwendung. Es treten je vier vom Obergerichte und vier vom Niedergerichte zu deputirende Mitglieder dieser Gerichte behufs Formirung eines Wahlaufsatzes zusammen, auf welchen doppelt so viel Personen, als Richter gewählt werden sollen, zu bringen sind, und aus welchem der Senat wählt. Die Wahlen finden in zwei Abtheilungen Statt, dergestalt, daß das erste Mal sechs Namen auf den Aufsatz zu bringen, und aus diesem drei Richter zu wählen sind, das zweite Mal die Formirung des Aufsatzes und die Wahl für die übrigen Richterstellen erfolgt.

Für die fernere Ergänzung des Niedergerichts durch nicht rechtsgelehrte Mitglieder in Gemäßheit des § 1 des Gesetzes, betreffend Abänderungen in der Gerichtsverfassung, kommen dagegen auch das erste Mal die Vorschriften des § 9 Alinea 2 des provisorischen Justizgesetzes vom 28. September 1860 unverändert zur Anwendung.

§ 29.

Von den rechtsgelehrten Mitgliedern des Niedergerichts sind diejenigen, welche bereits vor Anfang des Jahres 1868 ihr Amt bekleideten, nicht verpflichtet, die Functionen eines Untersuchungs- oder Polizeirichters zu übernehmen, abgesehen von etwa erforderlichen Vertretungsfällen für kürzere Zeit.

§ 30.

Die Amtsdauer der ersten neu zu wählenden nicht rechtsgelehrten Mitglieder des Niedergerichts wird dahin regulirt, daß fünf derselben mit Ablauf des zweiten auf den in § 1 erwähnten Zeitpunkt folgenden Kalenderjahres und die vier übrigen 2 Jahre später auszutreten haben. Ueber die hiernach die einzelnen Mitglieder treffende Amtsdauer hat in Ermangelung einer denselben freistehenden Verständigung das Loos zu entscheiden.

§ 31.

Der Senat wird die Bildung der in § 19 des Gesetzes über die Gerichtsverfassung angeordneten Wahl-Commission so zeitig veranlassen, daß die Jahresliste der Geschwornen von ihr noch vor dem in § 1 bezeichneten Zeitpunkte aufgestellt werden kann. Die erste von dieser Commission aufzustellende Jahresliste von Geschwornen gilt bis zum Schluß des sodann nächsten Kalenderjahres. Die erste Erneuerung der Commission ist nach Ablauf von zwei weiteren Jahren vorzunehmen.

§ 32.

Falls das Amt des Registrators (s. § 4) dem bisherigen Beamten der Criminal-Registratur übertragen wird, hat derselbe für seine Person unter Wegfall aller Sporteln ein Gehalt von Crt.♯ 3500 zu beziehen.

2. Die anhängigen Rechtsfachen betreffend.

§ 33.

Insoweit die Bestimmungen des Criminalgesetzbuchs milder, oder hinsichtlich der Verjährung dem Angeschuldigten günstiger sind, als die bisher geltenden Rechtsnormen, finden dieselben auch auf solche schon früher begangene strafbare Handlungen, über welche an dem in § 1 bezeichneten Tage noch nicht in letzter Instanz erkannt ist, Anwendung.

§ 34.

Die an dem in § 1 bezeichneten Tage anhängigen Strafsachen werden,

1) wenn sie im fiscalischen Proceß oder in dem bei Preßvergehen bisher vorgeschriebenen Verfahren anhängig sind, von der das Strafgericht bildenden Abtheilung des Niedergerichts, welche für diesen Zweck die zur Ergänzung nach dem bisherigen Verfahren erforderliche Anzahl von Mitgliedern des Gerichts hinzuzuziehen hat, in dem bisherigen Verfahren fortgesetzt und in erster Instanz entschieden. Sie gelangen an das Obergericht nach Maaßgabe der bisher geltenden Grundsätze.

2) Die bei dem Obergericht anhängigen oder zufolge der Bestimmung unter 1) an dasselbe gelangenden fiscalischen oder Preßprocesse werden eben so von demselben fortgesetzt und entschieden.

An die Stelle des bisherigen Fiscals tritt in allen Instanzen der Staatsanwalt.

3) Die bei dem Obergericht zum Spruch liegenden Untersuchungs- und Strafsachen werden von demselben wie bisher entschieden. Gegen solche später erfolgende oder bereits erfolgte Entscheidungen sind die bisherigen Rechtsmittel zulässig und in den bisherigen Formen zu benutzen.

4) Gegen die in erster Instanz von dem Polizeiherrn, dem Patron von St. Pauli, den Landherren, den Amtsverwaltern in Ritzebüttel und Bergedorf oder den Verwaltungsbehörden bereits gefällten Straferkenntnisse stehen den Verurtheilten die bisher gesetzmäßigen Rechtsmittel in den dafür geltenden Formen zu.

5) Die von dem Obergericht oder dem Polizeiherrn zu einer noch nicht beendigten Untersuchung verwiesenen, oder bei einer der unter 4) genannten Behörden anhängigen noch unentschiedenen Strafsachen können nur vor den nach den Gesetzen über die Gerichtsverfassung und über das Verhältniß der Verwaltung zur Strafrechtspflege dafür zuständigen Gerichten und Behörden, beziehungsweise nach Maaßgabe der Strafproceßordnung fortgeführt werden. Die darüber erwachsenen Acten sind, wie sie liegen, dem Staatsanwalt zuzustellen, oder ist sonst nach Vorschrift der angeführten Gesetze zu verfahren.

6) Sollte in einer der unter 1) bis 4) bezeichneten Sachen vom Obergericht oder vom Niedergericht eine Ergänzung der Untersuchung verfügt werden, so ist dieselbe durch einen der Untersuchungsrichter, übrigens in der bisherigen Form, vorzunehmen, und die Sache demnächst, wie unter 1) bis 4) vorgeschrieben, zu entscheiden.

Ebenso ist zu verfahren, wenn an dem im § 1 bezeichneten Tage eine bereits zuvor vom Obergericht oder Niedergericht verfügte Ergänzung einer Untersuchung noch nicht oder noch nicht vollständig ausgeführt sein sollte.

§ 35.

Auch auf die beim Handelsgericht und den Prätoren bereits anhängigen Fallissemente haben, sofern die Acten noch nicht zum Behuf der Classification der Falliten an das Obergericht transmittirt sind, der § 11 der Strafproceßordnung und der § 13 dieses Einführungsgesetzes Anwendung zu finden.

Gegeben in der Versammlung des Senats, Hamburg, den 30. April 1869.

№ 13. den 30. April 1869.

Verordnung,

betreffend die ankommenden und abgehenden Dampfschiffe.

Unter Hinweisung auf die Verordnung vom 23. April 1838, in welcher die Vorsichtsmaaßregeln hinsichtlich der Dampfschiffe im hiesigen Hafen und dessen Nähe angeordnet sind, wird hierdurch zur Nachachtung für die Betheiligten in Erinnerung gebracht, daß jeder Führer eines Dampfschiffes gehalten ist sowohl beim Abgehen von hier als beim Ankommen, wenn er bei den Hamburgischen und Altonaischen Häfen vorbeifährt, für die Fahrt längs der ganzen Strecke dieser Häfen die Kraft des Dampfschiffes so frühzeitig und in dem Grade zu mäßigen und zu vermindern, daß die bewirkte Wasserbewegung weder für die in den Häfen liegenden Schiffe, noch für die dort verkehrenden Schuten, Kähne und anderen kleineren Fahrzeuge schaden- oder gefahrbringend werde. Die Führer der Dampfschiffe und die am Bord derselben befindlichen Lootsen, welche dieser Verordnung entgegen handeln, sollen nicht nur den dadurch verursachten Schaden ersetzen, sondern auch überdies den Umständen nach mit einer angemessenen Geld- oder sonstigen Strafe belegt werden.

Gegeben in der Versammlung des Senats, Hamburg, den 30. April 1869.

№ 14. den 14. Mai 1869.

Bekanntmachung,

betreffend kostenfrei zu ertheilende amtliche Auskunft über Sterbefälle Militairpflichtiger an Behörden Norddeutscher Bundesstaaten.

Da es bei der einheitlichen Militairverwaltung des Norddeutschen Bundes und bei dem Bedürfniß prompter Geschäftserledigung erforderlich ist, daß den mit der

Führung der militairischen Listen beauftragten Behörden auf deren Ansuchen amtliche Bescheinigungen über Sterbefälle Militairpflichtiger auf kürzestem Wege zugehen, so beauftragt der Senat hiemit sämmtliche mit der Führung und Aufbewahrung von Sterberegistern betrauten Geistlichen oder Kirchenbeamten so wie die Civilstandsregisterführer, auf die von Behörden Norddeutscher Bundesstaaten wegen Sterbefälle an sie gerichteten Requisitionen direct und kostenfrei amtliche Auskunft zu Militairzwecken zu ertheilen.

Gegeben in der Versammlung des Senats, Hamburg, den 14. Mai 1869.

№ 15. den 28. Mai 1869.

Bekanntmachung,

betreffend die Eröffnungs-Sitzung des Zoll-Parlaments.

Der Vorsitzende des Bundesrathes des Deutschen Zollvereins hat die folgende Bekanntmachung erlassen:

Mit Bezugnahme auf die in No. 16 des Bundesgesetzblattes verkündete Allerhöchste Präsidial-Verordnung vom 23. d. Mts., durch welche das Zoll-Parlament berufen ist, am Donnerstag, den 3. Juni d. J., in Berlin zusammen zu treten, mache ich hierdurch bekannt, daß die Benachrichtigung über den Ort und die Zeit der Eröffnungs-Sitzung in dem Bureau des Zoll-Parlaments, Leipziger Straße No. 75, am 1. und 2. Juni cr. in den Stunden von 9 Uhr Morgens bis 8 Uhr Abends und am 3. in den Morgenstunden von 8 bis 10 Uhr offen liegen wird.

Zu diesem Bureau werden auch die Legitimationskarten für die Eröffnungs-Sitzung ausgegeben und alle sonst erforderlichen Mittheilungen in Bezug auf dieselbe gemacht werden.

Berlin, den 26. Mai 1869.

Der Vorsitzende
des Bundesrathes des Deutschen Zollvereins.
(gez.) v. Bismarck.

welche hiedurch zur allgemeinen Kenntniß gebracht wird.

Gegeben in der Versammlung des Senats, Hamburg, den 28. Mai 1869.

№ 16. den 21. Juni 1869.

Bekanntmachung,

betreffend

Vermehrung des nicht rechtsgelehrten Richterpersonals am Niedergericht.

Es wird hiedurch zur öffentlichen Kunde gebracht, daß durch übereinstimmenden Beschluß des Senats und der Bürgerschaft die Anstellung drei fernerer nicht rechtsgelehrter Richter am Niedergericht beliebt worden ist, so daß einschließlich der zufolge § 1 des Gerichtsverfassungsgesetzes vom 30. April d. J. festgestellten Vermehrung des Richterpersonals am Niedergericht um neun nicht rechtsgelehrte Mitglieder, deren Gesammtzahl achtzehn zu betragen hat.

Gegeben in der Versammlung des Senats, Hamburg, den 21. Juni 1869.

№ 17. den 21. Juni 1869.

Bekanntmachung,

betreffend Erleichterungen in der Elbzollabfertigung.

Die Verpflichtung zur Entrichtung des Elbzolles wird nach Art. 2 der Uebereinkunft unter den Elbuferstaaten vom 4. April 1863 durch die Berührung des Zollgeleitsbezirks Wittenberge begründet. Hiernach würde auch nach Eröffnung der Abfertigung in Beziehung auf die Eingangs- und Ausgangszölle (Landzoll) für den Elbverkehr durch das als Grenzeingangsamt des Zollvereins zu Hamburg errichtete Hauptzollamt, für die elbaufwärts beförderten Waaren die Abfertigung wegen des Elbzolles ferner bei dem Hauptamte zu Wittenberge nachzusuchen sein. Zur Erleichterung des Verkehrs haben sich jedoch die Elbuferstaaten darüber verständigt, daß die Elbzollabfertigung in dem unten bezeichneten Umfange bei den Hauptzollämtern zu Hamburg und Harburg soll nachgesucht und ertheilt werden können. Von dem seiner Zeit bekannt zu machenden Tage ab, mit welchem die Zollabfertigungen für die elbaufwärts zu befördernden Waaren bei dem Hauptzollamte zu Hamburg beginnen, werden daher in Beziehung auf die Abfertigung wegen des Elbzolles die folgenden Bestimmungen in Kraft treten, welche hierdurch zur öffentlichen Kenntniß gebracht werden.

I. Die Elbzollerhebung verbleibt in der Bergfahrt wie in der Thalfahrt dem Elbzollamte zu Wittenberge, bei welchem sich daher in dieser Beziehung alle betreffenden Waarenführer zu melden haben.

II. Die Revision behufs der Elbzollerhebung und die Abgabe des Revisionsbefundes in den Manifesten erfolgt:

A. Für die Thalfahrt ausschließlich von dem Elbzollamte in Wittenberge nach den vertragsmäßigen Bestimmungen.

B. Für die Bergfahrt

1) von den Zollabfertigungsstellen für den Wasserverkehr in Hamburg und beziehungsweise von dem Hauptzollamte in Harburg speciell bezüglich aller von Hamburg, beziehungsweise Harburg abgehenden Güter, für welche die Waarenführer unter Abgabe des vorschriftsmäßigen Manifestes und einer Abschrift desselben dies beantragen. Dabei kommen folgende Bestimmungen zur Anwendung:

a. die Ladungen von Fahrzeugen, welche eingangszollpflichtige Stückgüter allein oder neben eingangszollfreien Gegenständen führen, unterliegen bei den zur Abfertigung bezüglich des Eingangszolles errichteten Zollabfertigungsstellen auch der Revision zum Zweck der Erhebung des Elbzolles;

b. die Ladungen von Fahrzeugen, welche nur eingangszollfreie Güter führen, gelangen:

aa. soweit es einer Verwiegung derselben nicht bedarf, weil die mit der Elbschifffahrt-Additional-Acte bekannt gemachte Gewichts-Reductions-Tabelle auf sie Anwendung findet, ebenfalls bei den zu ihrer Abfertigung wegen des Eingangszolles errichteten Abfertigungsstellen auch wegen des Elbzolles zur Revision;

bb. eingangszollfreie Güter, auf welche die zu aa. gedachte Gewichts-Reductions-Tabelle nicht Anwendung findet, können, wenn die Ladungspapiere vollständige Angaben über das Gewicht der Güter enthalten und der Vorstand der Abfertigungsstelle gegen die Zuverlässigkeit der Angaben keine Bedenken hegt, nach dem in den Abfertigungs-Papieren declarirten Gewichte ohne specielle Revision abgefertigt werden.

c. Eine Verschluß-Anlage behufs Festhaltung der Identität findet bei den in Hamburg und Harburg wegen des Elbzolles abgefertigten Waaren mit Rücksicht auf die Erhebung des Elbzolles nicht Statt.

d. Die Schiffer, welche auf der Elbstrecke von Hamburg oder Harburg bis Wittenberge Ausladungen oder Einladungen vornehmen wollen, müssen dafür Sorge tragen, daß dieselben am Löschungs- oder Ladungsorte durch die Steuer- oder Ortsbehörden in den Manifesten amtlich beglaubigt werden, widrigenfalls sie zu gewärtigen haben, daß von den ausgeladenen Waaren in Wittenberge der Elbzoll erhoben wird, nach Umständen die Revision der ganzen Ladung eintritt.

2) Von dem Elbzollamte zu Wittenberge erfolgt:

a. die specielle Revision

aa. soweit die Abfertigung in Hamburg oder Harburg überhaupt nicht beantragt worden ist, ferner soweit bei Ladungen mit eingangszollfreien Gütern zu Hamburg oder Harburg nicht von der zu 1) b. bb. gedachten Ermächtigung zur Abfertigung nach dem declarirten Gewichte Gebrauch gemacht worden ist;

bb. bezüglich aller Ladungen beziehungsweise Zuladungen von oberhalb Hamburg, beziehungsweise Harburg,

cc. in allen Fällen dringenden Verdachtes einer Unrichtigkeit, namentlich des Verdachts, daß unangemeldete Zuladungen Statt gefunden haben,

b. die generelle Revision bezüglich der unverändert gebliebenen Hamburger, beziehungsweise Harburger Ladungen, um Ueberzeugung zu nehmen, daß dieselben auf der Fahrt bis Wittenberge keine Veränderung erlitten und Zuladungen nicht Statt gefunden haben.

3) Ladungen, welche ohne Revision mit Begleitschein I. unter Verschluß auf oberhalb Wittenberge gelegene Erledigungsämter abgelassen worden sind, unterliegen nach der Anlage zu Art. 9 der im Eingange gedachten Uebereinkunft vom 4. April 1863 am Bestimmungsorte der Revision. In solchen Fällen wird von den Schiffern, die sich nach der Bestimmung zu I. in Wittenberge zu melden haben, dort der Elbzoll einstweilen auf Grund der Declaration erhoben.

4) Zum Zweck der Revision sind die Ladungen dem Elbzollamte zu Wittenberge in dem dortigen Hafen vorzuführen.

Das Elbzollamt ist aber ermächtigt, in den Fällen, in welchen nur eine generelle Revision erforderlich ist, die Einfahrt in den Hafen zu erlassen und wird den sich dieserhalb meldenden Schiffern eröffnen, an welchem Orte und unter welchen Maßgaben die Revision außerhalb des Hafens bewirkt werden soll.

Gegeben in der Versammlung des Senats, Hamburg, den 21. Juni 1869.

№ 18. den 23. Juni 1869.

Zusatzbestimmungen zur Telegraphen-Ordnung,

betreffend Recommandirung von telegraphischen Depeschen im inneren Verkehr auf den Linien des Norddeutschen Telegraphen-Gebietes.

Der Senat bringt nachstehende ihm von dem Kanzler des Norddeutschen Bundes zur Veröffentlichung mitgetheilte Bekanntmachung hierdurch zur öffentlichen Kunde:

Bekanntmachung.

Nach § 15 der Telegraphen-Ordnung für die Correspondenz auf den Linien des Telegraphen-Vereines rc. von 1868 hat der Aufgeber einer Depesche das Recht, dieselbe zu recommandiren. In diesem Falle wird die Depesche von allen Stationen, welche bei der telegraphischen Beförderung, beziehungsweise Aufnahme mitwirken, vollständig kollationirt und die Bestimmungs-Station sendet dem Aufgeber telegraphisch, unmittelbar nach der Bestellung an den Adressaten oder nach der Abgabe an die Weiterbeförderungs-Anstalt, eine Rückmeldung mit genauer Angabe der Zeit, zu welcher die Depesche dem Adressaten, beziehungsweise der Weiterbeförderungs-Anstalt zugestellt worden ist.

Die Einführung der recommandirten Depeschen hatte den Zweck, dem correspondirenden Publikum ein Mittel zu bieten, die Wahrscheinlichkeit einer correcten Uebermittelung seiner Depeschen an den Adressaten, soweit dies bei der Natur der telegraphischen Betriebs-Mittel überhaupt zu erreichen ist, zu vermehren. Erfahrungsmäßig werden recommandirte Depeschen jedoch nur in sehr geringer Zahl aufgegeben, muthmaßlich weil die Taxe für die Recommandation gleich derjenigen für die eigentliche Depesche ist.

Um nun dem correspondirenden Publikum ein ferneres Hülfsmittel zu bieten, sich eine correcte Uebermittelung seiner Depesche — so weit es thunlich und nöthig ist, — zu sichern, soll vom 1. Juli c. an versuchsweise im internen Verkehr das Recht der Recommandirung, wie solches durch § 15 der Telegraphen-Ordnung gewährt ist und auch noch fernerhin in Geltung bleiben wird, dahin erweitert werden, daß der Aufgeber einer Depesche, welche nach einem Orte innerhalb des Norddeutschen Telegraphen-Gebietes gerichtet ist, die Vortheile der Recommandation auf einzelne Theile seiner Depesche beschränken kann, ohne verpflichtet zu sein, gleich das Doppelte der Gesammt-Taxe zu bezahlen.

Zu diesem Zweck hat der Aufgeber diejenigen Worte, Zahlen, einzeln stehenden Buchstaben oder Buchstaben-Gruppen (cfr. § 14, 6 der Telegraphen-Ordnung), deren correcte Uebermittelung er vorzugsweise für nothwendig hält, damit die Depesche ihren Zweck erfüllen könne, zu unterstreichen. Jedes unterstrichene Wort rc. wird bei der Ermittelung der Wortzahl, abweichend von den allgemeinen Bestimmungen des § 14, 7 der Telegraphen-Ordnung, doppelt gezählt, dafür jedoch von allen bei der Beförderung resp. Aufnahme der Depesche betheiligten Stationen kollationirt werden.

Gelangt trotzdem ein solches unterstrichenes Wort rc. entstellt in die Hände des Adressaten, so daß die Depesche nachweislich ihren Zweck nicht hat erfüllen können, so werden dem Aufgeber auf desfallsige rechtzeitige Reclamation die für die Depesche gezahlten Gebühren zurückgezahlt werden.

Im Falle der Verstümmelung nicht unterstrichener Worte rc. bei unrecommandirten Depeschen werden fortan die Gebühren nicht zurückerstattet.

Berlin, den 13. Juni 1869.

Der Bundeskanzler.

Im Auftrage: **Delbrück.**

Gegeben in der Versammlung des Senats, Hamburg, den 23. Juni 1869.

№ 19. den 16. Juli 1869.

Bekanntmachung,

betreffend die Einführung von Telegraphen-Freimarken.

Der Senat bringt nachstehende, ihm von dem Kanzler des Norddeutschen Bundes zur Veröffentlichung mitgetheilte, auf Grund des Bundesgesetzes, betreffend die Einführung von Telegraphen-Freimarken erlassene Bekanntmachung hierdurch zur öffentlichen Kunde:

Berlin, den 10. Juli 1869.

Bekanntmachung,

die Einführung von Freimarken zur Frankirung telegraphischer Depeschen betreffend.

Auf Grund des Bundesgesetzes vom 16. Mai d. J. (Bundesgesetzblatt No. 31) wird wegen Einführung von Freimarken zur Frankirung telegraphischer Depeschen Folgendes zur allgemeinen Kenntniß gebracht:

1) Vom 1. August d. J. ab kann die Frankirung aller telegraphischen Depeschen, welche bei einer Bundes-Telegraphen-Station aufgegeben werden, gleichviel ob dieselben nach Telegraphen-Stationen des Norddeutschen Telegraphen-Gebiets oder nach Stationen des Telegraphen-Vereins (Oesterreich und Ungarn, Bayern, Württemberg, Baden und Niederland) oder nach Stationen des Auslandes bestimmt sind, mittelst Freimarken bewirkt werden.

Bei der Frankirung durch Marken sind außer den Gebühren für die telegraphische Beförderung auch die sonstigen von dem Aufgeber zu entrichtenden fixirten Gebühren, z. B. für Weiterbeförderung per Post, durch Freimarken zu berichtigen.

Die Frankirung durch Freimarken ist dagegen vorläufig nicht zulässig bei allen Depeschen, welche bei Eisenbahn-Telegraphen-Stationen aufgegeben werden.

2) Die Telegraphen-Freimarken enthalten auf blau und weiß guillochirtem Grunde innerhalb eines mit einem Perlstabe eingefaßten Kreises die Umschrift: „Norddeutsche Bundes-Telegraphie". Die außerhalb des Perlstabes liegenden vier Ecken sind mit einem durch einen Ring gesteckten Pfeil ausgefüllt. Unterhalb des so gebildeten Quadrats befindet sich auf einem schmalen blauen Streifen mit weißer Schrift die Bezeichnung „Groschen". Die Werthzahlen sind innerhalb des obengedachten Kreises mit schwarzer Farbe hergestellt. Solche Marken sind vorläufig zu den Werthbeträgen von ½, 1½, 2½, 4, 5, 8, 10 und 30 Silbergroschen angefertigt worden. Die Marken zu ½, 2½, 4, 5, 8 und 10 Sgr. sind gegen Erlegung des Werthbetrages vom 1. August d. J. ab bei jeder Bundes-Telegraphen-Station zu erhalten. Die Marken zu 1½ Sgr. sollen vorläufig nur bei den Bundes-Telegraphen-Stationen im Bezirk der Telegraphen-Direction Berlin, die Marken zu 30 Sgr. nur bei den größeren Bundes-Telegraphen-Stationen verkauft werden.

3) Das Frankiren der telegraphischen Depeschen mittelst Freimarken geschieht in der Art, daß auf der Depesche selbst oder auf dem zum Niederschreiben der Depesche benutzten Formular und zwar in der oberen Ecke rechts oder an der rechten Seite eine oder so viele Marken als zur Deckung der tarifmäßigen Gebühren erforderlich sind, aufgeklebt werden. Es ist wünschenswerth, daß die Marken von den Aufgebern selbst auf den Depeschen befestigt werden.

4) Die Bundes-Telegraphen-Stationen sind verpflichtet, bei der Aufgabe von durch Freimarken frankirten Depeschen genau zu prüfen, ob die Frankatur richtig ist, d. h. ob der Werth der verwendeten Telegraphen-Freimarken dem tarifmäßigen Gebührenbetrage entspricht. Ergiebt sich die Frankatur bei dieser Prüfung als ungenügend, so muß der fehlende Betrag gleich bei Ausgabe der Depesche eingezogen werden. Ist solches nicht ausführbar und der Station die Person des Absenders der Depesche nicht so bekannt, daß die nachträgliche Einziehung des fehlenden Betrages gesichert erscheint, so bleibt die Depesche, evenl. bis nach erfolgter Nachzahlung des fehlenden Gebührenbetrages, unbefördert.

Ist von dem Aufgeber ein höherer Betrag in Freimarken verwendet worden, als die tarifmäßigen Gebühren erfordern, so wird demselben der Mehrbetrag gegen Quittung baar erstattet.

5) Damit einmal verwendete Marken nicht wiederholt benutzt werden können, werden dieselben mittelst eines Tintenstrichs entwerthet.

Depeschen, auf denen sich bei der Auflieferung Marken befinden, welche irgend ein Merkmal der Entwerthung an sich tragen, werden nicht eher abtelegraphirt, als bis der Aufgeber über die Beschaffenheit der Marken gehört worden ist.

6) Da durch die Einführung von Telegraphen-Freimarken den Aufgebern telegraphischer Depeschen das Mittel geboten ist, die aufzugebenden Depeschen zu frankiren, so wird vom 1. August d. J. ab das bisher gestattet gewesene Verfahren, wonach von denjenigen Aufgebern, welche den Telegraphen häufiger benutzten, Vorauszahlungen zur Berichtigung der Gebühren für Depeschen-Beförderung angenommen werden durften, aufhören.

Der Kanzler des Norddeutschen Bundes.

In Vertretung: **Delbrück.**

Gegeben in der Versammlung des Senats, Hamburg, den 16. Juli 1869.

№ 20. den 21. Juli 1869.

Bekanntmachung,

betreffend die Verwaltung der Einquartierungs-Angelegenheiten u. w. d. a.

Der Senat hat in Uebereinstimmung mit der Bürgerschaft beschlossen und bringt hiedurch zur öffentlichen Kunde:

Daß die durch die Bundesgesetzgebung (Gesetz, betreffend die Quartierleistung für die bewaffnete Macht während des Friedenszustandes, vom 25. Juni 1868 — s. Bundesgesetzblatt vom Jahre 1868 No. 34) der Gemeinde-Verwaltung vorbehaltene Vertheilung der Quartier- und Vorspannleistung, so wie die Liquidation und Vertheilung der dafür nach den Bundesgesetzen zu leistenden Entschädigung, — welche den in den Aemtern Bergedorf und Ritzebüttel unter der Aufsicht der Amtsverwalter bestehenden Einquartierungs-Commissionen zusteht, — für die Stadt Hamburg und deren in Steuer-Districte eingetheiltes Gebiet der Steuer-Deputation als Central-Einquartierungs-Commission übertragen wird, — so wie daß bei der Ausführung dieses Geschäftes in den einzelnen Steuer-Districten die Steuerschätzungsbürger, in den ländlichen Steuer-Districten unter Theilnahme der Vögte hinzuzuziehen sind.

Gegeben in der Versammlung des Senats, Hamburg, den 21. Juli 1869.

№ 21. den 28. Juli 1869.

Bekanntmachung,

betreffend das Inkrafttreten des Gesetzes über Grundeigenthum und Hypotheken.

Der Senat hat den Tag, mit welchem das am 4. December 1868 publicirte Gesetz über Grundeigenthum und Hypotheken für Stadt und Gebiet mit Ausnahme des Amtes Bergedorf in Kraft zu treten hat, auf

den 1. September d. J.

bestimmt, welches hiedurch zur öffentlichen Kunde gebracht wird.

Gegeben in der Versammlung des Senats, Hamburg, den 28. Juli 1869.

№ 22. den 30. Juli 1869.

Bekanntmachung,

betreffend Verbot von Baggerungen und Sandabgrabungen in der Köhlbrandmündung u. s. w.

Da in Gemäßheit des zwischen der Königlich Preußischen Regierung und dem Senate der Stadt Hamburg abgeschlossenen Vertrages vom 24. Juni 1868 wegen Verbesserung des Fahrwassers im Köhlbrand rc. die Entnahme von Ballast oder sonstige, die Wirkung der Anhägerung oder andere Anlagen störende Handlungen nicht vorgenommen werden dürfen, so wird hierdurch verordnet, daß Baggerungen und Sandabgrabungen südlich vom Fahrwasser in der Elbe von der Mündung des Maakenfleths bis zum Tollen Ort, in der Köhlbrandmündung vom Tollen Ort bis zum Roß, im Mühlenfleth und Maakenfleth nicht vorgenommen werden dürfen, bei Strafe bis 20 Thaler in jedem Contraventionsfall.

Gegeben in der Versammlung des Senats, Hamburg, den 30. Juli 1869.

№ 23. den 4. August 1869.

Bekanntmachung,

betreffend die Schutenfahrt auf der Elbe zur Nachtzeit.

Die auf der Elbe in Fahrt befindlichen Schuten, sie mögen stromaufwärts oder stromabwärts fahren, müssen bei eintretender Dunkelheit mit einer brennenden Laterne versehen sein, welche während der ganzen Dauer der Fahrt bis zu wiederkehrender Tageshelle brennend zu erhalten ist. Die Schutenführer sind verpflichtet, namentlich bei der Dunkelheit und bei nebligem Wetter, sich mit ihren Fahrzeugen möglichst an der Südseite der Elbe außerhalb des Fahrwassers der Schiffe zu halten und ihre Laternen an dem diesem Fahrwasser zugekehrten Ende anzubringen. Die nöthigen Vorrichtungen zur Befestigung der Laternen sind ungesäumt zu treffen.

Gegen Zuwiderhandelnde wird, abgesehen von ihrer eventuellen Verpflichtung zum Schadensersatz, mit einer Geldstrafe bis zu 10 ℳ eingeschritten werden.

Gegeben in der Versammlung des Senats, Hamburg, den 4. August 1869.

№ 24. den 6. August 1869.

Bekanntmachung,

betreffend das Inkrafttreten der am 30. April 1869 publicirten Gesetze wegen Reform des Strafverfahrens.

Der Senat hat den Tag, mit welchem die am 30. April d. J. publicirten Gesetze betreffend Reform des Strafverfahrens, nämlich:

das Gesetz betreffend Aenderungen in der Gerichtsverfassung behufs Einführung des öffentlich-mündlichen Anklageverfahrens in Strafsachen,

die Strafproceßordnung,

das Criminalgesetzbuch,

das Gesetz betreffend das Verhältniß der Verwaltung zur Strafrechtspflege und die Competenz der Polizei-Behörde,

die Bestimmungen über die Competenz des Ober-Appellationsgerichts und den Proceßgang in Strafsachen, bekannt gemacht am 6. October 1865,

und

das Einführungsgesetz zu den Gesetzen betreffend Reform des Strafverfahrens, in Kraft zu treten haben, in Gemäßheit § 1 des angeführten Einführungsgesetzes, nachdem die erforderlichen Wahlen vollzogen und die sonstigen Vorbereitungen getroffen sind, auf

den 1. September d. J.

bestimmt, welches hiedurch zur öffentlichen Kunde gebracht wird.

Gegeben in der Versammlung des Senats, Hamburg, den 6. August 1869.

№ 25. den 6. August 1869.

Bekanntmachung,

betreffend den Schragen der Polizei-Behörde und der Hafenrunde.

Der Senat hat in Uebereinstimmung mit der Bürgerschaft beschlossen und verkündet hiedurch als Gesetz, welches am 1. September dieses Jahres in Kraft tritt, was folgt:

Der Schragen über die hinfort für ausschließliche Rechnung des Staates zu erhebenden Gebühren der städtischen Polizei-Behörde und der Hafenrunde ist auf die Dauer von zwei Jahren folgendermaaßen festgestellt:

№		Crt. ℳ	ß
1	Arrestation	3.	—
2	Vorführung (ist neben der Arrestations-Gebühr nicht zu erheben)	3.	—
3	Einlegung der Wache	3.	—
4	Abnahme derselben	3.	—
5	Für jeden Wächter täglich	1.	8
6	Versiegelung	3.	—
7	Abnahme der Versiegelung	3.	—
8	Inventur	6.	—
9	Ablieferung eines Arrestanten an eine auswärtige Behörde	3.	—
10	Pfändungen:		
	a. bis 15 ℳ inclusive	—.	12
	b. bis 45 „ „	1.	12
	c. bis 200 „ „	2.	4
	d. bis 500 „ „	2.	12
	e. über 500 ℳ	4.	—
11	Friedens- und sonstige Befehle	—.	8
12	Protocoll-Extracte	1.	4
13	Erlaubnißscheine zu nothwendiger Sonn- und Festtags-Arbeit	—.	4
14	Beaufsichtigung nächtlicher Arbeiten an Bord von Schiffen (s. § 10 der Revidirten Verordnung, betreffend Benutzung des Hamburger Hafens vom 18. April 1866)	3.	—

№		Crt. ℳ	ß
15	Bewachung der Englischen Dampfböte vor ihrem Abgange behufs Verhinderung des Einschleppens zollpflichtiger Sachen und desfalls vom Capitain der Hafenrunde zu ertheilendes Attest	15.	—
16	Erlaubnißscheine zu Concerten, Schaustellungen u. dgl.	1.	4
17	Erlaubnißscheine, ein Wirthschaftslocal des Nachts aufhalten zu dürfen	5.	—
18	Erlaubnißscheine für Localsänger ꝛc. per Monat	—.	8
19	Erlaubnißscheine für Straßenmusik:		
	für Orgelspieler per Monat	1.	—
	für Gesellschaften mit Blasinstrumenten per Monat	2.	—
20	Erlaubnißscheine zum Transport von Schießpulver (§ 4 der Bekanntmachung des Senats vom 25. Februar 1868)	—.	4
21	Private, einschließlich der Wirthe, welche Polizeimannschaft zur Aufrechthaltung der Ordnung bei Beerdigungen, Concerten, Festlichkeiten, in Tanzsalons u. dgl. nachsuchen, haben zu entrichten für jeden Officianten und Wächter je nach der Dauer und Wichtigkeit der Function, nach Bestimmung des Polizeiherrn	2.	8
	bis	6.	—
22	Heimathscheine	1.	4
23	Atteste aller Art, mit Ausnahme der unter No. 37 aufgeführten	1.	4
24	Schreiben an auswärtige Behörden	1.	4
25	Wanderbücher	1.	—
26	Pässe, Leichenpässe einbegriffen	1.	14
27	Paßkarten	1.	4
28	Ablohnung eines Dienstboten	3.	—
29	Legitimationsschein eines hiesigen und Dienstkarte eines nichthiesigen Dienstboten (§§ 3 und 4 der Verordnung in Beziehung auf das Gesinde vom 8. August 1845)	—.	8
30	Neue Ausfertigung derselben (ebendaselbst)	1.	—
31	Deposita:		
	a. deren Werth unter 100 ℳ.	—.	—
	b. von 100 bis 500 ℳ.	1 pCt.	
	c. für jede fernere 100 ℳ.	½ „	
	Für Gegenstände, die nachmals an das Erbschaftsamt, Krankenhaus oder an eine sonstige hiesige Behörde ausgeliefert werden, wird wie bei denen, deren Werth unter 100 ℳ. beträgt, Nichts erhoben.		
32	Depositenscheine:		
	a. unter 100 ℳ.	—.	—
	b. von 100 bis 500 ℳ.	1.	—
	c. von 500 bis 1000 ℳ.	1.	4
	d. über 1000 ℳ.	1.	12
33	Cautionen	6.	—
34	Droschkenpostenzettel	—.	3

№		Crt. ₰	β
35	Ertheilung einer Nummer für Blockwagen, Karren und Ziehwagen	—.	12
36	Concession zur Braunschweiger Lotterie	2.	8
37	Atteste wegen Verschiffung von Auswanderern, die Ausfertigung erfolgt für diese Gebühr in duplo	—.	12
38	Polizeiärztliche Berichte	2.	4
39	Todesbescheinigungen	3.	12
40	Acten-Inspection, die erste Stunde	3.	—
	jede fernere	1.	—
41	Copialien aller Art per Bogen	—.	4
42	Schlafbaasbücher	2.	—

Bemerkungen.

1) Die Nummern 10, 11, 12, 13, 15, 16, 17, 18, 19, 20, 22, 23, 24, 25, 26, 27, 29, 30, 32, 34, 35, 36, 37 und 41 werden durch Stempel, die übrigen gegen Quitung erhoben.

2) Die Gebühren der Baupolizei, des Gewerbe-Bureau's und des Hundesteuer-Bureau's finden sich in den betreffenden Gesetzen.

3) Es ist, nachdem all und jeder Sportelbezug bei der Polizei beseitigt worden, den sämmtlichen Polizei-Angestellten bei Strafe sofortiger Entlassung untersagt, sich für eine Dienstleistung eine Gratification auszubedingen oder eine solche ohne jedesmalige specielle Erlaubniß des Polizeiherrn, sei es von Hiesigen oder Auswärtigen, anzunehmen.

Gegeben in der Versammlung des Senats, Hamburg, den 6. August 1869.

№ 26. den 6. August 1869.

Bekanntmachung,

betreffend den Schragen des Patronats der Vorstadt St. Pauli.

Der Senat hat in Uebereinstimmung mit der Bürgerschaft beschlossen und verkündet hiedurch als Gesetz, welches am 1. September dieses Jahres in Kraft tritt, was folgt:

Der Schragen über die hinfort für ausschließliche Rechnung des Staats zu erhebenden Gebühren des Patronats der Vorstadt St. Pauli ist auf die Dauer von zwei Jahren folgendermaaßen festgestellt:

№		Stempel.	Gebühr. Crt. ₰	β
1	Arrestation	....	3.	—
2	Vorführung (diese Gebühr wird neben der Arrestationsgebühr nicht erhoben)	....	3.	—
3	Einlegung der Wache	....	3.	—
4	Abnahme derselben	....	3.	—
5	Für jeden Wächter täglich	....	1.	8
6	Versiegelung	....	3.	—

№		Stempel.	Gebühr. Crt.₰	ß
7	Entsiegelung	....	3.	—
8	Inventur:			
	a. in Polizeisachen	....	6.	—
	b. in allen sonstigen Sachen:			
	pro requisitione	....	6.	—
	jede Stunde der Aufnahme des Inventars	....	1.	8
	Anfertigung desselben per Bogen	4 ß	1.	8
	für das zu asservirende Exemplar	....	—.	12
9	Ablieferung eines Arrestanten an eine auswärtige Behörde	....	3.	—
10	Pfändungen:			
	a. bis 15 ₰ inclusive	....	—.	12
	b. bis 45 " "	....	1.	12
	c. bis 200 " "	....	2.	4
	d. bis 500 " "	....	2.	12
	e. über 500 ₰	....	4.	—
11	Protocoll-Extracte	....	1.	4
12	Erlaubnißscheine zu nothwendigen Sonn- und Festtags-Arbeiten	....	—.	4
13	Erlaubnißscheine:			
	A. Für Angehörige des Norddeutschen Bundes:			
	a. Für stehende Theater, Sommertheater, Caroussel, jährlich	4 ß	30.	—
	b. Für Kunstreiter, Wachsfiguren-Cabinette und größere Schaustellungen, jährlich	4 ß	20.	—
	c. Für kleine Schaustellungen, kleine Menagerien und dgl. Ausstellungen, jährlich	4 ß	10.	—
	d. Für Bänkelsänger, Tänzer, Vorträge und persönliche Productionen in Locälen, pr. Monat à Person	....	—.	8
	B. Für Nicht-Angehörige des Norddeutschen Bundes:			
	a. Für Kunstreiter, Wachsfiguren-Cabinette und größere Schaustellungen, für den ersten Monat	4 ß	20.	—
	deren Prolongation per Monat	....	8.	4
	b. Für kleinere Schaustellungen, kleine Menagerien und dergl. Ausstellungen, für den ersten Monat	4 ß	10.	—
	für jeden ferneren	....	4.	2
	c. Für Bänkelsänger, Tänzer, Vorträge und persönliche Productionen in Locälen à Person per Monat	....	1.	8
14	Erlaubnißscheine, ein Wirthschaftslocal über die Polizeistunde offen zu halten	....	5.	—
15	Erlaubnißscheine für Straßenmusik:			
	für Orgelspieler per Monat	....	1.	—
	für Gesellschaften mit Blasinstrumenten per Monat	....	2.	—

№		Stempel.	Gebühr. Crt. ℔	ß
16	Private, einschließlich der Wirthe, welche Polizeimannschaft zur Aufrechthaltung der Ordnung bei Beerdigungen, Concerten, Festlichkeiten, in Tanzsalons und dergl. nachsuchen, haben zu entrichten für jeden Officianten und Wächter, je nach der Dauer und Wichtigkeit der Function, nach Bestimmung des Patrons	....	2.	8
	bis	....	0.	—
17	Heimathscheine	....	1.	4
18	Atteste aller Art	....	1.	4
19	Schreiben an auswärtige Behörden	....	1.	4
20	Deposita:			
	a. deren Werth unter 100 ℔	....	—.	—
	b. von 100 bis 500 ℔	....	1 pCt.	
	c. für jede fernere 100 ℔	....	½ pCt.	
	Für Gegenstände, die nachmals an das Erbschaftsamt, Krankenhaus oder an eine sonstige hiesige Behörde ausgeliefert werden, wird wie bei denen, deren Werth unter 100 ℔ beträgt, nichts erhoben.			
21	Depositions-Scheine:			
	a. unter 100 ℔	....	—.	—
	b. von 100 bis 500 ℔	....	1.	—
	c. von 500 bis 1000 ℔	....	1.	4
	d. über 1000 ℔	....	1.	12
22	Copialien aller Art per Bogen	....	—.	4
23	Für vidimirte Abschriften per Bogen	4 ß	1.	8
24	Concessionen, außer den Abgaben an die Finanz-Deputation	8 ℔	15.	4
25	Insinuationen	....	—.	10
26	Schlafbaasbücher	....	2.	—

Bemerkung.

Es ist, nachdem all und jeder Sportelbezug bei dem Patronat beseitigt worden, den sämmtlichen Angestellten bei Strafe sofortiger Entlassung untersagt, sich für eine Dienstleistung eine Gratification auszubedingen oder eine solche ohne jedesmalige specielle Erlaubniß des Herrn Patrons, sei es von Hiesigen oder Auswärtigen, anzunehmen.

Gegeben in der Versammlung des Senats, Hamburg, den 6. August 1869.

№ 27. den 20. August 1869.

Verordnung,

betreffend die Ausführung des Art. 12 der Literar-Convention zwischen dem Norddeutschen Bunde und Italien vom 12. Mai 1869.

Zur Ausführung des Art. 12 der Uebereinkunft zwischen dem Norddeutschen Bunde und Italien wegen gegenseitigen Schutzes der Rechte an literarischen Erzeugnissen und Werken der Kunst vom 12. Mai d. J., welche in No. 28 des Bundes-Gesetzblattes publicirt und mit dem 28. d. Mts. in Wirksamkeit zu treten bestimmt ist, verordnet der Senat hiedurch, was folgt:

Den Hamburgischen Verlegern, Buchdruckern und Buchhändlern, welche Italienische noch nicht zum Gemeingut gewordene Werke vor dem 28. d. Mts. in Abdrücken, Uebersetzungen, Nachbildungen u. s. w. veröffentlicht oder letztere zum Vertrieb übernommen oder mit der Veröffentlichung oder Herstellung solcher Werke begonnen haben, wird auf Grund des Art. 12 der Uebereinkunft vom 12. Mai d. J. zur Erleichterung eines künftigen Nachweises der Rechtmäßigkeit der betreffenden Publicationen anheimgegeben bis spätestens zum 12. December d. J. — nämlich spätestens am 14ten Tage nach dem Ablaufe der im Art. 3 der obigen Uebereinkunft für die Italienischen Verleger hinsichtlich der Anmeldung ihrer Original-Verlagswerke bestimmten, mit dem 28. November d. J. endigenden Frist — diese Vervielfältigungen u. s. w. bei der städtischen Polizeibehörde anzumelden. Dieselbe wird, wenn sie sich von der Richtigkeit der gemachten Angaben überzeugt hat, die angemeldeten Exemplare von Büchern, musikalischen und artistischen Werken auf Verlangen mit einem Stempel versehen.

Ferner wird den Inhabern von Clichés, Holzstöcken und gestochenen Platten aller Art, so wie von lithographischen Steinen zu nicht autorisirten vor dem 28. d. Mts. beschafften Vervielfältigungen Italienischer Werke anheimgegeben, dieselben bis zum 12. December d. J. bei der städtischen Polizeibehörde anzumelden, welche sie einregistriren und eine Bescheinigung über die erfolgte Registrirung ertheilen wird. Die von den einregistrirten Clichés u. s. w. genommenen Abdrücke können bis zum 28. August 1873 eine Stempelung erhalten.

Gegeben in der Versammlung des Senats, Hamburg, den 20. August 1869.

№ 28. den 25. August 1869.

Verordnung,

betreffend die Ausführung des Art. 10 der Literar-Convention zwischen dem Norddeutschen Bunde und der Schweiz vom 13. Mai 1869.

Zur Ausführung des Artikel 10 der Uebereinkunft zwischen dem Norddeutschen Bunde und der Schweiz wegen gegenseitigen Schutzes der Rechte an literarischen Erzeugnissen und Werken der Kunst vom 13. Mai d. J., welche in No. 33 des Bundesgesetzblattes publicirt und mit dem 1. September d. J. in Kraft zu treten bestimmt ist, verordnet der Senat hiedurch was folgt:

Den Hamburgischen Verlegern, Buchdruckern und Buchhändlern, welche Schweizerische noch nicht zum Gemeingut gewordene Werke vor dem 1. September d. J. in Abdrücken, Uebersetzungen, Nachbildungen ꝛc. veröffentlicht oder letztere zum Vertrieb übernommen oder mit der Veröffentlichung oder Herstellung solcher Werke begonnen haben, wird auf Grund des Artikel 10 der Uebereinkunft vom 13. Mai d. J. zur Erleichterung eines künftigen Nachweises der Rechtmäßigkeit der betreffenden Publicationen anheimgegeben, bis zum 14. September d. J. diese Vervielfältigungen u. s. w. bei der städtischen Polizeibehörde anzumelden. Dieselbe wird, wenn sie sich von der Richtigkeit der gemachten Angaben überzeugt hat, die angemeldeten Exemplare von Büchern, musikalischen und artistischen Werken auf Verlangen mit einem Stempel versehen.

Ferner wird den Inhabern von Abklatschen (clichés), Holzstöcken und gestochenen Platten aller Art, so wie von lithographischen Steinen zu nicht autorisirten vor dem 1. September d. J. beschafften Vervielfältigungen Schweizerischer Werke anheimgegeben, dieselben bis zum 14. September d. J. bei der städtischen Polizeibehörde anzumelden, welche sie einregistriren und eine Bescheinigung über die erfolgte Registrirung ertheilen wird. Die von den einregistrirten Abklatschen u. s. w. genommenen Abdrücke können bis zum 1. September 1873 eine Stempelung erhalten.

Gegeben in der Versammlung des Senats, Hamburg, den 25. August 1869.

№ 29. den 25. August 1869.

Bekanntmachung,

betreffend öffentliche Auslegung von nach amtlichen Vermessungen angefertigten Karten und Flurbüchern.

Die nach den amtlichen Vermessungen angefertigten Karten und Flurbücher der Vogteien

Reitbrook,
Ochsenwärder,
Tatenberg,
Spadenland,
Moorwärder und
Krauel

liegen zur Einsicht der Betheiligten auf dem Vermessungs-Bureau der Bau-Deputation im Verwaltungs-Gebäude vom 1. September bis 15. October d. J. an den Wochentagen von 10 bis 2 Uhr bereit und es werden alle Eigenthümer, hypothekarischen Gläubiger und sonstigen Berechtigten der in den vorgenannten Vogteien begriffenen Grundstücke hiedurch aufgefordert, ihre etwanigen Erinnerungen und Einwendungen dagegen auf dem gedachten Bureau innerhalb der vorbezeichneten Frist, bei Verlust ihrer Einsprüche, gegen Empfangs-Bescheinigung vorzubringen, mit dem Bemerken, daß der Inhalt dieser Vermessungskarten und Flurbücher, insoweit als keine Erinnerungen dagegen erhoben sein werden, nach Ablauf jener Frist, in Gemäßheit des Gesetzes vom 30. October 1865 ohne Weiteres zur Grundlage der Steuerschätzung und zur Berichtigung der Eigenthumsbücher des Hypotheken-Amts benutzt werden soll.

Gegeben in der Versammlung des Senats, Hamburg, den 25. August 1869.

№ 30. den 3. September 1869.

Verordnung,

betreffend die Ausführung der Gewerbe-Ordnung für den Norddeutschen Bund vom 21. Juni 1869.

Die am 1. Juli d. J. im Bundes-Gesetzblatt publicirte Gewerbe-Ordnung für den Norddeutschen Bund vom 21. Juni d. J. tritt zufolge § 156 derselben hinsichtlich der Titel I. II. IV.—X. am 1. October d. J. und hinsichtlich des den Gewerbebetrieb im Umherziehen betreffenden Titels III am 1. Januar 1870 in Wirksamkeit. Es kommen sodann gleichzeitig die Bestimmungen der in Hamburg seither geltenden

Gesetze, Verordnungen und Reglements und zwar speziell des Gewerbegesetzes von 1864, der Medizinal-Ordnung von 1818, der Gesinde-Ordnung von 1845, der Pfandleiher-Ordnung von 1789 so wie der polizeilichen Reglements für den Betrieb der Gasfitter, Schornsteinfeger und Auswandererlogiswirthe u. dgl. mehr in so weit in Wegfall, als darin Vorschriften enthalten sind, welche mit der Bundes-Gewerbe-Ordnung in Widerspruch stehen.

Zu einzelnen Paragraphen der Gewerbe-Ordnung wird das Nachfolgende festgestellt.

Zu § 14.

Die für den Beginn des selbständigen Betriebes eines stehenden Gewerbes vorgeschriebene Anzeige ist für Ritzebüttel und für Bergedorf bei dem zuständigen Amtsverwalter, für das gesammte übrige Staatsgebiet bei dem Gewerbebureau in Hamburg zu beschaffen. Die nemlichen Behörden haben die den Agenten oder Unteragenten von Feuerversicherungs-Anstalten, den Buch- und Steindruckern, Buch- und Kunsthändlern, Antiquaren, Leihbibliothekaren, Inhabern von Lesecabinetten, Verkäufern von Druckschriften, Zeitungen und Bildern obliegenden Anzeigen und Angaben entgegenzunehmen.

Zu § 15.

Für den gegen die untersagenden Verfügungen der vorbezeichneten Behörden zugelassenen Recurs ist der Senat zuständig.

Zu § 16.

Die Genehmigung, welche zur Errichtung der im § 16 erwähnten Anlagen erforderlich ist, ist für die Stadt nebst der Vorstadt St. Pauli bei der Bau-Polizei, für die Landherrenschaften der Geest- und Marschlande bei dem betreffenden Landherrn, für Ritzebüttel und für Bergedorf bei dem betreffenden Amtsverwalter nachzusuchen.

Zu §§ 17 und 146.

Die vorgeschriebene öffentliche Bekanntmachung wird bis auf Weiteres für Ritzebüttel in der „Ritzebütteler Zeitung", für Bergedorf in dem „Bergedorfer Anzeiger", für das übrige Staatsgebiet in dem Amtsblatt des „Hamburgischen Correspondenten" erlassen.

Zu §§ 20. 21. 24. 40 und 95.

Hinsichtlich des erstinstanzlichen und des Recurs-Verfahrens wird festgestellt, daß als erste Instanz diejenigen Behörden einzutreten haben, welche in Gemäßheit der Bestimmungen zu §§ 16. 30. 32. 33. 34. 35 und 37 zuständig sind. Die zweite oder Recurs-Instanz ist der Senat, welcher die an ihn gelangenden Recurssachen zur Erledigung an eine aus fünf seiner Mitglieder gebildete Section verweist. Das Verfahren vor dieser Senats-Section ist öffentlich, die Anwesenheit mindestens dreier Mitglieder und eines Protokollführers ist erforderlich.

Zu § 24.

Die Genehmigung zur Anlegung von Dampfkesseln ist bei den zu § 16 bezeichneten Behörden nachzusuchen.

Zu § 29.

Die unter den § 29 fallenden Medizinalpersonen haben beim Beginn ihrer Praxis bei dem Präses des Gesundheitraths sich anzumelden und über den Besitz einer genügenden Approbation sich auszuweisen.

Zu § 30.

Die Concessionen für Unternehmer von Privat-Kranken-, Privat-Entbindungs- und Privat-Irren-Anstalten, so wie Prüfungszeugnisse für Hebammen sind beim Gesundheitrath nachzusuchen.

Zu §§ 31 und 34.

Das Befähigungszeugniß für Seeschiffer, Seesteuerleute und Lootsen wird von der Deputation für Handel und Schiffahrt ertheilt, welcher auch in Bezug auf § 34 die ihr zur Zeit zustehende Competenz verbleibt.

Zu § 32.

Schauspielunternehmer haben die Erlaubniß zum Betriebe ihres Gewerbes bei der zuständigen Polizei-Behörde nachzusuchen.

Zu § 33.

Innerhalb der Stadt wird fortan die Erlaubniß für den Betrieb einer Gast- oder Schankwirthschaft so wie für den Kleinhandel mit Branntewein oder Spiritus von der Polizei-Behörde ertheilt.

Zu § 34.

Hinsichtlich des Handels mit Giften ist nach Maßgabe der Art. 83 bis 87 der Medizinal-Ordnung von 1818 und der Bekanntmachung vom 5. Februar 1855 zu verfahren.

Zu § 35.

Diejenigen Personen, welche das Gewerbe als Tanz-, Turn- oder Schwimmlehrer, als Kleiderseller oder Lumpenhändler, als Pfandleiher oder als Gesindevermiether beginnen wollen, haben die vorgeschriebenen Anzeigen bei den im § 14 genannten Behörden zu machen.

Zu § 37.

Hinsichtlich der zu ergreifenden polizeilichen Maßregeln für Erhaltung der Ordnung und Sicherheit des Verkehrs in den öffentlichen Straßen und Canälen, so wie in Betreff der Controlle des Betriebs der Droschkenkutscher, Omnibusse, der Personen, welche auf öffentlicher Straße ihre Dienste anbieten, der Jollenführer, Alsterdampfschiffe und der Elbdampfschiffe, welche von Hamburg ab zur Beförderung von Passagieren verwendet werden, einschließlich der nach Helgoland fahrenden Dampfschiffe, bleibt es bei den bestehenden gesetzlichen Vorschriften (Gewerbegesetz vom 7. November 1864, § 4).

Zu §§ 43 und 44.

Die Legitimationsscheine werden in den zutreffenden Fällen von den zu § 14 bezeichneten Behörden ausgefertigt.

Zu § 51.

Die Untersagung der ferneren Benutzung einer gewerblichen Anlage wegen überwiegender Nachtheile und Gefahren für das Gemeinwohl kann von den nach § 16 für die Errichtung gewerblicher Anlagen bezeichneten zuständigen Behörden erfolgen, gegen deren Verfügung der Recurs an den Senat zulässig ist.

Zu § 72.

Diejenigen polizeilichen Taxen, welche nach Maßgabe des § 72 künftig aufzuhören haben (vergl. übrigens §§ 73—80) kommen mit dem 1. October 1870 in Wegfall.

Zu § 108.

In Betreff der Behörden, bei welchen die im § 108 aufgeführten Streitigkeiten der selbständigen Gewerbtreibenden mit ihren Gesellen, Gehülfen oder Lehrlingen anzubringen sind, so wie hinsichtlich des Verfahrens vor denselben wird das Nähere durch ein Specialgesetz bestimmt werden.

Zu § 128.

Den Schulunterricht, welchen in Fabriken beschäftigte Kinder unter 14 Jahren genießen sollen, haben sie in einer der concessionirten Schulen zu erhalten.

Zu § 155.

Hinsichtlich der in den einzelnen Paragraphen der Gewerbe-Ordnung enthaltenen Bezeichnungen von Behörden wird zur Uebertragung auf die bestehenden Hamburgischen Behörden und deren Competenz das Nachfolgende bestimmt und zusammengestellt.

Es treten in Wirksamkeit als:

1) „Central-Behörde“ in

§ 38	der Senat.
§ 128	
§ 133	

2) „Höhere Verwaltungs-Behörde", oder „zuständige Verwaltungs-Behörde", oder „Verwaltungs-Behörde" in

§ 27
§ 28
§ 85
§§ 92 bis 95
§ 99
§§ 140 und 141
} der Senat.

§ 51 vergl. oben.
§ 65 die zuständige Polizei-Behörde (vergl. Schlußsatz unter 4).
§ 30 der Gesundheitrath.
§ 31 die Deputation für Handel und Schiffahrt.
§ 128 vergl. oben.

3) „Zuständige Behörde" in

§§ 14 bis 16
§§ 24 bis 26
§ 35
§ 43
§ 44
§ 66
§ 70
§ 106
} die zuständige Polizei-Behörde (vergl. Schlußsatz unter 4).

§ 30 der Gesundheitrath.

4) „Ortspolizei-Behörde" oder „Polizei-Behörde".

§ 27
§ 37
§ 67
§ 69
§§ 72 bis 77
§ 128
§§ 130 bis 132
§ 147
} die zuständige Polizei-Behörde (vergl. Schlußsatz).

Die zuständige Polizei-Behörde ist für die Stadt die städtische Polizei; für die Vorstadt St. Pauli das Patronat daselbst; für die Landherrenschaften der Geest- und der Marschlande der betreffende Landherr; für die Landherrenschaft Ritzebüttel und für das Amt Bergedorf der betreffende Amtsverwalter.

5) „Gemeinde-Behörde" oder „Ortsgemeinde" in

§ 69 | § 88 | § 89 | § 94 | § 95 | § 113 | § 124

a. für die Stadt die Polizei.
b. für die Vorstadt St. Pauli das Patronat.
c. für die Landherrenschaften der Geest- und der Marschlande der betreffende Landherr unter Zuziehung der Vögte der im einzelnen Falle betheiligten Dorfschaften.
d. für die Landherrenschaft Ritzebüttel der Amtsverwalter.
e. für das Städtchen Bergedorf die Visitations-Behörde unter Zuziehung des Raths.
f. in den Landgemeinden der Vierlande und in Geesthacht die Visitations-Behörde unter Zuziehung der Gemeinde-Vorstände.

Gegeben in der Versammlung des Senats, Hamburg, den 3. September 1869.

№ 31. den 22. September 1869.

Bekanntmachung,

betreffend Abänderungen des Reglements zu dem Gesetze über das Postwesen des Norddeutschen Bundes.

Der Senat bringt nachstehende, ihm von der Kanzlei des Norddeutschen Bundes zur Veröffentlichung mitgetheilte Verfügung hiedurch zur öffentlichen Kunde:

Abänderungen des Reglements

zu dem Gesetze über das Postwesen des Norddeutschen Bundes.

Das unter'm 11. December 1867 erlassene Reglement zum Gesetze über das Postwesen des Norddeutschen Bundes vom 2. November 1867 erfährt einzelne Abänderungen, welche auf Grund der Vorschrift im § 57 des angeführten Gesetzes nachstehend zur öffentlichen Kenntniß gebracht werden.

1) Dem § 5 des bezeichneten Reglements — Erforderniße eines Begleitbriefes — tritt als neuer Absatz folgende Bestimmung hinzu:

„III. Ist der Verschluß des Packets vermittelst Plombe hergestellt, so muß „der auf dem Begleitbriefe befindliche Siegel- oder Stempel-Abdruck ebenfalls „dem Stempel-Abdrucke auf der Plombe nach Form und Inhalt im Wesentlichen „entsprechen."

2) Die Absätze III und IV des § 10 — Verschluß — erhalten folgende veränderte Fassung:

„III. Bei Packeten mit declarirtem Werthe hat die Befestigung der Schlüsse „stets durch Siegellack mit Abdruck eines ordentlichen Petschafts stattzufinden. „Bei Packeten ohne Werthsdeclaration ist es gestattet, den Verschluß, statt durch „Versiegelung, in der Weise herzustellen, daß die Enden des Bindfadens, welcher „zum Vernähen oder zur Verschnürung des betreffenden Packets dient, durch Anlegen „einer oder mehrerer Plomben vereinigt und solche Plomben mit einem Stempel-„Abdrucke versehen werden, welcher dem Siegel- resp. dem Stempel-Abdrucke auf „dem Begleitbriefe nach Form und Inhalt im Wesentlichen entspricht.

„IV. Wird eine Verschnürung angebracht, so muß dieselbe so beschaffen und „befestigt sein, daß sie ohne Verletzung des Siegelverschlusses, resp. Plomben-„verschlusses nicht abgestreift oder geöffnet werden kann."

3) Im § 14 — Drucksachen — erhalten die Absätze VII und XI folgende veränderte Fassung:

„VII. Die Versendung der bezeichneten Gegenstände gegen die ermäßigte Taxe „ist unzulässig, wenn dieselben, nach ihrer Fertigung durch Druck u. s. w., irgend „welche Zusätze, — mit Ausnahme des Orts, Datums und der Namensunterschrift, „beziehungsweise Firmazeichnung — oder Aenderungen am Inhalte erhalten haben. „Es macht dabei keinen Unterschied, ob die Zusätze oder Aenderungen geschrieben oder „auf andere Weise bewirkt sind, z. B. durch Stempel, durch Druck, durch Ueberkleben „von Worten, Ziffern oder Zeichen, durch Punktiren, Unterstreichen, Durchstreichen, „Ausradiren, Durchstechen, Ab- oder Ausschneiden einzelner Worte, Ziffern oder „Zeichen u. s. w. An- und Unterstreichungen sollen jedoch gestattet sein, soweit „dieselben nicht bestimmt sind, eine briefliche Mittheilung zu ersetzen.

„XI. Den Correcturbogen können Aenderungen und Zusätze, welche die „Correctur, die Ausstattung und den Druck betreffen, hinzugefügt, auch kann den-„selben das Manuscript beigelegt werden. Die bei Correcturbogen erlaubten „Zusätze können in Ermangelung des Raumes auch auf besonderen, den Correctur-„bogen beigefügten Zetteln angebracht sein. Auch bei fertigen Drucksachen soll die „nachträgliche Correctur bloßer Druckfehler gestattet sein."

4) Im § 32 — an wen die Bestellung geschehen muß — fällt im Absatz II der Schlußsatz:

„Wegen der Bezeichnungen „zu Händen des" und „abzugeben an" siehe am „Schlusse des Absatz VI."

fort.

5) Der Absatz VI desselben Paragraphen erhält folgende veränderte Fassung:

„VI. Die Behändigung an dritte Personen ist unzulässig, wenn es sich um „die Bestellung von

„1) recommandirten Sendungen (§ 16),

„2) Post-Anweisungen (§ 17),

„3) Depeschen-Anweisungen (§ 18),

„4) Formularen zu Ablieferungsscheinen (§ 30 Abs. 1)

„handelt, vielmehr müssen diese Gegenstände stets an den Adressaten oder dessen „legitimirten Bevollmächtigten selbst bestellt werden. Lautet die Adresse:

„An A. zu erfragen bei B."
„An A. abzugeben bei B."
„An A. im Hause des B."
„An A. wohnhaft bei B."
„An A. logirt bei B."

so muß die Bestellung jedesmal an den zuerst genannten Adressaten (A.) erfolgen.

„Lautet die Adresse:

„An A. zu Händen des B."
„An A. abzugeben an B."
„An A. aux soins de B."
„An A. care of B."

so muß die Bestellung jedesmal an den zuletzt genannten Adressaten (B.) erfolgen.

„Wenn die Adresse lautet: „An A. per adresse des B.", so darf die Bestellung „sowohl an den zuerst genannten Adressaten (A.), als auch an den zuletzt genannten „Adressaten (B.) stattfinden."

Berlin, den 16. September 1869.

Der Bundeskanzler.
Im Auftrage: v. Philipsborn.

Gegeben in der Versammlung des Senats, Hamburg, den 22. September 1869.

№ 32. den 24. September 1869.

Provisorisches Gesetz,

betreffend

Behörden zur Entscheidung von Streitigkeiten der selbständigen Gewerbtreibenden mit ihrem Hülfspersonal und das Verfahren vor denselben.

Der Senat hat in Uebereinstimmung mit der Bürgerschaft beschlossen und verkündet hiedurch als Gesetz, was folgt:

I. Allgemeines.

§ 1.

Die Entscheidung von Streitigkeiten selbständiger Gewerbtreibender mit ihren Gesellen, Gehülfen und Lehrlingen, welche nach Maßgabe des § 108 der Bundes-Gewerbe-Ordnung, unter den im § 126 derselben enthaltenen Ausnahmen, von der „Gemeindebehörde" zu erfolgen hat, wird für das Hamburgische Staatsgebiet den nachbenannten Behörden hiemit übertragen:

1) für den Bezirk des Freihafengebiets der „städtischen Vergleichsbehörde", über deren Organisation und Wahlart das Nähere in den untenstehenden §§ 2—6 bestimmt ist.
2) Für die dem Freihafengebiet nicht angehörigen Gebietstheile der Geest- und Marschlande in jeder einzelnen Dorfgemeinde dem „Vogt und den Deputirten".
3) Für die Landherrenschaft Ritzebüttel „dem Amtsverwalter".
4) Für das Städtchen Bergedorf dem „Raths- und Friedensgerichte". (Verordnung vom 17. November 1848.)
5) Für die übrigen Gemeinden der Vierlande und für die Dorfschaft Geesthacht den dort bestehenden „Vergleichs-Commissionen". (Verordnungen vom 13. September 1848 und 13. Mai 1849.)

II. Von der städtischen Vergleichsbehörde.

§ 2.

Die städtische Vergleichsbehörde wird aus funfzehn Mitgliedern gebildet.

Wählbar zum Mitgliede ist Jeder, der in die Bürgerschaft gewählt werden kann, doch sollen vorzugsweise solche Männer berücksichtigt werden, welche eines der in dem Anhange gruppirten Gewerbe selbständig oder als technischer Geschäftsführer betreiben oder betrieben haben.

Zur Erwählung der Mitglieder besteht eine Wahl-Commission, in welche der Senat und die Bürgerschaft je drei ihrer Mitglieder abordnen, und welche bei Anwesenheit von fünf Mitgliedern beschlußfähig ist. Der Gewählte muß die absolute Majorität der in der Wahl-Commission Anwesenden erhalten haben. Die Namen der Gewählten werden durch den Senat öffentlich bekannt gemacht.

§ 3.

Die in die Behörde Gewählten haben ihr Amt während der Dauer von drei Jahren zu verwalten. Etwaige während dieses Zeitraums entstehende Vacanzen sind von der Wahl-Commission wieder zu besetzen.

In Betreff der Pflicht zur Annahme der Wahl und zur Fortführung des Amts, imgleichen in Betreff des Verfahrens bei Ausscheiden von Mitgliedern vor Ablauf der gesetzlichen Zeit finden im Uebrigen die für Mitglieder der Verwaltungs-Deputationen bestehenden Vorschriften (Art. 83 und 84 der Verfassung, § 8 Absatz 1 und § 9 des Verwaltungsgesetzes) analoge Anwendung. Die Entscheidung über geltend gemachte Weigerungsgründe aber steht der Wahl-Commission endgültig zu.

§ 4.

Für die Besoldung des erforderlichen Büreaupersonals der Behörde und die sonstigen Büreaukosten wird im Jahresbudget eine angemessene Summe ausgesetzt.

§ 5.

Die Behörde hat sich sofort nach Erwählung ihrer Mitglieder unter dem einstweiligen Vorsitze des ältesten derselben zu constituiren und einen Vorsitzenden, sowie für Verhinderungsfälle einen Stellvertreter desselben zu erwählen. Der Vorsitzende hat die Behörde zum Zweck gemeinschaftlicher die Ausführung dieses Gesetzes betreffender Berathungen zu convociren, die Verhandlungen zu leiten, so wie die regelmäßige Erledigung aller der Behörde und den einzelnen Mitgliedern derselben obliegenden Geschäfte und das Büreau zu überwachen.

§ 6.

Die Behörde überträgt den Güteversuch und die Entscheidung der an sie gelangenden Streitigkeiten in einer von ihr zu bestimmenden Reihenfolge je einem Mitgliede. Die Festsetzung der Zeit und Dauer der Geschäftsstunden der von der Behörde abgeordneten einzelnen Mitglieder so wie des Büreaus bleibt der Behörde überlassen, doch ist dabei für möglichst rasche Erledigung der Sachen Sorge zu tragen.

III. Gemeinschaftliche Bestimmungen hinsichtlich des Verfahrens vor den Behörden.

§ 7.

Für das Verfahren vor den sämmtlichen im § 1 bezeichneten Behörden gelten unter Aufhebung der zum Theil jetzt bestehenden anderweitigen Bestimmungen, die in den §§ 8—12 enthaltenen nachstehenden Vorschriften.

§ 8.

Die Parteien können entweder freiwillig vor der competenten Behörde zur Entscheidung ihrer Streitigkeiten sich sistiren oder die eine Partei kann die Vorladung der andern erwirken. Die erste Vorladung ist bei Strafe bis zu 2 ℛ︁ℊ︁ im Falle des Ausbleibens; und die zweite Vorladung unter der Androhung zu erlassen, daß dem Antrage der vorladenden Partei gemäß nach Sachlage werde entschieden werden.

§ 9.

Die Verhandlung ist summarisch und mündlich.

Eine Vertretung der Partrien durch Anwälde ist ausgeschlossen; nur in Fällen bescheinigter Verhinderung ist eine Vertretung durch Fachgenossen zulässig. Bei Minderjährigen ist die Assistenz der Eltern, Vormünder oder sonstiger Angehöriger, welche sich jedoch freiwillig zu sistiren haben, statthaft.

§ 10.

In allen Fällen, in denen ein Vergleich zwischen den Parteien nicht erzielt worden ist, hat die Behörde eine Entscheidung abzugeben, doch bleibt es ihr überlassen, streitige Punkte vor Abgabe der Entscheidung je nach Umständen durch Vernehmung von dritten Personen oder durch persönlichen Augenschein aufzuklären und nöthigenfalls zu solchem Zweck einen neuen Termin anzusetzen. Die Behörde ist befugt zur Feststellung streitiger Thatsachen Vorladungen bei Strafe bis zu 2 ℳ zu erlassen. Beeidigungen finden nicht Statt.

§ 11.

Jeder Vergleich und jede Entscheidung ist, und zwar bei der städtischen Vergleichs-Behörde in der Regel durch einen Angestellten, kurz zu Protokoll zu nehmen. Jede Partei kann gegen Erlegung einer durch Stempel zu erhebenden Gebühr von 8 ß eine beglaubigte Ausfertigung des Vergleiches oder der Entscheidung verlangen, auf Grund welcher sofort und ohne Weiteres die Vollstreckung von der competenten Executionsbehörde erwirkt werden kann.

§ 12.

Gegen die Entscheidung der competenten Behörde steht den Betheiligten eine Berufung auf den Rechtsweg binnen zehn Tagen präclusivischer Frist offen, die vorläufige Vollstreckung wird aber hiedurch nicht aufgehalten.

IV. Schlußbestimmung.

§ 13.

Die Wirksamkeit dieses Gesetzes beginnt mit dem 1. October d. J. und endigt am 30. September 1872.

Diejenigen im § 1 des Gesetzes erwähnten Streitigkeiten, welche am 1. October d. J. bereits bei den Gerichten anhängig sind, unterliegen auch ferner der gerichtlichen Erledigung, doch sind dieselben an die nach diesem Gesetze zuständige Behörde zu verweisen, wenn entweder darin noch keine Verhandlung vor dem Richter erster Instanz stattgefunden hat, oder von beiden Parteien auf Verweisung angetragen wird.

Anhang.

I.

Gold- und Silberarbeiter, Uhrmacher, Maschinenfabrikanten, Verfertiger mechanischer, chirurgischer, optischer und nautischer Instrumente, Werkzeugmacher, Bandagisten, Verfertiger musikalischer Instrumente, Orgelbauer, Pianofortefabrikanten, Claviaturmacher, Edelsteinschleifer, Inhaber von Affinir- und Prägeanstalten, Goldschläger.

II.

Mechaniker, Klempner, Gasfitter, Zinngießer, Blei-, Kupfer- und Schieferdecker, Kupferschmiede, Dratharbeiter, Sieb- und Nadelmacher, Vogelbauermacher, Topfbinder, Porcellanstifter.

III.

Schlosser, Schmiede, Eisengießer, Feilenhauer, Büchsenmacher, Schwertfeger, Glockengießer, Gürtler und Plattirer, Gelbgießer, Messing-, Bronce- und Metallarbeiter, Graveure, Schleifer.

IV.

Maurer, Zimmerleute, Töpfer, Glaser, Spiegelfabrikanten, Glasschleifer, Steinmetze, Kalk-, Gyps-, Cement- und Asphaltfabrikanten, Gypser und Gypsgießer, Schiffbauer, Mühlenbauer, Schornsteinfeger.

V.

Tischler, Stuhlmacher, Bildhauer, Billardmacher, Kistenmacher, Marqueteriearbeiter, Decoupeure, Holzaderamacher.

VI.

Bötticher und Küper, Drechsler, Schnitzarbeiter, Korbmacher, Rohrflechter, Stuhlrohrfabrikanten, Block- und Pumpenmacher, Stockfabrikanten, Rad- und Stellmacher, Wagenfabrikanten, Bürstenmacher, Kammacher, Hornpresser.

VII.

Posamentirer, Weber, Tuchbereiter, Reepschläger, Schiffstakler, Segelmacher, Decateure, Appretirer, Strumpfwirker, Druckwaarenfabrikanten, Canevasfabrikanten, Wattenfabrikanten, Garnspinner, Knopfmacher, Tressenmacher, Schirmmacher, Federn- und Blumenfabrikanten, Fischbeinfabrikanten, Puppenfabrikanten, Färber, Bleicher.

VIII.

Maler, Lackirer, Vergolder, Tapetenfabrikanten, Rouleauxfabrikanten, Lackfabrikanten.

IX.

Tapezierer, Riemer und Sattler, Ledertauer, Kürschner, Gerber, Lederlackirer, Handschuhmacher, Leimfabrikanten, Krollhaarfabrikanten, Haartuchweber, Filz- und Hutmacher, Hasenhaarschneider, Strohhutmacher, Strohhutpresser.

X.

Buchbinder, Buchdrucker, Schriftgießer, Photographen, Lithographen, Papp-, Galanterie-, Etuis- und Probenarbeiter, Papp- und Papierfabrikanten, Kupferstecher, Spielkartenfabrikanten, Liniirer.

XI.

Schuhmacher, Pantoffelmacher.

XII.

Schneider, Corsettenmacher, Tuchstopfer, Wäschefabrikanten.

XIII.

Bäcker, Conditoren, Müller, Cakesbäcker, Biscuitbäcker, Mehl-, Amidam-, Grützfabrikanten, Zuckerfabrikanten, Kuchenbäcker, Bonbonfabrikanten, Chokoladefabrikanten, Hefe- und Cichorienfabrikanten, Oblatenfabrikanten.

XIV.

Schlachter, Inhaber von Räuchereien und Salzereien, Fischer, Conservesfabrikanten, Senffabrikanten, Köche.

XV.

Bierbrauer, Branntweinbrenner, Liqueurfabrikanten, Parfümeriefabrikanten, Essigfabrikanten, Punschextractfabrikanten, Couleurfabrikanten, Chemikalienfabrikanten, Farbenfabrikanten, Feuerwerker, Mineralwasserfabrikanten, Dintefabrikanten, Oelfabrikanten, Stearinfabrikanten, Seifenfabrikanten, Lichtgießer, Thranbrenner, Taback- und Cigarrenfabrikanten, Friseure, Barbiere.

Gegeben in der Versammlung des Senats, Hamburg, den 24. September 1869.

№ 33. den 27. September 1869.

Bekanntmachung,

betreffend den öffentlichen Verkauf von Immobilien und Schiffen.

Der Senat sieht sich veranlaßt darauf hinzuweisen, daß vom 1. October d. J. ab, in Gemäßheit Art. 36 der Bundes-Gewerbe-Ordnung das Gewerbe eines Auctionators auch in Betreff der Immobilien und Schiffe frei betrieben werden kann, insofern die im § 14 der Gewerbe-Ordnung vorgeschriebene Anzeige auf dem zuständigen Gewerbe-Büreau ordnungsmäßig beschafft ist, daß aber hinsichtlich des Verfahrens der unter Leitung der zuständigen Gerichte zum Verkauf kommenden Immobilien und Schiffe, dem Vorbehalte in Alinea 2 des § 36 der Gewerbe-Ordnung entsprechend, nichts geändert wird. Bei diesen gerichtlichen Verkäufen hat auch in Zukunft einer der als öffentliche Auctionare fungirenden Staatsbeamten dem Gerichtsbeamten zu assistiren.

Nur bei den unter Leitung eines Gerichts stattgehabten öffentlichen Verkäufen von Immobilien und Schiffen treten die besonderen privatrechtlichen Wirkungen des Ausschlusses nicht rechtzeitig vor dem gerichtlichen Zuschlag angemeldeter Rechte und Ansprüche Dritter ein.

Vergl.: Tit. VIII des Gesetzes betreffend Grundeigenthum etc. vom 4. December 1868;
Allgem. Deutsches Handelsgesetzbuch Art. 767 und 768;
Einführungsgesetz zum Allgem. Deutschen Handelsgesetzbuch vom 22. December 1865 §§ 56—64.

Durch außergerichtliche Verkäufe von Immobilien und Schiffen, auch wenn sie in Auction erfolgten, werden die Rechte Dritter nicht berührt.

Gegeben in der Versammlung des Senats, Hamburg, den 27. September 1869.

№ 34. den 4. October 1869.

Bekanntmachung,

betreffend Aenderung des § 186 der Strafproceß-Ordnung.

Nachdem durch übereinstimmenden Beschluß des Senats und der Bürgerschaft eine Abänderung des ersten Absatzes des § 186 der Strafproceß-Ordnung vom 30. April d. J. dahin beschlossen worden, daß dieser Absatz hinfort zu lauten hat:

Das über die Verhandlung bei Strafe der Nichtigkeit durch den Gerichtsactuar oder in dessen Verhinderung durch einen Protocollführer oder Kanzlisten des Niedergerichts aufzunehmende Protocoll soll enthalten: die Namen der anwesenden Gerichtsmitglieder, des öffentlichen Anklägers, des Angeklagten und seines Vertheidigers, der erschienenen Zeugen und Sachverständigen;

so wird Solches hiedurch zur öffentlichen Kunde gebracht.

Gegeben in der Versammlung des Senats, Hamburg, den 4. October 1869.

№ 35. den 6. October 1869.

Bekanntmachung,

betreffend Abänderungen des Reglements zu dem Gesetze über das Postwesen des Norddeutschen Bundes.

Der Senat bringt nachstehende, ihm von dem Kanzler des Norddeutschen Bundes zur Veröffentlichung mitgetheilte Verfügung hiedurch zur öffentlichen Kunde:

Berlin, den 30. September 1869.

Abänderungen

des Reglements vom 11. December 1867 zu dem Gesetze über das Postwesen des Norddeutschen Bundes.

Das unterm 11. December 1867 erlassene Reglement zu dem Gesetze über das Postwesen des Norddeutschen Bundes vom 2. November 1867 erfährt vom 15. October d. J. ab einzelne Abänderungen, welche auf Grund der Vorschrift im § 57 des angeführten Gesetzes nachstehend zur öffentlichen Kenntniß gebracht werden.

Der Absatz II des § 22 — Ort der Einlieferung — erhält folgende veränderte Fassung:

II. In die Briefkasten können nur gewöhnliche unfrankirte Briefe, insofern sie dem Frankozwange nicht unterliegen, imgleichen solche gewöhnlichen Briefe, Drucksachen oder Waarenproben, für welche das Porto durch Postwerthzeichen entrichtet ist, gelegt werden. Es ist auch gestattet, dergleichen Sendungen den Conducteuren, Postillonen und Postfußboten (Beförderern der Botenposten), wenn dieselben sich unterwegs im Dienst befinden, zu übergeben.

III. Den Landbriefträgern dürfen auf ihren Bestellungsgängen zur Abgabe bei der Postanstalt ihres Stationsorts oder zur Bestellung unterwegs die nachbezeichneten Gegenstände übergeben werden:

Gewöhnliche Briefe, Drucksachen und Waarenproben,
recommandirte Sendungen,
Postanweisungen,
Sendungen mit Werthdeclaration,
Postvorschußsendungen,

} im Einzelnen bis zum Werthe, beziehungsweise Postvorschußbetrage von 25 Thlr. oder 43¾ fl.

Eine Verpflichtung zur Annahme von Packetsendungen liegt den Landbriefträgern nicht ob.

IV. Insofern in einzelnen Bezirken die Mitgabe von Postsendungen in einem weiteren Umfange, als im Absatz II und im Absatz III angegeben, gestattet ist, bewendet es vorerst bei den desfallsigen besonderen Bestimmungen.

V. Die Ertheilung eines Einlieferungsscheins über die von Landbriefträgern angenommenen Sendungen mit declarirtem Werthe (§ 8 Absatz V), recommandirten Sendungen (§ 16 Absatz II) und Postanweisungen (§ 17 Absatz VII) erfolgt erst durch den Beamten der Annahmestelle der Postanstalt; der Landbriefträger ist verpflichtet, den Einlieferungsschein dem Absender, wenn möglich beim nächsten Bestellungsgange, zu überbringen. Dieselben Grundsätze gelten auch in Betreff der bei Sendungen mit Postvorschuß nach § 19 Absatz V Anwendung findenden Bescheinigungen.

Am Schlusse des § 25 — Einlieferungsschein — tritt hinzu:

In Betreff der Einlieferungsscheine über die von Landbriefträgern eingesammelten Sendungen gelten die Vorschriften im § 22 Absatz V.

Der Bundeskanzler.

In Vertretung: Delbrück.

Gegeben in der Versammlung des Senats, Hamburg, den 6. October 1869.

№ 36. den 22. October 1869.

Bekanntmachung,

betreffend Aufhebung der statutarischen Vorschriften von Theilung der gemeinen und Erbgüter.

Der Senat hat in Uebereinstimmung mit der Bürgerschaft beschlossen und verkündet hiedurch als Gesetz was folgt:

Der Titel 5 im III. Theil des Stadtrechts von 1603:

Von Theilung der gemeinen und Erbgüter

wird hiemit aufgehoben.

Gegeben in der Versammlung des Senats, Hamburg, den 22. October 1869.

№ 37. den 22. October 1869.

Bekanntmachung,

betreffend abermalige Vermehrung des nicht rechtsgelehrten Richterpersonals am Niedergericht.

Es wird hiedurch zur öffentlichen Kunde gebracht, daß durch übereinstimmenden Beschluß von Senat und Bürgerschaft die Anstellung drei fernerer nicht rechtsgelehrter Richter am Niedergericht beliebt worden ist, so daß die Gesammtzahl dieser Richter nunmehr ein und zwanzig zu betragen hat.

Gegeben in der Versammlung des Senats, Hamburg, den 22. October 1869.

№ 38. den 8. December. 1869.

Bekanntmachung,

betreffend das Recursverfahren in Gewerbesachen.

Zu Betreff des nach § 20 der Bundes-Gewerbe-Ordnung zulässigen Recursverfahrens verordnet der Senat im Anschluß an die Bekanntmachung vom 3. September d. J. was folgt:

Der Recurs gegen den Bescheid der ersten Instanz ist bei Verlust desselben binnen vierzehn Tagen vom Tage der Eröffnung des Bescheides an gerechnet auf der Senats-Kanzlei anzumelden. Es können gleichzeitig die Beschwerden, wenn solche nur gegen einzelne Theile des erstinstanzlichen Bescheides gerichtet sind, in einer kurzen schriftlichen Eingabe, unter Beifügung eines Duplicats, angegeben werden, aber da die Ausführung der Beschwerde vor der „Senats-Section für Gewerbe-Recurssachen" im mündlichen und öffentlichen Verfahren zu erfolgen hat, so werden keine Schriftsätze berücksichtigt, sondern es wird nur auf das mündliche Vorbringen entschieden werden.

Die Vorladungen der Partheien, so wie alle im Laufe des Verfahrens erforderlich werdenden Verfügungen und Entscheidungen werden von der vorbezeichneten Senats-Section erlassen.

Gegeben in der Versammlung des Senats, Hamburg, den 8. December 1869.

№ 39. den 20. December 1869.

Bekanntmachung,

betreffend Aenderung des § 20 der Telegraphen-Ordnung.

Der Senat bringt nachstehende ihm von dem Kanzler des Norddeutschen Bundes zur Veröffentlichung mitgetheilte Bekanntmachung hierdurch zur öffentlichen Kunde:

Bekanntmachung.

Für die Folge werden die per Post weiter zu befördernden Depeschen, — wie im internationalen Verkehr, mit Ausschluß Frankreichs, bisher schon geschehen — auch im Wechselverkehr mit Frankreich ohne Kosten für den Aufgeber und den Empfänger frankirt zur Post gegeben. Der § 20 der Telegraphen-Ordnung vom December 1868 erhält deshalb folgende veränderte Fassung:

„§ 20. Depeschen, — recommandirt oder nicht — welche per Post weiter zu befördern sind, werden von der Ankunfts-Station als recommandirte Briefe frankirt zur Post gegeben, ohne Kosten für den Aufgeber und den Empfänger, mit Ausschluß solcher Depeschen, welche über das Meer hinaus zu senden sind, sei es in Folge Unterbrechung unterseeischer Telegraphen-Linien, sei es Behufs Erreichung solcher Länder, welche mit Europa keine telegraphische Verbindung haben. Die hierfür entfallenden Postgebühren sind vom Aufgeber zu entrichten und betragen pro Depesche 20 Sgr.

Die Kosten für die Weiterbeförderung per Expressen werden in der Regel vom Adressaten erhoben. Der Aufgeber einer recommandirten Depesche oder einer Depesche mit Empfangs-Anzeige hat jedoch das Recht, diese Weiterbeförderung zu frankiren, indem er einen von der Aufgabe-Station festzustellenden Betrag hinterlegt, worüber abgerechnet wird, sobald die wirklichen Auslagen bekannt sind.

Für die semaphorische Beförderung der Depeschen von den semaphorischen Stationen nach den Schiffen et vice versa ist eine besondere Zuschlagstaxe zu den tarifmäßigen Gebühren zu entrichten."

„Im Auslande findet eine Weiterbeförderung der Depeschen über die Telegraphenlinien hinaus in der Regel nur per Post statt. In welchen Staaten auch Weiterbeförderungen durch expresse Boten oder Estafetten zulässig sind, ist bei den Telegraphen-Stationen zu erfragen.

Bei Vereins- und internationalen Depeschen, die per Post weiterzubefördern sind, ist eine streckenweise Beförderung durch Telegraphen der innerhalb des Norddeutschen Telegraphen-Gebietes gelegenen Eisenbahnen nicht statthaft, und werden dergleichen Depeschen daher event. von der letzten

Bundes-Telegraphen-Station unmittelbar der Post zur Weiterbeförderung übergeben.

Im internen Verkehr hat der Aufgeber einer per Post weiterzubefördernden Depesche die wirklichen Postgebühren von $5\frac{1}{2}$ Sgr. (1 Sgr. Porto, 2 Sgr. Recommandations-Gebühr und $2\frac{1}{2}$ Sgr. Express-Bestellgebühr) zu entrichten, wofür die Depesche von der Adress-Station als recommandirter Expressbrief frankirt wird.

Depeschen, welche im internen Verkehr „Bahnhof restant" adressirt sind, werden in Bezug auf die Gebühren ebenso wie „poste restante" Depeschen behandelt. In beiden Fällen sind die obigen Gebühren mit Ausschluss der Express-Bestellgebühr, also 3 Sgr. vom Aufgeber zu erheben."

Berlin, den 10. December 1869.

Der Kanzler des Norddeutschen Bundes.
In Vertretung: Delbrück.

Gegeben in der Versammlung des Senats, Hamburg, den 20. December 1869.

№ 40. den 22. December 1869.

Verordnung
betreffend den Gewerbebetrieb im Umherziehen.

Zur Ausführung des am 1. Januar 1870 in Kraft tretenden Titels III der Gewerbe-Ordnung für den Norddeutschen Bund, betreffend den Gewerbebetrieb im Umherziehen, verordnet der Senat was folgt:

§ 1.

Jeder im Hamburgischen Staate wohnhafte Hamburger oder sonstige Bundesangehörige, welcher im Gebiet des Norddeutschen Bundes außerhalb des Polizeibezirkes, in welchem er seinen Wohnort hat, ein Gewerbe im Umherziehen betreiben will, hat vorher bei der zuständigen Behörde (§ 2) einen Legitimationsschein nachzusuchen.

Die einzelnen Polizeibezirke des Hamburgischen Staates sind bis auf Weiteres

1) die Stadt,
2) die Vorstadt St. Pauli,
3) die Landherrenschaft der Geestlande,
4) die Landherrenschaft der Marschlande,
5) das Amt Ritzebüttel,
6) das Amt Bergedorf.

§ 2.

Der Legitimationsschein wird, falls der Ertheilung desselben nach Maßgabe des § 57 der Bundes-Gewerbe-Ordnung nichts entgegensteht, für die Personen, welche in der Stadt, der Vorstadt St. Pauli oder den Landherrenschaften der Marsch- und Geestlande ihren Wohnsitz haben, auf dem Gewerbe-Bureau, für die, welche im Amte Ritzebüttel oder im Amte Bergedorf wohnen, von den betreffenden Amtsverwaltern ausgestellt.

§ 3.

Außerhalb des Hamburgischen Staates wohnende Bundesangehörige, welche im Hamburgischen Staate ein Gewerbe im Umherziehen betreiben wollen, haben zuvor den ihnen von der zuständigen Behörde ihres Wohnortes (§ 58 der Bundes-Gewerbe-Ordnung) ertheilten Legitimationsschein dem Gewerbe-Bureau beziehungsweise den Amtsverwaltern von Ritzebüttel und Bergedorf vorzuweisen, je nachdem sie ihr Gewerbe in den § 1 unter 1—4 oder unter 5 und 6 bezeichneten Polizeibezirken zu betreiben beabsichtigen.

§ 4.

Ein Legitimationsschein ist nicht erforderlich für solche, welche sich auf den Ankauf und Verkauf roher Erzeugnisse der Land- und Forstwirthschaft, des Garten- und Obstbaues, von Fischen, Butter und Sand beschränken.

§ 5.

Hinsichtlich des nach § 57 der Bundes-Gewerbe-Ordnung zulässigen Recurs-verfahrens kommen die zu § 20 und 21 der Bundes-Gewerbe-Ordnung erlassenen Bestimmungen in den Senats-Verordnungen vom 3. September und 8. December 1869 zur Anwendung.

§ 6.

Die nach § 59 der Bundes-Gewerbe-Ordnung erforderliche besondere Erlaubniß für solche, welche auf den Straßen oder sonst im Umherziehen oder an einem Orte vorübergehend und ohne Begründung eines stehenden Gewerbes öffentlich Musik aufführen, Schaustellungen, theatralische Vorstellungen oder sonstige Lustbarkeiten öffentlich darbieten wollen, ohne daß ein höheres Interesse der Kunst oder Wissenschaft dabei obwaltet, wird ertheilt:

1) für die Stadt von der Polizeibehörde,
2) für die Vorstadt St. Pauli vom Patronat,
3) für das Landgebiet der Marsch- und Geestlande von dem betreffenden Landherrn,
4) für die Aemter Ritzebüttel und Bergedorf von den betreffenden Amtsverwaltern.

Die ertheilte Erlaubniß gilt jedoch, wie auf dem Legitimationsschein zu vermerken ist, nur für den Polizeibezirk (§ 1), von dessen Behörde sie ausgestellt ist und muß für jeden andern Bezirk aufs Neue nachgesucht werden.

§ 7.

Nichtbundesangehörige, welche im Hamburgischen Staate ein Gewerbe im Umherziehen betreiben wollen, haben zuvor, je nach den Polizeibezirken, in welchem der Betrieb beabsichtigt wird, auf dem Gewerbe-Bureau, beziehungsweise bei den Amtsverwaltern von Ritzebüttel und Bergedorf einen Legitimationsschein nachzusuchen.

§ 8.

Wegen einer Besteuerung des Gewerbebetriebes im Umherziehen wird durch die Gesetzgebung das Nähere bestimmt werden.

Gegeben in der Versammlung des Senats, Hamburg, den 22. December 1869.

№ 41. den 27. December 1869.

Bekanntmachung,

betreffend öffentliche Auslegung von nach amtlichen Vermessungen angefertigten Karten und Flurbüchern.

Die nach den amtlichen Vermessungen angefertigten Karten und Flurbücher der Vogteien

Wohldorf,
Ohlstedt,
Farmsen und Berne,
Groß-Hansdorf und
Schmalenbeck

liegen zur Einsicht der Betheiligten auf dem Vermessungs-Bureau der Bau-Deputation im Verwaltungs-Gebäude vom 3. Januar bis zum 15. Februar 1870 an den Wochentagen von 10 bis 2 Uhr bereit und es werden alle Eigenthümer, hypothekarischen Gläubiger und sonstige Berechtigte der in den vorgenannten Vogteien begriffenen Grundstücke hiedurch aufgefordert, ihre etwanigen Erinnerungen und Einwendungen dagegen auf dem gedachten Bureau innerhalb der vorbezeichneten Frist, bei Verlust ihrer Einsprüche, gegen Empfangs-Bescheinigung vorzubringen, mit dem Bemerken, daß der Inhalt dieser Vermessungskarten und Flurbücher, insoweit als keine Erinnerungen dagegen erhoben sein werden, nach Ablauf jener Frist, in Gemäßheit des Gesetzes vom 30. October 1865 ohne Weiteres zur Grundlage der Steuerschätzung und zur Berichtigung der Eigenthumsbücher des Hypotheken-Amtes benutzt werden soll.

Gegeben in der Versammlung des Senats, Hamburg, den 27. December 1869.

№ 42. den 30. December 1869.

Verordnung,

betreffend die Prolongation verschiedener Steuern und Abgaben.

Der Senat hat in Uebereinstimmung mit der Bürgerschaft beschlossen und verkündet hierdurch als Gesetz:

Die zur Zeit bestehenden gesetzlichen Bestimmungen über
die Einkommensteuer,
den Stempel, mit Ausnahme des Wechselstempels,
die Erbschafts-Abgabe (Collateralsteuer),
die Abgabe von den Eigenthums-Veränderungen der Immobilien,
die Abgabe von den Zeitungs-Inseraten,
die Abgabe von den öffentlichen Vergnügungen, und
das Auctionariat, soweit nicht darüber durch die Gewerbe-Ordnung für den Norddeutschen Bund abändernde Bestimmungen getroffen worden,
sind bis zum Ablauf des Jahres 1870 prolongirt.

Gegeben in der Versammlung des Senats, Hamburg, den 30. December 1869.

№ 43. den 30. December 1869.

Verordnung,

betreffend die Prolongation der Zoll-Abgabe.

Der Senat hat in Uebereinstimmung mit der Bürgerschaft beschlossen und verkündet hierdurch als Gesetz:

Die zur Zeit bestehenden gesetzlichen Bestimmungen über die Zoll-Abgabe u. w. d. a. sind mit der am 1. Januar 1870 in Kraft tretenden Abänderung, daß dem Verzeichniß der vom Zolle befreiten Gegenstände im § 3 der Zoll-Verordnung unter 2 am Ende hinzugefügt wird:

Kerne und Nüsse zur Oelgewinnung und zu sonstigen Gewerbezwecken, namentlich Palmkerne, Coprahs, Cocosnüsse, Coquilhos, Erdnüsse, Steinnüsse, Corozos u. s. w.

bis zum Ende des Jahres 1870 prolongirt.

Gegeben in der Versammlung des Senats, Hamburg, den 30. December 1869.

№ 44. den 30. December 1869.

Verordnung,

betreffend die Prolongation der Consumtions-Abgabe.

Der Senat hat in Uebereinstimmung mit der Bürgerschaft beschlossen und verkündet hierdurch als Gesetz:

Die zur Zeit bestehende Consumtions-Accise-Verordnung nebst dem bestehenden Tarife ist mit den am 1. Januar 1870 in Kraft tretenden Abänderungen,

daß als neuer Tarifsatz aufgenommen wird: Brot aus gesichtetem Roggenmehl (Feinbrot) pr. 100 ℔ 10 ß,

daß ferner die Rücksteuer für Schiffsbrot aus Weizen von 1 ℳ 8 ß auf 1 ℳ 10 ß pr. 100 ℔ erhöht wird,

daß endlich „Grobes Gries zu Viehfutter, ohne Mehltheile" ausdrücklich für steuerfrei erklärt wird,

bis Ende des Jahres 1870 prolongirt.

Gegeben in der Versammlung des Senats, Hamburg, den 30. December 1869.

Zweite Abtheilung.

Bekanntmachungen einzelner Behörden

im Jahre 1869.

Zweite Abtheilung.

Bekanntmachungen einzelner Behörden im Jahre 1869.

№ 1. den 26. Januar 1869.

Bekanntmachung,

betreffend

die Aufnahme in die Schiffsjungen-Compagnie der Norddeutschen Flotte.

Die nachstehende Bekanntmachung wird auf Antrag des Königlichen Bezirks-Commando's in Hamburg zur öffentlichen Kenntniß gebracht.

Bekanntmachung

des 1sten Bataillons (Hamburg) 2ten Hanseatischen Landwehr-Regiments No. 76.

Das Bezirks-Commando hält es für angemessen, die Vorschriften über die Aufnahme in die Schiffsjungen-Compagnie der Norddeutschen Flotte zur weiteren Kenntniß zu bringen.

I. Allgemeine Bestimmungen.

1) Die Schiffsjungen-Compagnien haben die Bestimmung, Matrosen und Unterofficiere für die Bundes-Kriegs-Marine auszubilden.

2) Die Ausbildung als Schiffsjunge dauert 3 Jahre.

3) Nach Ablauf von 3 Jahren werden die Schiffsjungen, sofern sie die genügende seemännische Ausbildung erlangt haben, als Matrose 3ter Classe in die Matrosen-Abtheilung eingestellt. Das weitere Aufrücken zu den oberen Matrosenklassen, sowie die Beförderung zum Unterofficier bleibt von der Führung und Qualification jedes Einzelnen, sowie von der Erfüllung der reglementarischen Bedingung abhängig.

II. Militair-Dienstzeit.

1) Die Zöglinge der Schiffsjungen-Compagnien haben die Verpflichtung, nach Ablauf von 3 Jahren, welche Zeit auf ihre Heranbildung verwandt worden ist, für jedes dieser Jahre — außer der Erfüllung der allgemeinen gesetzlichen dreijährigen Dienstpflicht — noch anderweitige 2 Jahre der Bundes-Kriegs-Marine zu dienen. Wer daher 3 Jahre in einer Schiffsjungen-Compagnie ausgebildet worden ist, hat demnächst noch 9 Jahre zu dienen. Wer ausnahmsweise über 3 Jahre hinaus im Schiffsjungen-Verhältniß belassen worden ist, hat im ganzen gleichfalls nur 9 Jahre zu dienen.

2) Die versorgungsberechtigende Dienstzeit der Schiffsjungen wird von dem Zeitpunkt der Vereidigung ab gerechnet.

3) Für den Fall, daß der Schiffsjunge für den Dienst der Kriegs-Marine nicht geeignet erscheint, hat er, wie jeder andere Militairpflichtige, seine Dienstzeit in der Armee zu erfüllen, und wird demselben eine besondere Dienstverpflichtung für die in der Königlichen Marine zugebrachte Zeit nicht auferlegt. Ebenso wenig findet in diesem Falle eine Anrechnung der in der Königlichen Marine zugebrachten Zeit statt.

4) Die Bestimmungen über die Militair-Dienstzeit der Zöglinge der Schiffsjungen-Compagnien behalten bei Versetzung derselben zu einem anderen Marinetheil die volle Geltung.

III. Anmeldung.

1) Wer die Aufnahme in eine Schiffsjungen-Compagnie wünscht, hat sich persönlich bei dem Bezirks-Commandeur des Landwehr-Bataillons seiner Heimath (oder, wer dazu Gelegenheit hat, persönlich bei dem Commando der Flotten-Stammdivision in Kiel) zu melden.

Dabei sind folgende Papiere zur Stelle zu bringen.

1) Taufschein.

2) Confirmationsschein, resp. Bescheinigung wenn die Confirmation erfolgen wird.

3) Schriftliche Einwilligung des Vaters oder Vormundes, worin ausgesprochen sein muß, daß sie mit den Aufnahme-Bedingungen vollständig bekannt sind und ihrem Sohne oder Mündel erlauben, sich zur Aufnahme in eine Schiffsjungen-Compagnie einschreiben zu lassen, beglaubigt durch die Ortsbehörde.

4) Ein Attest der Orts-Obrigkeit, daß der Freiwillige sich gut geführt hat.

5) Einen von der Orts-Polizeibehörde attestirten Revers, daß die Kosten des Transports von den Angehörigen des Schiffsjungen werden getragen werden, falls letzterer bei der Ankunft am Einstellungsorte die Einstellung verweigern sollte. Sodann erfolgt eine Prüfung im Lesen, Schreiben und Rechnen, sowie die ärztliche Untersuchung.

IV. Annahme-Bedingungen.

1) Der Einzustellende darf nicht unter 14 Jahre und nicht über 17 Jahre alt sein.

Für die Einstellung im späteren Alter ist der Nachweis erforderlich, daß der Einzustellende so lange bereits auf Seeschiffen gefahren ist, als er nach dem vollendeten 17ten Lebensjahre eingestellt wird.

2) Er muß vollkommen gesund und kräftig gebaut sein.

3) Er muß leserlich und ziemlich richtig schreiben, ohne Anstoß lesen und die 4 Species rechnen können.

4) Er muß mit der zum Marsch nach dem Gestellungsorte erforderlichen Bekleidung und mit dem zur Anschaffung von Putzzeug rc. nöthigen Gelde versehen sein.

5) Er muß sich bei seiner Ankunft am Orte der Einstellung dazu verpflichten, für jedes Jahr des Aufenthalts in der Schiffsjungen-Compagnie 2 Jahre in der Bundes-Kriegs-Marine zu dienen.

6) Jeder eingestellte Junge, welcher den an ihn zu machenden Anforderungen nicht genügt, kann während der beiden ersten Dienstjahre, innerhalb welcher die Vereidigung nicht stattfindet, wieder entlassen werden, desgleichen auf Reclamation seiner Angehörigen, und wenn dies zugleich sein eigener Wunsch ist.

V. Einberufung.

1) Sind Prüfung und ärztliche Untersuchung günstig ausgefallen, ist ein National des zur Schiffsjungen-Compagnie Geeigneten mit den vorgeschriebenen Attesten Seitens des Bezirks-Commandos an die Flotten-Stammdivision einzureichen und hat der Freiwillige alsdann einer baldigen Entscheidung über An- oder Nichtannahme durch das Commando der Marinestation der Ostsee zu gewärtigen.

2) Diejenigen Freiwilligen, welche in dem ersten Jahre ihrer Anmeldung wegen Vollzähligkeit nicht angenommen werden konnten, dürfen hoffen, bei entstehenden Vacanzen, anderenfalls im nächsten Jahre, eingestellt zu werden, vorausgesetzt, daß sie dann noch allen Annahme-Bedingungen genügen.

3) Das unterzeichnete Bezirks-Commando ist bereit, Anmeldungen zum freiwilligen Eintritt in die Schiffsjungen-Compagnie täglich im Central-Bureau — Brauerstraße 44 — von Nachmittags 2—3 Uhr entgegen zu nehmen.

Hamburg, den 21. Januar 1869.

Königliches Bezirks-Commando.

(gez.) von Restorff.

Hamburg, den 26. Januar 1869.

Die Polizei-Behörde.

№ 2. Januar 1869.

Bekanntmachung,

betreffend Todesbescheinigungen im XIII. Holsteinischen Physicats-Districte.

Es wird den hiesigen Herren Aerzten hiedurch zur Kenntniß gebracht, daß, laut einer von Herrn Dr. Th. Kraus, als const. Physicus des XIII. Holsteinischen Physicats-Districtes, bei der unterzeichneten Behörde eingegangenen Anzeige, vom 1. Januar 1869 in gedachtem Bezirke, d. h. in der Stadt Altona und dem Flecken Ottensen-Neumühlen, zur Beerdigung Verstorbener die Ausfüllung einer Todesbescheinigung durch den behandelnden Arzt verlangt wird. Das Formular der daselbst vorgeschriebenen Todesbescheinigung ist mit dem Hamburgischen fast identisch, und werden auf Hamburgischen Formularen ausgeschriebene Todesbescheinigungen in genanntem Physicats-Districte als vollkommen gültig betrachtet.

Hamburg, im Januar 1869. **Der Gesundheitrath.**

№ 3. Januar 1869.

Bekanntmachung,

betreffend Verbot der Beschädigung der Uferwerke am Geesthachter Ufer.

Es wird hiemit auf das Strengste, bei Vermeidung ansehnlicher Geld- und den Umständen nach Gefängnißstrafe, verboten, in irgend einer Weise die Uferwerke am Geesthachter Ufer zu beschädigen, namentlich auf dem neuangelegten Damme liegende, zu dessen Sicherung dienende Steine zu entfernen.

Der Fährmann Jenn in Geesthacht hat die Aufsicht darüber zu führen und hat, sobald als dies Verbot übertreten wird, dem Amte Anzeige davon zu machen.

Bergedorf, im Januar 1869. **Das Amt.**

№ 4. den 29. Januar 1869.

Bekanntmachung,

betreffend Erlangung und Umschreibung von Dienstkarten im Gesinde-Bureau.

Es ist häufig geklagt worden, daß die Personen, namentlich die Dienstboten, welche sich auf dem Gesinde-Bureau zur Erlangung und Umschreibung von Dienstkarten einfinden, längere Zeit warten müssen, bevor sie die ausgefertigte Karte zurückerhalten.

Dies ist nach der jetzigen Einrichtung, nach welcher die ausgefertigten Karten dem Ueberbringer wieder mitgegeben werden, bei dem zu Zeiten, namentlich nach den Dienstbotenwechsel-Terminen stattfindenden großen Andrange des Publikums unvermeidlich.

Um nun dieser Beschwerde abzuhelfen und dem Publikum das Warten im Bureau auf die Ausfertigung der Karte zu ersparen, ist zum Versuch eine veränderte Einrichtung dahin getroffen, daß von jetzt an die nachgesuchten oder umgeschriebenen Karten den Betreffenden vermittelst der Post franco zugestellt werden sollen.

Zur Deckung der dadurch entstehenden Auslagen an Porto u. s. w. wird für jede Karte außer dem gesetzlichen Stempel ein Schilling erhoben werden.

Wer die Zusendung der Karte nicht wünscht, hat dies bei der Anmeldung anzuzeigen und sodann selbstverständlich den 1 ß nicht zu zahlen.

Die Anmeldung ist aber, was nicht zu übersehen ist, wegen der häufig erforderlichen näheren Auskunft entweder persönlich oder durch einen Beauftragten direct zu beschaffen.

Auch ist die genaueste Angabe der Adresse der Dienstherrschaft in der von derselben dem Dienstboten auszustellenden Dienstbescheinigung durchaus erforderlich.

Hamburg, den 29. Januar 1869.

Die Polizei-Behörde.

№ 5. den 30. Januar 1869.

Bekanntmachung,

betreffend Frachtenberechnung in Italienischen Häfen.

In Gemäßheit officieller Mittheilung bringt die Handelskammer Folgendes zur Kenntniß der Betheiligten:

Es ist in der letzten Zeit in Italienischen Häfen wiederholt, auch bei den Norddeutschen Schiffen, vorgekommen, daß die Capitaine auf ihre Frachten Verlüste erlitten, indem sie in ihren Connossementen die Frachten in Francs oder selbst Francs in Gold oder Silber (ohne weiteren Zusatz) stipulirt hatten. — Um die Norddeutschen Rhedereien, welche ihre Schiffe nach Italienischen Häfen senden, vor Coursverlüsten auf die Frachten zu schützen, muß in die Ladungsscheine hinter den Frachtsatz die Clausel eingeschaltet werden: „zahlbar in Napoleonsd'or und nicht anders, ausgeschlossen alle Bankbillets."

Hamburg, den 30. Januar 1869.

Die Handelskammer.

№ 6. den 30. Januar 1869.

Bekanntmachung,

betreffend

Arbeitsverweigerung der Dienstboten in den Kirchspielen von Billwärder und Ochsenwärder in der Fastnachtswoche.

Da bisher mißbräuchlich mehrere Tage der Fastnachtswoche (außer dem kirchlich gefeierten Donnerstage dieser Woche) in den Kirchspielen von Billwärder und Ochsenwärder als Feiertage betrachtet worden,

so wird hiedurch bekannt gemacht, daß alle Tage der Fastnachtswoche (außer dem Donnerstage, so lange derselbe kirchlich gefeiert wird) als gewöhnliche Arbeitstage gelten. Demzufolge haben die Dienstboten im Lande die täglichen und sonst ihnen von ihrer Herrschaft aufgetragenen Arbeiten unweigerlich zu verrichten, und werden Zuwiderhandelnde der Gesinde-Ordnung gemäß bestraft werden.

Hamburg, den 30. Januar 1869.

Die Landherrenschaft der Marschlande.

№ 7. den 4. Februar 1869.

Bekanntmachung,

betreffend die Bestrafung der Einreichung falscher Schiffsmanifeste in China.

In Folge erhaltener officieller Mittheilung bringt die Handelskammer hierdurch nachstehende, in Bezug auf die Bestrafung des Gebrauchs falscher Schiffsmanifeste in China vom Gesandten des Norddeutschen Bundes in Peking der Chinesischen Regierung am 2. September 1868 übergebene Declaration zur Kenntniß der Betheiligten.

„Nachdem der Unterzeichnete der Regierung Sr. Majestät des Königs von Preußen Kenntniß der Note gegeben, welche Seine Kaiserliche Hoheit der Prinz Kung und Ihre Excellenzen, die mit der Verwaltung der Auswärtigen Angelegenheiten beauftragten Minister, in Betreff des Artikels 13 des zwischen den Staaten des Zollvereins, den Großherzogthümern Mecklenburg-Schwerin und Mecklenburg-Strelitz, sowie den Hansestädten Lübeck, Bremen und Hamburg einerseits und China andererseits am 2. September 1861 abgeschlossenen Vertrages an ihn gerichtet und in der sie auf die Nothwendigkeit hingewiesen haben, diejenigen Schiffscapitaine, welche falsche Schiffs-Manifeste einreichen, mit einer Geldstrafe zu belegen, wie dies die von anderen Nationen mit China abgeschlossenen Verträge bestimmen, hat derselbe Befehl erhalten, zu erklären, daß der Norddeutsche Bund und diejenigen Staaten des Zollvereins, welche nicht zu demselben gehören, im Princip ihre Zustimmung zu dem Vorschlage der Chinesischen Regierung geben und damit einverstanden sind, daß die Schiffs-Capitaine, welche falsche Angaben über die Qualität und Quantität der Waaren machen, einer Geldstrafe verfallen, unter dem ausdrücklichen Vorbehalt, daß die Geldstrafe in jedem einzelnen Falle nach der Wichtigkeit der Contravention bemessen werde und jedenfalls nicht die Summe von 500 Taels übersteige. Dabei ist wohl verstanden, daß keine Strafe eintritt, wenn der stattgehabte Irrthum binnen 24 Stunden berichtigt wird.

Was das in Beziehung auf die falschen Manifeste zu beobachtende Verfahren betrifft, so ist die Geldstrafe erst dann als rechtskräftig anzusehen, wenn das Urtheil von einer gemischten Commission gefällt ist, bestehend aus einem Delegirten des chinesischen Zollhauses und einem Delegirten der deutschen Consularbehörde des Hafens, in welchem das Vergehen stattgefunden hat. Sollten diese Delegirten sich nicht einigen können, so ist der Fall zur Kenntniß des General-Zoll-Directors zu Peking und des Gesandten des Norddeutschen Bundes zu bringen, welche dann gemeinschaftlich die Entscheidung herbeiführen.

Der außerordentliche Gesandte und bevollmächtigte Minister des Norddeutschen Bundes.

(L. S.) (gez.) Rehfues."

Hamburg, den 4. Februar 1869.

Die Handelskammer.

№ 8. den 5. Februar 1869.

Bekanntmachung,

betreffend

das Aufhören des staatsseitigen Verkaufs von Ballast-Erde in Cuxhaven.

Im Auftrage Hochlöbl. Section für Strom- und Hafenbau wird hiemit bekannt gemacht, daß mit dem 15. Mai d. J. der staatsseitige Verkauf von Ballast-Erde aufhört.

Cuxhaven, den 5. Februar 1869.

Hugo Lentz,
Wasserbau-Inspector.

№ 9. den 6. Februar 1869.

Bekanntmachung,

betreffend Transit-Abgaben in der Schweiz.

Officieller Mittheilung zufolge wird hierdurch zur Kenntniß der Betheiligten gebracht, daß der Bezug von Transitzöllen in der Schweiz, welcher an der Französischen, Italienischen und Oesterreichischen Grenze in Folge abgeschlossener Verträge wegfällt, auch längs der Grenze des Deutschen Zollvereins in Wegfall kommen soll. Behufs Handhabung der wünschenswerthen Controle wird dagegen fortan für jede Durchfuhrs-Abfertigung eine Certificats-Gebühr von 5 Centimes erhoben werden, jedoch mit der Maßgabe, daß da, wo der bisherige Transitzoll weniger als 5 Centimes betrug, auch diese Certificats-Gebühr nicht zu entrichten ist.

Hamburg, den 6. Februar 1869.

Die Handelskammer.

№ 10. den 9. Februar 1869.

Bekanntmachung,

betreffend Verbot des freien Umherlaufenlassens von Schaafen und Ziegen auf dem Kleinen Grasbrok.

Das freie Umherlaufenlassen von Schaafen und Ziegen auf dem Kleinen Grasbrook wird hierdurch verboten.

So lange überhaupt das Beweiden der unbebaueten Plätze gestattet wird, müssen dort weidende Schaafe und Ziegen angebunden, und sollen, wenn sie umherlaufen, dieselben nach Befinden der Umstände gepfändet, auch die Eigenthümer in Strafe bis zu 6 ℔ genommen werden.

Hamburg, den 9. Februar 1869.

Die Landherrenschaft der Marschlande.

№ 11. den 10. Februar 1869.

Bekanntmachung,

betreffend die Bezeichnung der Wahl-Bezirke nach Steuer-Districten und Steuer-Bezirken.

Die unterzeichnete Commission bringt hierdurch zur öffentlichen Kunde, daß sie

zeichnung der entsprechenden Bataillone und Compagnien des ehemaligen Bürger-Militairs hinzufügen, sondern statt dessen bei jedem Wahl-Bezirk die Steuer-Districte und die Steuer-Bezirke, aus welchen der betreffende Wahl-Bezirk besteht, bemerken wird. Die Steuer-Districte entsprechen genau den Bataillonen, die Bezirke den Compagnien des ehemaligen Bürger-Militairs. Die danach zu den einzelnen Steuer-Districten und Bezirken gehörigen Straßen sind auf S. 42—44 des diesjährigen Staats-Kalenders verzeichnet.

Hamburg, den 10. Februar 1869.

Die Central-Commission
für die allgemeinen directen Wahlen zur Bürgerschaft.

№ 12. den 15. Februar 1869.

Bekanntmachung,

betreffend

die Wahl von Deputirten für die Verwaltung der Kirchen-Angelegenheiten zu Billwärder a. d. Bille.

Nachdem beschlossen und genehmigt worden, daß von und aus den Grundeigenthümern der Kirchengemeinde zu Billwärder an der Bille zwei Deputirte für die Verwaltung der Kirchen-Angelegenheiten erwählt werden, so wird hiedurch bekannt gemacht, daß die Wahlhandlung stattfinden soll am Mittwoch, den 24. Februar, 4 Uhr Nachmittags, im Hause des Gastwirths Ohl und wird wegen der Wahl bestimmt:

1) Die Höfsleute von Billwärder an der Bille haben die Wahl zu leiten.
2) Wahlberechtigt und wahlfähig ist jeder Grundeigenthümer des Kirchspiels; nicht wahlfähig sind die Juraten.
3) Die Abgabe der Stimmen muß persönlich und kann mündlich oder schriftlich geschehen; finden sich auf einem Stimmzettel mehr als zwei gültige Namen, so gelten nur die beiden ersten Namen.
4) Nach Schluß der Wahlhandlung ist das Resultat der Wahl zu ermitteln.
5) Der Erwählte ist zur Annahme der Wahl verpflichtet, die Höfsleute können jedoch die auf sie gefallene Wahl ablehnen, so wie bei späteren Wahlen Diejenigen, welche bereits Deputirte gewesen.
6) Die Amtsdauer der Deputirten ist 4 Jahre.

7) Von den das erste Mal Erwählten tritt nach zwei Jahren Einer aus und entscheidet das Loos, wer austreten soll.

8) Von der vollzogenen Wahl ist dem Landherrn, behufs Bestätigung der Wahl, Anzeige zu machen.

Hamburg, den 15. Februar 1869.

Die Landherrenschaft der Marschlande.

№ 13. den 18. Februar 1869.

Bekanntmachung,

betreffend die Aufnahme einer Schulstatistik.

Nachdem die Vertheilung der Fragebögen behufs Aufnahme der Schulstatistik nunmehr beendigt ist, werden die Schulvorstände und Lehrer, welche dabei etwa übergangen sein sollten, hiedurch aufgefordert, ihre Adresse umgehend beim Pedellen Bielefeldt im Schulgebäude des Johanneums einzureichen, worauf ihnen die Fragebögen sofort werden zugestellt werden.

Es wird hiebei ausdrücklich darauf aufmerksam gemacht, daß einer der Hauptzwecke der diesmaligen Aufnahme der Statistik in der genauen Ermittelung derjenigen Kinder besteht, welche überhaupt Schulunterricht genießen, ohne daß es darauf ankommt, ob der Unterricht in der Schule oder außerhalb derselben ertheilt wird. Eltern und Lehrer, welche nicht dafür Sorge tragen, daß ihre außerhalb der Schule unterrichteten Kinder und Zöglinge in die Fragebögen eingetragen werden, haben es sich deshalb selbst zuzuschreiben, wenn dieselben in das Verzeichniß der die Schulpflicht nicht erfüllenden Kinder aufgenommen werden müssen.

Hamburg, den 18. Februar 1869.

Die interimistische Oberschulbehörde.

№ 14. den 19. Februar 1869.

Bekanntmachung,

betreffend die Hausbettelei.

Seit längerer Zeit hat die Hausbettelei auf unleidliche Weise zugenommen. Namentlich wird dieselbe ausgeübt von fremden Gesellen und Arbeitern, die unter dem Vorwand, rechtliche Beschäftigung zu suchen, herkommen und dann dem Betteln, der

Gelegenheit nach auch mit Anwendung von Drohungen und Thätlichkeiten oder mit Diebstahl verbunden, obliegen.

Es wird hierüber beständig bei der Polizei-Behörde Klage geführt. Die Officianten und patrouillirenden Polizeiwächter sind auch angewiesen mit aller Aufmerksamkeit auf Bettler zu achten und dieselben zur Haft zu bringen. Die Polizei-Behörde hat nicht unterlassen, gegen die wegen solcher Vergehen zahlreich eingebrachten Individuen nachdrücklich einzuschreiten.

Sie vermag aber nicht diesem Unwesen genügend zu steuern ohne die Unterstützung des Publicums, welches im Gegentheil vielfach von einem unbegründeten Mitleid angeregt, die vagabondirenden Bettler durch Verabreichung milder Gaben in ihrem gesetzwidrigen Treiben befördert. Das Publicum wird demnach hiedurch dringend ersucht, seinerseits der Polizei-Behörde thunlichst beizustehen und insbesondere den Bettlern keine Almosen zu geben, da, wo wirklich Bedürftigkeit vorliegt, die öffentlichen Anstalten es an Hülfe nicht fehlen lassen.

Diese Warnung gilt ganz besonders auch für die Hochstapler, die mit Bettelbriefen umhergehen.

Hamburg, den 19. Februar 1869.

Die Polizei-Behörde.

№ 15. den 22. Februar 1869.

Bekanntmachung,

betreffend Ausdehnung des Verbots, Schweine zu halten auf den District der ehemaligen Vorstadt St. Georg.

Nachdem durch übereinstimmenden Beschluß von Senat und Bürgerschaft die frühere Vorstadt St. Georg seit dem 1. August 1868 vollständig mit der Stadt vereinigt worden ist, sind die für Letztere erlassenen Polizei-Verordnungen auch für den District von St. Georg, soweit es noch nicht der Fall war, zur Anwendung gelangt.

Zur Schonung bestehender Verhältnisse ist jedoch für das in der Stadt geltende Verbot, Schweine zu halten (Verordnung vom 26. Septbr. 1818 und vom 1. August 1831), vorübergehend eine Ausnahme gemacht worden.

Da diese durch die Rücksicht auf die öffentliche Gesundheitspflege und Reinlichkeit gebotene Anordnung auf die Dauer im Kirchspiel St. Georg nicht unausgeführt bleiben kann, wird hiemit verfügt, daß dieselbe vom 1. Januar 1870 an auch für St. Georg in Wirksamkeit tritt.

Hamburg, den 22. Februar 1869.

Die Polizei-Behörde.

№ 16. Februar 1869.

Verordnung
für das Feuerlöschwesen auf den Hamburgischen Elbinseln.

§ 1.

Die Hamburgischen Elbinseln bilden behufs provisorischer gemeinschaftlicher Organisation des Feuerlöschwesens einen besonderen District.

Ausgenommen von diesem Districte bleiben der große Grasbrook, und bis auf Weiteres die westlich vom Köhlbrand belegenen Inseln.

§ 2.

Der District für das Feuerlöschwesen auf den Hamburgischen Elbinseln zerfällt in zwei Unterbezirke:

a. In die Elbinseln westlich vom Reiherstieg (enthaltend: Steinwärder, Grevenhof, Roß, Ellerholz).

b. In den Bezirk östlich vom Reiherstieg (enthaltend: kleiner Grasbrook, große und kleine Veddel, Peute, Müggenburg, Hofe, Niedern- und Klütjenfelde).

§ 3.

Für die Verwaltung des Feuerlöschwesens in diesen beiden Bezirken wird je eine Commission gebildet, bestehend für jeden Bezirk aus 4 Personen.

Bei Angelegenheiten, welche dem gesammten District gemeinsam sind, treten die Mitglieder dieser Commissionen zu gemeinschaftlicher Berathung und Beschlußfassung zusammen.

Die Mitglieder der Commissionen werden auf vier Jahre gewählt. In jedem zweiten Jahre treten 2 Mitglieder aus. Nach Ablauf der ersten beiden Jahre entscheidet das Loos die Reihenfolge des Austritts.

Die Mitglieder der Commissionen werden von und aus den im Bezirk wohnhaften Hausbesitzern nach Stimmenmehrheit gewählt.

Die Wahlen bedürfen der Bestätigung der Deputation für das Feuerlöschwesen.

§ 4.

Zum Geschäftskreis der Commission gehört namentlich:

a. Die Verwaltung der für das Löschwesen bestimmten Gelder, und die Abschätzung der Baulichkeiten des Löschdistricts behufs Erhebung der Löschsteuer (vgl. § 6 und 7 dieser Verordnung und § 13, 3 des Gesetzes für das Feuerlöschwesen);

b. die Beaufsichtigung der Löschapparate;

c. bei entstehenden Feuersbrünsten die Leitung des Löschwesens, sowie die Beaufsichtigung der Brandstätte;

d. die Annahme und Controlirung der zur Bedienung der Sprützen oder sonstwie erforderlichen Mannschaft.

§ 5.

Die Verwaltung des Löschwesens auf den Hamburgischen Elbinseln durch die vorgedachten Commissionen geschieht unter Autorität und Controle der Deputation für das Feuerlöschwesen und unter der oberen Leitung und Beaufsichtigung der städtischen Oberbeamten für das Feuerlöschwesen.

§ 6.

Zum Zwecke der Erhaltung und eventuellen Vermehrung der Löschapparate, zur Bestreitung der Kosten für deren Bedienung, wie überhaupt für die Kosten der allgemeinen Verwaltung des Löschwesens auf den Elbinseln wird eine Löschsteuer mit einem jährlichen Beitrage von $\frac{1}{4}$ per Mille des verbrennlichen Taxationswerthes aller Baulichkeiten in dem im § 1 genannten Districte erhoben, welche Löschsteuer von den Eignern, beziehungsweise Pächtern in jährlich einmaliger Zahlung durch die Commissionen eingezogen wird.

Gegen etwa Säumige wird, nach Aufgabe an die Deputation für das Feuerlöschwesen, executivisch verfahren werden.

§ 7.

Als der für den jährlichen Beitrag von $\frac{1}{4}$ per Mille maaßgebende Taxationswerth gilt bei Gebäuden, welche gegen Feuersgefahr zu voll versichert sind, die in der Police angegebene Versicherungssumme. Bei nicht gegen Feuersgefahr versicherten Gebäuden (sofern der Eigenthümer mit der Commission über die Werthbestimmung sich nicht einigen kann) ist die Taxation des Gebäudes durch die Bezirkscommission, unter Zuziehung eines Sachverständigen, vorzunehmen. Ist der Eigner mit dieser Taxe nicht zufrieden, so steht es ihm frei, auf seine Kosten eine abermalige Taxation mittelst

Zuziehung von zwei von ihm zu wählenden Taxatoren der Hamburger Feuercasse zu veranlassen, deren Resultat definitiv entscheidend ist.

§ 8.

Die Löschapparate für die beiden Bezirke sind zur Hülfe in beiden Bezirken bestimmt.

Bei Bränden, welche außerhalb des Löschbezirks der Elbinseln entstehen, muß, wenn eine dem entsprechende Requisition an die Commissionen erfolgt, nachbarliche Hülfe geleistet werden.

Das Nähere in Bezug auf die Geschäftsordnung der Commissionen, das Verfahren bei Feuersbrünsten, die Anstellungsbedingungen für die Löschmannschaft und deren Verpflichtungen wird von Seiten der Deputation für das Feuerlöschwesen im Instructionswege festgestellt werden.

§ 9.

Eine jederzeitige Veränderung in der Organisation des Feuerlöschwesens auf den Elbinseln bleibt der Deputation für das Feuerlöschwesen vorbehalten.

Hamburg, im Februar 1869.

Die Deputation für das Feuerlöschwesen.

№ 17. den 6. März 1869.

Bekanntmachung,

betreffend die mit Palmkernmehl beladenen Schiffe u. w. d. a.

In Folge der im Altonaer Hafen vorgekommenen Explosion eines mit Palmkernmehl beladenen Schiffes ist dieses erst neuerdings aufgekommene Fabrikat näher geprüft worden und hat sich ergeben, daß dasselbe durch Verdunstung der darin bei Extrahirung des Oelgehaltes zurückgebliebenen flüchtigen und leicht brennbaren Gase in geschlossenen Räumen leicht zu Explosionen führen kann, eine Gefahr, die namentlich hervortritt bei nachlässiger Fabricirung und bei ungeeigneter, insbesondere feuchter Lagerung in geschlossenen Räumen. Es wird deshalb im Auftrage Hohen Senats verfügt, daß die Capitaine solcher Schiffe, welche Palmkernmehl an Bord haben oder ein- oder ausladen, der Hafenrunde bei einer Geldstrafe bis zu 50 ℳ Anzeige hiervon zu machen haben und sodann bei einer gleichen Strafe verpflichtet sind, die Luken ihrer Schiffe, so lange diese im Hamburger Hafen liegen, nicht zu schließen, dieselben vielmehr durch unterzustellende Hölzer aufgehoben zu halten, um dadurch einen freien Luftzug zu bewirken. Die betreffenden Fabrikanten haben auf die möglichst vollständige Entfernung des zum Extrahiren des Oelgehaltes benutzten Stoffes aus dem Palmkernmehl zu achten und die Empfänger der Waare bei der Lagerung und Verladung derselben mit größter Vorsicht zu verfahren.

Hamburg, den 6. März 1869.

Die Polizei-Behörde.

№ 18. den 20. März 1869.

Bekanntmachung,

betreffend die Einforderung der Feuer-Casse-Zulagen, Zuschlagsprämien u. w. d. a., so wie der Löschzulage.

Die unterzeichnete Behörde bringt hiermit zur Kenntniß der Grundeigenthümer, daß sie nunmehr auf Grund des Gesetzes vom 28. August 1867, betreffend die Hamb. Feuer-Casse (Dritter Abschnitt, von den Mitteln zur Deckung der Feuerschäden) und des Gesetzes vom 2. März 1868, betreffend das Feuerlöschwesen (III. für die Kosten des Feuerlöschwesens bestimmte Mittel), nach Maaßgabe der in den Feuer-Casse-Büchern verzeichneten Versicherungssummen

I. mit der Einforderung

a. der ordentlichen Zulagen für 1869:

1) von Gebäuden mit massiven Umfassungswänden $\frac{1}{4}$ per Mille,

2) von Fachwerksgebäuden $\frac{5}{8}$ per Mille,

b. der Zuschlagsprämien für 1869, nach den Bestimmungen des § 36;

II. mit der nachträglichen Einforderung der bei der Ausschreibung vom 3. Januar 1868 vorbehaltenen

c. $\frac{1}{8}$ per Mille Mehrzulage für die Zeit vom 1. Mai bis 31. December 1868 für Fachwerksgebäude,

d. der Zuschlagsprämien für die Zeit vom 1. Mai bis 31. December 1868;

III. mit der Einforderung

e. der von der ehemaligen General-Feuer-Casse-Deputation nach Maaßgabe des § 20 der General-Feuer-Casse-Ordnung verfügten Differentialprämien;

IV. mit der Einforderung

f. der Löschzulage für 1869, $\frac{3}{8}$ per Mille,

vorgehen und die desfallsigen Aufgaben zusenden wird.

Die unterzeichnete Behörde macht darauf aufmerksam, daß die Zahlung der sämmtlichen Beiträge nach § 47 und 51 des Feuer-Casse-Gesetzes und § 18 des Feuerlöschwesen-Gesetzes bis zum 15. Juni d. J., und zwar im Bureau der Feuer-Casse im ehemaligen Posthause, Neuerwall No. 81, zu leisten ist, widrigenfalls für jede im Rückstande gebliebene Zulage eine Strafe von 8 ß und für jede im Rückstande gebliebene Löschzulage eine Strafe von 8 ß für das betreffende Erbe eintritt und nach Ablauf einer ferneren Frist von 4 Wochen die executivische Beitreibung der Rückstände sammt den Strafen verfügt wird.

Hamburg, den 20. März 1869.

Die Feuer-Casse-Deputation.

№ 19. den 24. März 1869.

Bekanntmachung,

betreffend die Berücksichtigung des neuen Maaß- und Gewichtssystems beim Rechnen-Unterricht in den Schulen.

In No. 28 des Bundesgesetzblattes des Norddeutschen Bundes von 1868 ist eine auf dem Decimalsystem beruhende Maaß- und Gewichts-Ordnung für den Norddeutschen Bund vom 17. August 1868 publicirt worden, welche mit dem 1. Januar 1872 in Kraft treten soll, während die Anwendung der derselben entsprechenden Maaße und Gewichte bereits vom 1. Januar 1870 an gestattet ist, insofern die Betheiligten hierüber einig sind.

Unter Hinweis hierauf, sowie unter dem Bemerken, daß Exemplare der betreffenden Nummer des Bundes-Gesetzblattes bei dem Buchdrucker Eines Hohen Senats, Th. G. Meißner, zum Preise von 1 ß das Stück zu haben sind, richtet die unterzeichnete Behörde an sämmtliche Schulvorstände die dringende Aufforderung, dafür Sorge zu tragen, daß bei dem Rechnenunterricht schon jetzt vielthunlichst auf das neue Maaß- und Gewichtssystem Rücksicht genommen werde.

Hamburg, den 24. März 1869.

Die interimistische Oberschulbehörde.

№ 20. den 31. März 1869.

Bekanntmachung,

betreffend die Notirung der Getreidepreise im Waaren-Preiscourant.

In Folge einer Mittheilung des Vorstandes des Vereins der Getreide-Händler der Hamburger Börse bringt die unterzeichnete Handelskammer zur Kenntniß der Betheiligten, daß von Anfang nächsten Monats an in dem auf Veranlassung der Handelskammer herausgegebenen Wöchentlichen Waaren-Preiscourant die Preise für Getreide in Banco und pr. Netto-Gewicht werden notirt werden.

Hamburg, den 31. März 1869.

Die Handelskammer.

№ 21. den 31. März 1869.

Bekanntmachung,

betreffend die Zunahme der Bettelei in den Marschlanden.

Da in letzter Zeit über die Zunahme der Bettelei in den Marschlanden mehrfache Beschwerden geführt sind, so werden die Bewohner hiedurch daran erinnert, den umherziehenden Bettlern und Vagabonden keine milden Gaben zu verabreichen, indem die Erfahrung lehrt, daß je öfter und je mehr an Bettler Gaben verabreicht worden, desto mehr die Bettelei zunimmt.

Die Polizei-Officianten sind angewiesen, in ihren Districten zu patrouilliren, um bettelnde Personen zurückzuweisen und den Bewohnern die etwa nöthige Hülfe zu gewähren.

Vögte, Höfsleute und Officianten werden Diejenigen, welche sich wiederholt der Bettelei und Zudringlichkeiten, Drohungen oder sonstigen Unfugs gegen die Bewohner schuldig machen, zur gefänglichen Haft bringen und wird gegen die Schuldigen nach Befinden der Umstände mit scharfer Bestrafung vorgegangen werden.

Hamburg, den 31. März 1869.

Die Landherrenschaft der Marschlande.

№ 22. März 1869.

Bekanntmachung,

betreffend Anordnungen in Bezug auf die Auswanderer-Expedition.

Den hiesigen Auswanderer-Expedienten werden nachstehende von der unterzeichneten Deputation getroffene Anordnungen hiedurch zur Kenntnißnahme und Nachachtung mitgetheilt:

1. Nachweis der Classification des Schiffs.

Die Besichtiger haben sich das Attest über die dem Schiffe vom Bureau Veritas ertheilte Classification vorweisen zu lassen.

2. Messung der s. g. Leibhölzer.

Die etwa im Zwischendeck an der Schiffswand vorhandenen Schwellen (s. g. Leibhölzer) sind im Allgemeinen in das Maaß der Bodenfläche nicht einzurechnen, es sei denn, daß durch eine entsprechende Erhöhung der Kojenstände die Leibhölzer unter denselben so verschwinden, daß den Passagieren der volle gesetzmäßige Quadratraum gewährt wird.

3. Verfahren bei Reinigung von Schiffen.

Das Verfahren bei vorgängiger Reinigung von Schiffen, welche zuvor Petroleum oder andere den Schiffskörper inficirende Ladung an Bord hatten (s. § 8 der Nachtrags-Verordnung vom 20. April 1868) ist das folgende:

Nach Entlöschung eines mit solchen Stoffen beladen gewesenen Schiffes ist sofort das Stauholz aus demselben zu entfernen und müssen sodann sämmtliche Laderäume gehörig mit Wasser und Soda ausgesprützt und gewaschen werden; demnächst sind behufs Austrocknung sämmtliche Schiffslukeu — mit in denselben verhängten Windsegeln — mindestens 3 Tage lang offen zu halten.

Erst drei Tage nach Beendigung dieses Verfahrens dürfen die Passagiere an Bord aufgenommen werden.

4. Prüfung von Charte-Partien betreffend.

Wenn die Expedition eines Auswandererschiffes nicht von der Rhederei selbst geschieht, so haben die Besichtiger Sorge zu tragen, daß die über das Schiff geschlossene Charte-Partie dem Herrn Präses der Auswanderer-Deputation vorgelegt werde, und erst, nachdem Dieser dieselbe gebilligt, das Attest zu ertheilen.

5. Controle betreffend verbotene Ladung. — Einreichung des Manifestes betreffend.

Die Besichtiger haben sich, während das Schiff in Ladung liegt, so oft erforderlich an Bord desselben zu begeben und ihr Augenmerk insbesondere auch darauf zu richten, daß keine der nach § 7 der Nachtrags-Verordnung verbotenen Artikel eingenommen werden. Capitain und Schiffsmannschaft sind schuldig, ihnen jede in dieser Beziehung verlangte Auskunft zu ertheilen.

Insbesondere sind die Besichtiger berechtigt und verpflichtet, zur Ausübung dieser Controle sich, so oft es thunlich und zweckmäßig ist, die Ladebücher vorzeigen zu lassen. Sie haben ferner darauf zu halten, daß baldthunlichst, spätestens drei Tage nach Abgang des Schiffes, das Manifest der Auswanderer-Behörde zur Kenntniß eingereicht werde.

6. Proviant für die Schiffsmannschaft betreffend.

Hinsichtlich des nach § 12 des Nachtrags gleichfalls zu inspicirenden Proviants für die Schiffsbesatzung ist die Speisetaxe im § 17 der Seemannsordnung vom 22. December 1865 unter Berücksichtigung der im § 7 der Verordnung von 1855 enthaltenen Angaben über die wahrscheinlich längste Dauer der Reisen zu Grunde zu legen.

Auch über diese für die Schiffsmannschaft bestimmten Ausrüstungsgegenstände an Proviant und Wasser haben die Besichtiger sich ein Verzeichniß einreichen zu lassen.

7. Specification des mitzunehmenden Quantums Mehl, Erbsen, Bohnen u. s. w.

Die in der Proviantliste des § 8 der Verordnung von 1855 nur im Gesammt-Quantum angegebenen Artikel: Weizenmehl, Erbsen, Bohnen, Graupen, Reis, Pflaumen, Sauerkohl, sind in folgender Specification mitzunehmen, wobei es jedoch im Ermessen der Besichtiger steht, wenn ihnen Solches nach Lage der Umstände zweckmäßig erscheint, unerhebliche Verringerungen einzelner Artikel zu Gunsten anderer zu gestatten.

	auf: 13 Wochen,	16 Wochen,	18 Wochen,	24 Wochen,	28 Wochen.
Weizenmehl	13 ℔	16 ℔	18 ℔	24 ℔	28 ℔.
Erbsen	$9\frac{3}{4}$ „	12 „	$13\frac{1}{2}$ „	18 „	21 „
Bohnen	$4\frac{7}{8}$ „	6 „	$6\frac{3}{4}$ „	9 „	$10\frac{1}{2}$ „
Graupen	$3\frac{1}{4}$ „	4 „	$4\frac{1}{2}$ „	6 „	7 „
Reis	$6\frac{1}{2}$ „	8 „	9 „	12 „	14 „
Pflaumen	$3\frac{1}{4}$ „	4 „	$4\frac{1}{2}$ „	6 „	7 „
Sauerkohl	$4\frac{7}{8}$ „	6 „	$6\frac{3}{4}$ „	9 „	$10\frac{1}{2}$ „

8. Betreffs Ersatz eines Theils der Butter durch Schmalz und durch süße Marmelade.

Das im § 8 der Verordnung von 1855 angeordnete Quantum Butter darf zur Hälfte durch ein gleiches Quantum Schmalz ersetzt werden. Ferner kann, aber nur falls die Passagiere einwilligen, insbesondere bei Schiffen, welche nach einem südlich gelegenen Hafen bestimmt sind, das vorschriftsmäßige Quantum Butter um ein Drittheil reducirt werden, wenn statt dessen für je 1 ℔ Butter $1\frac{1}{4}$ ℔ süße, gute Marmelade mitgenommen wird. In beiden Fällen, (wie ingleichen bei der im angeführten § 8 gestatteten theilweisen Ersetzung der Butter durch geräucherten Speck,) ist der Capitain darauf hinzuweisen, daß der Buttervorrath zuerst verzehrt werden muß. Saure Marmelade darf nur außer der Taxe zur Verbesserung des Getränks mitgenommen werden.

9. Proviant für Kinder von 1 bis 6 Jahren betreffend.

Befinden sich unter den Passagieren Kinder im Alter von 1 bis 6 Jahren, so muß, und zwar außer dem im § 4 der Verordnung von 1868 unter a aufgeführten Proviant, bei einer Reise bis 13 Wochen (bei längeren Reisen im Verhältniß mehr) für jedes Kind im obigen Alter 3½ ℔ Hafergrütze und 2½ ℔ Zucker mitgenommen werden, wogegen es zulässig ist, für jedes dieser Kinder ein Quantum von 4 ℔ Erbsen und je 2 ℔ Bohnen und Sauerkohl wegzulassen.

10. Köche und Krankenwärter sind zur Bereitung und Vertheilung der Kinderspeisen zu verpflichten.

Der Koch, beziehungsweise die Köche (§ 3 der Nachtrags-Verordnung) sind zu verpflichten, von den mitzunehmenden Kinderspeisen täglich das erforderliche Quantum für die am Bord befindlichen Kinder von 1 bis 6 Jahren zu bereiten, und der Krankenwärter, diese Speisen gehörig an die Kinder zu vertheilen.

11. Medicinkiste betreffend. — Mitnahme von Augenwasser und condensirter Milch.

Der Auswanderer-Untersuchungs-Arzt ist angewiesen, darauf zu halten, daß außer den nach der Nachtrags-Verordnung für die Medicinkiste vorgeschriebenen Medicamenten, stets ein angemessenes Quantum Augenwasser und ein ganzes Pfund condensirter Milch mindestens, nach Verhältniß mehr, mitgenomen werde.

12. Hospital-Einrichtung.

Der im § 6 der Verordnung von 1855 vorgeschriebene Hospitalraum ist in dem dort angegebenen Verhältniß zur Passagierzahl mit Betten (bestehend aus Matratzen, Decken und Kopfpfühl) und zwar in dem Verhältniß von vier Betten für je 100 Passagiere, auszurüsten.

13. Beschaffenheit der eisernen Tanks betreffend.

Die zur Aufbewahrung des Trinkwassers zu verwendenden eisernen Tanks müssen im Innern mit einem Ueberzug von Cement oder einer anderen tauglichen Materie versehen sein; ein Anstrich mit Mennig ist durchaus verboten.

14. Reisedauer der Dampfschiffe betreffend.

Für Dampfschiffe wird die wahrscheinlich längste Reisedauer auf die Hälfte

15. Hauptbesichtigung am Bord der Schiffe betreffend.

Die Besichtiger sind angewiesen, die Hauptbesichtigung am Bord des Schiffes nicht früher vorzunehmen, als sowohl der zu besichtigende Proviant (wobei die Benennung der Artikel und das Netto-Gewicht auf den betreffenden Collis deutlich gemarkt sein müssen,) sich vollständig am Bord befindet; wie auch die Arbeiten behufs Herrichtung von Schlafkojen, Separat-Abtheilungen, Hospitälern ꝛc. gänzlich beendigt sind.

16. Zusatz zu der vom Expedienten abzugebenden eidlichen Erklärung.

Der vom Expedienten nach § 13 der Verordnung von 1855 und § 13 des Nachtrags von 1868 an Eidesstatt abzugebenden Erklärung ist noch folgender Zusatz hinzuzufügen:

daß er den Besichtigern über die etwa am Bord befindlichen alten Ausrüstungsgegenstände wahrheitsgetreue und genaue Auskunft ertheilt habe;

daß sich unter der Ladung des Schiffes keine Gegenstände befinden, deren Mitnahme nach § 7 der Verordnung vom 20. April 1868 verboten ist;

daß er überhaupt den dem Expedienten eines Auswandererschiffes nach hiesigen Gesetzen obliegenden Pflichten in allen Stücken gewissenhaft nachgekommen sei.

Hamburg, im März 1869.

Die Auswanderer-Deputation.

№ 23. März 1869.

Revidirte Ordnung und Tarif
für die Benutzung der Balkenwaage, Stadtkrähne und des neuen hydraulischen Krahns.

1.

Die Benutzung der Krähne darf nur in Gegenwart der Krahnmeister stattfinden, an die man sich in ihren resp. Geschäftslocalen zu wenden hat und welchen die Aufsicht über die Anschlagung der Lasten sowie über den Gebrauch der Krähne und die Eincassirung der dafür zu entrichtenden Gebühren übertragen worden.

2.

Die Krähne können täglich, Sonn- und Festtage ausgenommen, im Sommer von Morgens 6 Uhr bis Abends 7 Uhr, und im Winter so lange es Tag ist, mit Ausnahme der Mittagsstunde von 12 bis 1 Uhr, vom Publicum benutzt werden.

In dringenden Fällen und ausnahmsweise können auch vor und nach dieser bestimmten Zeit, und Sonn- und Festtags unter Beobachtung der polizeilichen Vorschriften, Beförderungen stattfinden, worüber indessen Tags zuvor eine Verabredung mit dem betreffenden Krahnmeister zu nehmen ist.

3.

Größere Lasten als bis 30,000 ℔ dürfen überall nicht mit dem großen Krahn aufgenommen oder hinuntergelassen noch gewogen werden. Mit den kleinen Krähnen sind nur Lasten bis zu 3000 ℔ aufzunehmen oder hinunterzulassen. — Das Gewicht der mit den Krähnen zu befördernden Lasten ist vorher den Krahnmeistern aufzugeben, für dessen Richtigkeit derjenige, welcher den Krahn benutzen läßt, verantwortlich ist.

4.

Die Arbeit des Aufbringens, Absetzens und Uebersetzens mit dem großen Krahn wird staatsseitig besorgt, jedoch geschieht das Anschlagen der Lasten und das Verladen derselben durch die den Krahn Benutzenden; dagegen ist bei den kleinen Krähnen nicht allein das Anschlagen und Verladen der Lasten, sondern auch die Arbeit des Aufbringens, Absetzens und Uebersetzens durch diejenigen, welche die kleinen Krähne benutzen wollen, zu beschaffen.

5.

Bei etwa vorkommenden Unglücksfällen, sei es durch Brechen der Ketten, Maschinentheile, Haken ꝛc. oder durch mangelhafte Befestigung der Last, trägt zwar der Staat die Kosten, welche für die Wiederherstellung der Krähne und deren Zubehör erfordert werden, dagegen übernimmt derselbe keine Gewähr für Schaden, welcher Fahrzeug und Ladung ꝛc. treffen sollte, und kann niemals für irgend einen Schadenersatz in Anspruch genommen werden. Sollte jedoch ein Schaden an den Krähnen dadurch entstanden sein, daß von dem Anmeldenden das Gewicht zu niedrig angegeben, oder die Last eigenmächtig und nicht nach Anweisung der Krahnmeister angeschlagen ward, oder auch, bei den kleinen Krähnen, unvorsichtig mit denselben umgegangen wäre, so bleiben dem Staate die daraus zu entnehmenden Ansprüche auf Schadenersatz gegen denjenigen, für dessen Rechnung oder in dessen Auftrag der Krahn benutzt ward, vorbehalten.

6.

Auf dem freien Platze bei der Rathswaage können schwerere Gegenstände (Maschinentheile, Dampfkessel ꝛc.) welche mit den dortigen Krähnen gehoben sind, ausnahmsweise und soweit der Raum es zuläßt, auf kurze Zeit gelagert werden: jedoch ist solches lediglich als eine Vergünstigung anzusehen und müssen solche Gegenstände einen Tag vorher beim Krahnmeister angemeldet werden. Die nach Anweisung des Krahnmeisters vorzunehmende Lagerung besorgt der Empfänger selbst, auf dessen alleinige

Gefahr und Risico auch die Gegenstände auf dem freien Platz beim Krahn lagern. Vorkommendenfalls müssen die Gegenstände auf die erste erhaltene Aufforderung Seitens des Krahnmeisters fortgeschafft und reiner Platz geliefert werden, widrigenfalls dieselben aus dem Wege geschafft und nur gegen Ersatz aller dadurch entstandenen Kosten, sowie Zahlung einer Strafe von täglich Crt. ℳ 1 pr. 1000 ℔ ausgeliefert werden. Selbstverständlich ist bei wiederholter Benutzung des Krahns für solche gelagerte Gegenstände jedesmal das tarifmäßige Krahngeld zu entrichten. — Eine Lagerung bei den übrigen Krähnen ist indessen überall nicht gestattet.

7.

Für die Benutzung der Balkenwaage im Rathswaage-Gebäude.

Für jede Wägung mittelst der Balkenwaage ist zu entrichten 1 β per 100 ℔, wobei ein Bruchtheil von 100 ℔ bei der Zahlung für ein volles Hundert Pfund berechnet wird.

Alle bei dieser Wägung vorkommenden Arbeiten, sind von dem die Balkenwaage Benutzenden zu beschaffen.

Bei allen Wägungen werden Waagezettel in duplo unentgeltlich ertheilt; für jeden ferner beanspruchten Waagezettel ist 1 β zu vergüten.

Für die Benutzung des großen Krahns, incl. der Arbeit des Aufbringens, Absetzens oder Uebersetzens.

Für ein Pferd	1 ℳ	— β		
Für eine Kutsche, Chaise ꝛc.	1 „	— „		
Für einen kleinen Wagen	— „	12 „		
Für Sand- und Mühlsteine, sowie für Felsen				
bis 50 Cubic-Fuß à Cubic-Fuß	— „	— ½ „		
darüber „ 100 „ à „	— „	— ¾ „		
„ „ 150 „ à „	— „	1 „		
Für sonstige Lasten nach dem Gewichte:				

pr. Collo . . . . bis 3000 ℔		1 „	— „
„ „ darüber „ 4000 „		1 „	8 „
„ „ „ „ 5000 „		2 „	4 „
„ „ „ „ 6000 „		3 „	— „
„ „ „ „ 8000 „	pr. 1000 ℔	— „	12 „
„ „ „ „ 10000 „	„ „ „	1 „	— „
„ „ „ „ 15000 „	„ „ „	1 „	4 „
„ „ „ „ 20000 „	„ „ „	1 „	8 „
„ „ „ „ 25000 „	„ „ „	2 „	— „
„ „ „ „ 30000 „	„ „ „	2 „	8 „

Bei denjenigen Lasten, für welche die Zahlung per 1000 ℔ geschieht, werden die überschüssigen hundert Pfunde, wenn selbige unter 500 ℔, für volle fünf Hundert Pfund, dagegen wenn sie über 500 ℔ sind, für ein volles Tausend Pfund gerechnet.

Für Aufsetzen oder Ausheben von Masten nach ihrer Größe und Schwere . . . . 8 ß bis 4 ℳ — ß

Für eine Ramme aufzusetzen oder niederzulegen . . . . 1 „ 8 „

Bei gleichzeitiger Angabe des Gewichts außer obigem Hebegelde 1 ß per 500 ℔.

Für Angabe des Gewichts durch den Krahn, ohne gleichzeitiges Aufbringen oder Absetzen der Lasten, außer dem Wägegeld von 1 ß per 500 ℔, das halbe Hebegeld nach obiger Taxe.

Bei Angabe des Gewichts durch den großen Krahn sind 3 ℔ Differenz per 1000 ℔ gegen das Waagebalkengewicht zulässig.

Für die Benutzung der kleinen Krähne, exclusive der Arbeit des Aufbringens, Absetzens oder Uebersetzens.

Für Lasten nach dem Gewichte, nämlich:

pr. Collo oder Länge voll bis zu	300 ℔	schwer	1 ß
„ „ „ „ darüber „ „	600 „	„	2 „
„ „ „ „ „ „ „	1000 „	„	3 „
„ „ „ „ „ „ „	1500 „	„	4 „
„ „ „ „ „ „ „	2000 „	„	6 „
„ „ „ „ „ „ „	2500 „	„	9 „
„ „ „ „ „ „ „	3000 „	„	12 „

Bei größeren Partien, wobei jedoch keine Colli über 2000 ℔ sein dürfen 3 ß per 1000 ℔.

Für Wägen mit der zum kleinen Krahn bei der Rathswaage gehörenden Decimalwaage, wobei alle vorkommenden Arbeiten von dem die Waage Benutzenden zu beschaffen sind . . . . 1 ß per 500 ℔.

Wird jedoch der Krahn dabei mitbenutzt, so ist außer dem Wägegelde das ganze Hebegeld nach obiger Taxe zu bezahlen.

Bei Angabe des Gewichts durch diese Decimalwaage sind gleichfalls 3 per mille Differenz gegen das Waagebalkengewicht zulässig.

Für die Benutzung des neuen hydraulischen Krahns.

Für Lasten nach dem Gewicht:

pr. Collo oder Länge voll bis zu	300 ℔	schwer	1½ ß
oder darüber „ „	600 „	„	3 „
„ „ „ „	1000 „	„	4½ „
„ „ „ „	1500 „	„	6 „
„ „ „ „	2000 „	„	9 „

Bei größeren Partien, wobei jedoch keine Colli über 2000 ℔ schwer sein dürfen, pr. 1000 ℔ . . . . 4½ ß

Ferner: für 1 Pferd . . . . 1 ℔ 8 ß

„ 1 Kutsche, Chaise ꝛc. . . . . 1 „ 8 „

„ 1 kleinen Wagen . . . . 1 „ 2 „

Für Sand-, Mühlsteine und Felsen bis zum gestatteten Gewicht, pr. Cubikfuß . . . . ¾ „

Die diesen Krahn Benutzenden haben das An- und Abschlagen der Lasten selbst zu besorgen.

Hamburg, im März 1869.

Die Deputation für Handel und Schifffahrt.

№ 24. den 5. April 1869.

Bekanntmachung,

betreffend die Ausarbeitung von Tabellen der Verhältnißzahlen für die Umrechnung der bisherigen Hamburgischen Maaße und Gewichte in die neuen metrischen Maaße und Gewichte.

In Bezug auf die Bekanntmachung des Hohen Senats, betreffend Maaß- und Gewichtsordnung vom 2. d. M., in welcher, in Gemäßheit der Maaß- und Gewichtsordnung für den Norddeutschen Bund vom 17. August 1868, die Verhältnißzahlen für die Umrechnung der bisherigen Hamburgischen Maaße und Gewichte in die neuen metrischen Maaße und Gewichte festgestellt worden sind, bringt die unterzeichnete Deputation zur öffentlichen Kenntniß, daß der Obergeometer H. A. L. Stück veranlaßt worden ist, auf Grundlage dieser Zahlen ausführlichere, für den practischen Gebrauch geeignete Tabellen auszuarbeiten und auf dem Wege des Buchhandels zu veröffentlichen.

Hamburg, den 5. April 1869.

Die Deputation für Handel und Schifffahrt.

№ 25. den 9. April 1869.

Bekanntmachung,

betreffend

das Verbot des Fahrens mit Velocipeden auf den Trottoirs und Promenaden.

Das Fahren mit Velocipeden auf den Trottoirs und den Promenaden ist verboten.

Da dies Verbot zu großer Gefährdung des Publikums fortwährend übertreten wird, haben die Angestellten der Polizei Auftrag, die Contravenienten den Umständen nach zu verhaften und wird jedenfalls mit geeigneter Strafe und eventuell Confiscation des Corpus delicti verfahren werden.

Hamburg, den 9. April 1869.

Die Polizei-Behörde.

№ 26. den 17. April 1869.

Bekanntmachung,

betreffend

das Verbot des Fahrens mit Velocipeden auf den Trottoirs und Promenaden.

Das Fahren mit Velocipeden auf den Trottoirs und Promenaden ist bei Strafe verboten und sind die Contravenienten den Umständen nach zu verhaften.

St. Pauli, den 17. April 1869.

Das Patronat der Vorstadt St. Pauli.

№ 27. den 19. April 1869.

Bekanntmachung,

betreffend Vermehrung der Zahl der Deputirten des Billwärder Ausschlags zur Veranlagung der Moorflether Kirchensteuer.

Auf Antrag des Kirchencollegiums zu Moorfleth und der für die Veranlagung der Kirchensteuer Deputirten ist von Seiten der unterzeichneten Behörde genehmigt worden:

daß für den Billwärder Ausschlag, soweit er zum Kirchspiel Moorfleth gehört, künftig vier, statt jetzt zwei Deputirte fungiren sollen.

Wegen der Wahl zweier Deputirten wird das Nähere bekannt gemacht werden und ist bestimmt worden, daß jeder Deputirte 4 Jahre im Amte bleibt.

Hamburg, den 19. April 1869.

Die Landherrenschaft der Marschlande.

№ 28. den 22. April 1869.

Bekanntmachung,

betreffend die Audienzen des Handelsgerichts.

In Uebereinstimmung mit den Vorschriften des Gesetzes vom 17. März dieses Jahres, betreffend einige Aenderungen der auf das Handelsgericht bezüglichen Gesetze, wird hiermit zur öffentlichen Kunde gebracht, daß in Betreff der Audienzen des Handelsgerichts vom 1. Mai dieses Jahres an die nachstehenden Bestimmungen in Kraft treten.

§ 1.

Das Handelsgericht theilt sich behufs der Verhandlung und Entscheidung der bei demselben angebrachten Processe in fünf Abtheilungen.

Die öffentlichen Audienzen werden gehalten:

von Abtheilung I. am Montag und Donnerstag,
" " II. am Dienstag und Freitag,
" " III. am Mittwoch und Sonnabend,
" " IV. am Montag und Donnerstag,
" " V. am Dienstag und Freitag.

Die Audienzen beginnen Vormittags 10 Uhr.

§ 2.

Neue Sachen können nur bei den Abtheilungen I, II und III angebracht werden. Bei den Abtheilungen IV und V kommen nur solche Sachen zur Verhandlung, welche von einer der drei anderen Abtheilungen an dieselben verwiesen sind.

§ 3.

Die Verladungen zur Einlegung des Rechtsmittels der Restitution werden thunlichst in der Reihenfolge, in welcher dieselben von den Parteien angegeben werden, über die fünf Abtheilungen vertheilt, jedoch wird eine solche Vorladung niemals auf eine Audienz derjenigen Abtheilung ausgebracht, von welcher das angegebene Erkenntniß abgegeben ist und es entscheidet, wenn beide Parteien das Rechtsmittel einlegen, die Prävention darüber, bei welcher Abtheilung die Verhandlung der Sache stattfinden soll.

Falls eine Partei, sei es wegen besonderer Dringlichkeit der Sache, sei es aus sonstigen Gründen, eine Ausnahme von den obigen Regeln wünschen sollte, so hat dieselbe sich dieserhalb an den Gerichtspräses, oder den denselben vertretenden Richter, zu wenden.

§ 4.

Welche Richter in den einzelnen Abtheilungen den Vorsitz führen, wird durch Anschlag in dem Gerichts-Local bekannt gemacht werden.

In gleicher Weise wird es angezeigt werden, falls in Folge der Verhinderung des Vorsitzenden einer Abtheilung, oder aus sonstigen Gründen eine Abtheilung zeitweilig ihre Sitzungen einstellen müßte.

§ 5.

Während der jedesmaligen Sommerferien werden wöchentlich zwei Audienzen für solche Sachen gehalten, welche während dieser Ferien angebracht, beziehungsweise fortgesetzt werden können. Das Nähere über diese Audienzen wird vor Beginn der Ferien in der bisherigen Weise bekannt gemacht werden.

§ 6.

Vorbehältlich der etwaigen späteren Verweisung einer Sache an eine andere Abtheilung, tritt behufs Fortsetzung der am 1. Mai dieses Jahres anhängigen Sachen die Abtheilung I an die Stelle der ordentlichen Audienzen Erster Kammer, die Abtheilung II an die Stelle der ordentlichen Audienzen Zweiter Kammer, die Abtheilung III an die Stelle der am Mittwoch und Sonnabend gehaltenen außerordentlichen Audienzen Zweiter Kammer, die Abtheilung IV an die Stelle der am Montag und Donnerstag gehaltenen außerordentlichen Audienzen Zweiter Kammer und die Abtheilung V an die Stelle der außerordentlichen Audienzen Erster Kammer; die bei der Zweiten Kammer neu angebrachten Sachen gehen jedoch, insofern dieselben noch nicht auf die Rolle einer der Abtheilungen dieser Kammer aufgetragen sind, auf die Abtheilung III über.

Hamburg, den 22. April 1869.

Das Handelsgericht.

№ 29. den 26. April 1869.

Bekanntmachung,
betreffend Beschränkung der Gestattung der Reth- und Strohbedachung von Neubauten in Moorburg.

Die Verordnung für Moorburg vom 14. Mai 1858, welche also lautet:

„§ 1. Alle Gebäude, welche als Wohnung und zugleich zum landwirthschaftlichen Betriebe d. h. zur Bergung von Korn, Heu und Stroh und zur Stallung von Vieh dienen, dürfen auch künftig beim Neubau mit Reth- oder Strohbedachung versehen werden.

§ 2. Alle übrigen Gebäude, welche nicht zu der vorstehenden Classe gehören, dürfen nur dann mit Reth oder Stroh gedeckt werden, wenn sie mindestens 50 Fuß von andern Gebäuden entfernt bleiben, wohingegen dieselben, wenn sie andern Gebäuden näher als 50 Fuß zu stehen kommen, beim Neubau mit Steinbedachung versehen werden müssen.

§ 3. Alle zu feuergefährlichen Betrieben bestimmten Gebäude, als namentlich Apotheken, Brennereien, Fabriken, Tischler- und Drechsler-Werkstellen, Reepschläger- und Bäckerei-Gebäude, Schmiede u. s. w., sowie Holz- und Torfschauer, Schweinekoven u. s. w. müssen ohne Rücksicht auf Entfernung von andern Gebäuden beim Neubau mit Steinbedachung versehen werden.

§ 4. Auch die Besitzer der unter § 1 gedachten landwirthschaftlichen Gebäude sind an die Vorschriften der §§ 2 und 3 gebunden, wenn sie Kathen oder andere unter den §§ 2 und 3 gedachte Gebäude auf ihren Landstellen errichten lassen.

Zugleich wird hiedurch verordnet, daß künftig kein Neubau in Moorburg stattfinden darf, ohne daß vorher eine Besichtigung stattgefunden hat und landherrlich die Bau-Erlaubniß ertheilt worden ist. Die Besichtigung ist auf der Registratur der Landherrenschaft nachzusuchen.

Der Landvogt und die Feuercassen-Deputirten haben auf die Einhaltung der vorstehenden Vorschriften zu achten und sind etwaige Zuwiderhandlungen der Landherrenschaft durch den Landvogt zur Anzeige zu bringen."

enthält sub § 1 eine Bestimmung, welche sich als völlig unzweckmäßig erwiesen hat, weil dieselbe die öffentliche Sicherheit des Landes gegen Feuersgefahr in erheblichem Maaße schädigt.

In dieser Veranlassung wird diese Bestimmung hiermit aufgehoben und verordnet, daß in Uebereinstimmung mit der im übrigen Gebiete der Hamburgischen Marschlande jetzt geltenden Vorschrift, alle in Moorburg neu zu errichtenden Gebäude ohne eine Ausnahme nur dann mit Reth oder Stroh gedeckt werden dürfen, wenn sie mindestens 50 Fuß von andern bereits vorhandenen Gebäuden und mindestens 25 Fuß von der Grenze des Grundstücks auf dem sie errichtet werden sollen, entfernt sind.

Hamburg, den 26. April 1869.

Die Landherrenschaft der Marschlande.

№ 30. den 27. April 1869.

Bekanntmachung,

betreffend

Außerdienststellung der Hebemaschine bei den Landungsbrücken in St. Pauli.

Mit dem Beginn des Baues der Pfeiler zu den neuen Landungsbrücken in St. Pauli muß die Benutzung der Hebemaschine daselbst aufhören.

Die Hebemaschine wird demgemäß vom 1. Mai an außer Dienst gestellt werden.

Hamburg, den 27. April 1869.

Die Deputation für Handel und Schiffahrt.

№ 31. den 28. April 1869.

Bekanntmachung,

betreffend das Fahren mit Velocipeden.

Das Fahren mit Velocipeden auf den Trottoirs und Promenaden im Gebiet der unterzeichneten Landherrenschaft ist zwar im Allgemeinen verboten, jedoch soll es in den entfernteren Districten, namentlich dort wo die Fahrwege weder gepflastert noch chaussirt sind, ausnahmsweise und bis auf Weiteres gestattet sein, auch die Fußwege zu benutzen, sofern dies ohne Belästigung resp. Gefährdung des Publikums geschehen kann. Die Polizei-Angestellten haben dem entsprechende Instructionen erhalten und ist deren Anordnung unweigerlich Folge zu leisten.

Hamburg, den 28. April 1869.

Die Landherrenschaft der Geestlande.

№ 32. den 29. April 1869.

Bekanntmachung,

betreffend die Wahl von Deputirten des Billwärder Ausschlags zur Veranlagung der Moorflether Kirchensteuer.

Nach Maaßgabe Bekanntmachung vom 19. April d. J. wird hiedurch zur öffentlichen Kunde gebracht, daß Termin zur Wahl von zwei Deputirten des Billwärder Ausschlags zur Veranlagung der Moorflether Kirchensteuer auf Mittwoch, den 5. Mai d. J., Abends von 6 bis 8 Uhr, im Schulhause auf dem Billwärder Neuendeich angesetzt ist.

Die Bewohner werden aufgefordert, zu diesem Wahltermine zu erscheinen, und wird bemerkt:

1. Daß jeder selbständige, volljährige, männliche Bewohner, der zur Moorflether Kirchensteuer angesetzt ist, wahlberechtigt ist.
2. Einer der Gewählten muß ein, am Röhrendamm oder an der Canalstraße wohnhafter Grundeigenthümer sein.
3. Die Abstimmung kann mündlich oder schriftlich geschehen.

Hamburg, den 29. April 1869.

Die Landherrenschaft der Marschlande.

№ 33. April 1869.

Bekanntmachung,

betreffend die Zunahme der Bettelei im Amte Bergedorf.

Da in letzter Zeit über die Zunahme der Bettelei im Amte Bergedorf mehrfache Beschwerden geführt sind, so werden die Bewohner hiedurch daran erinnert, den umherziehenden Bettlern und Vagabonden keine milden Gaben zu verabreichen, indem die Erfahrung lehrt, daß je öfter und je mehr den Bettlern Gaben verabreicht werden, desto mehr die Bettelei zunimmt.

Die Polizei-Officianten sind angewiesen, in ihren Districten zu patrouilliren, um bettelnde Personen zurückzuweisen, und den Bewohnern die etwa nöthige Hülfe zu gewähren.

Vögte, Höftleute und Officianten haben Diejenigen, welche sich wiederholt der Bettelei und Zudringlichkeiten, Drohungen oder sonstigen Unfugs gegen die Bewohner schuldig machen, zur gefänglichen Haft zu bringen und wird gegen die Schuldigen nach Befinden der Umstände mit scharfer Bestrafung vorgegangen werden.

Bergedorf, im April 1869.

Das Amt.

№ 34. den 21. Mai 1869.

Bekanntmachung,

betreffend die Aufhebung der Surtaxe de pavillon in Frankreich.

Durch Artikel 5 des Französischen Gesetzes über die Handelsmarine vom 19. Mai 1866 ist bestimmt worden, daß drei Jahre nach Promulgation des Gesetzes die bestehenden Differential-Abgaben (Surtaxes de pavillon) auf Waaren in nicht Französischen Schiffen aus den Productionsländern in Frankreich eingeführt, aufgehoben werden sollen. Nach dem auf Ersuchen der unterzeichneten Handelskammer in Paris eingezogenen Erkundigungen wird diese Bestimmung vom 12. künftigen Monats an dergestalt in Kraft treten, daß alle von diesem Tage ab in Französische Häfen einlaufende Schiffe, gleichviel zu welcher Zeit sie den Hafen des Erzeugungslandes verlassen haben, von der Surtaxe de pavillon befreit sein werden.

Hamburg, den 21. Mai 1869.

Die Handelskammer.

№ 35. den 26. Mai 1869.

Bekanntmachung,

betreffend die Anstellung beeidigter Tabacks-Experten.

Da auf den von der Handelskammer befürworteten Wunsch mehrerer beim Tabackshandel betheiligter hiesiger Handlungshäuser die Anstellung beeidigter Experten für das Probenziehen von Taback aus Fässern und Kisten und zur Tarirung von Tabacksfässern und Kisten für angemessen erachtet worden ist, so bringt die unterzeichnete Deputation, mit Genehmigung Hohen Senats, dies hiermit zur öffentlichen Kunde, indem sie zugleich darauf aufmerksam macht, daß den von der Handelskammer mit Vorbehalt sechsmonatlicher Kündigung anzustellenden und von dem Präses der unterzeichneten Deputation zu beeidigenden Tabacks-Experten ein ausschließliches Privilegium hierdurch nicht ertheilt wird.

Hamburg, den 26. Mai 1869.

Die Deputation für Handel und Schiffahrt.

№ 36. den 31. Mai 1869.

Bekanntmachung,

betreffend

den Inhalt der Manifeste für in Cubanischen Häfen ankommende Schiffe.

Einer Mittheilung des Norddeutschen General-Consulats zu Havana vom 30. April d. J. zufolge ist es in jüngster Zeit verschiedentlich vorgekommen, daß den in Cubanischen Häfen angekommenen Norddeutschen Schiffen seitens der Zollhausbehörde eine Strafe von 25 Dollars auferlegt worden ist, weil in deren, vom Spanischen Consul im Abgangshafen legalisirten Manifesten der hiesige Consignatair des Schiffes nicht erwähnt war.

Dieselbe Strafe ist anderen Schiffen auferlegt, die z. B. mit einer vollen Ladung Kohlen hier ankamen und in ihren vom Spanischen Consul legalisirten Manifesten nicht erwähnt hatten, daß das Schiff nur Kohlen und keine sonstigen Waaren geladen hatte.

Es werden deshalb die Betheiligten darauf aufmerksam gemacht, daß es für alle nach den Cubanischen Häfen kommenden Deutschen Schiffe nothwendig ist:

1. Zu den am Abgangshafen consularisch visirten Manifesten stets den hiesigen Consignatair des Schiffes aufzuführen.
2. Bei Schiffen, die nur Kohlen laden, ebenfalls im Consulats-Manifeste hervorzuheben, daß sich keine andere Ladung an Bord befindet.

Hamburg, den 31. Mai 1869.

Die Handelskammer.

№ 37. den 31. Mai 1869.

Bekanntmachung,

betreffend das Bemustern von Tabacken in Kisten und Fässern.

Unter Bezugnahme auf die Bekanntmachung der Deputation für Handel und Schiffahrt vom 26. d. Mts., betreffend die Anstellung beeidigter Tabacks-Experten, bringt die unterzeichnete Handelskammer hierdurch zur Kenntniß der Betheiligten, daß die Herren J. L. G. Lembcke und Wilhelm Dose zu Experten für das Probenziehen von Taback aus Fässern und Kisten und für Tarirung von Tabacksfässern und Kisten ernannt worden sind.

Nachstehendes Regulativ ist unter den betreffenden Betheiligten beim Tabacksgeschäft verabredet worden:

§ 1.

Das Ziehen der Proben, das Tariren der Fastagen, sowie das Ermitteln etwaiger Refactie soll in der Folge durch besonders hierzu angestellte Experten geschehen.

§ 2.

Die Experten, deren Anzahl zunächst auf zwei festgesetzt ist, werden von der Handelskammer auf Antrag der bei dem Tabackshandel betheiligten Kaufleute, unter Vorbehalt einer sechsmonatlichen Kündigung, angestellt und auf die sorgfältige Befolgung der in den nachstehenden Paragraphen enthaltenen Bestimmungen von dem Präses der Deputation für Handel und Schifffahrt beeidigt.

§ 3.

Die Experten haben bei Ziehung der Proben mit größter Sorgfalt zu verfahren, die Tara genau zu ermitteln, die Docken durchaus unparteiisch (§ 5) zu nehmen und die etwa an der Waare befindliche äußerliche Beschädigung, auch soweit sich solche nach innen ausgebreitet hat, nach bestem Ermessen in Pfunden als Refactie anzugeben.

§ 4.

Als äußerliche Beschädigung gilt nur solche, welche sogleich nach Entfernung der Fastage wahrnehmbar ist.

Eine sich erst nach dem Bruch der Lage zeigende innerliche Beschädigung (die also nicht nach außen gedrungen) ist in der Probe selbst zu repräsentiren und wird für eine derartige Beschädigung keine Refactie vergütet.

§ 5.

Die Probe muß aus 12 Docken bestehen und von dem Experten in folgender Weise persönlich gezogen werden:

Der Experte hat an den Kopfseiten der Kiste, je an 3 Stellen in ungefähr gleicher Entfernung von oben nach unten, also an 6 verschiedenen Stellen, jedesmal 6 Docken zu ziehen, wovon zwei in fairer Weise den Durchschnitt darstellende Docken in die Probe zu legen sind.

Die Probe ist derart zu binden, daß die oberen Docken der Kiste gleich unterhalb der Etiquette und die unteren zu unterst gelangen. Die Etiquette muß die Marke und Nummer, die Tara und die etwa ermittelte Refactie sowie das Datum der Bemusterung mit Dinte geschrieben, tragen.

Auch sind auf derselben etwaige Abweichungen von der gewöhnlichen Packung zu verzeichnen.

Die Proben sind von dem Experten mit seinem Amtssiegel in der Weise zu versehen, daß ohne Verletzung des Siegels keine Veränderung mit der Probe vorgenommen werden kann.

§ 6.

Der Experte hat über die von ihm beschafften Bemusterungen ordentlich Buch zu führen und seinem Auftraggeber auf Verlangen Auszüge davon zu liefern.

§ 7.

Dem Experten ist es untersagt, Geschäfte in Roh-Tabacken zu machen oder solche zu vermitteln; der Betrieb einer Cigarren-Fabrik oder eines Cigarren-Geschäfts ist demselben jedoch gestattet.

Eine ihm übertragene Bemusterung hat derselbe sofort auszuführen, wenn er nicht bereits anderweitig durch Probenziehen in Anspruch genommen ist.

§ 8.

Als Gebühr des Experten für das erstmalige Probenziehen nebst Notirung der Tara und Bestimmung der Refactie ist 8 ß Crt. pr. Kiste festgesetzt, wobei der Auftraggeber die nöthigen Arbeitskräfte zum Auf- und Zuschlagen und Wegstapeln der Kisten zu stellen hat.

Bei späteren Bemusterungen wird die Gebühr auf 6 ß Crt. ermäßigt.

Falls der Experte die ganze Arbeit übernimmt, sind ihm für das erste Mal 20 ß Crt. und bei wiederholter Bemusterung 16 ß Crt. pr. Kiste zu vergüten.

§ 9.

Für das Probenziehen bei Tabacken in Fässern sind dieselben Bestimmungen mit dem Unterschiede maaßgebend, daß bei Kentucky- und Virginy-Taback 24 Docken, bei Ohio- und Maryland 12 Docken zu ziehen sind.

Die Gebühr des Experten wird auf resp. 12 ß Crt. und 10 ß Crt., oder bei Uebernahme der ganzen Küperarbeit auf resp. Crt.℔ 1. 12 ß und Crt.℔ 1. 8 ß pr. Faß festgestellt.

§ 10.

Bei grober Fahrlässigkeit in Ausübung seines Amtes ist der Experte den dadurch Benachtheiligten ersatzpflichtig.

Abdrücke dieses Regulativs sind auf dem Commerz-Comtoir zu erhalten.

Hamburg, den 31. Mai 1869.

Die Handelskammer.

№ 38. den 9. Juni 1869.

Bekanntmachung,

betreffend die im Hafen von Helder einlaufenden Norddeutschen Schiffe.

Auf gegebene Veranlassung wird hierdurch zur Kenntniß der Betheiligten gebracht, daß hinsichtlich der Verpflichtung der Führer der im Hafen von Helder einlaufenden Norddeutschen Schiffe zur Meldung und Gebühren-Zahlung beim Consulate seitens des Bundeskanzler-Amts am 2. Juni d. J. nachstehende Bestimmungen getroffen worden sind:

1) Die Führer derjenigen Schiffe, welche ganz in Helder löschen, haben sich bei dem dortigen Vice-Consulate zu melden und die in dem provisorischen Gebühren-Tarif für die Bundes-Consuln vom 15. März 1868 sub 9 für die Expedition eines Schiffes festgesetzte Gebühr zu entrichten.

2) Die Führer derjenigen Schiffe, welche nach Amsterdam bestimmt, behufs Fortsetzung ihrer Reise dorthin ihre Ladung nur theilweise in Helder löschen, haben nicht bei dem dortigen Vice-Consulate, sondern lediglich bei dem General-Consulate in Amsterdam sich zu melden und nur dort die oben erwähnte Gebühr zu entrichten.

Die Gebühren für besondere Amtsverrichtungen, wie Ausfertigung und Abänderung von Musterrollen, Aufnahme von Verklarungen &c. stehen in allen Fällen ausschließlich demjenigen Consul zu, welcher diese Amtshandlung vornimmt.

Hamburg, den 9. Juni 1869.

Die Handelskammer.

№ 39. den 11. Juni 1869.

Bekanntmachung,

betreffend die den vierjährig Freiwilligen der Cavallerie gewährten Vergünstigungen in Bezug auf die Dienstzeit.

Um diejenigen jungen Leute, welche sich zum Eintritt bei der Cavallerie freiwillig melden oder dazu ausgehoben werden, über die Vortheile aufzuklären, welche die freiwillige Verpflichtung zu einem vierten Dienstjahre bei der Fahne ihnen verschafft, wird hiemit bekannt gemacht, daß nach der Militairgesetzgebung des Norddeutschen Bundes für diejenigen Mannschaften der Cavallerie, welche sich freiwillig zu einer vierjährigen Dienstzeit bei der Fahne verpflichten, Folgendes feststeht:

1) Sie scheiden zwei Jahre früher als die übrigen Mannschaften ihrer Dienstaltersklasse aus der Landwehr aus, treten also schon nach einer dreijährigen Dienstzeit in der Landwehr zum Landsturm über. Sie werden demgemäß nach dem Uebertritt zum Landsturm im Falle der Mobilmachung nirgends eingezogen.

2) Während ihrer Dienstzeit in der Reserve sind sie von den zwei achtwöchentlichen Uebungen befreit, zu welchen jeder Reservist während seines Reserve-Verhältnisses verpflichtet ist.

3) Sie erhalten im vierten Dienstjahre die Capitulanten-Zulage, und haben die Aussicht, bei guter Führung und Qualification im vierten Jahre zu Unterofficieren und schon vorher zu Gefreiten ernannt zu werden.

Hamburg, den 11. Juni 1869.

Die Militair-Commission des Senats.

№ 40. den 12. Juni 1869.

Bekanntmachung,

betreffend den öffentlichen Badeplatz in der Außen-Alster.

Die unterzeichnete Behörde bringt hiermit zur öffentlichen Kenntniß, daß der in der Außen-Alster neu hergestellte Badeplatz am 15. Juni d. J. dem Publicum zur Benutzung übergeben wird und daß von diesem Tage an alles Baden an den bisherigen beiden öffentlichen Badeplätzen in der Außen-Alster bei Strafe verboten ist.

Hamburg, den 12. Juni 1869.

Die Polizei-Behörde.

№ 41. den 15. Juni 1869.

Bekanntmachung,

betreffend die Ausstellung gültiger Entlassungszeugnisse durch Vorsteher von Privatschulen.

Der § 154 der Militair-Ersatz-Instruction für den Norddeutschen Bund vom 26. März 1868 bestimmt, daß ausnahmsweise auch Privatschulen durch Verfügung

37 *

des Bundeskanzlers — jedoch nur bei Erfüllung gewisser Bedingungen und auf Widerruf — die Vergünstigung gewährt werden kann, daß ihre mit Zeugnissen der Reife entlassenen Schüler die Qualification zum einjährigen Militairdienst erhalten.

Vom Hohen Senat ist die unterzeichnete Section nunmehr beauftragt, ihm diejenigen hiesigen Privatschulen zu bezeichnen, welche nach ihrer Organisation und ihren Leistungen zur Beilegung dieser Vergünstigung geeignet erscheinen, zu diesem Zweck aber sich eine sichere Ueberzeugung darüber zu verschaffen, daß die von ihr in Vorschlag zu bringenden Schulen denjenigen Anforderungen entsprechen, welche von der Berliner Conferenz Norddeutscher Schulfachmänner vom Januar 1868 für besonders zu berechtigende höhere Privatschulen aufgestellt sind.

Diese Anforderungen lauten, wie folgt;

1) Es muß überall eine gewisse Garantie der Lebensfähigkeit der Schule, auch nach der pecuniären Seite hin, eine sichere äußere Basis, gegeben, bloße Speculationen von Schulunternehmern also ausgeschlossen sein;

2) es muß ein Lehrplan vorgelegt werden, der von dem anerkannten nicht so wesentlich verschieden ist, daß ein im allgemeinen entsprechendes Ziel nicht erreicht werden könnte;

3) das Lehrercollegium muß nach dem Bedürfniß einer höheren Lehranstalt zusammengesetzt sein, und jedenfalls einige Lehrer enthalten, welche sich über ihre wissenschaftliche und über das Elementare hinausgehende Bildung ausgewiesen haben;

4) der Vorsteher darf nicht bloß Entrepreneur, er muß für die Leitung der Schule pädagogisch und wissenschaftlich qualificirt sein;

5) am Ende des Unterrichtscursus ist eine Abgangsprüfung im Beisein eines behördlichen Commissarius abzuhalten; dem Commissarius steht das Recht zu, in die Prüfung einzugreifen. Für dieselbe ist ein Reglement zu entwerfen und zur Genehmigung vorzulegen. Die Vertretung des Commissarius der Regierung kann unter Umständen eine am Ort befindliche geeignete Persönlichkeit übernehmen. Das Zeugniß über eine solche wohlbestandene Abgangsprüfung ist dann bei den von Seiten der Regierung berücksichtigten Anstalten das Berechtigungsattest für den einjährigen Militairdienst;

6) die Privatschulen werden unter eine dauernde und bestimmt geordnete Aufsicht der öffentlichen Schulbehörde des Staats gestellt;

7) die Anstellung der Lehrer an ihnen bedarf der Genehmigung derselben Behörde.

Es ergeht demnach an diejenigen Vorsteher von Privatschulen, welche auf die erwähnte Vergünstigung Anspruch erheben zu können glauben, hiedurch die Aufforderung, ihr desfallsiges Gesuch spätestens bis zum 17. Juli d. J. der unterzeichneten Behörde einzureichen.

Zur Motivirung des Gesuchs ist vor Allem durch eine eingehende, auf das vollständig mitzutheilende Material gestützte Erörterung der Verhältnisse der betreffenden Schule der Nachweis zu liefern, daß und in wiefern dieselbe den aufgeführten Anforderungen Genüge leiste. Namentlich ist 1) unter Anführung der nöthigen Daten auseinanderzusetzen, weshalb die Schule ihren Bestrebungen wie ihren Erfolgen nach als eine nach innen wie nach außen solide dastehende aufgefaßt werden müsse; 2) ist außer der Mittheilung einer mit der Bezeichnung der einzelnen Wochentage, Classen, Fächer und Lehrer versehenen, für das laufende Semester gültigen Stundentabelle die Darlegung erforderlich, welche Gesichtspunkte bei der Organisation des Unterrichts im Ganzen wie auf den einzelnen Stufen obgewaltet, welche Dauer die einzelnen Curse haben, welches Ziel jedem Lehrgegenstand in jeder einzelnen Classe, ganz besonders in jeder der drei oberen, gesteckt, welche Methoden und welche Lehrbücher zur Erreichung dieser Ziele eingeführt worden; 3) und 4) ist dem Verzeichniß der an der Schule wirkenden Lehrer, sowie der Angabe der von jedem vertretenen Unterrichtsfächer und der Zahl der von jedem wöchentlich zu ertheilenden Stunden eine die Hauptentwickelungsmomente hervorhebende Characteristik des Bildungsganges sowohl des Vorstehers als eines jeden der übrigen Lehrer, wobei diejenigen Männer, welche ihr vollständiges Universitätstriennium durchgemacht, besonders zusammenzustellen sind, hinzuzufügen. Ueber alles Wesentliche in Hinsicht des Lehrerpersonals orientirende Aufschlüsse liegen um so mehr im Interesse der Einsender, als sonst die Behörde nicht im Stande sein würde, ihnen in der Erfüllung der siebenten Anforderung entgegen zu kommen.

Diejenigen Anstalten, welche in genügender Weise angemeldet worden, wird die unterzeichnete Section demnächst durch einige ihrer Mitglieder einer persönlichen Inspection unterziehen lassen.

Die Gesuche sind im Schulgebäude, Speersort, bei dem Pedellen Bielefeldt, abzugeben.

Hamburg, den 15. Juni 1869.

Die interimistische Oberschulbehörde.
Section für das Privatschulwesen.

№ 42. den 16. Juni 1869.

Bekanntmachung,

betreffend allgemeine Usanzen beim Effecten-Handel und Syndicats-Ordnung der Effecten-Börse.

Die unterzeichnete Handelskammer bringt hierdurch die von einer General-

beim Effecten-Handel" nebst dazu gehöriger „Syndicats-Ordnung", welche vom 1. Juli 1869 an in Anwendung kommen, zur öffentlichen Kunde, mit dem Bemerken, daß Abdrücke dieser Regulative auf dem Commerz-Comtoir verabfolgt werden.

Hamburg, den 16. Juni 1869.

Die Handelskammer.

Allgemeine Usanzen beim Effecten-Handel,

festgestellt durch Beschluß der Generalversammlung der Betheiligten, Hamburg, den 16. Juni 1869.

1. Cours- und Zinsen-Berechnung.

Die Course aller Arten von Effecten sind in Procenten auszudrücken. Ausgenommen hiervon sind die Actien und Prioritäts-Obligationen der Oesterreichisch-Französischen Staats- und Südösterreichischen (Lombardischen) Eisenbahngesellschaft, sowie die unverzinslichen Prämien-Obligationen, welche einen Cours per Stück haben.

Alle Course sind exclusive der laufenden Zinsen verstanden und werden demgemäß die Zinsen inclusive des Tags der Zahlung besonders in Anrechnung gebracht. Sofern die Effecten einen festen Zins tragen, richtet sich die Zinsvergütung nach dessen Höhe. Für diejenigen Effecten, welche auf einen Dividenden-Ertrag angewiesen sind, beträgt die laufende Zinsvergütung im Handel 4 pCt. p. a.

Ausgenommen hiervon sind Oesterreichisch-Französische Staats- und Südösterreichische (Lombardische) Eisenbahnactien, so wie Oesterreichische Creditanstalt-Actien, welche mit 5 pCt. p. a. laufenden Zinsen berechnet werden.

Die Periode der Zinsberechnung richtet sich nach dem Verfall-Termine, wie solcher in den Coupons des betreffenden Effects festgestellt ist. Bei Effecten, welche nur Dividendenscheine führen, wird durchgehends der 1. Januar des laufenden Jahres als Ausgangspunkt für die Zinsvergütung angenommen, mit Ausnahme solcher Effecten, welche Abschlags-Dividenden zahlen oder deren Abschlußperiode nicht mit dem Kalenderjahre zusammenfällt. Für diese Effecten richtet sich die Zinsberechnung nach dem festgesetzten Verfall- resp. Abschluß-Termin.

Der Monat wird durchgehends zu 30 Tagen gerechnet; Coupons oder Dividendenscheine, welche am letzten Tage eines Monats fällig sind, werden hinsichtlich der Zinsberechnung als am ersten Tage des nächsten Monats fällig angesehen.

Im Handel mit unverzinslichen Prämien-Obligationen findet eine Zinsvergütung nicht statt.

2. Reductionscourse der Effecten in auswärtiger Valuta.

Die in auswärtiger Valuta lautenden Effecten werden zu nachfolgenden festen Coursen in Banco berechnet:

Preuß. Court. Valuta	.....	₰ 150	=	300 ℔	Bco.
Francs Valuta	....	Fs. 186	=	100 „	„
Oesterr. „	....	ö. W. fl. 75	=	100 „	„
Holländ. „	....	Holl. fl. 35	=	40 „	„
Sterling „	....	£ 1	=	14 „	„
Species	....	Spec. 100 / Rb₰ 200	=	300 „	„
Spanische „	....	Piast. 1	=	3 „	„
Nordamerik. Valuta	.....	$ 1	=	3 „	„
Russische „	......	S.-R. 1	=	36 ß	„

3. Lieferung der Effecten.

Die zur Abnahme auf den folgenden Tag, wie auch die zur Abnahme auf einen späteren Termin verkauften Effecten sind bis 1 Uhr Nachmittags zu liefern. — Fällt der vereinbarte Lieferungstermin auf einen Tag, an welchem die hiesige Giro-Bank geschlossen ist, so hat die Lieferung am nächsten Tage zu geschehen. Eine etwaige sonstige Veränderung des Lieferungstermines, wenn solche dem Interesse des Geschäfts angemessen erscheint, wird von dem Syndicate getroffen.

Den Effecten ist eine ordnungs- und usanzmäßig aufgestellte, mit einem Nummernverzeichniß versehene Berechnung beizugeben; wird das Nummernverzeichniß von der Berechnungs-Nota getrennt geliefert, so ist dasselbe besonders zu unterzeichnen und mit Datum zu versehen.

4. Lieferbarkeit der Effecten.

Alle Effecten gelten nur dann als lieferbar, wenn sie sich in ihren wesentlichen Bestandtheilen, wie sie ursprünglich emittirt worden sind, erhalten haben. Als solche Bestandtheile sind vornämlich anzusehen: die Werthbestimmung, die Nummern, die Unterschriften, die Einlösungstermine und der etwaige Stempel.

In streitigen Fällen entscheidet über die Lieferbarkeit der Stücke das Syndicat, welches bei dem Vorhandensein einer hiesigen Zahlstelle zunächst deren Gutachten einzuholen hat.

5. Empfang und Lieferung durch einen Dritten.

Die Uebertragung des Empfangs oder der Lieferung von Effecten an einen Dritten ist nur mit Einverständniß beider Contrahenten zulässig.

Der Uebertragende bleibt für die Erfüllung seines Engagements durch diesen Dritten selbstschuldig verhaftet.

6. Ausgelooste und gekündigte Effecten.

Ausloosungen und Kündigungen sind zu Lasten oder zu Gunsten des Verkäufers.

Kommen ausgelooste oder gekündigte Stücke unbeachtet zur Ablieferung, so ist der Lieferant zu deren Austausch gegen nicht-ausgelooste oder nicht-gekündigte Stücke verpflichtet, hat auch den Empfänger für die damit verbundenen erweislichen Nachtheile schadlos zu halten.

In gleicher Weise ist auch der Empfänger zu solchem Austausche gegen Schadloshaltung für die ihn hierdurch erweislich treffenden Nachtheile, verpflichtet, sobald sich derselbe noch im Besitze solcher ausgeloosten oder gekündigten Stücke befindet; im anderen Falle hat derselbe den Lieferanten ohne weitere eigene Haftbarkeit an den späteren Empfänger zu verweisen.

Die beiderseitige Regreßpflichtigkeit erlischt nach Ablauf von 18 Monaten.

Bei entstehenden Meinungsverschiedenheiten ist zunächst ein Gutachten des Syndicats einzuholen.

7. Verfallene Dividendenscheine und Zinscoupons sowie Bezugsrechte.

Die zwischen dem Abschluß und der Erfüllung eines Zeitgeschäfts verfallenden Dividendenscheine oder Zinscoupons eines Effects werden nicht in Natura geliefert, sondern die am Verfalltage durch das Syndicat festzustellende Differenz auf dieselben ist bei der Lieferung des Effects in Rechnung zu bringen.

Bezugsrechte, welche einem Effect während der Dauer eines Zeitgeschäftes zufallen, sind zu Gunsten des Käufers. Für die Ausübung dieses Rechtes und für die damit verbundenen Einzahlungen, welche vor Ablauf eines Zeitgeschäftes zu leisten sind, hat der Käufer Sorge zu tragen und sich hierüber mit dem Verkäufer zu verständigen.

8. Prämien- und Stellgeschäfte, Geschäfte mit Nachlieferung oder Nachforderung und solche mit Kündigung.

Die Erklärung über Prämien- und Stellgeschäfte, sowie über die mit Nachforderung oder Nachlieferung per ultimo eines Monats abgeschlossenen Geschäfte ist, abgesehen von einer etwaigen besondern Vereinbarung, zwei Tage vor dem Ultimo-Abrechnungstage abzugeben. Die Zahlung einer durch die Erklärung verfallenen Prämie ist am nächsten Werktage zu leisten.

Für Geschäfte, welche mit täglicher Kündigung abgeschlossen sind, hat die Ausübung des Kündigungsrechtes einen Tag vor dem Empfangs- oder Lieferungstage stattzufinden.

Alle Erklärungen und Kündigungen sind, anderweitige Vereinbarung vorbehalten, bis 2½ Uhr Nachmittags an der Börse, schriftlich abzugeben.

9. Der Handel mit Zinscoupons und Dividendenscheinen.

Im Handel mit Zinscoupons und Dividendenscheinen fällt dem Verkäufer der Ersatz von Coupons-Steuern und sonstigen gesetzmäßigen Abzügen, wie solche am Tage des Abschlusses des Geschäfts bekannt waren, zur Last.

Die Ablieferung verkaufter Zinscoupons und Dividendenscheine ist mit einem Nummernverzeichniß zu begleiten, welches besonders zu unterzeichnen und zu datiren ist, wenn dasselbe sich von der Berechnungsnota getrennt befindet.

10. Schluß-Noten.

Ueber Zeitgeschäfte jeglicher Art sind außer der üblichen Börsen-Nota am Vormittage des nächsten Werktages zwischen den Contrahenten gestempelte Schluß-Noten auszutauschen, deren Ausfertigung und Auswechselung, falls das Geschäft durch einen Unterhändler geschlossen ist, von diesem zu beschaffen sind. In diesen Schluß-Noten sind die Zahlen des Quantums und des Courses, sowie des etwaigen Prämien-Betrages mit Buchstaben zu schreiben.

Alle Schluß-Noten, einschließlich der üblichen Börsen-Noten, haben im Texte die Anerkennung der allgemeinen Usanzen und der Anordnungen des Syndicats durch folgende Worte auszudrücken:

„In Gemäßheit der allgemeinen Usanzen und der Syndicats-Ordnung.“

11. Nicht-Lieferung und Nicht-Abnahme.

Bei nicht in usanzmäßiger Zeit geschehener Lieferung oder Abnahme von Effecten ist der Käufer, resp. der Verkäufer berechtigt, den Ein- oder Verkauf derselben sofort an der Börse des stipulirten Lieferungs- oder Empfangstages für Rechnung des Säumigen zu beschaffen, welchem letzteren die etwa daraus entstehende Differenz in Rechnung zu bringen ist. Die Differenz-Berechnung ist dem Syndicate selbigen Tages und vor deren Abgabe an den Betreffenden zur Verificirung vorzulegen.

12. Courtagen-Ansätze.

Die Courtage wird sowohl beim Einkauf als auch beim Verkauf berechnet und zwar nach folgenden Ansätzen:

1) 1 pro mille Banco vom ausmachenden Betrage (exklusive Zinsen) auf alle mit festem Zins versehene Staats- und andere Werthpapiere. Ist der Cours derselben unter 50 pCt., ½ pro mille vom Nominalwerth.
2) 1 pro mille Banco vom Nominalwerthe auf Eisenbahn- und Bank-Actien.
3) ½ pro mille Banco vom Nominalwerthe auf Eisenbahn- und Bank-Actien, so lange auf solche nur bis 50 pCt. eingezahlt sind, anderenfalls vom Nominalwerthe, wie ad 2.
4) 2 ß Banko pro Stück bei unverzinslichen Prämien-Obligationen, wenn solche unter Hundert Mark Banco,
   4 ß Banco pro Stück, wenn solche Hundert Mark Banco oder darüber im Course stehen.
5) ¼ pCt. vom Nominalwerthe auf industrielle Papiere.
6) 1 pro mille Courant auf Zinscoupons und Dividendenscheine.

13. Coursnotirungen und neue Emissionen.

Die nach Anleitung des Art. 1 zu beschaffenden Coursnotirungen werden in officieller Weise durch das Syndicat veranlaßt.

Die Emission neuer Effecten, wie auch deren Erscheinungstag, sind beim Syndicate anzumelden, und ist die Aufnahme in die officiellen Notirungen erst nach geschehener Anmeldung zulässig.

Interimsscheine, welche durch solche Emissionen in den Handel gebracht werden, sind von der emittirenden Firma gegen die definitiven Stücke bei deren Erscheinen gratis umzutauschen.

14. Abänderungen und Zusätze.

Etwaige, durch das Syndicat in Gemäßheit der Syndicats-Ordnung festzustellende Abänderungen und Zusätze zu vorstehenden Usanzen sind behufs allgemeiner Kenntnißnahme vom Syndicat öffentlich bekannt zu machen.

Syndicats-Ordnung,

festgestellt durch Beschluß der Generalversammlung der beim Effectenhandel Betheiligten.

Hamburg, den 16. Juni 1869.

1. Zusammensetzung des Syndicats. Anzahl und Wahl der Mitglieder.

Das Syndicat der Effecten-Börse besteht aus einem Deputirten der Handelskammer und zehn Mitgliedern der beim Effecten-Geschäft Betheiligten. Die erste Einsetzung dieser zehn Syndicats-Mitglieder geschieht in der zur Genehmigung dieser Ordnung berufenen Generalversammlung.

Die vorbereitende Wirksamkeit des Syndicats beginnt mit dem Schlusse der vorerwähnten Generalversammlung, die amtliche am 1. Juli 1869.

Alljährlich treten zwei der gewählten Mitglieder aus. Die Reihenfolge des Austrittes wird durch die Amtsdauer, und bei gleicher Amtsdauer durch das Loos bestimmt. Die Austretenden sind sofort wieder wählbar. Wenn im Laufe des Jahres eine Vacanz stattfindet, so cooptirt sich das Syndicat den Ersatzmann, welche Wahl der Bestätigung von Seiten der nächsten Generalversammlung unterliegt.

Die erste Wahl bleibt ausnahmsweise bis zum 31. December 1870 gültig.

Die Wahl der neuen Mitglieder geschieht in einer durch die Handelskammer im December jeden Jahres, und zwar zuerst im December 1870 zu berufenden Generalversammlung aller Betheiligten.

Für die Neuwahl legt die Handelskammer, der Wahlfreiheit unbeschadet, einen Wahlaufsatz vor, in welchem für jeden zu Wählenden zwei Kandidaten in Vorschlag zu bringen sind.

2. Befugnisse.

Zu den Befugnissen des Syndicats gehören:

1) die Ueberwachung der stricten Einhaltung der für den Handel in Effecten festgestellten Usanzen und deren zeitgemäße Fortbildung, so wie die Anordnung der etwa erforderlichen Abänderungen und Zusätze, soweit solche nicht der Genehmigung der Generalversammlung bedürfen.

2) Die Ausübung der dem Syndicate in den festgestellten Usanzen übertragenen Functionen (s. Art. 4, 6, 7, 11, 13 und 14).

3) Die Ausstellung von Gutachten und die Ertheilung von schiedsrichterlichen Entscheidungen bei vorkommenden Streitigkeiten; Letzteres jedoch nur, wenn die Parteien, welche den Ausspruch des Syndicats nachsuchen, sich diesem Ausspruch im

Voraus unterwerfen und demgemäß auf eine Berufung an die ordentlichen Gerichte definitiv verzichten.

Bei der Ausstellung von Gutachten und der Abgabe von schiedsrichterlichen Entscheidungen kann den Betreffenden eine Gebühr behufs Ersatz der Secretariats-kosten und sonstigen Auslagen auferlegt werden.

3. Geschäftsordnung.

Das Syndicat hält mindestens monatlich einmal, und zwar in der Regel kurz vor Monatsschluß, eine Zusammenkunft, außerdem so oft der Vorsitzende es für erforderlich hält oder zwei Mitglieder schriftlich eine Zusammenkunft beantragen; in diesen Zusammen-künften führt der Deputirte der Handelskammer den Vorsitz.

Zur Gültigkeit von Gutachten und Entscheidungen des Syndicats ist die Anwesenheit von mindestens fünf Votanten erforderlich. Bei Stimmengleichheit ent-scheidet das Votum des Vorsitzenden.

Beschlüsse über die allgemeinen Usanzen können nur mit ⅔ Majorität sämmtlicher Syndicats-Mitglieder gefaßt werden. Betreffen jedoch diese Beschlüsse eine dauernde Abänderung der allgemeinen Usanzen, so bedürfen solche zu ihrer Gültigkeit der besonderen Genehmigung einer Generalversammlung der beim Effectenhandel Betheiligten.

Vorlagen des Syndicats an die Generalversammlung wegen Abänderung früherer Beschlüsse sind mindestens acht Tage vor der Versammlung zu veröffentlichen.

Anträge von Börsenmitgliedern an das Syndicat sind schriftlich bei der Handelskammer einzureichen.

4. Coursnotirungen.

Das Syndicat hat die Ausgabe eines täglich zu erscheinenden officiellen Cours-zettels zu beschaffen, und kann diese Eigenschaft einem bereits bestehenden Courszettel zeitweilig beilegen. Im ersteren Falle hat das Syndicat die Unterhändler zur Mit-wirkung bei den Coursnotirungen aufzufordern.

Im officiellen Courszettel werden nur solche Effecten zur Notirung zugelassen, deren Aufnahme das Syndicat gutheißt. Eine Abweisung darf vom Syndicate jedoch nur dann ausgesprochen werden, wenn dasselbe den Handel in dem betreffenden Effect als gemeinschädlich erachtet.

№ 43. den 12. Juli 1869.

Bekanntmachung,

betreffend die Numerirung der Hamburgischen Seefischer-Ewer.

In Gemäßheit Beschlusses E. Hohen Senats vom 5. d. Mts. wird hiedurch das Folgende verordnet und bekannt gemacht:

1) Sämmtliche im Hamburgischen Gebiete zu Hause gehörigen, zum Seefischerei-Betrieb bestimmten und benutzten Ewer sind mit fortlaufenden Nummern zu versehen, welche mit deutlichen mindestens ein Fuß großen Ziffern an beiden Seiten des Vorderstevens in Farbe (nicht auf einem Blechschilde) anzubringen sind.

2) Die Ertheilung der Nummern und die Führung der des Endes erforderlichen Register ist dem Marine-Inspector zu Hamburg übertragen, bei welchem sich die Besitzer von Seefischer-Ewern zu melden haben, um die Nummer, welche der betreffende Ewer führen soll, zu erhalten. Künftige Veränderungen im Besitze sind behufs Nachtragung in den Registern gleichfalls anzumelden.

3) Die Ertheilung der Nummer und Eintragung in das Register erfolgt bis zum 1. Januar 1870 kostenfrei. Von da an ist für die erste Eintragung eines Ewers eine Gebühr von 2 ℳ, und für jede Notirung eines Besitzwechsels eine Gebühr von 12 ß für Rechnung der Staatscasse zu erheben.

4) Zuwiderhandlungen gegen diese Vorschriften werden mit angemessener Ordnungsstrafe belegt oder nach Befinden der Umstände strafgesetzlich geahndet werden.

Hamburg, den 12. Juli 1869.

Die Landherrenschaft der Marschlande.

№ 44. den 7. August 1869.

Bekanntmachung,

betreffend Maaßregeln gegen die Hundswuth.

Nachdem die Tollwuth der Hunde neuerdings wieder aufgetreten ist, sind im Auftrage des Senats von der unterzeichneten Behörde vorübergehend und unter Hinweisung auf § 13 des Gesetzes über die Hundesteuer, die folgenden Anordnungen getroffen, welche beziehungsweise für die Stadt, die Vorstädte und das gesammte Landgebiet gelten.

1) Außerhalb des Hauses müssen die Hunde einen vorschriftsmäßigen Maulkorb von Draht tragen. Das Muster des Maulkorbes ist auf dem Bureau für die Hundesteuer, Neuerwall No. 88, anzusehen.

2) In den Landherrenschaften der Geestlande und Marschlande sind Hofhunde an die Kette zu legen. Taue sind zu diesem Zwecke unzulässig, weil die Hunde dieselben durchbeißen. Im Uebrigen gilt die Bestimmung unter 1.

3) Hunde, die von tollwüthigen oder der Tollwuth verdächtigen Hunden gebissen worden, sind unbedingt zu tödten, da die Einhaltung einer Quarantaine keine genügende Sicherheit gegen den späteren Ausbruch der Krankheit gewährt.

4) Der Frohn ist angewiesen, Hunde, welche ohne gehörigen Maulkorb betroffen werden, einzufangen. Werden die eingefangenen Hunde, sofern sie nicht nach 3. sofort zu tödten sind, nicht innerhalb 3 Tagen unter Zahlung der verfügten Strafe und Futterkosten zurückgefordert, so sind dieselben zu tödten.

5) Die Eigenthümer von Hunden sind verpflichtet, von einem jeden bei ihren Hunden eintretenden irgendwie verdächtigen Krankheitsfall sofort einem der concessionirten Thierärzte Anzeige zu machen.

Wer dieser Verordnung zuwider handelt, verfällt, die Verantwortlichkeit für den etwa entstandenen Schaden vorbehältlich, in eine Geldstrafe von 2—10 Thalern und im Unvermögensfalle in die entsprechende Gefängnißstrafe.

Diese Verordnung tritt mit dem 17. August in Kraft.

Hamburg, den 7. August 1869.

Die Polizei-Behörde.

№ 45. den 14. August 1869.

Bekanntmachung,

betreffend Nebelsignale.

Die unterzeichnete Deputation bringt zur Kenntnißnahme für die Betheiligten hiemit zur öffentlichen Kunde, daß zufolge ihr zugegangener officieller Mittheilung, am Bord des bei Altona auf der Elbe liegenden Wachtschiffs „Prinz Adalbert" die Anordnung getroffen ist, daß bei starkem Nebel ein Trommelsignal (ein 15 Secunden dauernder Wirbel mit Zwischenräumen von 3 Minuten) gegeben wird, um die passirenden Schiffe von der Lage des Wachtschiffs in Kenntniß zu setzen.

Hamburg, den 14. August 1869.

Die Deputation für Handel und Schiffahrt.

№ 46. den 19. August 1869.

Bekanntmachung,

betreffend das Licht auf dem ersten Signalschiffe in der Elbe.

Die unterzeichnete Deputation bringt hiemit zur vorläufigen Kenntniß der Betheiligten, daß im Laufe des Monats October oder im Anfang November dieses Jahres das feste Licht auf dem ersten Signalschiff beim Eingang in die Elbe in ein Blinklicht umgeändert werden wird.

Dieses Blinklicht wird ein helles weißes Licht drei Mal in jeder Minute zeigen, welches jedesmal 8 Secunden, also 24 Secunden in der Minute, sichtbar sein wird.

Die Deputation wird den Tag, an welchem das Blinklicht zum ersten Mal gezeigt werden wird, demnächst bekannt machen.

Hamburg, den 19. August 1869.

Die Deputation für Handel und Schiffahrt.

№ 47. den 28. August 1869.

Bekanntmachung,

betreffend Schonung der Stationspunkte für die Vermessung des Hamburgischen Gebiets.

Nachdem bei der Vermessung des Hamburgischen Gebiets die Stationspunkte des trigonometrisch bestimmten Dreiecknetzes theils durch Granitsteine, theils durch eichene Pfähle bezeichnet sind, wird sämmtlichen Grundeigenthümern hiemit aufgegeben, diese Stationspunkte, welche auf den, bei den Vögten zur Einsicht ausliegenden Karten genau angegeben sind, in jeder Weise zu schonen und falls in der Nähe derselben in einem auf den Karten mit rother Farbe angedeuteten Umkreise Arbeiten erforderlich werden sollten, hievon spätestens einen Tag vorher dem Vermessungs-Bureau Anzeige zu machen.

Die Steine enthalten 7 bis 10 Zoll im Quadrat, sind mit einem ca. 4 Zoll tief eingebohrten Loche versehen und liegen 1 bis 3 Fuß tief unter der Erdoberfläche, die eichenen Pfähle enthalten ca. 4 Zoll im Quadrat und liegen nur wenige Zoll tief unter der Erdoberfläche.

Bis jetzt liegen in folgenden Vogteien die Karten zur Einsicht aus, nämlich in Eimsbüttel, Winterhude, Eilbeck, Ham, Horn, Barmbeck.

Hamburg, den 28. August 1869.

Die Landherrenschaft der Geestlande.

№ 48. den 22. September 1869.

Bekanntmachung,
betreffend Reglement für die Benutzung der Dampfschiffsbrücke am Großen Grasbrook.

Das folgende von der unterzeichneten Behörde mit der Deputation für Handel und Schifffahrt festgesetzte

Reglement
für die Benutzung der Dampfschiffsbrücke am Großen Grasbrook

wird hiedurch zur öffentlichen Kunde gebracht.

1) Es darf im Allgemeinen nur ein Dampfschiff längs des Landungsprahms liegen. Jedes angekommene Dampfschiff muß, sobald dasselbe von den Passagieren und mitgebrachten Effecten, Vieh u. s. w. frei ist, soweit von der Längsseite des Prahms entfernt werden, daß für die später ankommenden und abfahrenden Dampfschiffe zum Absetzen und Aufnehmen der Passagiere und Effecten genügender Platz bleibt.

2) Es gilt die Regel, daß dem ankommenden Dampfschiffe Platz gemacht werden muß. Wenn indessen in ein am Prahm liegendes Dampfschiff eingenommen wird und während dessen ein anderes Dampfschiff ankommt, so müssen die Passagiere des Letzteren über Ersteres hinweg an Land gehen, während mit der Ausladung von Vieh und Gütern gewartet werden muß, bis das erstere Dampfschiff abgefahren ist.

3) Wenn Dampfschiffe nach denselben Bestimmungs- oder Stationsorten fahren, so müssen die Zeiten der Abfahrt vom Großen Grasbrook mindestens eine halbe Stunde auseinander liegen und pünktlich eingehalten werden. Sollten unvorhergesehene Fälle eintreten, welche die Abfahrt verzögern, so muß das Schiff von der Brücke weg auf den Strom gelegt werden, um dem eine halbe Stunde später abfahrenden Dampfschiffe Platz zu machen.

4) Wenn Dampfschiffe zwar nach verschiedenen Stationsorten, aber gleichzeitig abfahren, so steht das Vorrecht zum Liegen an der Längsseite des Prahms dem größeren Schiffe zu, bei Gleichheit der Tragfähigkeit demjenigen Schiffe, welches nach dem entfernteren Orte fährt. Dies Vorrecht gilt jedoch nicht für solche Schiffe, die nur an einzelnen Tagen Fahrten machen, indem diejenigen Schiffe vorgehen, welche regelmäßige Fahrten zu bestimmter Stunde machen.

Zuwiderhandlungen gegen diese Vorschriften werden mit Geldstrafe bis zu 6 Thalern belegt werden.

Brückenmeister und Polizei-Officiant sind angewiesen, auf die Befolgung dieser Vorschriften zu achten und Zuwiderhandlungen zur Anzeige zu bringen.

Hamburg, den 22. September 1869.

Die Landherrenschaft der Marschlande.

№ 49. den 26. September 1869.

Bekanntmachung,

betreffend Ausführung der Gewerbe-Ordnung für den Norddeutschen Bund in Bezug auf den stehenden Gewerbebetrieb.

Mit dem 1. October d. J. tritt in Gemäßheit der Ausführungs-Verordnung Hohen Senats vom 3. September die Gewerbe-Ordnung für den Norddeutschen Bund, mit Ausnahme des Titel III derselben, welcher den Gewerbebetrieb im Umherziehen betrifft, in Wirksamkeit. Die unterzeichnete Behörde unterläßt nicht für den ihr zukommenden Geschäftsbereich das Publicum hierauf aufmerksam zu machen, insbesondere aber auf die Befolgung der §§ 14, 35, 43 und 44 der Gewerbe-Ordnung hinzuweisen.

Dieselben lauten:

§ 14.

Wer den selbstständigen Betrieb eines stehenden Gewerbes anfängt, muß der für den Ort, wo solches geschieht, nach den Landesgesetzen zuständigen Behörde gleichzeitig Anzeige davon machen. Diese Anzeige liegt auch demjenigen ob, welcher zum Betriebe eines Gewerbes im Umherziehen (Titel III) befugt ist.

Außerdem hat, wer Versicherungen für eine Mobiliar- oder Immobiliar-Feuerversicherungs-Anstalt als Agent oder Unteragent vermitteln will, bei Uebernahme der Agentur, und derjenige, welcher dieses Geschäft wieder aufgiebt, oder welchem die Versicherungs-Anstalt den Auftrag wieder entzieht, innerhalb der nächsten acht Tage der zuständigen Behörde seines Wohnortes davon Anzeige zu machen. Buch- und Steindrucker, Buch- und Kunsthändler, Antiquare, Leihbibliothekare, Inhaber von Lesekabinetten, Verkäufer von Druckschriften, Zeitungen und Bildern haben bei der Eröffnung ihres Gewerbebetriebes das Lokal desselben, sowie jeden späteren Wechsel des letzteren spätestens am Tage seines Eintritts der zuständigen Behörde ihres Wohnorts anzugeben.

§ 35.

Die Ertheilung von Tanz-, Turn- und Schwimmunterricht als Gewerbe darf denjenigen untersagt werden, welche wegen Vergehen oder Verbrechen gegen die Sittlichkeit bestraft sind.

Der Handel mit gebrauchten Kleidern, gebrauchten Betten oder gebrauchter Wäsche, der Kleinhandel mit altem Metallgeräth oder Metallbruch (Trödel), oder mit Garnabfällen oder Dräumen von Seide, Wolle, Baumwolle oder Leinen, ferner das Geschäft eines Pfandleihers kann demjenigen untersagt werden, welcher wegen aus Gewinnsucht begangener Vergehen oder Verbrechen gegen das Eigenthum bestraft worden ist.

Das Geschäft eines Gesindevermiethers kann demjenigen untersagt werden, welcher wegen aus Gewinnsucht begangener Vergehen oder Verbrechen gegen das Eigenthum oder wegen Vergehen oder Verbrechen gegen die Sittlichkeit bestraft worden ist.

Personen, welche die in diesem Paragraphen bezeichneten Gewerbe beginnen, haben bei Eröffnung ihres Gewerbebetriebes der zuständigen Behörde hiervon Anzeige zu machen.

§ 43.

Wer gewerbsmäßig Druckschriften oder andere Schriften oder Bildwerke auf öffentlichen Wegen, Straßen, Plätzen oder an anderen öffentlichen Orten ausrufen, verkaufen, vertheilen, anheften oder anschlagen will, bedarf dazu einer Erlaubniß der Ortspolizei-Behörde, und hat den über diese Erlaubniß auszustellenden, auf seinen Namen lautenden Legitimationsschein bei sich zu führen.

Diese Erlaubniß darf nur unter den Bedingungen und nach Maaßgabe des § 57 versagt werden.

§ 44.

Kaufleute, Fabrikanten und andere Personen, welche ein stehendes Gewerbe betreiben, sind befugt, außerhalb des Ortes ihrer gewerblichen Niederlassung persönlich oder durch in ihren Diensten stehende Reisende Waaren aufzukaufen und Bestellungen auf Waaren zu suchen.

Sie bedürfen dazu eines Legitimationsscheins, welcher von der unteren Verwaltungsbehörde ausgestellt wird und für das Kalenderjahr gilt. Dieses Legitimationsscheines bedarf es nicht, wenn die betreffenden Gewerbtreibenden durch die nach den Zollvereinsverträgen erforderliche Gewerbe-Legitimationskarte bereits für das Gesammtgebiet des Zollvereins legitimirt sind. Der Inhaber eines solchen Legitimationsscheins darf aufgekaufte Waaren nur Behufs deren Beförderung nach dem Bestimmungsorte und von den Waaren, auf welche er Bestellungen sucht, nur Proben oder Muster mit sich führen.

Die nach § 14 erforderlichen Anzeigen sind für Stadt, Vorstadt und Gebiet (mit Ausnahme von Bergedorf und Ritzebüttel) auf dem Gewerbe-Bureau im Stadthause, welches an allen Wochentagen von 9 bis 4 Uhr geöffnet ist, zu beschaffen.

Bei solchen Gewerben, welche einer besonderen Genehmigung bedürfen (§§ 29—40 des Gesetzes), werden die Anmeldenden, sofern dieselbe nicht bereits vorliegt, zunächst an die betreffende Behörde zur Einholung jener Genehmigung verwiesen.

Sind für die Ausübung des angemeldeten Gewerbes, gleichviel ob es für dasselbe einer besonderen Genehmigung bedarf oder nicht, specielle Gesetze oder polizeiliche Anordnungen vorhanden (§ 144 und § 155 der Gewerbe-Ordnung) wie z. B. für Gasfitter, Unternehmer von öffentlichem Fuhrwerk und anderen öffentlichen Transportmitteln, Pfandleiher, Dienstboten-Vermiether, Trödler, Schenkwirthe, Schornsteinfeger, Tanzlehrer u. s. w., so wird das Gewerbe-Bureau die Anmeldenden an die zuständige Behörde verweisen, welche ihnen von den sie berührenden speciellen Vorschriften Kenntniß geben und sie zur Beobachtung derselben auffordern wird.

Die nach § 35 der Gewerbe-Ordnung für die dort bezeichneten Gewerbe der Tanz-, Turn- und Schwimmlehrer, Kleiderseller oder Lumpenhändler, Pfandleiher und Gesindevermiether erforderliche Anzeige ist für die Stadt, Vorstadt und Gebiet, mit Ausnahme von Bergedorf und Ritzebüttel, beim Gewerbe-Bureau im Stadthause zu machen.

Die nach § 43 der Gewerbe-Ordnung für den Vertrieb, Ausruf oder Anschlag von Druckschriften auf öffentlicher Straße erforderliche Genehmigung und Legitimation und der nach § 44 der Gewerbe-Ordnung für den Auffauf von Waaren und die Nachsuchung von Waaren-Bestellungen erforderliche Legitimationsschein wird von derselben Behörde für dieselben Districte ertheilt. Es wird mit Bezug auf die vorstehend erwähnten Anmeldungen, Anzeigen und Genehmigungserfordernisse hervorgehoben:

daß nach § 147 der Gewerbe-Ordnung derjenige, welcher den Betrieb eines die besondere polizeiliche Genehmigung oder eine Concession, Approbation oder Bestallung erfordernden Gewerbes ohne vorgängige Genehmigung unternimmt,

mit Geldbuße bis 100 Thaler oder im Unvermögensfall mit verhältnißmäßiger Gefängnißstrafe zu belegen ist,

das ferner nach § 148 der Gewerbe-Ordnung mit Geldbuße bis 50 Thaler und im Fall des Unvermögens mit Gefängnißstrafe bis 4 Wochen bestraft wird:

1) wer außer den im § 147 vorgesehenen Fällen ein stehendes Gewerbe beginnt ohne dasselbe vorschriftmäßig anzuzeigen;
2) wer die im § 14 erforderte An- oder Abmeldung einer übernommenen Feuerversicherungs-Agentur unterläßt;
3) wer die im § 14 erforderte Anzeige über das Betriebslokal unterläßt;
4) wer gewerbmäßig Tanz-, Turn- und Schwimmunterricht, wer Handel mit gebrauchten Kleidern, gebrauchten Betten oder gebrauchter Wäsche, wer Klein-

handel mit altem Metallgeräth oder Metallbruch (Trödel) oder mit Garnabfällen oder Drämen von Seide, Wolle, Baumwolle oder Leinen, ferner wer das Geschäft eines Pfandleihers oder eines Gesindevermiethers betreiben will und die Eröffnung seines Gewerbebetriebes der bezeichneten Art bei der Polizei-Behörde anzuzeigen unterläßt;

5) wer dem § 43 zuwider handelt;

6) wer bei dem Aufsuchen von Waarenbestellungen den Vorschriften in § 44 zuwider handelt;

daß endlich nach § 149 der Gewerbe-Ordnung mit Geldbuße bis zu 10 Thalern und im Fall des Unvermögens mit Gefängnißstrafe bis zu 8 Tagen bestraft wird: wer gewerbliche Verrichtungen, zu welchen er nach § 44 einer Legitimation bedarf, vornimmt, ohne dieselbe zu besitzen, beziehungsweise mit sich zu führen.

Hamburg, den 26. September 1869.

Die Polizei-Behörde.

№ 50. den 26. September 1869.

Bekanntmachung,

betreffend die Aufsicht der Behörde über die jugendlichen Fabrikarbeiter.

Nach §§ 128—133 der am 1. October d. J. in Wirksamkeit tretenden Gewerbe-Ordnung für den Norddeutschen Bund steht die Beschäftigung jugendlicher Arbeiter (im Alter bis zum vollendeten 16. Lebensjahre) in Fabriken unter behördlicher Controle.

Dieselbe liegt betreffs der in der Stadt befindlichen Fabriken oder als solche anzusehenden Werkstätten der unterzeichneten Behörde ob und sind demnach die folgenden näheren Bestimmungen getroffen.

Nach dem 1. nächsten Monats darf die Annahme der bezeichneten jugendlichen Arbeiter für regelmäßige Beschäftigung in Fabriken ohne ein von der Polizei-Behörde nach § 131 der Gewerbe-Ordnung ausgestelltes, bei derselben in Empfang zu nehmendes Arbeitsbuch, nicht erfolgen.

Inhaber der Fabriken, in welchen solche Arbeiter bereits beschäftigt sind, haben sich spätestens am 29. nächsten Monats mit der nach § 130 der Gewerbe-Ordnung aufzusetzenden Arbeiterliste an die unterzeichnete Behörde zu wenden, behufs Erlangung von Arbeitsbüchern.

Es wird hiebei darauf hingewiesen, daß nach §§ 149 und 150 der Gewerbe-Ordnung Contraventionen gegen diese Vorschriften mit einer Geldbuße bis zu 10 Thalern und im Unvermögensfalle mit Gefängnißstrafe bis zu acht Tagen zu bestrafen sind.

Hamburg, den 26. September 1869.

Die Polizei-Behörde.

№ 51. den 26. September 1869.

Bekanntmachung,

betreffend Ausführung der Gewerbe-Ordnung für den Norddeutschen Bund in Bezug auf bauliche Anlagen.

Mit dem 1. October d. J. tritt in Gemäßheit der Ausführungs-Verordnung Hohen Senats vom 3. September die Gewerbe-Ordnung für den Norddeutschen Bund, mit Ausnahme des Tit. III derselben, welcher den Gewerbebetrieb im Umherziehen betrifft, in Wirksamkeit.

Die §§ 16 und 24 der Gewerbe-Ordnung lauten:

§ 16.

Zur Errichtung von Anlagen, welche durch die örtliche Lage oder die Beschaffenheit der Betriebsstätte für die Besitzer oder Bewohner der benachbarten Grundstücke oder für das Publicum überhaupt erhebliche Nachtheile, Gefahren oder Belästigungen herbeiführen können, ist die Genehmigung der nach den Landesgesetzen zuständigen Behörde erforderlich.

Es gehören dahin:

Schießpulver-Fabriken, Anlagen zur Feuerwerkerei und zur Bereitung von Zündstoffen aller Art, Gasbereitungs- und Gasbewahrungs-Anstalten, Anstalten zur Destillation von Erdöl, Anlagen zur Bereitung von Braunkohlentheer, Steinkohlentheer und Koaks, sofern sie außerhalb der Gewinnungsorte des Materials errichtet werden, Glas- und Rußhütten, Kalk-, Ziegel- und Gypsöfen, Anlagen zur Gewinnung roher Metalle, Röstöfen, Metallgießereien, sofern sie nicht bloße Tiegelgießereien sind, Hammerwerke, chemische Fabriken aller Art, Schnellbleichen, Firnißsiedereien, Stärkefabriken, mit Ausnahme der Fabriken zur Bereitung von Kartoffelstärke, Stärkesyrups-Fabriken, Wachstuch-, Darmseiten-, Dachpappen- und Dachfilz-Fabriken, Leim-, Thran- und Seifensiedereien, Knochenbrennereien, Knochendarren, Knochenkochereien und

Knochenbleichen, Zubereitungsanstalten für Thierhaare, Talgschmelzen, Schlächtereien, Gerbereien, Abdeckereien, Poudretten- und Düngpulver-Fabriken, Stau-Anlagen für Wassertriebwerke (§ 23).

Das vorstehende Verzeichniß kann, je nach Eintritt oder Wegfall der im Eingang gedachten Voraussetzung, durch Beschluß des Bundesrathes, vorbehaltlich der Genehmigung des nächstfolgenden Reichstages, abgeändert werden.

§ 24.

Zur Anlegung von Dampfkesseln, dieselben mögen zum Maschinenbetriebe bestimmt sein oder nicht, ist die Genehmigung der nach den Landesgesetzen zuständigen Behörde erforderlich. Dem Gesuche sind die zur Erläuterung erforderlichen Zeichnungen und Beschreibungen beizufügen.

Die Behörde hat die Zulässigkeit der Anlage nach den bestehenden bau-, feuer- und gesundheitspolizeilichen Vorschriften, sowie nach denjenigen allgemeinen polizeilichen Bestimmungen zu prüfen, welche von dem Bundesrathe über die Anlegung von Dampfkesseln erlassen werden. Sie hat nach dem Befunde die Genehmigung entweder zu versagen, oder unbedingt zu ertheilen, oder endlich bei Ertheilung derselben die erforderlichen Vorkehrungen und Einrichtungen vorzuschreiben.

Bis zum Erlaß allgemeiner Bestimmungen durch den Bundesrath kommen die in den einzelnen Bundesstaaten bestehenden Vorschriften zur Anwendung.

Bevor der Kessel in Betrieb genommen wird, ist zu untersuchen, ob die Ausführung den Bestimmungen der ertheilten Genehmigung entspricht. Wer vor dem Empfange der hierüber auszufertigenden Bescheinigung den Betrieb beginnt, hat die im § 147 angedrohte Strafe verwirkt.

Die vorstehenden Bestimmungen gelten auch für bewegliche Dampfkessel.

Für den Recurs und das Verfahren über denselben gelten die Vorschriften der §§ 20 und 21.

Die hiernach für die bezeichneten Anlagen erforderliche Genehmigung ist für die Stadt und Vorstadt St. Pauli bei der Baupolizei-Behörde (im Nebengebäude des Stadthauses) einzuholen.

Die unterzeichnete Behörde macht auf die Befolgung dieser Gesetzes-Bestimmungen unter dem Hinweis aufmerksam, daß nach § 147 der Gewerbe-Ordnung Derjenige:

welcher eine die besondere Genehmigung erfordernde gewerbliche Anlage ohne vorgängige Genehmigung errichtet, mit Geldbuße bis 100 Thaler oder im Unvermögensfall mit verhältnißmäßiger Gefängnißstrafe zu belegen ist.

Hamburg, den 26. September 1869.

Die Baupolizei-Behörde.

№ 52. den 28. September 1869.

Bekanntmachung,

betreffend Ausführung der Gewerbe-Ordnung für den Norddeutschen Bund in Bezug auf bauliche Anlagen.

Diejenigen Grundbesitzer und Gewerbetreibenden, welche im Gebiete der Landherrenschaft der Marschlande solche gewerbliche Anlagen herstellen wollen, zu denen nach Inhalt der Gewerbe-Ordnung für den Norddeutschen Bund eine vorhergehende öffentliche Bekanntmachung behufs etwaniger Einsprachen von Nachbarn, so wie demnächst obrigkeitliche Genehmigung erforderlich ist;

werden hierdurch darauf aufmerksam gemacht, daß diejenigen, welche vom 1. October d. J. an eine die besondere obrigkeitliche Genehmigung erfordernde gewerbliche Anlage ohne solche Genehmigung errichten, mit Geldstrafe bis zu 100 Thalern oder im Unvermögensfalle mit entsprechender Gefängnißstrafe zu belegen sind.

Die Anlagen, für welche die obigen Bestimmungen gelten, sind in der Bekanntmachung der Baupolizei-Behörde vom 26. September d. J. aufgeführt und ist die Genehmigung der Anlage im Bureau der unterzeichneten Behörde nachzusuchen.

Hamburg, den 28. September 1869.

Die Landherrenschaft der Marschlande.

№ 53. den 28. September 1869.

Bekanntmachung,

betreffend die Aufsicht der Behörde über die jugendlichen Fabrikarbeiter.

Nach §§ 128—133 der am 1. October d. J. in Wirksamkeit tretenden Gewerbe-Ordnung für den Norddeutschen Bund steht die Beschäftigung jugendlicher Arbeiter (im Alter bis zum vollendeten 16. Lebensjahre) in Fabriken unter behördlicher Controle.

Dieselbe liegt betreffs der im Gebiet der Geestlande befindlichen Fabriken oder der als solche anzusehenden Werkstätten der unterzeichneten Behörde ob und sind demnach die folgenden näheren Bestimmungen getroffen.

Nach dem 1. nächsten Monats darf die Annahme der bezeichneten jugendlichen Arbeiter für regelmäßige Beschäftigung in Fabriken ohne ein von der Landherrenschaft nach § 131 der Gewerbe-Ordnung ausgestelltes, bei derselben in Empfang zu nehmendes Arbeitsbuch, nicht erfolgen.

Inhaber der Fabriken, in welchen solche Arbeiter bereits beschäftigt sind, haben sich spätestens am 29. nächsten Monats mit der nach § 130 der Gewerbe-Ordnung aufzusetzenden Arbeiterliste an die unterzeichnete Behörde (Raboisen No. 103) zu wenden, behufs Erlangung von Arbeitsbüchern.

Es wird hierbei darauf hingewiesen, daß nach §§ 149 und 150 der Gewerbe-Ordnung Contraventionen gegen diese Vorschriften mit einer Geldbuße bis zu 10 Thalern und im Unvermögensfalle mit Gefängnißstrafe bis zu acht Tagen zu bestrafen sind.

Hamburg, den 28. September 1869.

Die Landherrenschaft der Geestlande.

№ 54. den 28. September 1869.

Bekanntmachung,

betreffend Ausführung der Gewerbe-Ordnung für den Norddeutschen Bund in Bezug auf bauliche Anlagen.

Mit dem 1. October d. J. tritt in Gemäßheit der Ausführungs-Verordnung Hohen Senats vom 3. September die Gewerbe-Ordnung für den Norddeutschen Bund, mit Ausnahme des Tit. III derselben, welcher den Gewerbebetrieb im Umherziehen betrifft, in Wirksamkeit.

Die §§ 16 und 24 der Gewerbe-Ordnung lauten:

§ 16.

Zur Errichtung von Anlagen, welche durch die örtliche Lage oder die Beschaffenheit der Betriebsstätte für die Besitzer oder Bewohner der benachbarten Grundstücke oder für das Publicum überhaupt erhebliche Nachtheile, Gefahren oder Belästigungen herbeiführen können, ist die Genehmigung der nach den Landesgesetzen zuständigen Behörde erforderlich;

Es gehören dahin:

Schießpulver-Fabriken, Anlagen zur Feuerwerkerei und zur Bereitung von Zündstoffen aller Art, Gasbereitungs- und Gasbewahrungs-Anstalten, Anstalten zur Destillation von Erdöl, Anlagen zur Bereitung von Braunkohlentheer, Steinkohlentheer und Koaks, sofern sie außerhalb der Gewinnungsorte des Materials errichtet werden, Glas- und Rußhütten, Kalk-, Ziegel- und Gypsöfen, Anlagen zur Gewinnung roher Metalle, Röstöfen, Metallgießereien, sofern sie nicht bloße Tiegelgießereien sind, Hammerwerke, chemische Fabriken aller Art, Schnellbleichen, Firnißsiedereien, Stärkefabriken, mit Ausnahme der Fabriken zur Bereitung der Kartoffelstärke, Stärkesyrups-Fabriken, Wachstuch-, Darmseiten-, Dachpappen- und Dachfilzfabriken, Leim-, Thran-

und Seifensiedereien, Knochenbrennereien, Knochendarren, Knochenkochereien und Knochenbleichen, Zubereitungsanstalten für Thierhaare, Talgschmelzen, Schlächtereien, Gerbereien, Abdeckereien, Poudretten- und Düngpulver-Fabriken, Stauanlagen für Wassertriebwerke (§ 23).

Das vorstehende Verzeichniß kann, je nach Eintritt oder Wegfall der im Eingang gedachten Voraussetzung, durch Beschluß des Bundesrathes, vorbehaltlich der Genehmigung des nächstfolgenden Reichstages, abgeändert werden.

§ 24.

Zur Anlegung von Dampfkesseln, dieselben mögen zum Maschinenbetriebe bestimmt sein oder nicht, ist die Genehmigung der nach den Landesgesetzen zuständigen Behörde erforderlich. Dem Gesuche sind die zur Erläuterung erforderlichen Zeichnungen und Beschreibungen beizufügen.

Die Behörde hat die Zulässigkeit der Anlage nach den bestehenden bau-, feuer- und gesundheitspolizeilichen Vorschriften, sowie nach denjenigen allgemeinen polizeilichen Bestimmungen zu prüfen, welche von dem Bundesrathe über die Anlegung von Dampfkesseln erlassen werden. Sie hat nach dem Befunde die Genehmigung entweder zu versagen, oder unbedingt zu ertheilen, oder endlich bei Ertheilung derselben die erforderlichen Vorkehrungen und Einrichtungen vorzuschreiben.

Bis zum Erlaß allgemeiner Bestimmungen durch den Bundesrath kommen die in den einzelnen Bundesstaaten bestehenden Vorschriften zur Anwendung.

Bevor der Kessel in Betrieb genommen wird, ist zu untersuchen, ob die Ausführung den Bestimmungen der ertheilten Genehmigung entspricht. Wer vor dem Empfange der hierüber auszufertigenden Bescheinigung den Betrieb beginnt, hat die im § 147 angedrohte Strafe verwirkt.

Die vorstehenden Bestimmungen gelten auch für bewegliche Dampfkessel.

Für den Recurs und das Verfahren über denselben gelten die Vorschriften der §§ 20 und 21.

Die hiernach für die bezeichneten Anlagen erforderliche Genehmigung ist für das Gebiet der Geestlande auf dem Bureau der Landherrenschaft (Raboisen 103) einzuholen.

Die unterzeichnete Behörde macht auf die Befolgung dieser Gesetzes-Bestimmungen unter dem Hinweis aufmerksam, daß nach § 147 der Gewerbe-Ordnung derjenige:

welcher eine die besondere Genehmigung erfordernde gewerbliche Anlage ohne vorgängige Genehmigung errichtet, mit Geldbuße bis 100 Thaler oder im Unvermögensfall mit verhältnißmäßiger Gefängnißstrafe zu belegen ist.

Hamburg, den 28. September 1869.

Die Landherrenschaft der Geestlande.

№ 55. den 28. September 1869.

Bekanntmachung,

betreffend Ausführung der Gewerbe-Ordnung für den Norddeutschen Bund in Bezug auf den stehenden Gewerbebetrieb.

Mit dem 1. October d. J. tritt in Gemäßheit der Ausführungs-Verordnung Hohen Senats vom 3. September d. J. die Gewerbe-Ordnung für den Norddeutschen Bund, mit Ausnahme des Titel III derselben, welcher den Gewerbebetrieb im Umherziehen betrifft, in Wirksamkeit. Das unterzeichnete Amt unterläßt nicht für den demselben zukommenden Geschäftsbereich das Publicum hierauf aufmerksam zu machen, insbesondere aber auf die Befolgung der folgenden Paragraphen der Gewerbe-Ordnung hinzuweisen, als:

§ 14.

Wer den selbstständigen Betrieb eines stehenden Gewerbes anfängt, muß der für den Ort, wo solches geschieht, nach den Landesgesetzen zuständigen Behörde gleichzeitig Anzeige davon machen. Diese Anzeige liegt auch demjenigen ob, welcher zum Betriebe eines Gewerbes im Umherziehen (Titel III) befugt ist.

Außerdem hat, wer Versicherungen für eine Mobiliar- oder Immobiliar-Feuerversicherungs-Anstalt als Agent oder Unteragent vermitteln will, bei Uebernahme der Agentur, und derjenige, welcher dieses Geschäft wieder aufgiebt, oder welchem die Versicherungs-Anstalt den Auftrag wieder entzieht, innerhalb der nächsten acht Tage der zuständigen Behörde seines Wohnortes davon Anzeige zu machen. Buch- und Steindrucker, Buch- und Kunsthändler, Antiquare, Leihbibliothekare, Inhaber von Lesekabinetten, Verkäufer von Druckschriften, Zeitungen und Bildern haben bei der Eröffnung ihres Gewerbebetriebes das Local desselben, sowie jeden späteren Wechsel des letzteren spätestens am Tage seines Eintritts der zuständigen Behörde ihres Wohnorts anzugeben.

§ 16.

Zur Errichtung von Anlagen, welche durch die örtliche Lage oder die Beschaffenheit der Betriebsstätte für die Besitzer oder Bewohner der benachbarten Grundstücke oder für das Publicum überhaupt erhebliche Nachtheile, Gefahren oder Belästigungen herbeiführen können, ist die Genehmigung der nach den Landesgesetzen zuständigen Behörde erforderlich.

Es gehören dahin:

Schießpulver-Fabriken, Anlagen zur Feuerwerkerei und zur Bereitung von Zündstoffen aller Art, Gasbereitungs- und Gasbewahrungs-Anstalten, Anstalten zur Destillation von Erdöl, Anlagen zur Bereitung von Braunkohlentheer, Steinkohlentheer und Koaks, sofern sie außerhalb der Gewinnungsorte des Materials errichtet werden, Glas- und Rußhütten, Kalk-, Ziegel- und Gypsöfen, Anlagen zur Gewinnung roher Metalle, Röstöfen, Metallgießereien, sofern sie nicht bloße Tiegelgießereien sind, Hammerwerke, chemische Fabriken aller Art, Schnellbleichen, Firnißsiedereien, Stärkefabriken, mit Ausnahme der Fabriken zur Bereitung von Kartoffelstärke, Stärkesyrups-Fabriken, Wachstuch-, Darmsaiten-, Dachpappen- und Dachfilz-Fabriken, Leim-, Thran- und Seifensiedereien, Knochenbrennereien, Knochendarren, Knochenkochereien und Knochenbleichen, Zubereitungsanstalten für Thierhaare, Talgschmelzen, Schlächtereien, Gerbereien, Abdeckereien, Poudretten- und Düngpulver-Fabriken, Stauanlagen für Wassertriebwerke (§ 23).

Das vorstehende Verzeichniß kann, je nach Eintritt oder Wegfall der im Eingang gedachten Voraussetzung, durch Beschluß des Bundesrathes, vorbehaltlich der Genehmigung des nächstfolgenden Reichstages, abgeändert werden.

§ 24.

Zur Anlegung von Dampfkesseln, dieselben mögen zum Maschinenbetriebe bestimmt sein oder nicht, ist die Genehmigung der nach den Landesgesetzen zuständigen Behörde erforderlich. Dem Gesuche sind die zur Erläuterung erforderlichen Zeichnungen und Beschreibungen beizufügen.

Die Behörde hat die Zulässigkeit der Anlage nach den bestehenden bau-, feuer- und gesundheitspolizeilichen Vorschriften, sowie nach denjenigen allgemeinen polizeilichen Bestimmungen zu prüfen, welche von dem Bundesrathe über die Anlegung von Dampfkesseln erlassen werden. Sie hat nach dem Befunde die Genehmigung entweder zu versagen, oder unbedingt zu ertheilen, oder endlich bei Ertheilung derselben die erforderlichen Vorkehrungen und Einrichtungen vorzuschreiben.

Bis zum Erlaß allgemeiner Bestimmungen durch den Bundesrath kommen die in den einzelnen Bundesstaaten bestehenden Vorschriften zur Anwendung.

Bevor der Kessel in Betrieb genommen wird, ist zu untersuchen, ob die Ausführung den Bestimmungen der ertheilten Genehmigung entspricht. Wer vor dem Empfange der hierüber auszufertigenden Bescheinigung den Betrieb beginnt, hat die im § 147 angedrohte Strafe verwirkt.

Die vorstehenden Bestimmungen gelten auch für bewegliche Dampfkessel.

Für den Recurs und das Verfahren über denselben gelten die Vorschriften der §§ 20 und 21.

§ 35.

Die Ertheilung von Tanz-, Turn- und Schwimmunterricht als Gewerbe darf denjenigen untersagt werden, welche wegen Vergehen oder Verbrechen gegen die Sittlichkeit bestraft sind.

Der Handel mit gebrauchten Kleidern, gebrauchten Betten oder gebrauchter Wäsche, der Kleinhandel mit altem Metallgeräth oder Metallbruch (Trödel), oder mit Garnabfällen oder Dräumen von Seide, Wolle, Baumwolle oder Leinen, ferner das Geschäft eines Pfandleihers kann demjenigen untersagt werden, welcher wegen aus Gewinnsucht begangener Vergehen oder Verbrechen gegen das Eigenthum bestraft worden ist.

Das Geschäft eines Gesindevermiethers kann demjenigen untersagt werden, welcher wegen aus Gewinnsucht begangener Vergehen oder Verbrechen gegen das Eigenthum oder wegen Vergehen oder Verbrechen gegen die Sittlichkeit bestraft worden ist.

Personen, welche die in diesem Paragraphen bezeichneten Gewerbe beginnen, haben bei Eröffnung ihres Gewerbebetriebes der zuständigen Behörde hiervon Anzeige zu machen.

§ 43.

Wer gewerbsmäßig Druckschriften oder andere Schriften oder Bildwerke auf öffentlichen Wegen, Straßen, Plätzen oder an anderen öffentlichen Orten ausrufen, verkaufen, vertheilen, anheften oder anschlagen will, bedarf dazu einer Erlaubniß der Ortspolizei-Behörde, und hat den über diese Erlaubniß auszustellenden, auf seinen Namen lautenden Legitimationsschein bei sich zu führen.

Diese Erlaubniß darf nur unter den Bedingungen und nach Maaßgabe des § 57 versagt werden.

§ 44.

Kaufleute, Fabrikanten und andere Personen, welche ein stehendes Gewerbe betreiben, sind befugt, außerhalb des Ortes ihrer gewerblichen Niederlassung persönlich oder durch in ihren Diensten stehende Reisende Waaren aufzukaufen und Bestellungen auf Waaren zu suchen.

Sie bedürfen dazu eines Legitimationsscheins, welcher von der unteren Verwaltungsbehörde ausgestellt wird und für das Kalenderjahr gilt. Dieses Legitimationsscheins bedarf es nicht, wenn die betreffenden Gewerbetreibenden durch die nach den Zollvereinsverträgen erforderliche Gewerbe-Legitimationskarte bereits für das Gesammtgebiet des Zollvereins legitimirt sind. Der Inhaber eines solchen Legitimationsscheins darf aufgekaufte Waaren nur Behufs deren Beförderung nach dem Bestimmungsorte und von den Waaren, auf welche er Bestellungen sucht, nur Proben oder Muster mit sich führen.

Die nach den vorstehenden Paragraphen erforderlichen Anzeigen sind auf dem Amthause hierselbst zu beschaffen (an allen Wochentagen Vormittags von 10 bis 12 Uhr), die vorgeschriebene Genehmigung, der erforderliche Legitimationsschein ebenfalls beim Amte zur vorerwähnten Zeit nachzusuchen.

Bei solchen Gewerben, welche einer besonderen Genehmigung bedürfen (§§ 29, 30 u. s. w. der Gemeinde-Ordnung) werden die Anmeldenden, wenn dem Amte die Ertheilung der Genehmigung nicht zusteht, an die betreffende Behörde verwiesen.

Sind für die Ausübung des angemeldeten Gewerbes, gleichviel ob es für dasselbe einer besonderen Genehmigung bedarf oder nicht, specielle Gesetze oder polizeiliche Anordnungen vorhanden, so werden die sich Anmeldenden zur Beobachtung der sie berührenden speciellen Vorschriften aufgefordert.

In Bezug auf die vorstehend erwähnten Anmeldungen, Anzeigen und Genehmigungserfordernisse wird noch besonders auf die im § 147 der Gewerbe-Ordnung angedrohten Strafen aufmerksam gemacht und namentlich darauf, daß nach diesen Vorschriften derjenige, welcher den Betrieb eines die besondere polizeiliche Genehmigung, oder eine Concession, Approbation oder Bestallung erfordernden Gewerbes unternimmt, oder eine der in §§ 16 und 24 erwähnten Anlagen ohne die vorgeschriebene Genehmigung errichtet,

mit Geldbuße bis 100 Thaler oder im Unvermögensfall mit verhältnißmäßiger Gefängnißstrafe zu belegen ist,

daß ferner nach § 148 der Gewerbe-Ordnung mit Geldbuße bis 50 Thaler und im Fall des Unvermögens mit Gefängnißstrafe bis 4 Wochen bestraft wird:

1) wer außer den im § 147 vorgesehenen Fällen ein stehendes Gewerbe beginnt ohne dasselbe vorschriftmäßig anzuzeigen;
2) wer die im § 14 erforderte An- oder Abmeldung einer übernommenen Feuerversicherungs-Agentur unterläßt;
3) wer die im § 14 erforderte Anzeige über das Betriebslocal unterläßt;
4) wer der nach § 35 gegen ihn ergangenen Untersagung eines Gewerbebetriebes zuwider handelt oder die im § 35 vorgeschriebene Anzeige unterläßt;
5) wer dem § 43 zuwider handelt;
6) wer bei dem Aufsuchen von Waarenbestellungen den Vorschriften im § 44 zuwider handelt;

daß endlich nach § 149 der Gewerbe-Ordnung mit Geldbuße bis zu 10 Thalern und im Fall des Unvermögens mit Gefängnißstrafe bis zu 8 Tagen bestraft wird:

wer gewerbliche Verrichtungen, zu welchen er nach § 44 einer Legitimation bedarf, vornimmt, ohne dieselbe zu besitzen, beziehungsweise mit sich zu führen.

Bergedorf, den 28. September 1869.

Das Amt.

№ 56. den 28. September 1869.

Bekanntmachung,

betreffend die Aufsicht der Behörde über die jugendlichen Fabrikarbeiter.

Nach §§ 128—133 der am 1. October d. J. in Wirksamkeit tretenden Gewerbe-Ordnung für den Norddeutschen Bund steht die Beschäftigung jugendlicher Arbeiter (im Alter bis zum vollendeten 16. Lebensjahre) in Fabriken unter behördlicher Controle.

Dieselbe liegt betreffs der im Amte und Städtchen Bergedorf befindlichen Fabriken, oder als solche anzusehenden Werkstätten dem unterzeichneten Amte ob und sind demnach die folgenden näheren Bestimmungen getroffen:

Nach dem 1. nächsten Monats darf die Annahme der bezeichneten jugendlichen Arbeiter für regelmäßige Beschäftigung in Fabriken ohne ein vom unterzeichneten Amte nach § 131 der Gewerbe-Ordnung ausgestelltes, bei demselben in Empfang zu nehmendes Arbeitsbuch nicht erfolgen.

Inhaber der Fabriken, in welchen solche Arbeiter bereits beschäftigt sind, haben sich spätestens am 29. nächsten Monats mit der nach § 130 der Gewerbe-Ordnung anzufertigenden Arbeiterliste an das unterzeichnete Amt zu wenden, behufs Erlangung von Arbeitsbüchern.

Es wird hierbei darauf hingewiesen, daß nach §§ 149 und 150 der Gewerbe-Ordnung Uebertretungen dieser Vorschriften mit einer Geldbuße bis zu 10 Thalern und im Unvermögensfalle mit Gefängnißstrafe bis zu acht Tagen zu bestrafen sind.

Bergedorf, den 28. September 1869.

Das Amt.

№ 57. den 29. September 1869.

Reglement

für den

Betrieb der Gastwirthschaften, Schankwirthe und Kleinhändler mit Branntwein oder Spirituosen, in Gemäßheit § 33 der Bundes-Gewerbe-Ordnung.

§ 1.

Personen, welche Gastwirthschaft, Schankwirthschaft oder Kleinhandel mit Branntwein oder Spirituosen betreiben wollen, haben sich beim Gewerbebureau zu melden und werden von demselben zur Einholung der erforderlichen Erlaubniß (§ 33 der Gewerbe-Ordnung) an die Polizei-Behörde sowie wegen Zahlung des Eintrittsgeldes und Stellung einer Sicherheit für den muthmaaßlichen Betrag der zu entrichtenden Schankabgabe an das Haupt-Accise-Comtoir verwiesen.

§ 2.

Diese Erlaubniß ist zu versagen:

1) wenn gegen den Nachsuchenden Thatsachen vorliegen, welche die Annahme rechtfertigen, daß er das Gewerbe zur Förderung der Völlerei, des verbotenen Spiels, der Hehlerei oder der Unsittlichkeit mißbrauchen werde;
2) wenn das zum Betriebe des Gewerbes bestimmte Local wegen seiner Beschaffenheit oder Lage den polizeilichen Anforderungen nicht genügt.

§ 3.

Schankwirthschaften und Kleinhandlungen mit Branntwein oder Spirituosen müssen um 12 Uhr Mitternacht geschlossen werden.

Nur unter besonderen Umständen wird auf Nachsuchen für den einzelnen Fall eine spätere Polizeistunde gestattet.

§ 4.

Zu musikalischen oder dramatischen Abendunterhaltungen bedarf es einer besonderen polizeilichen Erlaubniß.

Die Wirthe dürfen s. g. Localsängern und Sängerinnen, Musikern und sonstigen derartigen Darstellern bei eigener Verantwortlichkeit nicht gestatten, in ihrem Local ohne einen auf die Person des Darstellers lautenden polizeilichen Erlaubnißschein aufzutreten.

§ 5.

Kindern unter 14 Jahren, sofern sie nicht in Begleitung erwachsener Personen erscheinen, darf der Zutritt in Schankwirthschaften und Gaststuben nicht gestattet, insbesondere kein Getränk verabreicht werden.

§ 6.

Hazardspiel darf nicht stattfinden und sind die Wirthe in dieser Beziehung nach Maaßgabe des Mandats vom 4. Mai 1796 unter 5 persönlich verantwortlich dafür, daß in ihren Localen nicht gespielt wird.

§ 7.

In Schankwirthschaften und Kleinhandlungen mit Branntwein oder Spirituosen dürfen keine Mädchen unter 25 Jahr zur Bedienung gehalten werden.

§ 8.

Die Wirthe werden ganz besonders zur genauen Einhaltung der bestehenden Vorschriften über die Anmeldung der Fremden u. w. d. a. verpflichtet.

§ 9.

Contraventionen gegen vorstehende polizeiliche Vorschriften werden mit der gesetzlichen Geld- und den Umständen nach, beziehungsweise im Unvermögensfall mit Gefängnißstrafe geahndet.

§ 10.

Die Abänderung oder Ergänzung dieser Vorschriften bleibt jederzeit ausdrücklich vorbehalten.

Hamburg, den 29. September 1869.

Die Polizei-Behörde.

№ 58. den 29. September 1869.

Bekanntmachung,

betreffend die Aufsicht der Behörde über die jugendlichen Fabrikarbeiter.

Nach §§ 128—133 der am 1. October d. J. in Wirksamkeit tretenden Gewerbe-Ordnung für den Norddeutschen Bund steht die Beschäftigung jugendlicher Arbeiter (im Alter bis zum vollendeten 16ten Lebensjahre) in Fabriken unter behördlicher Controle.

Dieselbe liegt betreffs der in der Vorstadt St. Pauli befindlichen Fabriken oder als solche anzusehenden Werkstätten dem unterzeichneten Patronate ob und sind demnach die folgenden näheren Bestimmungen getroffen:

Nach dem 1. nächsten Monats darf die Annahme der bezeichneten jugendlichen Arbeiter für regelmäßige Beschäftigung in Fabriken ohne ein von dem Patronate nach § 131 der Gewerbe-Ordnung ausgestelltes, bei demselben in Empfang zu nehmendes Arbeitsbuch, nicht erfolgen.

Inhaber der Fabriken, in welchen solche Arbeiter beschäftigt sind, haben sich spätestens am 29. nächsten Monats mit der nach § 130 der Gewerbe-Ordnung aufzusetzenden Arbeiterliste an das unterzeichnete Patronat zu wenden, behufs Erlangung von Arbeitsbüchern.

Es wird hiebei darauf hingewiesen, daß nach §§ 149 und 150 der Gewerbe-Ordnung Contraventionen gegen diese Vorschriften mit einer Geldbuße bis zu 10 Thalern und im Unvermögensfalle mit Gefängnißstrafe bis zu acht Tagen zu bestrafen sind.

Hamburg, den 29. September 1869.

Das Patronat der Vorstadt St. Pauli.

№ 59. den 30. September 1869.

Verordnung von 1845
in Bezug auf das Gesinde und die Nachweisungs-Comptoire für Dienstboten nach Maaßgabe der Gewerbe-Ordnung für den Norddeutschen Bund.

§ 1.

Unter Gesinde sind männliche und weibliche Dienstboten aller Art, auch Handarbeiterinnen, die keines Gewerbescheins bedürfen, zu verstehen.

§ 2.

Für die Anmeldung der in § 1 dieser Verordnung bezeichneten Personen und die Ueberwachung der nachfolgenden Bestimmungen besteht das Gesinde-Bureau (auf dem Stadthause).

§ 3.

Hieselbst heimathsberechtigte Personen (abgesehen von hiesigen Bürgern und deren Ehefrauen), welche in den Gesindedienst treten wollen, haben vorher persönlich im Gesinde-Bureau eine Legitimationskarte nachzusuchen und des Endes ihre Heimathsberechtigung durch Geburtsschein oder sonst glaubwürdig nachzuweisen.

Der Nachsuchende hat in einem Protokoll des Gesinde-Bureau's seinen Namen zu unterschreiben. Namen und Alter werden in der zu ertheilenden Karte bemerkt. Für dieselbe wird eine Stempelabgabe von 8 ß erhoben.

Diejenigen indeß, die im Waisenhause oder im Werk- und Armenhause, oder auf Kosten der Allgemeinen Armen-Anstalt unterrichtet oder confirmirt worden sind, oder bis zum Dienstantritt eine andere Armenschule, gleichviel welcher Confession, besucht haben, können die erste Karte umsonst erhalten.

Geht eine Karte verloren, so ist für jede neue Ausfertigung 1 ℔ zu bezahlen.

Die Legitimationskarte muß jedem Dienstherrn sowohl beim Antritt des ersten, als beim Antritt jedes ferneren Dienstes vorgezeigt werden.

§ 4.

Alle dem Hamburgischen Staate nicht angehörige, nach § 1 der Controle des Gesinde-Bureau's unterworfene Personen müssen sich sogleich nach ihrer Ankunft im Gesinde-Bureau melden.

Angehörige des Norddeutschen Bundes haben sich als solche durch Heimathschein oder in sonst geeigneter Weise zu legitimiren; sonstige Fremde haben einen Heimathschein beizubringen. In wie fern für sie den Umständen nach eine andere Legitimation genügt, steht zum Ermessen des Polizeiherrn.

Wenn die sich Anmeldenden sogleich in einen Dienst eintreten können, wird die Dienstkarte für den Dienst ertheilt. Für dieselbe wird 8 ß Stempelabgabe erhoben.

Hat der Anmeldende noch keinen Dienst gefunden, so wird die Dienstkarte einstweilen für das Logis, um einen Dienst zu suchen, auf beschränkte Zeit ertheilt.

Ist sodann ein Dienst gefunden, so ist der Anmeldende verpflichtet, seine Dienstkarte im Gesinde-Bureau für die Dauer des Dienstes oder der Anstellung visiren zu lassen, wofür nichts entrichtet wird.

Bei jeder Aenderung des Dienstes muß die Karte im Gesinde-Bureau umgeschrieben werden, wes Endes — wie bei jeder Dienstanmeldung — eine Dienstbescheinigung der Herrschaft mit deren genauer Adresse beizubringen ist.

Alle außer Dienst gekommene, dem Hamburgischen Staate nicht angehörige Personen des Gesindestandes müssen sich am folgenden Tage melden und ihre Dienstkarte vorzeigen, mit einer Bescheinigung der Herrschaft darüber, an welchem Tage der Dienstbote den Dienst verlassen hat.

Die Karte kann, behufs Nachsuchung eines anderweitigen Dienstes, auf beschränkte Zeit für's Logis prolongirt werden.

Zu dieser Anmeldung, wie bei jeder Logisanmeldung, ist eine Bescheinigung des Logiswirths mit dessen genauer Adresse erforderlich.

Für jede dieser Umschreibungen werden 2 ß Stempelabgabe erhoben.

Die Dienstkarte ist sorgsam aufzubewahren. Wird sie verloren, so ist für eine neue Ausfertigung 1 ℔ zu entrichten. Die Dienstkarte ist vor Antritt jedes neuen Dienstes der Herrschaft vorzuzeigen.

§ 5.

Personen, ob Hiesige oder Fremde, welche hier als Säugammen in Dienst treten wollen, haben sich **vor der Vermiethung** zur ärztlichen Untersuchung durch den amtlichen Ammenarzt zu stellen.

Sie erhalten zu diesem Zwecke einen polizeilichen Erlaubnißschein im Gesinde-Bureau und demnächst unter Vorzeigung des von dem Arzte erhaltenen Gesundheitsattestes die Karte zum Dienst als Amme.

§ 6.

Uebertretungen dieser Vorschriften werden mit angemessener Geld- oder Gefängnißstrafe geahndet.

Vertauschung von Dienstkarten, Fälschung und sonstige Betrügereien und falsche Angaben hinsichtlich derselben, werden besonders strenge bestraft.

§ 7.

Keine Herrschaft darf eine dem Hamburgischen Staate nicht angehörige Person in Dienst nehmen, ohne für die alsbaldige Lösung einer Dienstkarte, wenn sie nicht mit einer Dienstkarte versehen, oder, falls sie hier schon in Dienst oder Beschäftigung gestanden, für die alsbaldige Umschreibung der Karte Sorge zu tragen bei 2 bis 5 Thalern Strafe.

§ 8.

Niemand darf solche, dem Hamburgischen Staate nicht angehörige Personen des Gesindestandes bei sich aufnehmen und beherbergen, wenn sie nicht mit einer gehörig umgeschriebenen Dienstkarte versehen sind. Vielmehr ist jeder Bürger und Einwohner verpflichtet, von solchen Einlogirenden dem Gesinde-Bureau spätestens am folgenden Tage Anzeige zu machen.

Alles bei Strafe von 2 bis 10 Thalern und der Verpflichtung, während eines Vierteljahrs den öffentlichen Anstalten, denen solche Personen etwa zur Last fallen, Ersatz leisten zu müssen.

§ 9.

Zum Betriebe eines Nachweisungs-Comptoirs für Dienstboten ist den gesetzlichen Vorschriften gemäß ein Gewerbeschein zu lösen.

Die Nachweisungs-Comptoire für Dienstboten stehen unter specieller Controle des Gesinde-Bureau's.

Das Geschäft eines Gesindevermiethers kann denjenigen untersagt werden, welche wegen aus Gewinnsucht begangener Vergehen oder Verbrechen gegen das Eigenthum oder wegen Vergehen oder Verbrechen gegen die Sittlichkeit bestraft worden sind (§ 35 al. 3 der Bundes-Gewerbe-Ordnung).

Schenken und Schlafstellen zu halten, ist den Gesindevermiethern untersagt.

Im Uebrigen haben die Inhaber und Inhaberinnen der Nachweisungs-Comptoire die nachfolgenden polizeilichen Vorschriften zu beobachten und ihre Gehülfen, für welche sie nach § 151 der Gewerbe-Ordnung verantwortlich sind, zur Befolgung derselben anzuweisen und zu überwachen.

§ 10.

Sie sind verpflichtet, über alle ihre Geschäfte nach Vorschrift genau Buch zu führen und ihre Bücher, so oft es verlangt wird, der Polizei-Behörde vorzulegen, auch die durch sie beschafften Dienstvermittelungen allwöchentlich im Gesinde-Bureau mittelst der dazu bestimmten besonderen Bücher zur Anzeige zu bringen (§ 38 der Bundes-Gewerbe-Ordnung).

§ 11.

Sie dürfen keine von hier oder von auswärts gebürtige Person hier in Dienst bringen, die nicht nach §§ 3, 4 und 5 durch Karte oder Erlaubnißschein gehörig legitimiert ist.

§ 12.

Säugammen dürfen insbesondere nicht in Dienst gebracht werden, ehe deren Gesundheitszustand von dem angestellten Ammenarzte untersucht worden ist, zu welchem Behufe laut § 5 dieser Verordnung specielle polizeiliche Erlaubnißscheine erstattet werden.

Der Schein des Ammenarztes ist auf Verlangen jedesmal der Herrschaft vorzuzeigen. Derselbe ist nur auf 3 Tage gültig und muß dann verlängert werden. Zur Anmeldung beim Ammenarzte erhalten die Nachweisungs-Comptoire, gemäß der Instruction vom 1. October 1822, besondere Anmeldebögen im Gesinde-Bureau, welche sie auszufüllen haben.

§ 13.

Die Inhaber und Inhaberinnen von Nachweisungs-Comptoiren müssen jederzeit ein Exemplar dieser Verordnung vorräthig und in ihrem Bureau angeheftet haben.

§ 14.

Uebertretungen dieser Vorschriften werden mit 2 bis 10 Thalern Geld- oder Gefängnißstrafe, auch nach Umständen mit Untersagung des Betriebs dieses Gewerbes geahndet.

§ 15.

Streitigkeiten zwischen Nachweisungs-Comptoiren einerseits und Herrschaften oder Dienstboten andererseits gehören in erster Instanz vor die Polizei-Behörde.

§ 16.

Transitorische Bestimmung.

Die bisher für das Honorar der Dienstbotenvermiether gültige Taxe tritt mit dem 1. October 1870 außer Wirksamkeit. Die Vermiether werden darauf hingewiesen, sich demnächst zur Vermeidung von Streitigkeiten über ihre Provision vor der Dienstvermittelung zu vereinbaren.

Hamburg, den 30. September 1869.

Im Auftrage Hohen Senats

Die Polizei-Behörde.

№ 60. den 30. September 1869.

Bekanntmachung,

betreffend

die Ausführung der Gewerbe-Ordnung für den Norddeutschen Bund hinsichtlich der in den Geschäftsbereich des Gesundheitraths fallenden Bestimmungen.

Unter Bezugnahme auf die von Einem Hohen Senat erlassene Ausführungs-Verordnung vom 3. September, nach welcher die Gewerbe-Ordnung für den Norddeutschen Bund mit dem 1. October d. J. in Wirksamkeit tritt, macht die unterzeichnete Behörde auf die in ihren Geschäftsbereich fallenden Bestimmungen des Gesetzes aufmerksam.

In den §§ 14, 29 und 30 derselben ist verordnet:

§ 14.

Wer den selbstständigen Betrieb eines stehenden Gewerbes anfängt, muß der für den Ort, wo solches geschieht, nach den Landesgesetzen zuständigen Behörde gleichzeitig Anzeige davon machen.

— —

§ 29.

Einer Approbation, welche auf Grund eines Nachweises der Befähigung ertheilt wird, bedürfen Apotheker und diejenigen Personen, welche sich als Aerzte (Wundärzte, Augenärzte, Geburtshelfer, Zahnärzte und Thierärzte) oder mit gleichbedeutenden Titeln bezeichnen oder Seitens des Staats oder einer Gemeinde als solche anerkannt oder mit amtlichen Functionen betraut werden sollen. Es darf die Approbation jedoch von der vorherigen akademischen Doctorpromotion nicht abhängig gemacht werden.

Der Bundesrath bezeichnet, mit Rücksicht auf das vorhandene Bedürfniß, in verschiedenen Theilen des Bundesgebietes die Behörden, welche für das ganze Bundesgebiet gültige Approbationen zu ertheilen befugt sind und erläßt die Vorschriften über den Nachweis der Befähigung. Die Namen der Approbirten werden von der Behörde, welche die Approbation ertheilt, in den vom Bundesrathe zu bestimmenden amtlichen Blättern veröffentlicht.

Personen, welche eine solche Approbation erlangt haben, sind innerhalb des Bundesgebietes in der Wahl des Ortes, wo sie ihr Gewerbe betreiben wollen, vorbehaltlich der Bestimmungen über die Errichtung und Verlegung von Apotheken (§ 6) nicht beschränkt.

— —

Personen, welche vor Verkündigung dieses Gesetzes in einem Bundesstaate die Berechtigung zum Gewerbebetrieb als Aerzte, Wundärzte, Zahnärzte, Geburtshelfer, Apotheker oder Thierärzte bereits erlangt haben, gelten als für das ganze Bundesgebiet approbirt.

§ 30.

Unternehmer von Privat-Kranken-, Privat-Entbindungs- und Privat-Irrenanstalten bedürfen einer Concession der höheren Verwaltungsbehörde, welche ertheilt wird, wenn nicht Thatsachen vorliegen, welche die Unzuverlässigkeit des Nachsuchenden in Beziehung auf den beabsichtigten Gewerbebetrieb darthun.

Hebammen bedürfen eines Prüfungszeugnisses der nach den Landesgesetzen zuständigen Behörde.

Nach § 14 des Gesetzes haben die im § 29 bezeichneten Medicinalpersonen und die Unternehmer der im § 30 bezeichneten ärztlichen Anstalten vor dem Beginn ihres Gewerbes dasselbe anzumelden. Dies hat zu geschehen im Gewerbe-Bureau im Stadthause.

Die Anmeldenden werden sodann vom Gewerbe-Bureau an den Präses des Gesundheitraths zur Vorlegung ihrer Approbation sowie zur demnächstigen Verpflichtung auf die bestehenden Specialgesetze (§ 144 und 155 der Gewerbe-Ordnung) beziehungsweise zur Erlangung der Concession verwiesen.

Nach § 147 der Gewerbe-Ordnung ist derjenige, welcher den Betrieb eines die besondere Genehmigung oder eine Concession, Approbation oder Bestallung erfordernden Gewerbes ohne vorgängige Genehmigung unternimmt, sowie wer ohne hiezu approbirt zu sein, sich als Arzt, Wundarzt, Augenarzt, Geburtshelfer, Zahnarzt, Thierarzt bezeichnet oder sich einen ähnlichen Titel beilegt, durch den der Glaube erweckt wird, der Inhaber desselben sei eine geprüfte Medicinalperson,

mit Geldbuße bis zu 100 Thalern oder im Unvermögensfall mit verhältnißmäßiger Gefängnißstrafe zu belegen.

Der Gewerbebetrieb der Heildiener, des Schröpfens, des Setzens von Blutegeln und des Schneidens von Leichdörnern ist nach Maaßgabe § 14 der Gewerbe-Ordnung auf dem Gewerbe-Bureau anzumelden. Es bedarf künftig zum Betriebe dieser Gewerbe keiner Prüfung oder Concession.

Die bis jetzt vom Gesundheitrath geprüften und concessionirten Heildiener dürfen sich als geprüfte Heildiener bezeichnen. Der Gesundheitrath behält es sich auch für die Zukunft vor, nach den Umständen und dem Bedürfniß, noch Heildiener zu prüfen, welche durch die bestandene Prüfung das Recht erlangen, sich geprüfte Heildiener zu nennen.

Ein Reglement bestimmt den Geschäftskreis der Heildiener und die Bedingungen für die Zulassung zur Prüfung.

Die sich Anmeldenden werden zur Empfangnahme des Reglements vom Gewerbe-Bureau an den Präses des Gesundheitraths verwiesen.

Nach § 148 der Gewerbe-Ordnung wird mit Geldbuße bis zu 50 Thalern und im Fall des Unvermögens mit Gefängniß bis zu 4 Wochen bestraft:

Wer außer den im § 147 vorgesehenen Fällen ein stehendes Gewerbe beginnt, ohne dasselbe vorschriftsmäßig anzuzeigen.

Hamburg, den 30. September 1869.

Der Gesundheitrath.

№ 61. den 30. September 1869.

Reglement für Heildiener.

1. Die Heildiener sind Gehülfen der Aerzte, und haben als solche genau und gewissenhaft die Verordnungen der Aerzte auszuführen und sich jedes eigenmächtigen und selbstständigen Handelns bei einem Kranken zu enthalten. Die Heildiener stehen unter Controle des Gesundheitraths.

2. Die Verrichtungen, welche ihnen übertragen werden und in welchen sie sich die erforderliche Uebung aneignen müssen, sind folgende:

a. das Setzen von Schröpfköpfen;
b. das Setzen von Blutegeln und die folgende Blutstillung;
c. das Setzen von Lavements;
d. das Legen und Verbinden von Blasenpflastern, Fontanellen und Haarseilen;
e. das Schneiden der Fußnägel und der Leichdörner;
f. die Krankenwartung im Allgemeinen und die Assistenz bei Operationen.

3. Wenn sie bei plötzlichen Unglücksfällen hinzugerufen werden, haben sie Alles anzuordnen, was ihnen zur Erleichterung und Lebensrettung des Verletzten und als erste Hülfsleistung erforderlich scheint.

Sie müssen so bald wie möglich der Polizei-Behörde den Vorfall anzeigen, oder den Polizeiarzt hinzurufen. Den Verletzten selbst aber haben sie, sobald eine weitere ärztliche Behandlung nothwendig erscheint, an einen Arzt zu verweisen.

4. Sie dürfen sich auf ihren Namensschildern und im Adreßbuche als Heildiener bezeichnen, nicht aber als geprüfte Heildiener, wenn sie nicht durch eine Prüfung dieses Recht erworben haben, bei einer Geldbuße bis zu 100 Thalern oder verhältnißmäßiger Gefängnißstrafe bis zu sechs Wochen nach § 147, 3 der Gewerbe-Ordnung.

5. Solche Heildiener, welche durch Zeugnisse nachweisen können, daß sie in einer größeren Kranken-Anstalt den Krankendienst völlig erlernt, oder daß sie zwei Winter hindurch den Cursus für Heildiener in der hiesigen anatomischen Lehranstalt besucht haben, können sich einer Prüfung beim Gesundheitrathe unterziehen, und dürfen sich nach bestandener Prüfung als geprüfte Heildiener bezeichnen. Sie bekommen über den Ausfall der Prüfung eine Bescheinigung; ihre Namen werden nach bestandener Prüfung im Amtsblatte bekannt gemacht. Der Gesundheitrath führt eine Liste über die geprüften Heildiener, welche dem Protocollisten des Gesundheitraths jeden Wohnungswechsel anzeigen müssen. Die Prüfungen finden jährlich einmal und zwar im Monate April statt.

6. Von den öffentlichen Anstalten werden nur geprüfte Heildiener angestellt.

Hamburg, den 30. September 1869.

Der Gesundheitrath.

№ 62. den 1. October 1869.

Reglement

für den Betrieb der Gastwirthschaften, Schankwirthe und Kleinhändler mit Branntwein oder Spirituosen, in Gemäßheit § 33 der Bundes-Gewerbe-Ordnung.

§ 1.

Personen, welche Gastwirthschaft, Schankwirthschaft oder Kleinhandel mit Branntwein oder Spirituosen in der Vorstadt St. Pauli betreiben wollen, haben sich bei dem Patronate zu melden, und werden, falls ihrem Gesuche nichts entgegensteht, zur Erlangung des erforderlichen Gewerbescheines an das Gewerbe-Bureau, sowie wegen Zahlung des Eintrittsgeldes und Stellung einer Sicherheit für den muthmaaßlichen Betrag der zu entrichtenden Schankabgabe an das Haupt-Accise-Comptoir verwiesen. Für die sodann vom Patronate zu ertheilende Erlaubniß ist eine Gebühr von 23 Mark 4 Schilling zu entrichten.

§ 2.

Diese Erlaubniß ist zu versagen:

1) wenn gegen den Nachsuchenden Thatsachen vorliegen, welche die Annahme rechtfertigen, daß er das Gewerbe zur Förderung der Völlerei, des verbotenen Spiels, der Hehlerei oder der Unsittlichkeit mißbrauchen werde;
2) wenn das zum Betriebe des Gewerbes bestimmte Local wegen seiner Beschaffenheit oder Lage den polizeilichen Anforderungen nicht genügt.

§ 3.

Schankwirthschaften und Kleinhandlungen mit Branntwein oder Spirituosen müssen um 12 Uhr Mitternacht geschlossen werden.

Nur unter besonderen Umständen wird auf Nachsuchen für den einzelnen Fall eine spätere Polizeistunde gestattet.

§ 4.

Zu musikalischen oder dramatischen Abendunterhaltungen bedarf es einer besonderen polizeilichen Erlaubniß.

Die Wirthe dürfen s. g. Localsängern und Sängerinnen, Musikern und sonstigen derartigen Darstellern bei eigener Verantwortlichkeit nicht gestatten, in ihrem Local ohne einen auf die Person des Darstellers lautenden polizeilichen Erlaubnißschein aufzutreten.

§ 5.

Kindern unter 14 Jahren, sofern sie nicht in Begleitung erwachsener Personen erscheinen, darf der Zutritt in Schankwirthschaften und Gaststuben nicht gestattet, insbesondere kein Getränk verabreicht werden.

§ 6.

Hazardspiel darf nicht stattfinden und sind die Wirthe in dieser Beziehung nach Maaßgabe des Mandats vom 4. Mai 1796 unter 5 persönlich verantwortlich dafür, daß in ihren Localen nicht gespielt wird.

§ 7.

In Schankwirthschaften und Kleinhandlungen mit Branntwein oder Spirituosen dürfen keine Mädchen unter 25 Jahren zur Bedienung gehalten werden.

§ 8.

Die Wirthe werden ganz besonders zur genauen Einhaltung der bestehenden Vorschriften über die Anmeldung der Fremden u. w. d. a. verpflichtet.

§ 9.

Contraventionen gegen vorstehende polizeiliche Vorschriften werden mit der gesetzlichen Geld- und den Umständen nach, beziehungsweise im Unvermögensfall mit Gefängnißstrafe geahndet.

§ 10.

Die Concession wird zu persönlicher Benutzung ertheilt und darf unter dem Präjudiz der Cassirung, weder übertragen, noch ohne specielle Genehmigung des Patronats durch einen Andern für Rechnung des Concessionirten ausgeübt werden.

§ 11.

Die Abänderung oder Ergänzung dieser Vorschriften bleibt jederzeit ausdrücklich vorbehalten.

Hamburg, den 1. October 1869.

Das Patronat der Vorstadt St. Pauli.

№ 63. den 1. October 1869.

Bekanntmachung,

betreffend die Aufsicht der Behörde über die jugendlichen Fabrikarbeiter.

Nach den Bestimmungen der Gewerbe-Ordnung für den Norddeutschen Bund steht die Beschäftigung jugendlicher Arbeiter (bis zum vollendeten 16ten Lebensjahre) in Fabriken unter behördlicher Controle.

Diese Controle liegt betreffs der im Gebiet der Marschlande befindlichen Fabriken oder der als solche anzusehenden Werkstätten der unterzeichneten Behörde ob.

Inhaber von Fabriken, in welchen solche jugendliche Arbeiter bereits beschäftigt sind, haben im Laufe dieses Monats die Liste derselben bei der unterzeichneten Behörde einzureichen, worauf die Ausstellung der vorgeschriebenen Arbeitsbücher veranlaßt werden wird.

Für die Zukunft darf die Annahme jugendlicher Arbeiter für regelmäßige Beschäftigung in Fabriken ohne ein von der Landherrenschaft ausgestelltes, bei derselben in Empfang zu nehmendes Arbeitsbuch nicht erfolgen.

Es wird darauf hingewiesen, daß Zuwiderhandlungen gegen die betreffenden Vorschriften der Gewerbe-Ordnung für den Norddeutschen Bund (§§ 128—133) nach §§ 149 und 150 der Gewerbe-Ordnung mit einer Geldbuße bis zu 10 Thalern und im Unvermögensfalle Gefängnißstrafe bis zu 8 Tagen zu bestrafen sind.

Hamburg, den 1. October 1869.

Die Landherrenschaft der Marschlande.

№ 64. den 21. October 1869.

Bekanntmachung,

betreffend die Umrechnung der Italienischen Tonne in die Deutsche Last behufs Erhebung der Schifffahrtsabgaben.

Die unterzeichnete Deputation bringt hiermit zur Kenntniß der Betheiligten, daß die im Art. III des Schifffahrtsvertrages zwischen dem Norddeutschen Bunde und Italien vom 14. October 1867 vorbehaltene Feststellung einer Grundlage für die Umrechnung der Italienischen Tonne in die Deutsche Last und umgekehrt, jetzt dahin erfolgt ist, daß

1 Italienische Tonne = 0,60 Deutsche Last à 4000 ℔ oder 0,40 Deutsche Last à 6000 ℔,
1 Deutsche Last à 4000 ℔ = 1,50 Italienische Tonne,
1 „ „ „ 6000 ℔ = 2,25 „ „

angenommen wird.

In diesem Verhältniß wird die Erhebung der gegenseitigen Schifffahrtsabgaben auf Grund der von den zuständigen Behörden des Norddeutschen Bundes oder Italiens ertheilten Papieren (Meßbriefen) und der in denselben angegebenen Tragfähigkeit erfolgen, falls der Schiffsführer es nicht vorzieht, in dem Hafen, in welchem das Schiff sich befindet, dasselbe einer Vermessung nach dem dort üblichen Verfahren zu unterwerfen und danach die Abgaben zu entrichten.

Hamburg, den 21. October 1869.

Die Deputation für Handel und Schiffahrt.

№ 65. den 23. October 1869.

Bekanntmachung,

betreffend Beschränkung des Maulkorbzwanges für Hunde auf die Zughunde.

Seit einiger Zeit sind Fälle der Tollwuth von Hunden nicht vorgekommen. Die unterzeichnete Behörde sieht sich somit im Stande, die Verordnung vom 7. August d. J.,

nach welcher alle nicht mit Maulkörben versehenen Hunde durch den Frohn und dessen Dienstleute einzufangen sind,

wiederum aufzuheben.

Da es indeß wiederholt vorgekommen ist, daß Menschen von Hunden, die vor Wagen oder Karren gespannt waren, gebissen wurden, so wird hiemit im Einverständniß mit dem Patronat der Vorstadt St. Pauli und der Landherrenschaft der Geestlande verfügt:

daß diejenigen Hunde, welche zum Ziehen von Wagen, Karren oder dgl. innerhalb der Stadt, der Vorstadt St. Pauli und des Gebiets der Landherrenschaft der Geestlande, mit Ausnahme des zum Zollverein hinzugezogenen Theils, verwendet werden, mit Maulkörben von Eisendraht oder Messing versehen sein müssen.

Die Nichtbefolgung dieser Verordnung in Betreff der Zughunde wird mit einer Strafe bis zu 6 Thalern belegt und bleiben außerdem die Eigenthümer der Hunde für den etwa angerichteten Schaden verantwortlich.

Hamburg, den 23. October 1869.

Die Polizei-Behörde.

№ 66. den 25. October 1869.

Bekanntmachung,

betreffend Tara-Usanzen beim Theehandel.

Auf Veranlassung und unter Zuziehung von beim hiesigen Theegeschäft betheiligten Firmen und Sachverständigen hat eine Revision des Regulativs in Betreff der Tara-Usanzen beim Theehandel vom November 1852 stattgefunden, und sind Abdrücke des revidirten Regulativs auf dem Commerz-Comtoir zu erhalten.

Revidirtes Regulativ

in Betreff der Tara-Usanzen beim Thee-Handel.

§ 1.

Für die Tara-Usanzen beim Thee-Handel gilt das Princip der reinen Tara, nach Maaßgabe der in den nachstehenden Paragraphen erwähnten Bestimmungen.

§ 2.

Zur Ermittelung der Tara von Theeen in erster Hand (siehe § 7) werden aus jedem Chop einige Kisten gestürzt, und gilt hierbei als Regel, daß

bei jeder Sorte und jedem Chop bis incl. 100 Kisten . . . . 3 Kisten
bei jeder Sorte und jedem Chop von 101 bis incl. 200 Kisten . . 4 do.
bei größeren Chops . . . . 5 do.
gestürzt werden. (Fünf Kisten bilden das Maximum.)

§ 3.

Die Auswahl der zu stürzenden Kisten und die Tarirung derselben geschieht durch einen von der Handelskammer zu diesem Berufe angestellten Tarirer, dessen Aufgabe maaßgebend ist. (Siehe § 8.)

Derselbe hat sich in der Ausübung seiner Function genau nach den Vorschriften dieses Regulativs zu richten, auf welche er in Eid und Pflicht genommen wird. In zweifelhaften, in diesem Regulativ nicht vorgesehenen Fällen, hat er besondere Instruction bei der Handelskammer nachzusuchen.

§ 4.

Das Auswiegen der einzelnen leeren Kisten, von denen äußerlich alle nicht zur Kiste selbst gehörenden Gegenstände (als Matten, Bänder und dergleichen) zu entfernen, dagegen alle sich in den Kisten etwa angeheftet befindende Holzstücke und dergl. mit auszuwiegen sind, geschieht

bei Kisten von 45 ℔ Brutto und darüber mit halben Pfunden,
bei Kisten unter 45 ℔ Brutto mit viertel Pfunden.

(Als hierbei maaßgebendes Brutto-Gewicht wird das volle Brutto-Gewicht der schwersten von den zu tarirenden Kisten angenommen.)

Befinden sich in den zu tarirenden Kisten lose Holzstücke und dergleichen, so sind dieselben nicht mit auszuwiegen, jedoch ist von dem Befund eine Bemerkung auf dem Tarazettel zu machen.

Das sich ergebende Durchschnittsgewicht wird eventuell, bei Kisten von 45 ℔ Brutto und darüber auf Gewichte, die in halbe Pfunde aufgehen, bei Kisten unter 45 ℔ Brutto auf Gewichte, die in viertel Pfunde aufgehen erhöht. Dem so gefundenen Gewichte wird

bei Kisten von 45 ℔ Brutto und darüber . . . . 1 ℔,
bei Kisten von 20 ℔ Brutto bis unter 45 ℔ Brutto . . . ½ ℔,
bei Kisten unter 20 ℔ Brutto . . . . ¼ ℔

hinzugerechnet und so die Tara für den Chop festgestellt.

§ 5.

Die bisher üblich gewesene Vergütung für Papier bei Thee in Packeten (namentlich Pouchong) besteht unverändert fort.

§ 6.

Die gestürzten Kisten sind vom Käufer mit Refactie zu empfangen, und zwar hat der Verkäufer solche für jede derselben,

bei grünen Theeen und Theeen in Packeten,

bei $\frac{1}{4}$-Kisten mit .... 2 ℔,

bei $\frac{1}{8}$-Kisten mit .... 1 ℔,

bei kleineren Kisten mit ...... $\frac{1}{2}$ ℔,

bei schwarzen Theeen, ausgenommen Theeen in Packeten,

bei $\frac{1}{4}$-Kisten mit .... 3 ℔,

bei $\frac{1}{8}$-Kisten mit .... $1\frac{1}{2}$ ℔,

bei kleineren Kisten mit ..... $\frac{3}{4}$ ℔

zu vergüten.

§ 7.

Bei Verkäufen aus zweiter Hand und weiter gilt diejenige Tara, welche für den betreffenden Chop früher hier ordnungsmäßig ermittelt worden, und hat der Makler dieselbe auf der Schlußnote zu bemerken.

§ 8.

Bei entstehenden Differenzen in Bezug auf die Tara u. w. d. g., worüber die Partheien sich nicht unter sich vergleichen können, ist von selbigen die Ernennung eines Schiedsrichters bei der Handelskammer nachzusuchen, und sind die Partheien verbunden, sich der von diesem zu treffenden Entscheidung zu unterwerfen.

§ 9.

Der Tarirer ist bis auf Weiteres berechtigt, für jede durch ihn tarirte $\frac{1}{4}$- und $\frac{1}{8}$-Kiste eine Gebühr von sechszehn Schillingen Courant, und für jede durch ihn tarirte $\frac{1}{16}$- oder kleinere Kiste eine Gebühr von acht Schillingen Courant zu erheben.

Wird der Tarirer zu einer bestimmten Zeit bestellt, ohne daß die Tarirung alsbald vorgenommen werden kann, so ist derselbe berechtigt, für den ihm dadurch verursachten Zeitverlust, sofern dieser eine halbe Stunde überstiegen hat, oder wenn die Tarirung überhaupt ausgesetzt wird, eine Vergütung von zwölf Schillingen Courant zu verlangen.

Bei in Altona vorzunehmenden Tarirungen ist der Tarirer befugt, in Betracht der weiteren Entfernung acht Schilling Courant extra zu berechnen.

Hamburg, den 25. October 1869.

Die Handelskammer.

№ 67. den 27. October 1869.

Bekanntmachung,

betreffend Schutz der Gasleitung zwischen Steinwärder und Kleinem Grasbrook.

Nachdem die Legung des Rohrs der Gasleitung zwischen Steinwärder und Kleinem Grasbrook durch den Reiherstieg stattgefunden hat,

wird hiedurch zum Schutz des Gasrohrs verboten, in einer Entfernung von 100 Fuß aufwärts sowie 100 Fuß abwärts zwischen den beiden Brückenköpfen am Steinwärder und Kleinen Grasbrook Anker auszuwerfen und Schiffe vor treibenden Ankern treiben zu lassen.

Zuwiderhandlungen werden mit einer Strafe bis zu 10 Thalern belegt werden, und ist Derjenige, welcher das Gasrohr beschädigt, für allen dadurch verursachten Schaden verantwortlich.

Hamburg, den 27. October 1869.

Die Landherrenschaft der Marschlande.

№ 68. October 1869.

Verordnung für Pfandleiher.

§ 1.

Als Pfandleiher sind solche Personen anzusehen, welche gegen Pfandscheine ohne Benennung des Verpfänders auf einzelne Pfänder, als Werthsachen, Mobilien, Geräthe, Kleider und andere Sachen Geld verleihen.

Kaufmännische Verpfändungen werden durch diese Verordnung nicht berührt.

§ 2.

Jeder Pfandleiher hat außer der gesetzlich vorgeschriebenen Meldung auf dem Gewerbe-Bureau vor Eröffnung seines Gewerbebetriebes der zuständigen Polizei-Behörde hievon Anzeige zu machen und ist von derselben auf diese Verordnung zu verpflichten.

§ 3.

Das Geschäft eines Pfandleihers kann Demjenigen untersagt werden, welcher wegen aus Gewinnsucht begangener Vergehen oder Verbrechen gegen das Eigenthum bestraft worden ist.

§ 4.

Kein Pfandleiher darf Pfänder annehmen, deren Verpfänder entweder in Ansehung seiner Person oder in Ansehung der angebotenen Pfänder irgend Verdacht erweckt, daß solche gestohlen oder veruntreut worden, oder daß er keine Befugniß zu deren Verpfändung habe, z. B. Soldaten oder Beamte in Ansehung ihrer Waffen und Montirungsstücke.

Auf solche Sachen, die mit dem Zeichen der Staatsbehörden, der Kirchen oder milden Stiftungen bezeichnet sind, soll überhaupt kein Geld vorgeschossen oder angeliehen werden. Wenn ein Pfandnehmer dagegen handelt, so soll er dem Eigenthümer das Pfand unentgeltlich herauszugeben schuldig sein.

Von Unmündigen dürfen überall keine Pfänder genommen werden, bei 15 Thaler Strafe auf jeden Contraventionsfall. Die Einrede, daß der Unmündige sich für mündig ausgegeben, soll den Pfandnehmer von dieser Strafe nicht befreien, es wäre denn, daß er nach Beschaffenheit der Umstände eidlich erhärten könnte, daß er den Verpfänder nach dessen Versicherung für mündig gehalten.

Von Dienstboten, die im Namen ihrer Herrschaften Pfänder bringen, dürfen solche bei Strafe bis 15 Thaler nur angenommen werden, falls die Zustimmung der Herrschaft unzweifelhaft constatirt ist.

§ 5.

Werden dem Pfandleiher Sachen angeboten, von welchen er aus öffentlichen oder Privatnachrichten weiß, daß sie gestohlen sind, so ist er schuldig, solche und wo möglich den Bringer anzuhalten und der Polizei-Behörde anzuzeigen. Versäumt er dies, so wird er dadurch dem Eigenthümer verantwortlich.

§ 6.

Gestohlene Sachen muß der Pfandnehmer dem Eigenthümer, wenn derselbe sein Eigenthumsrecht erwiesen, herausgeben oder ihn, falls solche verändert resp. abgenutzt sein sollten, dafür schadlos halten. Hat der Pfandnehmer gewußt, (weshalb er erforderlichen Falls sich eidlich reinigen muß), daß die Sachen gestohlen waren, so hat er außerdem so viel Strafe zu erlegen als der Werth der Sachen beträgt.

§ 7.

Der Pfandnehmer soll dem Verpfänder sogleich bei Annahme des Pfandes einen von ihm selbst oder von seinem Bevollmächtigten, mandatario nomine eigenhändig unterschriebenen Pfandschein nach dem dieser Verordnung angefügten Formular (welcher gedruckten Scheine ein jeder Pfandnehmer sich zu bedienen verpflichtet ist) zustellen, in welchem enthalten sein muß

1) eine deutliche Beschreibung des Pfandes und Anführung der nach Beschaffenheit desselben dabei zu bemerkenden Nebenumstände, z. B. der Probe und des Gewichtes bei Gold- oder Silberwaaren, des Ellenmaaßes, der Stückzahl u. s. w.

Will der Verpfänder mit Genehmigung des Pfandnehmers das Pfand entweder ganz einsiegeln oder ein Siegel darauf setzen, so muß dies im Pfandschein angemerkt und dasselbe Siegel darauf mit abgedruckt werden.

2) Die mit Buchstaben geschriebene Summe des darauf vorgeschossenen Geldes.
3) Die Zeit der versprochenen Einlösung.
4) Die mit Buchstaben geschriebene Summe der sodann zu bezahlenden Zinsen.
5) Das Datum der geschehenen Verpfändung.
6) Die Nummer, welche der Pfandnehmer dem Pfande in seinem Buche gegeben hat.

Ist der Pfandnehmer des Schreibens unkundig, so muß er den Pfandschein von einem hinlänglich Bevollmächtigten unterschreiben lassen, dessen beglaubigte Vollmacht er dem Verpfänder auf Verlangen vorzeigen muß.

Hat der Pfandnehmer das Pfand angenommen und verweigert gleichwohl dem Verpfänder den ordnungsmäßigen Pfandschein, so soll er demselben das Pfand gegen Bezahlung der Hälfte des darauf vorgeschossenen Geldes herausgeben und der andern Hälfte verlustig sein.

§ 8.

Die Pfandnehmer sollen über alle von ihnen angenommene Pfänder, welche sie auch zu numeriren verpflichtet sind, ordentliche und vollständige, von ihnen selbst oder ihren Bevollmächtigten eigenhändig geschriebene Bücher führen und darin bei jedem Pfande die nach § 7 im Pfandschein zu nennenden Punkte notiren.

§ 9.

Werden zur Verfallzeit Pfandnehmer und Verpfänder mit einander über Prolongation des Pfandcontracts einig, so muß dieselbe unter dem Pfandschein (der unverändert bleiben soll) oder auf der andern Seite desselben mit allen verabredeten Bedingungen vermerkt und von dem Pfandnehmer oder seinem Bevollmächtigten (§ 7) eigenhändig unterschrieben werden.

§ 10.

Der Pfandnehmer hat alle mögliche Sorgfalt für die unveränderte Erhaltung der angenommenen Pfänder zu tragen. Sollte ihn unverschuldet Feuersbrunst, Diebstahl durch Einbruch oder sonstiger Casus treffen, so ist er verpflichtet, dies der Polizei-Behörde binnen 24 Stunden anzuzeigen, auch derselben binnen 8 Tagen ein Verzeichniß der verlorenen oder beschädigten Pfänder zuzustellen. Versäumt er dies, so geht er der Einrede des unvermeidlichen Zufalls gegen den Verpfänder verlustig.

§ 11.

Hat der Verpfänder seinen Pfandschein verloren, so muß er den Verlust sobald er denselben bemerkt, dem Pfandnehmer anzeigen, welcher dann das Pfand einem Dritten, der den Pfandschein in Händen hat, ohne des Verpfänders Einwilligung oder ohne richterlichen Spruch nicht ausliefern darf. Meldet sich niemand mit dem Pfandschein, so muß der Verpfänder das Pfand noch drei Monate nach der Verfallzeit mit fortlaufenden Zinsen stehen lassen, worauf ihm dann gegen Bezahlung des geliehenen Capitals und Zinsen das Pfand auszuliefern und ein Mortificationsschein zuzustellen ist.

§ 12.

Niemand soll ein versetztes Pfand öffentlich oder unter der Hand verkaufen, auch nicht anderweitig wieder versetzen, wenn er nicht die ausdrückliche schriftliche Einwilligung des Eigenthümers oder richterliche Erlaubniß dazu erhalten hat.

Contraventionen hiegegen sind mit Strafe des doppelten Werthes des Pfandes, im Unvermögensfalle mit entsprechender Gefängnißstrafe zu ahnden.

§ 13.

Hat der Verpfänder nach Ablauf des in dem Pfandschein festgesetzten Termins oder dessen etwaigen Prolongationen die auf das Pfand vorgeschossene Summe nebst stipulirten Zinsen nicht bezahlt und will ihm der Pfandnehmer nicht länger Frist geben, so hat letzterer die Befugniß zum öffentlichen Verkauf bei dem Niedergerichte nachzusuchen.

Dabei muß der Pfandnehmer ein vollständiges Verzeichniß der Pfänder einreichen, worin die Nummern derselben, die Zeit der geschehenen Verpfändung, die darauf vorgeschossene Summe und die rückständigen Zinsen specificirt sind.

§ 14.

Der Verkauf verfallener Pfänder darf nach erfolgter Erlaubniß des Niedergerichts nur öffentlich und durch einen beeidigten Auctionator stattfinden.

Hamburg, im October 1869.

Im Auftrage Eines Hohen Senats

Die Polizei-Behörde.

Pfandschein.

№

Der Empfänger dieses Scheins hat bei mir Endesunterschriebenem zum Unterpfande gesetzt

worauf ich auf Monate

in Geld zu % Zinsen geliehen. Wenn nach Ablauf dieser Zeit der Inhaber dieses Scheins mit den darauf geliehenen Vorschuß nebst % Zinsen bezahlt, so bin ich das Pfand in dem unveränderten Zustande, wie ich solches empfangen, gegen Einlieferung dieses Scheins an den Bringer desselben ohne Widerrede auszuliefern schuldig.

Hamburg den

№ 69. October 1869.

Reglement für die Kammerjäger.

Der Kammerjäger ist verpflichtet:

1) sein Gewerbe nur persönlich auszuüben, niemals durch einen Stellvertreter;

2) die zur Vertilgung des Ungeziefers anzuwendenden Mittel, sei es, daß dieselben aus giftigen oder nicht giftigen Substanzen bestehen, nie in die Hand des Käufers zu geben, sondern jedesmal an Ort und Stelle selbst auszulegen;

3) die Mittel, falls sie aus Arsenik oder aus anderen Giften bestehen, stets in augenfälliger, als ungenießbar sich darstellender Mischung zu führen, welche keine Verwechslung mit menschlichen Nahrungsmitteln zuläßt.

Die Uebertretung dieser Vorschriften wird vom Präses des Gesundheitraths nach Maaßgabe des Competenz-Gesetzes vom 30. April 1869 mit Geldstrafe bis zu 6 Thalern, event. verhältnißmäßigem Gefängniß und bei schwereren Fällen dem Strafgesetz gemäß vom Gericht geahndet.

Hamburg, im October 1869.

Der Gesundheitrath.

№ 70. den 26. November 1869.

Bekanntmachung,

betreffend das Licht auf dem ersten Signalschiff in der Elbe.

In Anknüpfung an ihre Bekanntmachung vom 19. August d. J. bringt die unterzeichnete Deputation hiermit zur öffentlichen Kenntniß, daß das neue Blinklicht auf dem ersten Signalschiff beim Eingang in die Elbe von Sonnabend den 11. December d. J. an gezeigt werden wird.

Dieses Blinklicht ist ein helles weißes Licht, welches innerhalb einer Minute drei Mal sichtbar sein wird.

Hamburg, den 26. November 1869.

Die Deputation für Handel und Schifffahrt.

№ 71. den 11. December 1869.

Bekanntmachung,

betreffend die Numerirung der Hamburgischen Seefischer-Ewer.

In Anknüpfung an die Bekanntmachung der Landherrenschaft der Marschlande vom 12. Juli d. J. macht die unterzeichnete Deputation wiederholt darauf aufmerksam, daß in Gemäßheit Beschlusses Eines Hohen Senats vom 5. Juli d. J. verordnet ist:

1) Sämmtliche in der Stadt Hamburg und im Hamburgischen Gebiete zu Hause gehörigen, zum Seefischerei-Betrieb bestimmten und benutzten Ewer sind mit fortlaufenden Nummern zu versehen, welche mit deutlichen, mindestens ein Fuß großen Ziffern und unter Hinzufügung des Namens „Hamburg" mit mindestens sechs Zoll großen Buchstaben an beiden Seiten des Vordersteven in Farbe (nicht auf einem Blechschilde) anzubringen sind.

2) Die Ertheilung der Nummern und die Führung der des Endes erforderlichen Register ist dem Marine-Inspector zu Hamburg übertragen, bei welchem sich die Besitzer von Seefischer-Ewern zu melden haben, um die Nummer, welche der betreffende Ewer führen soll, zu erhalten. Künftige Veränderungen im Besitze sind Behufs Nachtragung in den Registern gleichfalls anzumelden.

3) Die Ertheilung der Nummer und Eintragung in das Register erfolgt bis zum 1. Januar 1870 kostenfrei. Von da an ist für die erste Eintragung eines Ewers eine Gebühr von 2 Mark und für jede Notirung eines Besitzwechsels eine Gebühr von 12 Schilling für Rechnung der Staatscasse zu erheben.

4) Zuwiderhandlungen gegen diese Vorschriften werden mit angemessener Ordnungsstrafe belegt, oder nach Befinden der Umstände strafgesetzlich geahndet werden.

Die Deputation bemerkt, daß der Marine-Inspector angewiesen ist, alle Besitzer von Seefischer-Ewern, welche bis zum 1. Januar 1870 ihre Fahrzeuge nicht in der vorgeschriebenen Weise mit der ihnen auf dem Marine-Bureau zu ertheilenden Nummer versehen haben, zur Anzeige zu bringen.

Hamburg, den 11. December 1869.

Die Deputation für Handel und Schifffahrt.

№ 72. den 11. December 1869.

Bekanntmachung,

betreffend das neue metrische Maaß.

Die unterzeichnete Deputation bringt hiermit zur öffentlichen Kenntniß, daß sie es für angemessen erachtet hat, zur Förderung des Verständnisses des demnächst einzuführenden neuen metrischen Maaßes, namentlich für den Unterricht in den Schulen, eine Anzahl Meter-Tableaux mit gegenüber gestelltem Hamburger Maaß, so wie hölzerne Lineale mit aufgetheiltem metrischen und Hamburger Maaß anfertigen zu lassen, welche zu unten bemerkten Preisen im Justiramte, Herrlichkeit No. 26, entgegen genommen werden können.

Tableaux auf starkem geleimten Papier	zu	5 ß	pr. Stück
do. „ Leinen	„	10 „	„ „
Lineale von 3 Decimeter Länge	„	1 ℳ 12 ß	pr. Dutz
„ „ 5 „ „	„	2 „ 12 „	„ „

Hamburg, den 11. December 1869.

Die Deputation für Handel und Schifffahrt.

№ 73. den 18. December 1869.

Bekanntmachung,

betreffend die Erhebung des Marktgeldes vom Vieh auf dem Central-Schlachtviehmarkt in St. Pauli.

Die am 23. April 1864 publicirte „Marktordnung für den öffentlichen Central-Schlachtviehmarkt in der Vorstadt St. Pauli" wird hiedurch dahin abgeändert, daß vom 1. Januar 1870 ab von allem eingestellten Vieh, gleichviel ob dasselbe verkauft oder nicht, das Marktgeld zu bezahlen ist.

Hamburg, St. Pauli, den 18. December 1869.

Das Patronat der Vorstadt St. Pauli.

№ 74. den 18. December 1869.

Bekanntmachung,

betreffend Usanzen für das Termin-Geschäft in pensylvanisch in Amerika raffinirtem Petroleum.

Nachdem die betheiligten Firmen übereingekommen sind, in der Fassung des im October dieses Jahres veröffentlichten Formulars zu einer Schlußnota für Termin-Geschäfte in pensylvanisch in Amerika raffinirtem Petroleum einige Abänderungen stattfinden zu lassen, wird solches hierdurch angezeigt, mit dem Bemerken, daß Abdrücke dieser neuen Schlußnota, welche an die Stelle der früher veröffentlichten Nota tritt, auf dem Commerz-Comtoir zur Kenntnißnahme der Betheiligten verabfolgt werden.

Hamburg, den 18. December 1869.

Die Handelskammer.

№ 75. den 18. December 1869.

Bekanntmachung
in Betreff der Börsensperre.

Die Handelskammer ist von mehreren Seiten aufgefordert worden, zur Befriedigung der Börsenbesucher im Allgemeinen, die Ausführung der Börsensperre zweckentsprechender einzurichten. Um diesem Wunsche zu entsprechen, wird nachstehendes Regulativ, welches vom 3. Januar nächsten Jahres an zur Anwendung kommen soll, bekannt gemacht.

Die Börsensperre beginnt um 1¼ Uhr und dauert bis 2¼ Uhr. Wer während dieser Zeit Zutritt zur Börse haben will, sei es von Außen, sei es von der Börsenhalle her, hat jedesmal 4 Schilling zu entrichten. Vor dem Anfang der Börsensperre wird während zehn Minuten mit der Börsenglocke geläutet und außerdem für die Besucher der Börsenhalle fünf Minuten vor dem Eintritt der Sperre ein Zeichen durch die innerhalb der Börse befindliche Glocke gegeben.

Die Besucher der Börsenhalle werden freundlichst ersucht, beim Hinabgehen zur Börse nicht bis zum letzten Augenblicke zu warten und dann nur Eine der Treppen zu benutzen, indem hierdurch eine unzuträgliche Verzögerung des Eintritts in die Börse verursacht zu werden pflegt. Die Börsensperr-Officianten sind angewiesen, nach 1¼ Uhr, so bald wie irgend thunlich, mit der Erhebung des Sperrgeldes zu beginnen.

Ausgenommen von der Entrichtung der Börsensperre sind nur die Beamten der Post- und Telegraphen-Bureaux (sowie eventuell auch anderer Behörden), welche während der Börsenzeit eine Bestellung an der Börse auszurichten haben.

Wer sich bereits in der Börse aufgehalten hatte und in vorkommenden Fällen in der Börsenhalle noch während der Börsenzeit etwas einzusehen wünscht, kann ausnahmsweise ohne Entrichtung von Börsensperrgeld in die Börse zurückkehren, wenn er beim

Verlassen der Börse diese Absicht dem Sperrofficianten an der Treppe neben dem Zimmer des Assecuradeure-Vereins anzeigt und ebendaselbst in die Börse zurückkehrt.

Das gesammte Börsenpublicum wird gebeten, zur Durchführung dieser im allgemeinen Interesse getroffenen Anordnungen bereitwilligst mitzuwirken.

Hamburg, den 18. December 1869.

Die Handelskammer.

№ 76. den 21. December 1869.

Bekanntmachung,
betreffend den Wechselstempel.

Der § 29 des mit dem 1. Januar 1870 in Kraft tretenden Gesetzes, betreffend die Wechselstempelsteuer im Norddeutschen Bunde, bestimmt, daß in Betreff aller vor dem 1. Januar 1870 ausgestellten inländischen oder von dem ersten inländischen Inhaber aus den Händen gegebenen ausländischen Wechsel noch die bisherigen landesgesetzlichen Vorschriften zur Anwendung kommen.

Hienach sind auch nach dem 1. Januar 1870 alle auf Hamburg gezogenen Wechsel, welche vor dem 1. Januar 1870 im Bundesgebiet ausgestellt, indossirt, oder sonst aus Händen gegeben sind, den Vorschriften der bisherigen Hamburgischen Stempel-Verordnung und nicht dem Bundesstempel unterworfen.

Zur Abstempelung dieser Wechsel wird das Stempel-Comtoir auch nach dem 1. Januar 1870 in den gewöhnlichen Geschäftsstunden geöffnet sein.

Hamburg, den 21. December 1869.

Die Deputation für indirecte Steuern und Abgaben.
Section für Stempel.

№ 77. den 21. December 1869.

Bekanntmachung,
betreffend die Einziehung der gestempelten Blankets für Solawechsel.

Da mit dem am 1. Januar 1870 bevorstehenden Inkrafttreten des Gesetzes, betreffend die Wechselstempelsteuer im Norddeutschen Bunde, die mit dem Hamburgischen Stempel versehenen Solawechsel-Blankets außer Anwendung kommen, so ist das Stempel-

Comtoir angewiesen, den Inhabern solcher Blankets die dafür entrichtete Stempel-Abgabe zurückzuvergüten.

Die Blankets sind zu dem Zweck im Laufe des Januar k. J. am Stempel-Comtoir mit einem von dem Reclamanten zu unterzeichnenden Verzeichnisse einzureichen, in welchem die Zahl der Blankets und deren Stempelbetrag anzugeben ist.

Nach dem 31. Januar 1870 eingehende Reclamationen werden nicht mehr berücksichtigt werden.

Hamburg, den 21. December 1869.

Die Deputation für indirecte Steuern und Abgaben.
Section für Stempel.

№ 78. den 22. December 1869.

Bekanntmachung,

betreffend

Abkommen mit Großbritannien über den Nachlaß verstorbener Seeleute.

Zwischen dem Norddeutschen Bunde und der Königlich Großbritannischen Regierung ist ein Abkommen dahin getroffen worden, daß die Hinterlassenschaften Deutscher in Britischen Schiffsdiensten verstorbener Seeleute (einschließlich der rückständigen Heuer), wenn diese weniger als 50 £ betragen, ohne Einleitung des formellen Nachlaßverfahrens an die betreffenden Norddeutschen Consuln und daß in gleicher Weise die Hinterlassenschaften Britischer in Deutschen Schiffsdiensten verstorbener Seeleute an die betreffenden Britischen Consuln auszuliefern sind. Den Betheiligten wird dies hierdurch zur Kenntnißnahme, beziehentlich zur Nachachtung im vorkommenden Fall bekannt gemacht.

Hamburg, den 22. December 1869.

Die Deputation für Handel und Schiffahrt.

№ 79. den 27. December 1869.

Bekanntmachung,

betreffend Handel mit Mexico.

Durch Verfügung des Finanz-Ministeriums der Republik Mexico vom 5. August 1869 ist unter Anderem angeordnet worden:

„Die Abschriften des Manifestes und der Facturen, welche früher beim Mexicanischen Consulat eingereicht wurden, müssen von nun an an dem Postamte des Abgangsortes des Schiffes, welches die Effecten geladen hat, niedergelegt werden und mit der Adresse dieses Ministeriums abgehen."

In Bezug hierauf bringt die Handelskammer zur Kenntniß der Betheiligten, daß die hiesige Ober-Postdirection bis auf Weiteres ermächtigt und bereit ist, über die Einlieferung der Briefe, welche die vorerwähnten Documente enthalten, auf Verlangen der Absender, eine Bescheinigung zu ertheilen. Auf dem Couvert der Briefe sind außer der Adresse der Name des Absenders und die einliegenden Documente zu bemerken.

Formulare zur Ausfertigung der postamtlichen Bescheinigungen sind auf dem Commerz-Comtoir zu erhalten. Eine Abschrift der Bescheinigung verbleibt auf dem Postamte.

Die Bescheinigungen sind nachzusuchen im Geschäftszimmer des Ober-Post-directors, Poststraße No. 15, eine Treppe hoch.

Hamburg, den 27. December 1869.

Die Handelskammer.

№ 80. December 1869.

Reglement

für den Betrieb der Gast- und Schankwirthschaften, sowie für Kleinhändler mit Branntwein oder Spirituosen, in Gemäßheit § 33 der Gewerbe-Ordnung für den Norddeutschen Bund.

§ 1.

Personen, welche im Gebiet der Landherrenschaft der Marschlande Gastwirthschaft, Schankwirthschaft oder Kleinhandel mit Branntwein oder Spirituosen betreiben wollen, haben sich bei der Landherrenschaft zu melden und die Ertheilung der Erlaubniß nachzusuchen.

Wird die Erlaubniß ertheilt, so hat der Betreffende sich fördersamst auf dem Gewerbebureau (Stadthaus) einen Gewerbeschein zu lösen.

Ist die Wohnung des Concessionirten im Rayon der städtischen Consumtions-Abgabe (im Accisegebiete) so wird derselbe zuvor wegen Zahlung des Eintrittsgeldes und Stellung einer Sicherheit für den muthmaaßlichen Betrag der zu entrichtenden Schankabgabe an das Haupt-Accise-Comtoir verwiesen.

§ 2.

Die Erlaubniß ist zu versagen:

1) wenn gegen den Nachsuchenden Thatsachen vorliegen, welche die Annahme rechtfertigen, daß er das Gewerbe zur Förderung der Völlerei, des verbotenen Spieles, der Hehlerei oder der Unsittlichkeit mißbrauchen werde;

2) wenn das zum Betriebe des Gewerbes bestimmte Local wegen seiner Beschaffenheit oder Lage den polizeilichen Anforderungen nicht genügt;

3) wenn in dem Districte des Nachsuchenden kein Bedürfniß zur Errichtung einer neuen Gast- oder Schankwirthschaft vorhanden ist.

§ 3.

Schankwirthschaften und Kleinhandlungen mit Branntwein oder Spirituosen müssen um 12 Uhr Mitternacht geschlossen werden. Nur unter besonderen Umständen wird auf Nachsuchen für den einzelnen Fall eine spätere Polizeistunde gestattet.

§ 4.

Zur Abhaltung von Tanzmusiken, zu musikalischen oder dramatischen Abendunterhaltungen bedarf es einer besonderen Landherrlichen Erlaubniß.

Die Wirthe dürfen s. g. Localsängern oder Sängerinnen, Musikern und sonstigen Darstellern bei eigener Verantwortlichkeit nicht gestatten, in ihrem Local ohne einen auf die Person des Darstellers lautenden polizeilichen Erlaubnißschein aufzutreten.

§ 5.

Kindern unter 14 Jahren, sofern sie nicht in Begleitung erwachsener Personen erscheinen, darf der Zutritt in Schankwirthschaften und Gaststuben nicht gestattet, insbesondere kein Getränk verabreicht werden.

Zu den öffentlichen Tanzmusiken haben Kinder unter 14 Jahren auch in Begleitung Erwachsener keinen Zutritt.

§ 6.

Alles Hazardspiel, Silentiumspiel, Ausspielen und Auskegeln von Gegenständen darf nicht stattfinden, und sind die Wirthe in dieser Beziehung persönlich verantwortlich dafür, daß in ihren Localen nicht gespielt wird.

§ 7.

In Schankwirthschaften dürfen keine Mädchen unter 25 Jahren zur Bedienung gehalten werden.

§ 8.

An den Sonn- und Festtag-Vormittagen dürfen in den Schank- und Gastwirthschaften bis 12 Uhr Mittags kein Kegelspiel, noch Concert- oder Tanzmusik oder Schaustellungen stattfinden.

Wenn für einzelne Locale solches für die Zeit bis 9 Uhr Vormittags gestattet werden kann, so bedarf es dazu besonderer Landherrlicher Erlaubniß.

Alle Gast- und Schankwirthschaften, sowie Detailhandlungen mit Branntwein und Spirituosen müssen des Sonn- und Festtags-Vormittags von 9—12 Uhr geschlossen gehalten werden.

§ 9.

Die Wirthe sind ganz besonders zur genauen Einhaltung der bestehenden Vorschriften über die Anmeldung der Fremden u. w. d. a. verpflichtet.

§ 10.

Zuwiderhandlungen gegen vorstehende obrigkeitliche Vorschriften werden mit der gesetzlichen Geld- und den Umständen nach, beziehungsweise im Unvermögensfalle, mit Gefängnißstrafe geahndet.

Die Abänderung oder Ergänzung dieser Vorschriften bleibt jederzeit ausdrücklich vorbehalten.

Hamburg, im December 1869.

Die Landherrenschaft der Marschlande.

Dritte Abtheilung.

Bekanntmachungen, betreffend Zollvereinsangelegenheiten im Jahre 1869.

Dritte Abtheilung.

Bekanntmachungen, betreffend Zollvereinsangelegenheiten im Jahre 1869.

№ 1. den 15. Februar 1869.

Bekanntmachung,

betreffend die Zutheilung der Hamburgischen Enclave Ohlstedt mit Wohldorf in Bezug auf die inneren indirecten Abgaben an den Verwaltungs-Bezirk des Steuer-Amtes zu Ahrensburg.

Der Senat bringt hierdurch zur Kenntniß der Betheiligten, daß in Folge einer veränderten Eintheilung der Steuerbezirke für die Erhebung der inneren indirecten Abgaben in Schleswig-Holstein die Hamburgische Enclave Ohlstedt mit Wohldorf, welche in Bezug auf diese Abgaben früher zu dem Bezirke des Neben-Zoll-Amtes zu Hellbrock gehörte, nach Aufhebung dieses Amtes dem Bezirke des Steuer-Amtes zu Ahrensburg zugetheilt ist.

Gegeben in der Versammlung des Senats, Hamburg, den 15. Februar 1869.

№ 2. den 9. April 1869.

Bekanntmachung,

betreffend Veränderung der Organisation der Zoll-Verwaltung in den, dem Zollverein angeschlossenen Hamburgischen Gebietstheilen durch Verlegung des Zollamts Altenbruch-Schleuse.

Unter Bezugnahme auf die Bekanntmachung vom 30. October 1868, betreffend die Organisation der Zoll-Verwaltung in den zum Zollverein gehörigen und demselben anzuschließenden Hamburgischen Gebietstheilen, wird hierdurch zur öffentlichen Kenntniß gebracht, daß das Neben-Zoll-Amt II zu Altenbruch-Schleuse im Amte Ritzebüttel vom 1. Mai d. J. ab in ein Neben-Zoll-Amt I. Klasse mit den Abfertigungsbefugnissen eines solchen umgewandelt und nach Altenbruch verlegt wird.

Die Zollstraße für die eingehenden Schiffe ist das Braake-Flüßchen von dessen Mündung bis Altenbruch. An der Altenbruch-Schleuse haben die Schiffer anzulegen, ihre Ladung ohne daran eine Aenderung vorzunehmen, dem Neben-Zoll-Amte vorschriftsmäßig zu declariren und demnächst unter amtlicher Begleitung nach der Abfertigungsstelle zu befördern.

Gegeben in der Versammlung des Senats, Hamburg, den 9. April 1869.

№ 3. den 28. April 1869.

Bekanntmachung,

betreffend

die Herabsetzung der Controlegebühr für das in den Hamburgischen Gebietstheilen, welche dem Zollverein angeschlossen sind, zu landwirthschaftlichen Zwecken steuerfrei zu verwendende Salz.

Unter Bezugnahme auf die, als Anlage 7 zur Verordnung vom 30. October 1868, betreffend den Anschluß Hamburgischer Gebietstheile an den Zollverein, publicirte Verordnung wegen der Ausführung des Gesetzes über die Erhebung einer Abgabe von Salz vom 12. October 1867, wird hierdurch zur öffentlichen Kenntniß gebracht, daß die im § 12 der letztgedachten Verordnung auf zwei Silbergroschen für den Centner steuerfreies Salz festgesetzte Controlegebühr für das zu landwirthschaftlichen Zwecken d. h. zur Fütterung des Viehes und zur Düngung bestimmte Salz auch für die dem Zollverein angeschlossenen Hamburgischen Gebietstheile auf einen Silbergroschen für den Centner bis auf Weiteres ermäßigt worden ist.

Gegeben in der Versammlung des Senats, Hamburg, den 28. April 1869.

№ 4. den 28. April 1869.

Bekanntmachung,

betreffend den Verkauf von Vieh- und Gewerbesalz in den, dem Zollverein angeschlossenen Hamburgischen Gebietstheilen.

Unter Bezugnahme auf die, als Anlage 8 zur Verordnung vom 30. October 1868, betreffend den Anschluß Hamburgischer Gebietstheile an den Zollverein, publicirte Bekanntmachung wegen der Zubereitung von Vieh- und Gewerbesalz werden die folgenden den Verkauf von Vieh- und Gewerbesalz im Zollverein regelnden Bestimmungen zur Nachachtung wiederholt veröffentlicht:

1) Viehsalz darf nur zur Fütterung des Viehes, Gewerbesalz nur zu gewerblichen Zwecken, für welche Salz abgabenfrei verabfolgt wird (§ 20 des Bundesgesetzes vom 12. October 1867, Bundesgesetzblatt Seite 41) und zwar stets nur zu demjenigen gewerblichen Zwecke verwendet werden, welcher von dem Gewerbtreibenden im Bestellzettel vermerkt ist.

2) Niemand darf Viehsalz oder Gewerbesalz verkaufen, der nicht zuvor der Steuerbehörde von der Absicht, solches Salz zu verkaufen, schriftlich Anzeige gemacht und über diese Anzeige eine Bescheinigung erhalten hat, in welcher zugleich die beim Verkauf zu beobachtenden Bestimmungen mitgetheilt werden.

3) Viehsalz und Gewerbesalz dürfen von Salzwerksbesitzern und Salzgroßhändlern an Handeltreibende nur überlassen werden, wenn letztere sich über den Besitz der unter No. 2 gedachten Bescheinigung ausweisen.

Gegeben in der Versammlung des Senats, Hamburg, den 28. April 1869.

№ 5. den 24. Mai 1869.

Bekanntmachung,

betreffend die specielle Controle des stehenden Handels im Grenzbezirk.

Auf Antrag der Königlich Preußischen Provinzial-Steuer-Direction zu Hannover bringt der Senat hiedurch das Nachstehende zur öffentlichen Kunde:

Hannover, den 12. Mai 1869.

In Ausführung des § 35 des Zollgesetzes und des § 88 der Zollordnung soll nach der vom Herrn Finanzminister getroffenen Anordnung in solchen Fällen, in denen es im Zoll-Interesse für nothwendig erachtet wird, eine specielle Controlirung des stehenden Handels im Grenzbezirk eintreten, welche in der Regel darin besteht, daß

1) die Vorräthe an den derselben zu unterwerfenden Waaren-Artikeln nur in bestimmten, der Zollbehörde anzumeldenden Räumen aufbewahrt werden dürfen;
2) über den Zu- und Abgang von diesen Artikeln eine besondere Anschreibung nach der von der Zollbehörde zu ertheilenden Anleitung geführt werden muß, und
3) von der Richtigkeit dieser Anschreibung durch periodische Revisionen des geführten Contobuchs und der Lagerbestände Seitens der Zollbeamten Ueberzeugung genommen wird. Es bleibt indeß nach dem Ermessen der Zollbehörde eine Verschärfung der Controle-Maßregeln, namentlich durch Festsetzung eines Maximums der zulässigen Waaren-Vorräthe vorbehalten.

Welche Controlen zu beobachten sind, sowie auf welche Waaren-Artikel sich dieselben erstrecken, wird in den einzelnen Fällen den betreffenden Gewerbtreibenden zu Protokoll bekannt gemacht werden.

Der Provinzial-Steuer-Director:
gez. Sabarth.

Gegeben in der Versammlung des Senats, Hamburg, den 24. Mai 1869.

№ 6. den 24. Mai 1869.

Bekanntmachung,
betreffend die specielle Controle des stehenden Handels im Grenzbezirk.

Auf Antrag der Königlich Preußischen Provinzial-Steuer-Direction zu Glückstadt bringt der Senat hiedurch das Nachstehende zur öffentlichen Kunde:

Glückstadt, den 11. Mai 1869.

In Ausführung des § 35 des Zollgesetzes und des § 88 der Zollordnung soll nach der vom Herrn Finanzminister getroffenen Anordnung in solchen Fällen, in denen es im Zoll-Interesse für nothwendig erachtet wird, eine specielle Controllirung des stehenden Handels im Grenzbezirk eintreten, welche in der Regel darin besteht, daß

1) die Vorräthe an den derselben zu unterwerfenden Waaren-Artikeln nur in bestimmten, der Zollbehörde anzumeldenden Räumen aufbewahrt werden dürfen;
2) über den Zu- und Abgang von diesen Artikeln eine besondere Anschreibung nach der von der Zollbehörde zu ertheilenden Anleitung geführt werden muß, und
3) von der Richtigkeit dieser Anschreibung durch periodische Revisionen des geführten Contobuchs und der Lagerbestände Seitens der Zollbeamten Ueberzeugung genommen wird. Es bleibt indeß nach dem Ermessen der Zollbehörde eine Verschärfung der Controle-Maßregeln, namentlich durch Festsetzung eines Maximums der zulässigen Waaren-Vorräthe vorbehalten.

Welche Controlen zu beobachten sind, sowie auf welche Waaren-Artikel sich dieselben erstrecken, wird in den einzelnen Fällen den betreffenden Gewerbtreibenden zu Protokoll bekannt gemacht werden.

Der Geheime Finanz-Rath- und Provinzial-Steuer-Director.
In Vertretung:
Der Ober-Regierungs-Rath.
gez. Bamihl.

Gegeben in der Versammlung des Senats, Hamburg, den 24. Mai 1869.

№ 7. den 26. Mai 1869.

Verordnung,

betreffend

die Aufhebung der Denuncianten-Antheile in den die Brau- und Brennsteuer sowie den Kalenderstempel betreffenden Straffachen.

Nachdem im Königreich Preußen durch ein Gesetz vom 30. December 1868 die Antheile an Geldstrafen und an dem Werthe confiscirter Gegenstände, welche bis dahin für die Anzeige von Zuwiderhandlungen gegen gesetzliche Bestimmungen gewährt wurden, aufgehoben sind, verordnet der Senat auf Grund des mit Preußen abgeschlossenen Vertrages in Betreff der Zoll- und Steuerverhältnisse mehrerer Hamburgischen Gebietstheile vom 28. Mai 1868 was folgt:

Die gesetzlichen Vorschriften, nach denen in den in Holstein belegenen Hamburgischen Enclaven in Brau- und Brennsteuer-Straffachen, sowie in den die Preußische Stempelsteuer von Kalendern betreffenden Straffachen Denuncianten-Antheile zu gewähren sind, werden hiedurch aufgehoben.

Gegeben in der Versammlung des Senats, Hamburg, den 26. Mai 1869.

№ 8. den 28. Mai 1869.

Bekanntmachung,

betreffend

die Erweiterung der Abfertigungsbefugnisse des Neben-Zoll-Amts II zu Moorburg bei der Burg.

Auf Antrag der Königlich Preußischen Provinzial-Steuer-Direction zu Hannover bringt der Senat hiedurch das Nachstehende zur öffentlichen Kunde:

Hannover, den 8. Mai 1869.

Dem Neben-Zoll-Amte II zu Moorburg bei der Burg ist die Befugniß zur Ausfertigung und Erledigung von Declarationsscheinen in dem Umfange, wie solche den Neben-Zoll-Aemtern I beigelegt ist, bis auf Weiteres ertheilt worden.

Dies wird mit Bezug auf die Bekanntmachung des Senats der freien und Hansestadt Hamburg vom 30. October 1868, betreffend die Organisation der Zollverwaltung in den zum Zollverein gehörigen und demselben anzuschließenden Hamburgischen Gebietstheilen (Gesetzs. de 1868 III. Abth. № 22), hiermit zur öffentlichen Kenntniß gebracht.

Der Provinzial-Steuer-Director.
In Vertretung:
Der Ober-Regierungs-Rath.
(gez.) F. Houth-Weber.

Gegeben in der Versammlung des Senats, Hamburg, den 28. Mai 1869.

№ 9. den 4. Juni 1869.

Bekanntmachung,

betreffend die Herstellung des freien Verkehrs mit Tabacksblättern und Tabacksfabrikaten zwischen den Nord- und Süddeutschen Staaten des Zollvereins, sowie mit Branntwein und Bier zwischen den Norddeutschen Staaten und dem Großherzogthum Hessen.

Im Hinblick auf das Gesetz vom 26. Mai v. J., betreffend die Besteuerung des Tabacks (B.-G.-Bl. S. 319), hat der Bundesrath des Norddeutschen Bundes in seiner Sitzung vom 1. Mai d. J. beschlossen, die Erhebung der Uebergangsabgabe von den aus den Süddeutschen Vereinsstaaten eingehenden Tabacken und Tabacksfabrikaten vom 1. Juli d. J. ab einzustellen. Die gedachte Uebergangsabgabe, welche bisher mit 20 Sgr. für den Centner zu entrichten gewesen ist, wird demnach in dem Bereich des Norddeutschen Bundes von dem bezeichneten Tage ab nicht mehr erhoben werden, und es tritt mit diesem Zeitpunkte zwischen den Nord- und Süddeutschen Staaten ein völlig freier Verkehr mit Tabacksblättern und Tabacksfabrikaten ein.

Ferner wird nach Artikel 1 und 4 des Vertrages zwischen dem Norddeutschen Bunde und Hessen vom 9. April 1868, betreffend die Besteuerung des Branntweins und Biers in dem nicht zum Norddeutschen Bunde gehörigen Theil des Großherzogthums Hessen (B.-G.-Bl. S. 466), und nach § 70 des Gesetzes vom 8. Juli 1868, betreffend die Besteuerung des Branntweins in verschiedenen zum Norddeutschen Bunde gehörenden Staaten und Gebietstheilen (B.-G.-Bl. S. 384), ebenfalls vom 1. Juli d. J. ab zwischen den Staaten des Norddeutschen Bundes und den verschiedenen Theilen des Großherzogthums Hessen volle Verkehrsfreiheit mit Branntwein zugelassen werden. Auch hat der Bundesrath des Norddeutschen Bundes in seiner Sitzung vom 11. Juli 1868 beschlossen, mit demselben Termine die Verkehrsfreiheit mit Bier zwischen den Norddeutschen Staaten und dem Großherzogthum Hessen eintreten zu lassen. Es hört demnach von dem gedachten Zeitpunkt ab für diesen Zwischenverkehr mit Branntwein und Bier sowohl die Erhebung der Uebergangsabgabe als auch die Gewährung der Ausfuhrvergütung auf.

In Folge dieser Anordnungen werden die Uebergangsstraßen an den Grenzen zwischen Preußen und den verschiedenen Theilen des Großherzogthums Hessen für den bisher übergangsabgabenpflichtigen Verkehr mit Taback, Branntwein und Bier vom 1. Juli d. J. ab aufgehoben. Dagegen bleibt vorbehalten, ein neues Verzeichniß der Uebergangsstraßen und der an denselben befindlichen Abfertigungsstellen für den übergangsabgabenpflichtigen Verkehr zwischen dem Norddeutschen Bunde und dem Großherzogthum Hessen einerseits und Bayern und Baden andererseits zu veröffentlichen.

Gegeben in der Versammlung des Senats, Hamburg, den 4. Juni 1869.

№ 10. den 28. Juni 1869.

Bekanntmachung,

betreffend die Eröffnung der Zollabfertigungsstellen des zollvereinsländischen Haupt-Zoll-Amts Hamburg zur Abfertigung des oberelbischen Schifffahrts-Verkehrs.

Mit Bezugnahme auf die Bekanntmachung vom 12. October 1868, betreffend die Errichtung eines zollvereinsländischen Haupt-Zoll-Amtes in Hamburg wird hierdurch zur öffentlichen Kenntniß gebracht, daß die Eröffnung der für die zollamtliche Abfertigung des oberelbischen Schiffahrts-Verkehrs bestimmten Zollabfertigungsstellen

am Grasbrook und am Entenwärder

mit dem 1. Juli d. J. stattfinden wird.

Dieselben sind zur Abfertigung der auf der Oberelbe von hier zu versendenden oder hier ankommenden Güter nach Maßgabe der Bestimmungen des Regulativs für das Abfertigungsverfahren bei dem hiesigen zollvereinsländischen Haupt-Zoll-Amte ermächtigt und zwar:

I. Die Zollabfertigungsstelle am Grasbrook

1) in der Bergfahrt

a. zur Abfertigung sämmtlicher oberelbischen Frachtfahrzeuge mit **zollpflichtigen** Gütern, — jedoch mit Ausnahme der verschlußfähig eingerichteten Fahrzeuge des Schleppdampfschifffahrts-Verkehrs, wenn deren Ladungen unter Raumverschluß auf Begleitschein I ohne Ausladung abgefertigt werden sollen, — in dem der Zollverwaltung überwiesenen Hafenbassin;

b. zur Abfertigung der oberelbischen Personen-Dampfschiffe an der für dieselben bestehenden Landungsbrücke;

2) in der Thalfahrt

zur Abfertigung der einer zollamtlichen Ausgangsbehandlung zu unterwerfenden Güter in dem oben bezeichneten Hafenbassin, wenn bei derselben die Ausladung des Fahrzeugs oder die specielle Revision der Colli erforderlich wird.

II. Die Zollabfertigungsstelle am Entenwärder

1) in der Bergfahrt

a. zur Abfertigung derjenigen oberelbischen Frachtfahrzeuge, welche nur mit zollfreien Gütern beladen oder vollständig leer sind;

b. zur Abfertigung der verschlußfähigen Fahrzeuge des Schleppdampfschifffahrts-Verkehrs, deren Ladungen unter Raumverschluß auf Begleitschein I abgefertigt werden sollen;

c. zur Abfertigung sämmtlicher die Zollgrenze bei Rothenburgsort passirenden, den Markt- und sonstigen Localverkehr vermittelnden Fahrzeuge;

d. zur Abfertigung der Effecten von Passagieren, welche die beim Entenwärder anlegenden Personen-Dampfschiffe von dort ab benutzen;

e. zur Abfertigung derjenigen die Zollgrenze bei Rothenburgsort passirenden Personen-Dampfschiffe, welche nicht bereits am Grasbrook zollamtlich abgefertigt worden sind;

2) in der Thalfahrt

zur Abfertigung der einer zollamtlichen Ausgangs-Behandlung zu unterwerfenden Güter, wenn bei derselben die Ausladung des Fahrzeuges oder die specielle Revision der Colli nicht erforderlich wird.

Gegeben in der Versammlung des Senats, Hamburg, den 28. Juni 1869.

№ 11. den 28. Juni 1869.

Verordnung,

betreffend das Anlegen der die Zollvereinsgrenze passirenden Fahrzeuge an den Zollabfertigungsstellen am Entenwärder.

In Veranlassung der am 1. Juli d. J. bevorstehenden Eröffnung von vereinsländischen Zollabfertigungsstellen für den oberelbischen Schiffahrtsverkehr im Hamburgischen Freihafengebiete verordnet der Senat auf Grund des übereinstimmenden Beschlusses des Senats und der Bürgerschaft vom 27. März/1. April 1868 was folgt:

Alle bei Rothenburgsort auf der Elbe in den Zollverein eintretenden Fahrzeuge, mit Einschluß derjenigen, welche den Markt- und sonstigen Localverkehr vermitteln, haben — und zwar auch, wenn sie unbeladen oder mit zollfreien unverpackten Gegenständen beladen sind — Behufs der Revision bei den betreffenden Abfertigungsstellen am Entenwärder anzulegen, ohne eine jedesmalige ausdrückliche Aufforderung dazu abzuwarten.

Zuwiderhandelnde werden, abgesehen von den etwa verwirkten Zollstrafen, mit einer Geldstrafe bis zu 45 ℳ Courant belegt.

Gegeben in der Versammlung des Senats, Hamburg, den 28. Juni 1869.

№ 12. den 28. Juni 1869.

Bekanntmachung,

betreffend das Regulativ für das Abfertigungs-Verfahren bei dem zollvereinsländischen Haupt-Zoll-Amte zu Hamburg.

Auf Antrag der Königlich Preußischen Provinzial-Steuer-Direction zu Glückstadt bringt der Senat die nachstehende Bekanntmachung derselben hierdurch zur öffentlichen Kunde:

Bekanntmachung.

Das anliegende Regulativ vom heutigen Tage, betreffend das Abfertigungs-Verfahren bei dem zollvereinsländischen Haupt-Zoll-Amte zu Hamburg, wird hiemit für das betheiligte Publicum zur öffentlichen Kenntniß gebracht.

Glückstadt, den 20. Juni 1869.

Der Geheime Finanz-Rath und Provinzial-Steuer-Director.

(gez.) Augustin.

Gegeben in der Versammlung des Senats, Hamburg, den 28. Juni 1869.

Regulativ

für das Abfertigungs-Verfahren bei dem zollvereinsländischen Haupt-Zoll-Amte zu Hamburg.

Ueber das bei dem zollvereinsländischen Haupt-Zoll-Amte zu Hamburg zur Anwendung kommende Abfertigungs-Verfahren werden nachstehende Vorschriften erlassen:

A. Charakterisirung des Haupt-Zoll-Amtes.

§ 1.

Das genannte Haupt-Zoll-Amt fungirt als Grenz-Ein- und Ausgangs-Amt des Zollvereins für den durch die Eisenbahnen und die Post vermittelten Verkehr, sowie nach Herstellung der erforderlichen Baulichkeiten auch für den Verkehr auf der Oberelbe und in der zu errichtenden Niederlage für Zollvereins-Güter.

Zu diesem Haupt-Zoll-Amte gehören für jetzt die nachstehenden Zoll-Abfertigungsstellen im Hamburgischen Freihafengebiete:

a. auf dem Bahnhofe der Berlin-Hamburger Eisenbahn;

b. auf dem Bahnhofe der Lübeck-Hamburger Eisenbahn;

c. auf dem Haupt-Fahrpost-Amte;

welchen Zollstellen seiner Zeit hinzutreten werden Abfertigungsstellen:

d. auf dem Bahnhofe der Venlo-Hamburger Eisenbahn;

e. an der Oberelbe, Behufs Abfertigung des Oberelbischen Waarenverkehrs und

f. in der Niederlage für Zollvereins-Güter.

B. Befugnisse desselben.

§ 2.

Dasselbe hat unbeschränkte Erhebungs- und Abfertigungsbefugnisse, und ist namentlich ermächtigt:

1) zur unbeschränkten Erhebung des Eingangszolles für Güter, sowie für Effecten und Waaren, welche Passagiere der Eisenbahnen und der Oberelbischen Dampfschiffe mit sich führen;

2) zur Erhebung des Ausgangszolles;

3) zur Ablassung zollfreier Gegenstände in den freien Verkehr;

4) zur Ausfertigung und Erledigung von Begleitscheinen I. und Uebergangsscheinen, zur Ausfertigung von Begleitscheinen II. und zur Ausfertigung und Erledigung von Declarationsscheinen für den Verkehr mittelst Berührung des Auslandes;

5) für den Eisenbahnverkehr zur Ausfertigung und Erledigung von Ansagezetteln; ferner

6) Postgüter, einschließlich der Passagier-Effecten, zum Eingange zu verzollen, diejenigen Postgüter aber, welche zu Hamburg nicht verzollt werden sollen, nach Maßgabe des Regulativs und der Anweisung über die mit den Posten ein-, aus- und durchgehenden Waaren ebenso zu behandeln, wie es sonst am ersten Grenz-Zoll-Amte respective am ersten Umspannungsorte im Zollvereins-Gebiete geschieht; auch sind demselben

7) für den Verkehr von und über Hamburg nach dem Zollvereins-Gebiete auf anderen Wegen als auf den Eisenbahnen und der Oberelbe die vorstehend unter 4 erwähnten Abfertigungsbefugnisse unter den dieserhalb erforderlichen Controlen übertragen.

C. Verfahren

I. in Betreff der mittelst der Eisenbahnen zu versendenden Gegenstände.

§ 3.

Für den Verkehr auf den Eisenbahnen finden, unter Berücksichtigung der in den nachstehenden Paragraphen enthaltenen besonderen Vorschriften, im Allgemeinen die Bestimmungen Anwendung, welche in dem Regulativ und der dazu gehörigen Anweisung über die Behandlung des Güter- und Effecten-Transports auf den Eisenbahnen in Bezug auf das Zollwesen getroffen sind.

1. Verkehr von Hamburg nach dem Zollvereinsgebiete.

a. Abfertigung auf Ladungsverzeichnisse und Ansagezettel.

§ 4.

Was insbesondere den Verkehr von Hamburg aus betrifft, so findet eine Abfertigung auf Ladungsverzeichnisse und Ansagezettel auf alle Zoll- und Steuerstellen Statt, auf welche dieselbe nach § 5 des im § 3 angezogenen Regulativs geschehen kann.

b. Abfertigung der Passagier-Effecten.

§ 5.

Die mittelst der Eisenbahnen nach dem Zollvereine abgehenden Passagier-Effecten müssen, sofern nicht eine andere zollamtliche Abfertigung ausnahmsweise zulässig, bei der Aufgabe sofort verzollt werden.

Es ist unter Benutzung der zu diesem Behufe getroffenen Absperrungs-Einrichtungen darauf zu halten, daß diejenigen Passagiere, welche, nachdem ihre Effecten entweder zollfrei befunden oder verzollt sind, die — vor ihrer Eröffnung jedes Mal zu revidirenden — Wartesäle vor dem Abgange des Zuges wieder verlassen, oder mit Personen, welche sich der Revision nicht unterzogen haben, in Berührung kommen, der Abfertigungsstelle zur nochmaligen Revision überwiesen werden.

Passagier-Effecten, welche in kleinen Reisetaschen und dergleichen Gegenständen bestehen, welche die Reisenden in der Hand bei sich zu führen pflegen, können denselben, nachdem sie bei der Revision zollfrei befunden oder verzollt sind, belassen werden. Die übrigen Passagier-Effecten sind unter Aufsicht der Zollverwaltung zu verladen und in das Vereinsgebiet zu befördern.

c. Abfertigung der sonstigen Güter.

§ 6.

Die zollamtliche Behandlung derjenigen Güter, welche auf Begleitschein I oder II auf Uebergangsschein oder unter Declarationsschein-Controle abgefertigt, oder welche verzollt oder in freien Verkehr gesetzt werden sollen, richtet sich nach den allgemeinen

Vorschriften der Zollordnung, des Begleitschein-Regulativs und der sonstigen darauf bezüglichen Bestimmungen. Jedoch soll bei der Abfertigung der mittelst der Eisenbahnen von Hamburg zu versendenden Güter soweit als möglich der Wagenverschluß an die Stelle des Colloverschlusses treten.

Was insbesondere die Abfertigung derjenigen Güter betrifft, welche unter Begleitschein-, Uebergangsschein- oder Declarationsschein-Controle aus dem Zollvereine nach Hamburg gebracht sind und mittelst der Eisenbahnen wieder in das Zollvereinsgebiet eingehen sollen, so sind unter Beobachtung der bezüglichen Vorschriften die Begleitscheine und Uebergangsscheine mit dem Eingangs-Atteste zu versehen. Die Declarationsscheine dagegen sind nach vorgängiger Revision der Güter zu erledigen, die Letzteren in den freien Verkehr zu setzen und unter zollamtlichem Verschluß, beziehungsweise Personalbegleitung, in das Vereinsgebiet abzulassen.

§ 7.

Nach der Abfertigung sind die sämmtlichen im vorigen Paragraph erwähnten Güter unter zollamtlicher Aufsicht in den zuvor sorgfältig zu revidirenden Eisenbahnwagen zu verladen.

§ 8.

Verzollte, auf Begleitschein II. abgefertigte oder in den freien Verkehr gesetzte, (vergl. § 6 am Schlusse) Güter können zusammen in einen Wagen oder in eine Wagen-Abtheilung verladen werden. Güter, welche auf Begleitschein I. oder auf Uebergangsschein abgefertigt sind, dürfen mit denselben in eine Wagen-Abtheilung nur dann verladen werden, wenn sie unter Colloverschluß gesetzt sind. Unmittelbar nach der Verladung sind die Eisenbahnwagen unter zollamtlichen Verschluß zu setzen.

2. Verkehr vom Zollvereinsgebiete nach Hamburg.

§ 9.

Was den auf den Eisenbahnen Statt findenden Verkehr aus dem Zollvereinsgebiete oder durch dasselbe nach Hamburg betrifft, so hat das Haupt-Zoll-Amt:

1) die Begleitscheine, Exportations-, Uebergangs- und Declarationsscheine, mit welchen die Waaren ankommen, nach Maßgabe der bezüglichen Vorschriften zu erledigen, beziehungsweise den Ausgang der Güter zu attestiren;
2) in Beziehung auf die ausgangszollpflichtigen Güter, den wirklichen Ausgang zu controliren und zu attestiren, beziehungsweise so weit die Ausgangsverzollung nicht bei dem Amte des Absendungsortes stattgefunden hat, die Erhebung des Ausgangszolles vorzunehmen.

3. Begleitung der Eisenbahnwagen.

§ 10.

Sämmtliche auf der Berlin-Hamburger und Lübeck-Hamburger Eisenbahn von Hamburg abgehende und nach Hamburg hingehende Eisenbahnzüge sind bis Bergedorf und resp. Wandsbeck und beziehungsweise von Bergedorf und resp. Wandsbeck ab durch Zollaufsichtsbeamte zu begleiten. Ueber die genannten Orte hinaus wird eine Begleitung nur aus besonderen Gründen auf Verfügung des Haupt-Zoll-Amtes Statt finden. Ebenso wird später eine Begleitung der Züge auf der Venlo-Hamburger Bahn nach und resp. von Harburg Statt finden.

§ 11.

Der die Eisenbahnzüge von Hamburg ab begleitende Beamte erhält von dem Haupt-Zoll-Amte ein Verzeichniß, aus welchem die Anzahl, die Nummern und die Verschlußart der zu dem Zuge gehörigen Eisenbahnfrachtwagen und die Zeit der Abfahrt des Zuges zu ersehen sind, und hat unter dem Verzeichnisse die Uebernahme der darin erwähnten Wagen zu bescheinigen.

§ 12.

In diesem Verzeichnisse sind diejenigen Wagen oder Wagen-Abtheilungen genau und deutlich zu bezeichnen, in welchen sich nur verzollte, auf Begleitschein II abgefertigte, in den freien Verkehr gesetzte (vergl. § 6 am Schlusse) oder unter Colloverschluß stehende Güter befinden.

§ 13.

Nachdem zu Bergedorf und resp. Wandsbeck und später zu Harburg der Verschluß der im § 12 erwähnten Wagen geprüft und unversehrt befunden ist, ist der Verschluß dieser Wagen abzunehmen und darüber, sowie über den Eingang der übrigen Wagen das Nöthige unter dem Verzeichniß zu bescheinigen, welches sodann durch den begleitenden Beamten an das Haupt-Zoll-Amt zurückzugeben ist.

4. Verkehr vom Zollvereinsgebiete durch das Freihafengebiet Hamburgs nach dem Zollvereinsgebiete.

§ 14.

Die mit der Berlin-Hamburger und resp. Lübeck-Hamburger Eisenbahn ankommenden durch Hamburg transitirenden Güter werden in direct durchgehende Güterwagen verladen, und unter Wagenverschluß nach der Hamburg-Altonaer Verbindungsbahn übergeführt, und der Zollabfertigungsstelle auf dem Bahnhofe der Altona-Kieler Bahn zu Altona überwiesen.

Die Hamburg transitirenden Passagier-Effecten und Eilgüter können aber auch in verschlossenen Karren oder Wagen nach dem Bahnhofe der Verbindungsbahn am Klosterthor transportirt, dort unter amtlicher Aufsicht in verschließbare Wagen verladen, und ebenfalls der Zollabfertigungsstelle auf dem Bahnhofe der Altona-Kieler Bahn zu Altona überwiesen werden.

Ebenso sind auch die gleichartigen Transporte in umgekehrter Richtung zu behandeln.

Diese Bestimmungen treten auch bezüglich des Verkehrs zwischen den Bahnhöfen der Berlin-Hamburger und Lübeck-Hamburger Eisenbahn, sowie später bezüglich der Venlo-Hamburger Eisenbahn analog in Anwendung.

II. Verkehr mittelst der Posten.

§ 15.

Postgüter, einschließlich der Passagier-Effecten, können bei der auf dem Haupt-Fahrpost-Amte errichteten Zollabfertigungsstelle zum Eingange verzollt werden.

§ 16.

Die verzollten oder bei der Revision zollfrei befundenen Colli und die dazu gehörigen Adressen sind mit einem, die geschehene Verzollung oder Revision ausdrückenden, Stempel zu bezeichnen.

Sodann sind die Gegenstände bis zur Verladung in die Postwagen unter zollamtlichem Verschluß oder unter Aufsicht von Zollbeamten zu halten.

§ 17.

Diejenigen Postgüter, welche in Hamburg nicht verzollt werden sollen, sind von der im § 15 erwähnten Abfertigungsstelle nach Maßgabe des Regulativs und der Anweisung über die mit den Posten ein-, aus- und durchgehenden Waaren eben so zu behandeln, wie es sonst am ersten Grenzzollamte oder am ersten Umspannungsorte im Zollvereinsgebiete geschieht.

§ 18.

Die Verladung der Postgüter in die Postwagen erfolgt unter Aufsicht von Zollbeamten.

Diejenigen Postgüter und Passagier-Effecten, welche zu Hamburg verzollt oder bei der Revision zollfrei befunden sind, können mit denjenigen Postgütern, welche zu Hamburg der sonst am ersten Grenzzollamte oder am ersten Umspannungsorte im Zollvereinsgebiete geschehenden Vorabfertigung unterlegen haben, mithin mit einer Marke von rothem Papier beklebt sind, in einen Laderaum zusammen verladen werden. Der an diesen Laderaum anzulegende zollamtliche Verschluß ist von der ersten Zollstelle an der Grenze wieder abzunehmen.

Die mit den Eisenbahnposten zu versendenden Postgüter sind unter zollamtlichem Wagenverschluß nach dem Bahnhofe zu befördern und unter Aufsicht von Zollbeamten in die unter Begleitung von Zollbeamten abgehenden Eisenbahnpostwagen zu verladen.

III. in Betreff der auf der Oberelbe zu versendenden oder ankommenden Gegenstände.

§ 19.

Die Abfertigung der auf der Oberelbe zu versendenden oder ankommenden Güter erfolgt in denjenigen Abfertigungs-Anstalten, welche zu diesem Behufe für Frachtfahrzeuge, sowie für Fahrzeuge im Markt- und Lokal-Verkehr am Grasbrookhafen resp. am Entenwärder und

für die oberelbischen Personen-Dampfschiffe an der Landungsbrücke der Dampfschiffe am Grasbrook errichtet werden. Für den Zugang zu den oberelbischen Personen-Dampfschiffen und als Control-Stelle wird am Entenwärder eine besondere Abfertigungsstelle errichtet.

Jede der gedachten Zollstellen ist zu folgenden Abfertigungen ermächtigt:

I. Die Zollabfertigungsstelle am Grasbrook:

1) in der Bergfahrt:

a. zur Abfertigung sämmtlicher oberelbischen Fahrzeuge mit zollpflichtigen Gütern — jedoch mit Ausnahme der verschlußfähig eingerichteten Fahrzeuge des Schlepp-Dampfschiffahrts-Verkehrs, wenn deren Ladungen unter Raumverschluß auf Begleitschein I ohne Ausladung abgefertigt werden sollen — in dem der Zollverwaltung überwiesenen Hafenbassin;

b. zur Abfertigung der oberelbischen Personen-Dampfschiffe an der für dieselben bestehenden Landungsbrücke.

2) In der Thalfahrt:

zur Abfertigung der einer zollamtlichen Ausgangsbehandlung zu unterwerfenden Güter in dem oben bezeichneten Hafenbassin, wenn bei derselben die Ausladung des Fahrzeugs oder die specielle Revision der Colli erforderlich wird.

II. Die Zollabfertigungsstelle am Entenwärder:

1) in der Bergfahrt:

a. zur Abfertigung derjenigen oberelbischen Frachtfahrzeuge, welche nur mit zollfreien Gütern beladen oder vollständig leer sind;

b. zur Abfertigung der verschlußfähigen Fahrzeuge des Schlepp-Dampfschiffahrts-Verkehrs, deren Ladungen unter Raumverschluß auf Begleitschein I abgefertigt werden sollen;

c. zur Abfertigung sämmtlicher die Zollgrenze bei Rothenburgsort passirenden, den Markt- und sonstigen Lokal-Verkehr vermittelnden Fahrzeuge;

d. zur Abfertigung der Effecten von Passagieren, welche die beim Entenwärder anlegenden Personen-Dampfschiffe von dort ab benutzen;

e. zur Abfertigung derjenigen die Zollgrenze bei Rothenburgsort passirenden Personen-Dampfschiffe, welche nicht bereits am Grasbrook zollamtlich abgefertigt worden sind.

2) In der Thalfahrt:

zur Abfertigung der einer zollamtlichen Ausgangsbehandlung zu unterwerfenden Güter, wenn bei derselben die Ausladung des Fahrzeuges oder die specielle Revision der Colli nicht erforderlich wird.

Auch unbeladene Schiffe oder Schiffe mit unverpackten zollfreien Gegenständen, mit Einschluß der die Zollgrenze passirenden, den Markt- und sonstigen Lokalverkehr vermittelnden Fahrzeuge haben in der Bergfahrt Behufs der Revision bei den betreffenden Abfertigungsstellen am Entenwärder anzulegen.

Dagegen ist das Anlegen in der Thalfahrt nur dann erforderlich, wenn ausgangszollpflichtige oder einer Ausgangsbescheinigung bedürftige Waaren auf den Fahrzeugen verladen sind, oder wenn die Fahrzeuge zum Anlegen aufgefordert werden.

1. Elbeaufwärts gehender Verkehr.

a. Zollordnungsmäßiges Abfertigungs-Verfahren.

§ 20.

Was sodann die zollamtliche Abfertigung der auf der Oberelbe aufwärts nach dem Zollverein zu versendenden Güter betrifft, so ist

1) hinsichtlich derjenigen Güter, welche an der Unterelbe oder an anderen Orten im Zollvereinsgebiete eine zollamtliche Abfertigung bereits erhalten haben, mithin unter Begleitschein-, Uebergangsschein- oder Declarationsschein-Controle zu Hamburg angelangt sind, nach denjenigen Vorschriften zu verfahren, welche über die Behandlung solcher Güter in dem Zollgesetze, der Zollordnung, dem Begleitschein-Regulative und den sonstigen darauf bezüglichen Regulativen für die Eingangs-Zollämter vorgeschrieben sind. Nach Maßgabe der eben erwähnten Vorschriften hat das Haupt-Zoll-Amt die Begleitscheine und Uebergangsscheine mit dem Eingangs-Atteste zu versehen, die Declarationsscheine dagegen, mit welchen die Güter anlangen, nach vorgängiger Revision der Letzteren zu erledigen.

   Auf die Schiffe, welche mit derartigen Waaren in das Zollvereinsgebiet eingehen sollen, findet rücksichtlich der etwaigen weiteren Behandlung selbstverständlich alles Dasjenige Anwendung, was in den nachstehenden Paragraphen vorgeschrieben ist.

2) Insoweit aber die Güter eine Zollabfertigung noch nicht erhalten haben, erfolgt die Zollabfertigung der von oder über Hamburg auf der Oberelbe nach dem Zollvereine zu versendenden Güter von dem Haupt-Zoll-Amte, als Grenz-Eingangs-Amte, gleichfalls nach dem Zollgesetze, der Zollordnung, dem Begleitschein-Regulativ und den sonstigen regulativmäßigen Vorschriften.

   So wie dabei

   a. eine Verwiegung zollfreier Gegenstände nicht erforderlich ist, kann auch bei lose verladenen zollpflichtigen Gegenständen eine Gewichtsermittelung nach dem cubischen Rauminhalte der Schiffe eintreten. Daneben ist von Probeverwiegungen und den sonstigen Erleichterungen, welche in Bezug auf die Revision und Verwiegung in der Instruction für die Geschäftsverwaltung der Haupt-Zoll-Aemter zugelassen sind, bei der Verzollung sowohl, als bei der Abfertigung auf Begleitschein, soweit Gebrauch zu machen, als es, nach dem umsichtigen Ermessen der zuständigen Beamten, einestheils im Zollinteresse zulässig erscheint und anderntheils zur Bewältigung des Geschäfts erforderlich ist.

Behufs der Probeverwiegungen sind von dem Vorstande der Abfertigungsstelle diejenigen Colli zu bezeichnen, welche probeweise verwogen werden sollen. Diese Colli sind jedenfalls zu verwiegen und daher, wenn sie in Schiffen vorgeführt werden, auszuladen. Im Uebrigen muß die Ausladung der Schiffe, in welchen die Waaren vorgeführt werden, so weit geschehen, als es behufs der Erledigung des Revisionsgeschäfts unerläßlich ist.

Daneben wird

b. an die Stelle des Colloverschlusses der Schiffsverschluß treten, wenn die Schiffe verschlußfähig eingerichtet sind (vergl. § 21). Die Abfertigung unter Schiffsverschluß kann auf alle Aemter erfolgen, welche zur Erledigung von Begleitscheinen I ermächtigt sind. Sind die unter Schiffsverschluß abgefertigten, in einem und demselben verschlossenen Laderaume befindlichen Güter nach verschiedenen Orten bestimmt, so wird das Amt des ersten Bestimmungsorts den Verschluß abnehmen, die auf dieses Amt abgefertigten Güter ausladen lassen und den Verschluß darauf wieder anlegen, über die Abnahme und Wiederanlegung des Verschlusses aber ein Protokoll aufnehmen und eine Ausfertigung desselben dem Waarenführer behändigen.

§ 21.

Die Prüfung und Entscheidung der Frage, ob ein Schiff als verschlußfähig anzuerkennen sei und daher die in dasselbe zu verladenden Güter unter Schiffsverschluß abgefertigt werden können, erfolgt nach Maßgabe der für die verschlußfähige Einrichtung der Elbfahrzeuge bestehenden Vorschriften.

Jedes als verschlußfähig anerkannte Schiff hat eine die Verschlußfähigkeit anerkennende Urkunde, in welcher die Verschluß-Einrichtungen zu beschreiben sind, stets an Bord zu führen und daneben ist bei jeder einzelnen Abfertigung unter Schiffsverschluß genau zu untersuchen, ob die Verschluß-Einrichtungen unversehrt erhalten sind.

§ 22.

Was die Abfertigung der Effecten der Dampfschiffs-Passagiere betrifft, so ist darauf zu halten, daß dieselben, nachdem ihre Effecten zollamtlich abgefertigt sind, sofort das Schiff besteigen und dasselbe bis zur Abfahrt nicht wieder verlassen, auch mit Personen, welche sich der Revision nicht unterzogen haben, nicht wieder in Berührung kommen.

§ 23.

Der Proviant für die Schiffsmannschaft und die Vorräthe des Restaurateurs zur Bewirthung der Dampfschiffs-Passagiere sind gehörig zu declariren.

Der Proviant für die Schiffsmannschaft ist, so weit derselbe nach billigem Ermessen das Bedürfniß für eine Reise nicht überschreitet, zollfrei abzulassen, dasjenige was darüber hinausgeht aber ist zu verzollen.

Für die Vorräthe des Restaurateurs, welche zur Bewirthung der Dampfschiffs-Passagiere bestimmt sind, kann Zollfreiheit nicht in Anspruch genommen werden. Indessen können kleine Quantitäten von zubereiteten Fleischspeisen, angebrochene Gläser mit eingemachten Sachen, angebrochene Buttertöpfe, angeschnittene Käse oder geräucherte Fleischwaaren, einzelne gesalzene oder getrocknete Fische, einzelne angebrochene Packete Taback oder Cigarren-Kistchen, Colonialwaaren unter 1 Pfund von jeder Gattung, frisches Fleisch, zollpflichtiges Backwerk bis zu 5 Pfund, angebrochene Flaschen mit Wein und geistigen Getränken — soweit diese Gegenstände augenfällig blos zur Verzehrung auf der Reise bestimmt sind und so lange ein Mißbrauch dabei nicht getrieben wird — zollfrei gelassen werden.

Größere Mengen aber, namentlich Wein und geistige Getränke in nicht angebrochenen Flaschen, können nur dann zollfrei gelassen werden, wenn die Flaschen ꝛc. zum Beweise der inländischen Herkunft oder der stattgehabten Verzollung von einem vereinsländischen Zoll- oder Steuer-Amte mit dem Amtssiegel verschlossen sind und Letzteres unversehrt erhalten ist.

§ 24.

Was die Inventarienstücke des Schiffs, an Ankern, Ketten, Tauen u. s. w., ferner an Küchengeräthen, Tellern, Tassen, Betten, Meubeln u. dgl. betrifft, so ist bei der Revision des Schiffes darauf zu achten, daß nur solche Gegenstände dieser Art zollfrei mit dem Schiffe eingehen, für welche die Zollfreiheit beansprucht werden kann. Sollte zu diesem Behufe die Anordnung einer strengeren Controle erforderlich werden, so bleibt die Einführung von amtlich attestirten Inventarien vorbehalten.

§ 25.

Von dem Beginn der Abfertigung der Schiffe bis dahin, wo sie die Zollgrenze passiren, sind dieselben ununterbrochen unter zollamtlicher Aufsicht zu halten.

Nach vollständig erfolgter zollamtlicher Abfertigung der Ladung hat der Schiffer sich zur Abfahrt bereit zu machen. Unmittelbar vor der Abfahrt sind diejenigen Räume des Schiffes, welche nicht mit Gütern beladen sind, einer sorgfältigen Revision zu unterziehen, und ist wegen etwa dabei vorgefundener zollpflichtiger Waaren nach Maßgabe des Zollstrafgesetzes zu verfahren.

§ 26.

Nach Beendigung der im vorigen Paragraphen erwähnten Revision hat der Schiffer die Fahrt elbaufwärts zu beginnen und dieselbe, ohne sich aufzuhalten, bis zur Zollvereinsgrenze fortzusetzen.

Bis zur Einrichtung der definitiven Zollabfertigungsstelle für die oberelbischen Frachtfahrzeuge am Entenwärder, und so lange die interimistische Abfertigung derartiger Fahrzeuge am Grasbrook stattfindet, sind die an letzterer Stelle abgefertigten Fahrzeuge durch Zollbeamte elbaufwärts bis zur Zollvereinsgrenze zu begleiten.

§ 27.

Die Begleitung geschieht kostenfrei. Verzögert aber der Schiffer die Abfahrt oder unterbricht er die Fahrt, ohne durch außer seiner Gewalt liegende Umstände dazu gezwungen zu sein, so hat er für jeden nach dem Ermessen des Haupt-Zoll-Amts zur Bewachung oder zur Begleitung des Schiffes beorderten Beamten für je 24 Stunden oder weniger 20 Sgr. an das vereinsländische Haupt-Zoll-Amt zu entrichten.

§ 28.

Die Zeit, zu welcher ein Schiff nach § 25 zur Abfahrt nach der Oberelbe bereit gestellt und zu welcher die Abfahrt wirklich begonnen ist, ist in einem dazu besonders anzulegenden Buche von der Abfertigungsstelle an der Elbe unter Mitunterschrift des Schiffers zu vermerken.

§ 29.

Die Begleitung ist bis zur Zollvereinsgrenze fortzusetzen und von der Abfertigungsstelle am Entenwärder die Zeit der Ankunft des Schiffes auf den Dienstbefehlen der die Begleitung ausführenden Zollbeamten dienstlich zu bescheinigen. Die mit dieser Bescheinigung versehenen Dienstbefehle sind der betreffenden Abfertigungsstelle, nach der sofort zu bewirkenden Rückkehr der Beamten, vorzulegen und danach die Zeit der Ankunft des Schiffes an der Zollvereinsgrenze unter Beifügung der bescheinigten Dienstbefehle in dem im § 28 erwähnten Buche zu vermerken.

b. Erleichtertes Verfahren.

§ 30.

Behufs möglichster Erleichterung des Verkehrs auf der Oberelbe ist es gestattet, daß sowohl die von der Unterelbe heraufkommenden und Hamburg transitirenden, als auch die in Hamburg beladenen Schiffe, welche eine Zollabfertigung an der Unterelbe oder an anderen Orten noch nicht erhalten haben, in der Voraussetzung auf Grund vollständiger und verbindlicher Declaration unter Schiffsraumverschluß und Begleitschein I ohne zollamtliche Revision und Verwiegung abgefertigt werden dürfen, daß die ganzen

Ladungen dieser Schiffe nach einem und demselben an der Oberelbe belegenen Orte, an welchem sich ein Haupt-Zoll-Amt oder ein Haupt-Steuer-Amt mit Niederlage befindet, bestimmt sind, Ab- und Zuladungen unterwegs nicht vorgenommen werden, und die Schiffe für den zollamtlichen Raumverschluß vollständig reglementsmäßig eingerichtet sind.

Dadurch ist jedoch, wie sich von selbst versteht, die Befugniß und Verpflichtung des Haupt-Zoll-Amts nicht ausgeschlossen, in besonderen Fällen, namentlich bei etwaigem Verdachte, eine Revision der Ladung vorzunehmen.

Im Uebrigen geschieht die Abfertigung in der Art, daß, nachdem die obenerwähnte vollständige und verbindliche Declaration übergeben, geprüft und nöthigenfalls vervollständigt ist oder die etwa unvollständig declarirten Colli revidirt sind, auch das Haupt-Amt sich möglichst überzeugt hat, daß die Verschlußeinrichtungen sich im unversehrten Zustande befinden, der Verschluß angelegt, und über die Art der Abfertigung und die Anlegung des Verschlusses in dem Begleitscheine, welchem die Declaration anzustempeln ist, das Nöthige bemerkt wird.

Rücksichtlich der Revision der nicht unter Verschluß gesetzten Schiffsräume, hinsichtlich des Proviants und der Schiffs-Inventarienstücke, so wie der Begleitung der Schiffe kommen die Bestimmungen der §§ 23, 24, 25 und 26 zur Anwendung.

2. Auf der Oberelbe niederwärts gehender Verkehr.

§ 31.

a. Ausgangszollpflichtige Güter.

Der Ausgangszoll für die auf der Oberelbe nach dem Hamburgischen Gebiete auszuführenden, ausgangszollpflichtigen Güter ist entweder bei den zur Erhebung befugten Aemtern im Innern, oder bei dem vereinsländischen Haupt-Zoll-Amte Hamburg zu erheben, welches in Beziehung auf den Ausgangszoll die Obliegenheiten eines Grenz-Zoll-Amts zu erfüllen hat.

b. Sonstige Güter.

Rücksichtlich aller übrigen, namentlich unter Begleitschein-, Uebergangsschein-, Declarationsschein- oder Exportationsschein-Controle aus dem Zollvereine auf der Oberelbe nach Hamburg gebrachten Güter hat dasselbe gleichfalls die Obliegenheiten eines Grenz-Ausgangs-Amts nach Maßgabe der bezüglichen Bestimmungen der betreffenden Gesetze und Regulative zu erfüllen.

IV. Verkehr auf anderen Wegen.

§ 32.

Die Abfertigung der Güter, welche weder auf der Eisenbahn, noch auf der Oberelbe, noch mit den Posten versendet werden, richtet sich ganz nach den bestehenden zollgesetzlichen und regulativmäßigen Vorschriften. Die für die hier in Frage stehenden

Verkehrswege auf Begleitschein II abgefertigten Waaren sind unter Verschluß zu setzen, welcher bei dem Grenz-Eingangs-Amte zu recognosciren und dort oder bei dem Amte im Bestimmungsorte abzunehmen ist.

Die Abfertigung für diese Verkehrswege erfolgt bis auf weitere Anordnung bei den für die sonstigen Abfertigungen errichteten Abfertigungsstellen, muß aber, soweit dieselbe bei diesen Stellen nicht sollte ertheilt werden können, bei den Grenz-Zollstellen im Zollvereinsgebiete nachgesucht werden.

Glückstadt, den 20. Juni 1869.

Der Geheime Finanz-Rath und Provinzial-Steuer-Director.
(gez.) Augustin.

№ 13. den 28. Juni 1869.

Bekanntmachung,

betreffend die Aenderung der Zollgrenze, der Binnenlinie und der Verwaltungsorganisation in den dem Zollverein angeschlossenen Hamburgischen Gebietstheilen.

In Folge der laut Bekanntmachung vom heutigen Tage am 1. Juli d. J. bevorstehenden Eröffnung von vereinsländischen Zollabfertigungsstellen für den oberelbischen Schifffahrtsverkehr im Hamburgischen Freihafengebiete treten in dem Laufe der Zollgrenze (Beschreibung laut Anhangs zur Verordnung vom 30. October 1868) und in dem Laufe der Binnenlinie (Beschreibung laut Anlage B zur Bekanntmachung vom 30. October 1868), sowie in der Organisation der Hebungsstellen für die Zölle (Anlage A der zuletzt genannten Bekanntmachung) vom 1. Juli d. J. an folgende Veränderungen ein:

1) Die Zollgrenze überschreitet von dem Punkte bei Rothenburgsort, an welchem die jetzige Zollgrenzlinie das nördliche Ufer der Norderelbe erreicht, letztere in gerader Richtung und erreicht das südliche Ufer der Norderelbe bei Kaltenhofe an dem durch eine Tafel bezeichneten Punkte. Von hier ab läuft die Zollgrenze, indem sie sich nach Osten und dann nach Süden wendet, am Fuße der Außenseite des Deiches auf der Insel Wilhelmsburg entlang, die an der Außenseite liegenden Häuser ausschließend, bis Gätjensort, geht hier auf den Deich hinauf und an der Innenseite der Krone desselben entlang, den Weg auf dem Deiche, sowie die außerhalb desselben liegenden Häuser und die Hamburgische Vogtei Moorwärder einschließend, bis zur Fähre zwischen Wilhelmsburg und Moorwärder, geht hier wieder an die Außenseite des Deiches hinab und am Fuße desselben entlang, die außerhalb des Deiches auf Wilhelmsburg liegenden Häuser aus-

schließend, bis zur Harburg-Hamburger Chaussee, und, nach Ueberschreitung derselben den Deich verlassend, in gerader Richtung zum Einflusse des Reiherstiegs in die Süderelbe. An diesem Punkte überschreitet sie die Süderelbe, erreicht an der westlichen Seite des Canals vor der neuen Schleuse bei Harburg das Preußische Festland und läuft an dem südlichen Ufer der Elbe stromabwärts weiter.

2) Die Binnenlinie in Fortsetzung der Richtung von dem s. g. mittelsten Landwege durch die Vogtei Billwärder bis zum Billwärder Elbdeiche, führt unter Ueberschreitung der Doven-Elbe und der Gosen-Elbe in gerader Richtung bis zur Landungsbrücke am Gauert in Ochsenwärder, diese einschließend und über den Elbstrom bis zum Preußischen Elbufer bei Bullenhausen. Alsdann läuft sie auf Preußischem Gebiete über Groß-Moor und Meckelfeld nach Sinsdorf, wo sie sich der bisherigen Binnenlinie anschließt.

3) Die Neben-Zoll-Aemter I Moorfleth, Zollenspieker und Geesthacht, sowie die Neben-Zoll-Aemter II zu Spadenland und Ochsenwärder werden aufgehoben. Dagegen wird zu Gätjensort auf der Wilhelmsburg ein dem Haupt-Zoll-Amte Harburg untergeordnetes Neben-Zoll-Amt II. Classe errichtet, dessen Zollstraße der nach demselben führende Elbdeich ist.

4) Die Vogtei Moorwärder wird dem Bezirke des Neben-Zoll-Amts II zu Gätjensort und die Dorfschaft Geesthacht dem Bezirke des Steuer-Amts Bergedorf zugetheilt.

Gegeben in der Versammlung des Senats, Hamburg, den 28. Juni 1869.

№ 14. den 28. Juni 1869.

Verordnung,

betreffend

den Anschluß der Vogtei Moorwärder an den Zollverein, die Einführung der Gesetzgebung des Zollvereins und die Nachversteuerung der vorhandenen Bestände von ausländischen Waaren in derselben.

Auf Grund der Bestimmungen in den Artikeln 33 und 40 der Verfassung des Norddeutschen Bundes, sowie in Gemäßheit der übereinstimmenden Beschlüsse des Senats und der Bürgerschaft vom 27. März/1. April 1868 und vom 16./30. September 1868 verordnet der Senat was folgt:

§ 1.

Die Vogtei Moorwärder wird mit dem 1sten Juli d. J. dem Zollvereine angeschlossen. Die abgeänderte Zollgrenze ist aus der Bekanntmachung vom heutigen Tage, betreffend die Aenderung der Zollgrenze, der Binnenlinie und der Verwaltungsorganisation in den dem Zollverein angeschlossenen Hamburgischen Gebietstheilen, ersichtlich.

§ 2.

Mit dem Tage des Anschlusses treten die durch Verordnung vom 30. October 1868 (№ 21 der Hamburgischen Gesetzsammlung Abtheilung III) sowie die durch Bekanntmachung vom 25. November 1868 (№ 32 der Hamburgischen Gesetzsammlung Abtheilung III) für die dem Zollverein angeschlossenen Hamburgischen Gebietstheile publicirten Gesetze, Verordnungen und Regulative auch in der Vogtei Moorwärder in Kraft.

§ 3.

Mit dem gleichen Tage tritt ferner die Verordnung vom 30. October 1868 (№ 23 der Hamburgischen Gesetzsammlung Abtheilung III) über die Nachversteuerung der in den dem Zollvereine anzuschließenden Hamburgischen Gebietstheilen vorhandenen Bestände von ausländischen Waaren auch in der Vogtei Moorwärder in Wirksamkeit.

Gegeben in der Versammlung des Senats, Hamburg, den 28. Juni 1869.

№ 15. den 28. Juni 1869.

Bekanntmachung,

betreffend die Erhebung der Nachsteuer in der Vogtei Moorwärder.

Mit Bezugnahme auf die Verordnung vom heutigen Tage betreffend den Anschluß der Vogtei Moorwärder an den Zollverein, bringt der Senat hierdurch zur öffentlichen Kenntniß, daß durch Beschluß des Bundesraths des Deutschen Zollvereins der Provinzial-Steuer-Director Sabarth zu Hannover, mit der Erhebung der Nachsteuer in Moorwärder beauftragt worden ist, und demselben zu dem Ende diejenigen Befugnisse beigelegt sind, welche durch die Nachsteuer-Verordnung vom 30. October 1868 (№ 23 der Hamburgischen Gesetzsammlung, Abtheilung III) der Commission zum Vollzuge des Zollanschlusses übertragen waren.

Die Behörden und Bewohner der Vogtei Moorwärder werden daher angewiesen, den betreffenden Requisitionen und Anordnungen des Provinzial-Steuer-Directors Sabarth bereitwillig Folge zu leisten.

Gegeben in der Versammlung des Senats, Hamburg, den 28. Juni 1869.

№ 16. den 30. Juni 1869.

Bekanntmachung,
betreffend die Nachsteuer in der Vogtei Moorwärder.

Auf Antrag der Königlich Preußischen Provinzial-Steuer-Direction zu Hannover bringt der Senat hiedurch die nachstehende Bekanntmachung derselben zur öffentlichen Kunde:

Bekanntmachung.

Unter Bezugnahme auf die Bekanntmachung des Senats der freien und Hansestadt Hamburg vom 28sten d. Mts., betreffend die Erhebung der Nachsteuer in der dem Zollverein anzuschließenden Hamburgischen Vogtei Moorwärder, bringe ich hiermit zur öffentlichen Kenntniß, daß ich die Functionen der Nachsteuer-Commission dem Königlich Preußischen Haupt-Zollamte zu Harburg übertragen habe, daß alle die Nachversteuerung betreffenden Anfragen und Gesuche an das genannte Hauptamt zu richten sind, und daß die Inhaber nachsteuerpflichtiger Waaren dieselben bei dem neu zu errichtenden Neben-Zollamte zu Gätjensort, woselbst auch die dabei zu benutzenden Formulare kostenfrei verabfolgt werden, anzumelden haben.

Hannover, den 30. Juni 1869.

Der Provinzial-Steuer-Director.
(gez.) Sabarth.

Gegeben in der Versammlung des Senats, Hamburg, den 30. Juni 1869.

№ 17. den 2. Juli 1869.

Bekanntmachung,
betreffend das Niederlage-Regulativ für Havariegüter in Cuxhaven.

Das nachstehende von dem Bundesrath des Deutschen Zollvereins genehmigte Regulativ wird hiedurch zur öffentlichen Kunde gebracht.

Gegeben in der Versammlung des Senats, Hamburg, den 2. Juli 1869.

Niederlage-Regulativ
für Havariegüter in Cuxhaven.

§ 1.

Unverzollte fremde Güter aller Art von Schiffen, welche in den Hafen von Cuxhaven mit Havarie einlaufen und ihre Ladungen ganz oder theilweise löschen müssen, sind Havariegüter im Sinne dieses Regulativs.

§ 2.

Die Benutzung von Privaträumen in Cuxhaven zur Niederlegung von Havariegütern zum Zweck der zollfreien Wiederausfuhr nach dem Zollvereins-Auslande ist nur mit Bewilligung des Provinzial-Steuer-Direktors zulässig.

Diese Bewilligung, welche vorübergehend oder auf Dauer ertheilt werden kann, ist eine jederzeit wiederrufliche. Dieselbe wird nur den Inhabern von geeigneten, in Cuxhaven belegenen Lagerräumen zugestanden, welchen der Zollverwaltung gegenüber die Rechte und Pflichten des Niederlegers obliegen.

§ 3.

Die Lagerräume, so lange sie zur Lagerung von Havariegütern benutzt werden, stehen unter Mitverschluß der Zollbehörde und müssen nach Anweisung dieser Behörde so abgeschlossen sein, daß ohne Lösung des Zollverschlusses oder leicht wahrnehmbare Beschädigung der Umschließungen der Lagerräume Waaren weder in letztere gebracht, noch aus denselben entfernt werden können.

Die Lagerräume sind dem Neben-Zoll-Amte I zu Cuxhaven unter Beschreibung der einzelnen Theile vor der Benutzung schriftlich anzumelden und darf letztere erst stattfinden, nachdem der Vorstand des Neben-Zoll-Amts sie als geeignet anerkannt hat. Das Gleiche gilt für den Fall, daß Veränderungen mit den Lagerräumen vorgenommen werden sollen.

§ 4.

Die Zollverwaltung übt die Aufsicht in den Lagerräumen insoweit, als sie es zur Wahrung des Zollinteresses für erforderlich erachtet.

Den mit der Beaufsichtigung der Lagerräume beauftragten Zoll-Beamten und deren Vorgesetzten, ingleichen den Bevollmächtigten und Controleuren des Zollvereins, ist der Zutritt zu den Lagerräumen jederzeit gestattet.

§ 5.

Der Transport von Gütern aus dem Freihafengebiete nach den Lagerräumen, sowie aus letzteren nach dem Freihafengebiete erfolgt unter amtlicher Aufsicht.

§ 6.

Der Transport von Gütern nach und aus den Niederlageräumen und der Geschäftsbetrieb in denselben ist in der Regel nur während der Tageszeit gestattet. Als Tageszeit werden in dieser Beziehung die im § 86 der Zollordnung angegebenen Stunden angesehen. Ausnahmen hiervon sind zulässig, sofern es sich um den Transport von havarirten Gütern nach der Niederlage und deren Einbringung in dieselbe handelt, sonst aber nur in dringenden Fällen mit besonderer Genehmigung des Neben-Zoll-Amts.

§ 7.

Der Inhaber der Lagerräume haftet nach Maaßgabe des § 19 des Zollstrafgesetzes für Gesetz- und Ordnungswidrigkeiten derjenigen Personen, welche in seinem Auftrage oder mit seiner Genehmigung die Lagerräume betreten.

§ 8.

Sollen Güter in die Niederlageräume eingeführt werden, so hat der Niederlage-Inhaber dem Neben-Zoll-Amte in einer schriftlichen Anzeige das Schiff, dessen Ladung ganz oder theilweise entlöscht werden soll, unter gleichzeitiger Abgabe sämmtlicher Ladungspapiere zu bezeichnen und die Genehmigung zum Transport der Güter aus dem Freihafengebiete nach den Niederlageräumen zu gewärtigen; ferner aber dem Neben-Zoll-Amte eine Anmeldung über die zu entlöschenden, in die Niederlage einzuführenden Güter nach Collizahl oder, im Falle die Güter unverpackt sind, nach Menge oder Bruttogewicht einzureichen. Es bleibt jedoch der Wahl des Niederlegers überlassen, die zuletzt genannte Anmeldung entweder schon vor der Entlöschung resp. dem Beginn des Transports oder erst bei der Einbringung der Güter in die Niederlage anzufertigen und bei dem Neben-Zoll-Amte abzugeben.

Eine Oeffnung der Colli und eine Untersuchung ihres Inhalts findet Behufs deren Aufnahme in die Niederlageräume in der Regel nicht statt. Die Zollverwaltung ist jedoch befugt, eine specielle Revision vor der Aufnahme in die Lagerräume eintreten zu lassen, wenn nach ihrer Ansicht der Inhalt der Colli mit den Schiffspapieren nicht übereinstimmt.

Nach erfolgter Aufnahme der Güter in die Niederlageräume werden dem Niederleger die eingereichten Ladungspapiere zurückgegeben, falls eine von dem Neben-Zoll-Amte mit Bezug auf die niedergelegten Güter vorgenommene Prüfung derselben zu weiteren Erörterungen keine Veranlassung giebt, andern Falls aber erst, nachdem solche stattgefunden haben.

§ 9.

Das Auspacken der Colli, das Stürzen, sowie überhaupt das Bearbeiten der Güter in den Niederlageräumen ist nach vorheriger schriftlicher Anzeige und unter amtlicher Aufsicht nur insoweit gestattet, als dies zur Erhaltung der Güter nothwendig ist. Sind hierzu Gegenstände des freien Verkehrs nicht zu entbehren, so dürfen dieselben zwar in die Niederlage eingebracht werden, nehmen aber mit ihrer Aufnahme in die Niederlageräume die Eigenschaft unverzollter ausländischer Waaren an.

§ 10.

Die Niederlagegüter sind in der Regel wiederum in das Freihafengebiet von Cuxhaven auszuführen. Soll eine solche Ausfuhr stattfinden, so ist dem Neben-Zoll-Amte eine Abmeldung einzureichen, in der die Güter nach Collizahl, oder im Falle sie unverpackt sind, nach Menge oder Gewicht zu bezeichnen sind.

Die Entfernung der Güter aus den Niederlageräumen und die Ausfuhr derselben nach dem Freihafengebiete auf dem in der Anmeldung bezeichneten Wege wird amtlich bewacht und auf der Anmeldung bescheinigt.

Sollen Niederlagegüter ausnahmsweise auf anderen Wegen zur Ausfuhr aus dem Zollvereinsgebiete (Durchfuhr) oder zur Verzollung gelangen, so hat die Declaration derselben von dem Lagerinhaber und deren Abfertigung von der Zollverwaltung nach den allgemeinen zollgesetzlichen Bestimmungen zu erfolgen.

§ 11.

Die Lagerzeit in den Niederlagen für Havariegüter ist auf sechs Monate beschränkt.

Eine Verlängerung der Lagerzeit bedarf der Genehmigung der Zolldirektivbehörde.

§ 12.

Von dem Neben-Zoll-Amte ist ein Lagerbuch nach den abgegebenen An- und Abmeldungen zu führen, aus welchem ersichtlich sein muß, daß die in die Niederlage eingeführten Güter auch wiederum ordnungsmäßig aus derselben zur Ausfuhr gelangt sind.

§ 13.

Wer es unternimmt, Waaren ohne vorherige zollamtliche Abfertigung aus den Niederlagen für Havariegüter zu entfernen, wird wegen Zolldefraude zur Untersuchung und Bestrafung gezogen.

§ 14.

Jede Nichtbeachtung oder Verletzung einer sonstigen in diesem Regulativ enthaltenen oder auf Grund desselben von der Zollverwaltung erlassenen Vorschrift wird mit einer Ordnungsstrafe von 1 bis 10 Thalern geahndet.

§ 15.

Aenderungen und Ergänzungen dieses Regulativs werden vorbehalten.

№ 18. den 12. Juli 1869.

Bekanntmachung,

betreffend das Regulativ für die Zollvereins-Niederlage in Hamburg.

Das nachstehende von dem Bundesrath des Deutschen Zollvereins genehmigte Regulativ wird hiedurch zur öffentlichen Kunde gebracht.

Gegeben in der Versammlung des Senats, Hamburg, den 12. Juli 1869.

Regulativ

für die Zollvereins-Niederlage in Hamburg.

§ 1.

Die Niederlage in Hamburg ist ein zur Ein- und Ausladung, sowie zur Lagerung und Bearbeitung (§ 13) von Waaren bestimmter Raum, welcher von dem umliegenden Freihafengebiete durch völlig sichernde bauliche Einrichtungen abgeschlossen und nach Maßgabe der nachstehenden Vorschriften, im Uebrigen aber unter Aufrechterhaltung der allgemeinen Bestimmungen des Zollgesetzes und der Zollordnung, zollgesetzlich als ein Theil des Zollvereinsgebietes behandelt wird.

§ 2.

Das Recht zur Benutzung der Niederlage steht allen Angehörigen des Norddeutschen Bundes sowie den Angehörigen des Zollvereins unter gleichen Bedingungen zu.

Die Niederlage steht unter der von dem Senate der freien und Hansestadt Hamburg dazu zu designirenden Verwaltung, welche über die gegenseitigen Beziehungen zwischen ihr und den Niederlegern im Einvernehmen mit der Zollverwaltung die erforderlichen Bestimmungen treffen wird.

§ 3.

Die Niederlage steht unter der Aufsicht und dem Mitverschlusse des Haupt-Zoll-Amtes zu Hamburg.

Die zollamtlichen Geschäfte in derselben werden von einer besonderen Zollabfertigungsstelle des Haupt-Zoll-Amtes ausgeübt.

Die Baulichkeiten, soweit sie die Begrenzung des Niederlagebezirks bilden, sowie die für Zollzwecke bestimmten Räumlichkeiten sind im Einvernehmen mit der Zollverwaltung herzustellen.

Den mit der Beaufsichtigung der Niederlage beauftragten Zollbeamten und deren Vorgesetzten, ingleichen den Bevollmächtigten und Controleuren des Zollvereins ist der Zutritt zu allen Räumlichkeiten der Niederlage jederzeit gestattet.

§ 4.

Zur Anstellung der Beamten der Niederlage-Verwaltung ist die Genehmigung der Zollverwaltung erforderlich. Dieselben sind auf die Wahrnehmung der Interessen der Zollverwaltung eidlich zu verpflichten. Im Falle von Dienstwidrigkeiten dieser Beamten ist die Zollverwaltung befugt, die Einleitung des gesetzlichen Strafverfahrens wider dieselben zu beantragen; auch sind auf motivirten Antrag der Zollverwaltung die betreffenden Beamten vom Amte zu suspendiren.

§ 5.

Die Niederlage-Verwaltung ist verpflichtet, Defraudationen und Ordnungswidrigkeiten (§ 18), von deren Verübung in der Niederlage sie Kenntniß erhält, dem Haupt-Zoll-Amte anzuzeigen.

§ 6.

Der Zutritt zur Niederlage und das Arbeiten in derselben ist während der vom Haupt-Zoll-Amte mit Rücksicht auf die Bedürfnisse des Verkehrs zu bestimmenden Stunden gestattet. Zum Arbeiten in den Lagerräumen außerhalb der regelmäßigen Zeit ist eine besondere Erlaubniß des Haupt-Zoll-Amtes erforderlich.

§ 7.

Wer die Niederlage benutzen will, ist an die Vorschriften dieses Regulativs gebunden. Ein Jeder, welcher die Niederlage betritt, ist der Controle des wachthabenden Zollbeamten unterworfen. Letzterer ist befugt, den Eintretenden den Umständen nach einer körperlichen Visitation zu unterwerfen.

§ 8.

Der Niederleger haftet für Gesetz- und Ordnungswidrigkeiten derjenigen Personen, welche in seinem Auftrage die Niederlage betreten, nach Maßgabe des § 19 des Zollstrafgesetzes.

Als Niederleger im Sinne dieses Regulativs ist derjenige anzusehen, welcher in der Niederlage über einen abgesonderten Lagerraum zu verfügen hat oder, falls er in den allgemeinen Niederlageräumen Waaren lagert (§ 9), von der Niederlage-Verwaltung durch Annahme der Anmeldung als verfügungsberechtigt über die niedergelegten Waaren anerkannt ist.

§ 9.

In die Niederlage dürfen alle dem freien Verkehr des Zollvereins angehörigen vereinsländischen und in denselben abgelassenen fremden Waaren, sofern solche nicht durch die Vorschrift des § 10 ausgeschlossen sind, eingeführt werden. Auch ist die Einfuhr von zollpflichtigen und zollfreien aus dem Zollvereins-Auslande stammenden Waaren, nachdem die Verzollung oder zollordnungsmäßige Abfertigung derselben bei der Zollabfertigungsstelle der Niederlage beschafft ist, gestattet.

Waaren, für welche eine Zoll- oder Steuervergütung in Anspruch genommen wird, werden indeß nur unter der Voraussetzung zur Niederlage zugelassen, daß in derselben sichernd abgeschlossene Räume hergestellt werden, in welchen sie abgesondert von den übrigen bereits lagernden gleichnamigen Waaren zu lagern sind, und welche unter Verschluß der Zollverwaltung gehalten werden.

Bezüglich des Anspruchs auf Zoll- oder Steuervergütung wird bestimmt, daß derselbe erst beim Ausgange aus der Niederlage nach dem Vereins-Auslande seine Erledigung erhält.

Uebergangsabgabenpflichtige Gegenstände können zollfrei in das Zollvereinsgebiet, sowie übergangsabgabenfrei in das Ursprungsland resp. den Uebergangsabgaben-Verband, aus dem sie stammen, zurückgeführt werden; Letzteres jedoch nur, insofern in der Niederlage für die im Zollverein bestehenden verschiedenen Uebergangsabgaben-Verbände besondere, unter Zollverschluß gehaltene Lagerräume hergestellt und die übergangsabgabenpflichtigen Gegenstände in dem für das Ursprungsland bestimmten Raum gelagert werden.

In Betreff der Dauer der Lagerung findet keine Beschränkung Statt.

§ 10.

Waaren, deren Lagerung der Niederlage oder anderen darin niedergelegten Waaren schädlich oder gefährlich werden kann, namentlich Gegenstände, welche zur

Selbstentzündung geneigt oder der Explosion fähig oder auch sonst besonders feuergefährlich sind, dürfen nicht in die Niederlage gelangen.

§ 11.

Bei der Einbringung von Waaren in die Niederlage kommen die für die Ueberschreitung der Zollvereinsgrenze im Allgemeinen geltenden Bestimmungen zur Anwendung. Der Eingang der Waaren erfolgt auf Grund der den vereinsländischen Ursprung der Waaren nachweisenden amtlichen Papiere beziehentlich auf Grund der Verzollungs-Declarationen.

Sollten Waaren in Hamburg ohne die vorschriftsmäßigen amtlichen Papiere eintreffen, so kann, falls nachgewiesen wird, daß die Waaren aus dem freien Verkehr des Zollvereins herstammen, und die Identität derselben auf dem Transporte von dem Vereinsgebiete bis in die Niederlage durch Begleitung oder Verschluß festgehalten ist, die Ausfertigung eines Declarationsscheines behufs der Aufnahme in die Niederlage unterbleiben, und die Aufnahme der Waaren in dieselbe auf Grund eines schriftlichen Antrages erfolgen.

Findet die Zollabfertigungsstelle gegen die Aufnahme der Waaren in die Niederlage nichts zu erinnern, so werden die Waaren zollamtlich revidirt beziehentlich der Eingangszoll erhoben, und sodann deren Einbringung in die Niederlage zollamtlich überwacht.

Bei der Revision findet eine Verwiegung und Oeffnung der Colli, sowie eine Untersuchung ihres Inhaltes nur insoweit Statt, als dies bei dem Wiedereingang durch das Ausland durchgeführter inländischer, beziehentlich bei der Verzollung eingehender ausländischer Waaren in Gemäßheit der „Anweisung zur Abfertigung von Waarenversendungen aus dem Inlande durch das Ausland nach dem Inlande", beziehentlich in Gemäßheit der „Zollordnung" zu geschehen hat.

Die zur Niederlage bestimmten übergangsabgabenpflichtigen Waaren, welche aus dem freien Verkehr der dem Norddeutschen Bunde angehörigen Vereinsstaaten sowie Luxemburg herstammen, sind unter Declarationsschein-Controle, alle übergangsabgabenpflichtigen Waaren aus den übrigen Zollvereinsstaaten dagegen unter Uebergangsschein-Controle auf das zollvereinsländische Haupt-Zoll-Amt, Abfertigungsstelle in der Niederlage, abzufertigen.

§ 12.

Findet eine specielle Revision Statt, so ist dem Niederleger oder dessen Vertreter Anzeige zu machen und dessen Theilnahme an der Revision gestattet.

§ 13.

Innerhalb der Niederlage ist der Verkehr und Betrieb insofern durchaus frei, als jeder Niederleger berechtigt ist, die zur Niederlage gebrachten Waaren innerhalb derselben ohne zollamtliche Cognition allen zur Erhaltung der Waaren und zur Erleichterung des Verkaufs derselben geeigneten Manipulationen, bei denen die wesentliche Beschaffenheit und Benennung der Waaren unverändert bleibt, zu unterwerfen.

Ausnahmsweise soll jedoch die Verarbeitung von Zeugstoffen zu fertigen Fabrikaten, soweit dieselbe einen integrirenden Theil des Manufacturwaarengeschäfts en gros bildet, sowie die Anfertigung der zur Verpackung dieser Fabrikate dienenden Cartons innerhalb der Niederlage gestattet sein.

Alle für die Lagerung, Theilung, Verpackung und sonstige Behandlung der Waaren erforderlichen Arbeiten sind von dem Niederleger selbst oder von dessen Angestellten auszuführen. Das Haupt-Zoll-Amt zu Hamburg ist aber befugt, die Entfernung solcher Angestellten aus der Niederlage zu verlangen, welche sich Gesetzwidrigkeiten zu Schulden kommen lassen oder der Defraudation dringend verdächtig sind.

§ 14.

Bei der Ausfuhr von Waaren aus der Niederlage nach dem Zollverein kommen die für die Abfertigung von Waarenversendungen aus dem Inlande durch das Ausland nach dem Inlande bestehenden Vorschriften in Anwendung.

Bei der unmittelbaren Ausfuhr nach dem Zollvereins-Auslande findet, insofern es sich nicht um Waaren, für welche eine Zoll- oder Steuervergütung in Anspruch genommen wird, oder um ausgangszollpflichtige Gegenstände handelt, deren Entfernung aus der Niederlage erst nach vorgängiger Entrichtung des Ausgangszolles erfolgen darf, eine Abmeldung nicht Statt.

§ 15.

Jeder Niederleger ist verpflichtet, ordnungsmäßige Handelsbücher zu führen, in welche die in die Niederlage eingeführten und die aus der Niederlage ausgeführten Waaren dergestalt einzutragen sind, daß der Sollbestand des Lagers sich ohne Schwierigkeit ermitteln läßt.

Die Niederleger haben der Zollverwaltung für deren statistische Zusammenstellungen auf Grund der Handelsbücher aufzustellende Uebersichten über die in das Zollvereins-Ausland ausgeführten Waaren in näher zu bestimmenden Terminen einzureichen.

Gehen Waaren innerhalb der Niederlage aus dem Waarenbestande eines Niederlegers in den eines andern über, so ist die über dieselben auszustellende Rechnung der Zollabfertigungsstelle behufs der Visirung und Abstempelung vorzulegen.

§ 16.

Nach Ablauf des Jahres hat jeder Lagerinhaber seinen Waarenbestand in der Niederlage übersichtlich zu verzeichnen und dergestalt zu ordnen, daß eine amtliche Revision ohne Hindernisse Statt finden kann.

Wird diese Revision von der Zollverwaltung angeordnet, so hat der betreffende Niederleger ihr die Handelsbücher und soweit erforderlich auch die Correspondenzen, Facturen und sonstigen Beläge seines Geschäftes vorzulegen. Sowohl durch Einsicht dieser Bücher und deren Vergleichung mit den Belägen, als auch durch eine zunächst probeweise anzustellende Revision des Lagerbestandes hat die Zollverwaltung zu prüfen, ob die zollgesetzlichen und Zollverwaltungsvorschriften beobachtet worden sind.

Bei der Revision des Lagerbestandes sollen Minderbefunde gar nicht, Mehrbefunde dagegen bis zu 10 pCt. des Gewichtes oder des Maaßes oder der Menge nicht in Betracht gezogen werden. Ist durch besondere Zufälle — Anziehen von Feuchtigkeit ꝛc. — ein größeres Plus entstanden, so hat der Niederleger die Ursache desselben glaubhaft nachzuweisen.

Bei erheblichen Mehrbefunden, deren Ursache nicht glaubhaft nachgewiesen werden kann oder in Fällen eines sonst begründeten Verdachtes kann die Revision auf den ganzen Lagerbestand ausgedehnt, auch nach Befinden des Hauptamtes weitere Untersuchung gegen den betreffenden Niederleger eingeleitet werden.

Wiederholen sich derartige Vorgänge, so kann dem Niederleger die Befugniß zur Benutzung der Niederlage von der Zollbehörde entzogen werden.

§ 17.

Wer es unternimmt, Waaren in die Niederlage einzubringen, ohne dieselben vorher vorschriftsmäßig bei dem am Eingange der Niederlage befindlichen Zollamte angemeldet zu haben, wird nach Maßgabe des Zollstrafgesetzes zur Untersuchung und Bestrafung gezogen.

§ 18.

Jede Nichtbeachtung oder Verletzung einer sonstigen in diesem Regulativ enthaltenen oder auf Grund desselben von der Zollbehörde oder der Niederlage-Verwaltung erlassenen Vorschrift wird mit einer Ordnungsstrafe von 1 bis 10 Thalern geahndet.

§ 19.

Wer die Befugniß zur Benutzung der Niederlage zu Zolldefrauden mißbraucht, geht dadurch dieser Befugniß verlustig, unabhängig von der sonst gegen ihn im gesetzlichen Wege eintretenden Bestrafung.

§ 20.

№ 19. den 4. August 1869.

Bekanntmachung,

betreffend die zur Abfertigung des mit dem Anspruch auf Steuervergütung ausgehenden inländischen Branntweins befugten Steuerstellen.

Die Erweiterungen des Gebiets des Zollvereins im Laufe der letzten Jahre und die Einführung der gleichen Branntweinbesteuerung in verschiedenen bisher nicht der Branntweinsteuer-Gemeinschaft angehörigen Vereinsstaaten haben nach Mittheilung des Königlich Preußischen Finanz-Ministeriums die Anfertigung eines neuen Verzeichnisses derjenigen Steuerstellen nöthig gemacht, welche zur Zeit in den Staaten des Norddeutschen Bundes und in dem nicht zu dem Letzteren gehörigen Theil des Großherzogthums Hessen zur Abfertigung des mit dem Anspruch auf Steuervergütung ausgehenden inländischen Branntweins, resp. zur Ertheilung der Ausgangsbescheinigung befugt sind.

Dieses Verzeichniß kann auf den Landherrenschaften der Geestlande und der Marschlande, in Bergedorf beim Amtsverwalter und beim Rath sowie in Ritzebüttel beim Amtsverwalter eingesehen werden; auch sind Abdrücke desselben beim Senats-Buchdrucker zu haben.

Gegeben in der Versammlung des Senats, Hamburg, den 4. August 1869.

Anlage zur Bekanntmachung vom 4. August 1869 No. 19, betreffend die zur Abfertigung des mit dem Anspruch auf Steuervergütung ausgehenden inländischen Branntweins befugten Steuerstellen.

Verzeichniß

derjenigen Steuerstellen, welche in den Staaten des **Norddeutschen Bundes** und in dem nicht zu dem Letzteren gehörigen Theil des **Großherzogthums Hessen** zur Abfertigung des mit dem Anspruch auf Steuervergütung ausgehenden inländischen Branntweins, beziehungsweise zur Ertheilung der Ausgangsbescheinigung befugt sind.

Zur Abfertigung des mit dem Anspruch auf Steuervergütung ausgehenden inländischen Branntweins, sowie zur Ertheilung der Ausgangsbescheinigung*) sind befugt: an der Grenze gegen das Zollvereinsausland		an der Binnengrenze gegen Zollvereinsstaaten		Im Innern der Staaten sind zur Abfertigung*) des mit dem Anspruch auf Steuervergütung ausgehenden inländischen Branntweins befugt:		Im Fall der Vorabfertigung des Branntweins im Innern der Staaten (Spalte 3) und der Versendung desselben unter Raumverschluß auf Eisenbahnen od. zu Wasser sind — außer den in Spalte 1 u. 2 aufgeführten Aemtern — zur Ertheilung d. Ausgangsbescheinigung befugt:		Bemerkungen
Benennung der Aemter	Ort derselben	Benennung der Aemter	Ort derselben	Benennung der Aemter	Ort derselben	Benennung der Aemter	Ort derselben	
1.		2.		3.		4.		5.
I. Königreich Preußen.								*) 1. Die in Spalte 3 genannten Steuerstellen dürfen die Abfertigung des Branntweins nur dann vornehmen, wenn für die gewählte Ausfuhrstraße die Einrichtung besteht, daß nach erfolgter und bescheinigter Revision die Gebinde unter ununterbrochener Aufsicht in verschlußfähige Eisenbahnwagen oder Schiffe verladen und die letzteren Transportmittel nach angelegtem Raumverschlusse ohne Umladung demnächst dem an der gewählten Eisenbahn oder Wasserstraße gelegenen Ausgangsamte zugeführt werden. Letzteres Amt hat alsdann die Ausgangsbescheinigung auf der Ausfuhranmeldung abzugeben.
1) Provinz Ostpreußen.								
Haupt-Zollamt	Pillau			Haupt-Steueramt	Braunsberg			
"	Memel			"	Königsberg			
"	Tilsit			"	Gumbinnen			
"	Schmaleningken							
"	Eydtkuhnen							
"	Johannisburg							
"	Neidenburg							
2) Provinz Westpreußen.								
Haupt-Zollamt	Danzig			Haupt-Steueramt	Elbing			
"	Thorn							
3) Provinz Posen.								
Haupt-Zollamt	Podzamcze			Haupt-Steueramt	Posen			
"	Pogorzelice							
"	Skalmierzyce							
"	Strzalkowo							2. Wenn die in Spalte 1 und 2 aufgeführten Abfertigungsämter so gelegen sind, daß sie die Ausfuhr des Branntweins über die Grenze nicht auf Grund der eigenen Wahrnehmung oder auf Grund der Angabe von Begleitungsbeamten bescheinigen können, so haben sie den abgefertigten Brannt-
4) Provinz Pommern.								
Haupt-Zollamt	Stolpmünde			Haupt-Steueramt und Steuer-Expedition auf dem Bahnhofe	Stettin	Haupt-Steueramt und Steuer-Expedition auf dem Bahnhofe	Stettin	
"	Rügenwalde							
"	Colbergermünde							
"	Swinemünde							

zur Abfertigung des mit dem Anspruch auf Steuervergütung ausgehenden inländischen Branntweins, sowie zur Ertheilung der Ausgangsbescheinigung*) sind befugt: an der Grenze gegen das Zollvereinsausland		an der Binnengrenze gegen Zollvereinsstaaten		Im Innern der Staaten sind zur Abfertigung*) des mit dem Anspruch auf Steuervergütung ausgehenden inländischen Branntweins befugt:		Im Fall der Vorabfertigung des Branntweins im Innern der Staaten (Spalte 3) und der Versendung desselben unter Raumverschluß auf Eisenbahnen od. zu Wasser sind — außer den in Spalte 1 u. 2 aufgeführten Aemtern — zur Ertheilung d. Ausgangsbescheinigung befugt:		Bemerkungen
Benennung der Aemter	Ort derselben	Benennung der Aemter	Ort derselben	Benennung der Aemter	Ort derselben	Benennung der Aemter	Ort derselben	
1.		2.		3.		4.		5.
Haupt-Zollamt	Wolgast			Haupt-Steueramt	Anclam			wein auf die an der Grenze gelegenen Aemter abzulassen, und übernehmen die letzteren alsdann die Ertheilung der Ausgangsbescheinigung.
"	Stralsund							
5) Provinz Schlesien.								
Haupt-Zollamt	Landsberg O./S.			Haupt-Steueramt	Ratibor	Neben-Zollamt I.	Oświecim	*) Siehe zu Anfang.
Neben-Zollamt I.	Bobzanowitz			"	Breslau	"	Oestr. Oderberg	
"	Lissau			"	Görlitz			
Haupt-Zollamt	Myslowitz							
Neben-Zollamt I.	Kattowitz							
"	Klingebeutel							
Haupt-Zollamt	Neustadt O./S.							
"	Mittelwalde							
"	Liebau							
Neben-Zollamt I.	Seidenberg							
6) Provinz Brandenburg.								
				Haupt-Steueramt für ausl. Gegenständen u. Zoll-Expeditionen auf dem Hamburger und auf dem Niederschlesisch-Märkischen Bahnhofe	Berlin			

Zur Abfertigung des mit dem Anspruch auf Steuervergütung ausgehenden inländischen Branntweins, sowie zur Ertheilung der Ausgangsbescheinigung*) sind befugt: an der Grenze gegen das Zollvereinsausland		an der Binnengrenze gegen Zollvereinsstaaten		Im Innern der Staaten sind zur Abfertigung*) des mit dem Anspruch auf Steuervergütung ausgehenden inländischen Branntweins befugt:		Im Fall der Vorabfertigung des Branntweins im Innern der Staaten (Spalte 3) und der Versendung desselben unter Raumverschluß auf Eisenbahnen od. zu Wasser sind — außer den in Spalte 1 u. 2 aufgeführten Aemtern — zur Ertheilung d. Ausgangsbescheinigung befugt:		Bemerkungen
Benennung der Aemter	Ort derselben	Benennung der Aemter	Ort derselben	Benennung der Aemter	Ort derselben	Benennung der Aemter	Ort derselben	
1.		2.		3.		4.		5.
7) Provinz Sachsen.								*) Siehe zu Anfang.
				Haupt-Steueramt	Halberstadt			
				Haupt-Steueramt u. Zoll-Expedition am Bahnhofe	Halle			
				Haupt-Steueramt	Magdeburg			
				"	Naumburg			
				"	Nordhausen			
				"	Dessau [1]			[1]) im Herzogthum Anhalt.
				Steueramt	Oschersleben			
				Zoll-Expedition	Wallwitzhafen bei Dessau [1]			
				Steueramt	Zeitz			
				"	Wolmirstedt [2]			[2]) Beschränkte Abfertigungsbefugniß (für Versendung von künstlichem Rum).
8) Provinz Westphalen.								
Haupt-Zollamt	Vreden			Steueramt	Arolsen [3]			[3]) Beschränkte Abfertigungsbefugniß (für Versendung von Liqueur).
Neben-Zollamt I.	Gronau							
9) Provinz Rhein.								
Haupt-Zollamt	Aachen	Haupt-Steueramt	Creuznach	Haupt-Steueramt	Coblenz	Neben-Zollamt I.	Herbesthal	
"	Cleve			Haupt-Steueramt für ausl. Gegenstände	Cöln	"	Elten	

Zur Abfertigung des mit dem Anspruch auf Steuervergütung ausgehenden inländischen Branntweins, sowie zur Ertheilung der Ausgangsbescheinigung *) sind befugt: an der Grenze gegen das Zollvereinsausland		an der Binnengrenze gegen Zollvereinsstaaten		Im Innern der Staaten und zur Abfertigung *) des mit dem Anspruch auf Steuervergütung ausgehenden inländischen Branntweins befugt:		Im Fall der Verabfertigung des Branntweins im Innern der Staaten (Spalte 3) und der Versendung desselben unter Raumverschluß auf Eisenbahnen od. zu Wasser sind — außer den in Spalte 1 u. 2 aufgeführten Aemtern — zur Ertheilung d. Ausgangsbescheinigung befugt:		Bemerkungen
Benennung der Aemter	Ort derselben	Benennung der Aemter	Ort derselben	Benennung der Aemter	Ort derselben	Benennung der Aemter	Ort derselben	
1.		2.		3.		4.		5.
Haupt-Zollamt	Emmerich			Haupt-Steueramt	Düsseldorf			*) Siehe zu Anfang.
=	Kaldenkirchen			=	Duisburg			
=	Malmedy			=	Neuß			
=	Saarbrücken			=	Ruhrort			
=	Wassenberg			=	Uerdingen			
Haupt-Steueramt	Trier			=	Wesel			
				Haupt-Steueramt für inl. Gegenstände	Cöln [1])			[1]) Beschränkte Abfertigungsbefugniß (für Versendung von künstlichem Rum).
				Steueramt	Rheinberg [2])			[2]) Beschränkte Abfertigungsbefugniß (für Versendung von Liqueur).
				Steuer-Receptur	Kevelaer [2])			
10) Provinz Hannover.								
Haupt-Zollamt	Nordhorn			Haupt-Steueramt	Hannover			
=	Leer			=	Hildesheim			
=	Emden			=	Celle			
=	Schaltsbrück			=	Lüneburg			
=	Geestemünde			=	Münden			
=	Stade			=	Osnabrück			
=	Harburg				Hitzacker			
vereinigt. Haupt-Zollamt	Bremen			Steueramt	Peine [3])			[3]) Beschränkte Abfertigungsbefugniß für localen Verkehr.
Neben-Zollamt I.	Getelob							
=	Bentheim							
=	Weener							
=	Norden							
=	Carolinensiel							

Zur Abfertigung des mit dem Anspruch auf Steuervergütung ausgehenden inländischen Branntweins, sowie zur Ertheilung der Ausgangsbescheinigung*) sind befugt: an der Grenze gegen das Zollvereinsausland		an der Binnengrenze gegen Zollvereinsstaaten		Im Innern der Staaten sind zur Abfertigung*) des mit dem Anspruch auf Steuervergütung ausgehenden inländischen Branntweins befugt:		Im Fall der Vorabfertigung des Branntweins im Innern der Staaten (Spalte 3) und der Versendung desselben unter Raumverschluß auf Eisenbahnen od. zu Wasser sind — außer den in Spalte 1 u. 2 aufgeführten Aemtern — zur Ertheilung d. Ausgangsbescheinigung befugt:		Bemerkungen
Benennung der Aemter	Ort derselben	Benennung der Aemter	Ort derselben	Benennung der Aemter	Ort derselben	Benennung der Aemter	Ort derselben	
1.		2.		3.		4.		5.
Neb.-Zollamt I.	Brinkum							*) Siehe zu Anfang.
"	Grohn a. T.							
"	Burgdamm							
"	Rönnebeck							
"	Osterdamm							
"	Lehe							
"	Neuhaus a. d. Oste							
"	Freiburg							
"	Brunshausen							
"	Lühe							
"	Cranz							
11) Provinz Hessen-Nassau.								
		Haupt-Steueramt	Hanau	Haupt-Steueramt	Cassel			
				"	Frankfurt a. M.			
				Haupt-Steueramt	Biebrich			
				"	Oberlahnstein			
12) Provinz Schleswig-Holstein.								
Haupt-Zollamt	Hadersleben			Haupt-Steueramt	Flensburg	Neben-Zollamt I.	Maasholm	
Neb.-Zollamt I.	Tyrstrup			"	Schleswig	"	Holnis	
"	Woyens			"	Tondern	"	Travemünde [1])	
Haupt-Zollamt	Tönning			"	Kiel			[1]) im Gebiet von Lübeck.
Neb.-Zollamt I.	Husum			"	Rendsburg			
"	Sonderburg			"	Lauenburg [2])			[2]) im Herzogth. Lauenburg.
"	Eckernförde							
"	Cappeln							
"	Apenrade							
"	Hoyer							

Zur Abfertigung des mit dem Anspruch auf Steuervergütung ausgehenden inländischen Branntweins, sowie zur Ertheilung der Ausgangsbescheinigung*) sind befugt: an der Grenze gegen das Zollvereinsausland		an der Binnengrenze gegen Zollvereinsstaaten		Im Innern der Staaten sind zur Abfertigung*) des mit dem Anspruch auf Steuervergütung ausgehenden inländischen Branntweins befugt:		Im Fall der Vorabfertigung des Branntweins im Innern der Staaten (Spalte 3) und der Versendung desselben unter Raumverschluß auf Eisenbahnen od. zu Wasser sind — außer den in Spalte 1 u. 2 aufgeführten Aemtern — zur Ertheilung d. Ausgangsbescheinigung befugt:		Bemerkungen
Benennung der Aemter	Ort derselben	Benennung der Aemter	Ort derselben	Benennung der Aemter	Ort derselben	Benennung der Aemter	Ort derselben	
1.		2.		3.		4.		5.
Haupt-Zollamt	Itzehoe							*) Siehe zu Anfang.
Neb.-Zollamt I.	Brunsbüttel							
=	Elmsborn							
=	Glückstadt							
=	Uetersen							
=	Wewelsfleth							
Haupt-Zollamt	Neustadt							
Neb.-Zollamt I.	Burg auf Fehmarn							
=	Heiligenhafen							
=	Hohewacht							
Haupt-Zollamt	Ottensen							
Zollabfertigungsstelle am Bahnhofe	Altona							
Neb.-Zollamt I.	Langenfelde							
Haupt-Zollamt	Wandsbeck							
Neb.-Zollamt I.	Wöhrden							
=	Holtenau							
=	Schiffbeck							
Neb.-Zollamt I.	Eppendorf [1])							[1]) im Gebiet von Hamburg.
=	Hoheluft							
=	Barmbeck [1])							
vereinsl.								
Haupt-Zollamt	Lübeck							
=								
(Abfertigungsstellen auf dem Berliner u. Lübecker Bahnhof und an der Elbe	Hamburg [1])							

Zur Abfertigung des mit dem Anspruch auf Steuervergütung ausgehenden inländischen Branntweins, sowie zur Ertheilung der Ausgangsbescheinigung*) sind befugt: an der Grenze gegen das Zollvereinsausland		an der Binnengrenze gegen Zollvereinsstaaten		Im Innern der Staaten sind zur Abfertigung*) des mit dem Anspruch auf Steuervergütung ausgehenden inländischen Branntweins befugt:		Im Fall der Vorabfertigung des Branntweins im Innern der Staaten (Spalte 3) und der Versendung desselben unter Raumverschluß auf Eisenbahnen od. zu Wasser sind — außer den in Spalte 1 u. 2 aufgeführten Aemtern — zur Ertheilung d. Ausgangsbescheinigung befugt:		Bemerkungen
Benennung der Aemter	Ort derselben	Benennung der Aemter	Ort derselben	Benennung der Aemter	Ort derselben	Benennung der Aemter	Ort derselben	
1.		2.		3.		4.		5.
II. Königreich Sachsen.								*) Siehe zu Anfang.
Haupt-Zollamt	Zittau	Uebergangs-Steueramt	Hof (in Bayern)	Haupt-Steueramt	Löbau	Neben-Zollamt I.	Reichenberg	
"	Schandau			"	Bautzen	"	Bodenbach	
"	Marienberg			"	Dresden			
"	Annaberg			"	Meißen			
"	Eibenstock			"	Riesa			
Haupt-Steueramt	Pirna			"	Freiberg			
Neb.-Zollamt I.	Voitersreuth			"	Chemnitz			
				"	Glauchau			
				"	Zwickau			
				"	Plauen			
				"	Grimma			
				Haupt-Zollamt	Leipzig			
III. Großherzogthum Hessen.								
		Haupt-Zollamt	Worms	Haupt-Zollamt	Darmstadt	Ortseinnehmerei II.	Heppenheim	
		Ortseinnehmerei II.	Michelstadt	"	Offenbach	"	Babenhausen	
		"	Alzey	"	Gießen			
		"	Monsheim	"	Bingen			
		"	Wimpfen	"	Mainz			
				Neben-Zollamt I.	Bensheim			
IV. Großherzogthum Mecklenburg.								
Haupt-Steueramt	Rostock			Haupt-Steueramt	Schwerin			
Neb.-Zollamt I.	Wismar							

Zur Abfertigung des mit dem Anspruch auf Steuervergütung ausgehenden inländischen Branntweins, sowie zur Ertheilung der Ausgangsbescheinigung *) sind befugt:				Im Innern der Staaten sind zur Abfertigung *) des mit dem Anspruch auf Steuervergütung ausgehenden inländischen Branntweins befugt:		Im Fall der Vorabfertigung des Branntweins im Innern der Staaten (Spalte 3) und der Versendung desselben unter Raumverschluß auf Eisenbahnen od. zu Wasser sind — außer den in Spalte 1 u. 2 aufgeführten Aemtern — zur Ertheilung d. Ausgangsbescheinigung befugt:		Bemerkungen
an der Grenze gegen das Zollvereinsausland		an der Binnengrenze gegen Zollvereinsstaaten.						
Benennung der Aemter	Ort derselben	Benennung der Aemter	Ort derselben	Benennung der Aemter	Ort derselben	Benennung der Aemter	Ort derselben	
1.		2.		3.		4.		5.
V. Thüringscher Zoll- und Handelsverein.								*) Siehe zu Anfang.
		Steueramt	Gefell					
		„	Lobenstein					
		Uebergangs-Steueramt	Lichtenfels (in Bayern)					
		Haupt-Steueramt	Coburg					
		Steueramt	Römhild					
		„	Meiningen					
VI. Herzogthum Braunschweig								
				Haupt-Steueramt	Braunschweig			
				Steueramt	Wolfenbüttel			
				„	Holzminden			
				„	Helmstedt			
VII. Herzogthum Oldenburg.								
Haupt-Zollamt	Varel			Haupt-Steueramt	Oldenburg	Ansageposten	Huntewachtschiff	
„	Brake							
„	Delmenhorst							
Neb.-Zollamt I.	Wahrthurm							
	Ellenserdammersiel							
	Hooksiel							
	Fedderwardersiel							
	Großensiel							
	Strohhausen							
	Elsfleth							
	Berne							
	im Jahdegebiet							

№ 20. den 4. August 1869.

Bekanntmachung,

betreffend die Uebergangsstraßen für den Verkehr mit den einer Uebergangs-, beziehungsweise einer inneren indirecten Abgabe unterliegenden vereinsländischen Erzeugnissen.

In Verfolg der Bekanntmachung vom 4. Juni d. J. betreffend die Herstellung des freien Verkehrs mit Tabacksblättern und Tabacksfabrikaten zwischen den Nord- und Süddeutschen Staaten des Zollvereins, sowie mit Branntwein und Bier zwischen den Norddeutschen Staaten und dem Großherzogthum Hessen wird hiermit zur öffentlichen Kenntniß gebracht, daß ein Verzeichniß derjenigen Straßen und Abfertigungsstellen, welche beim Verkehr mit den einer Uebergangs-, beziehungsweise einer inneren indirecten Abgabe unterliegenden vereinsländischen Erzeugnissen bei Ueberschreitung der Grenzen zwischen den Staaten des Norddeutschen Bundes und dem nicht zu dem Letzteren gehörigen Theile des Großherzogthums Hessen einerseits und Bayern, Württemberg und Baden andererseits inne gehalten werden müssen, beim Senats-Buchdrucker zu haben ist, und bei den Landherrenschaften der Geestlande und der Marschlande, in Bergedorf beim Amtsverwalter und beim Rath und in Ritzebüttel beim Amtsverwalter eingesehen werden kann.

Dabei wird bemerkt, daß nach einer Mittheilung des Königlich Preußischen Finanz-Ministeriums in Bezug auf die Ein- und Ausfuhr von Wein und Obstwein die Uebergangsstellen im Großherzogthum Hessen an den Grenzen gegen Preußen beibehalten sind.

Gegeben in der Versammlung des Senats, Hamburg, den 4. August 1869.

Anlage zur Bekanntmachung vom 4. August 1869 No. 20, betreffend die Uebergangsstraßen für den Verkehr mit den einer Uebergangs-, beziehungsweise einer inneren indirecten Abgabe unterliegenden vereinsländischen Erzeugnissen.

Verzeichniß

der Uebergangsstraßen und der an denselben gelegenen Hebe- und Abfertigungsstellen

für den Verkehr mit den einer Uebergangs-, beziehungsweise einer inneren indirecten Abgabe unterliegenden vereinsländischen Erzeugnissen

an den Grenzen der **Staaten** des **Norddeutschen Bundes** und des **nicht zu dem Letzteren gehörigen Theils** des **Großherzogthums Hessen** einerseits gegen **Bayern, Württemberg** und **Baden** andererseits.

Bezeichnung der Uebergangsstraßen	Hebe- und Abfertigungsstellen				Bemerkungen
	in	Ort	in	Ort	
I. Grenzlinie zwischen Preußen und Bayern.					
Links des Rheins.					
Zwischen Saarbrücken u. Bliescastel, sowie St. Ingbert...	Preußen	Rentrisch	Bayern	Bliescastel St. Ingbert	
„ Neunkirchen u. St. Ingbert	„	Spiesen	„	St. Ingbert	
„ Saarbrücken und Berbach auf der Eisenbahn........	„	Neunkirchen	„	1)	1) In den Rheinbayerischen Grenzorten befinden sich an den bezüglichen Uebergangsstraßen in der Regel keine Abfertigungsstellen.
„ St. Wendel und Ohmberg, sowie Herschweiler........	„	St. Wendel	„	1)	
„ Ruthweiler und Kusel über Diedekopf	„	Ruthweiler	„	1)	
„ Grumbach u. Kaiserslautern über Lauterecken u. Wolfstein	„	Grumbach	„	1)	Die bayerische Controlestelle zu Lauterecken stellt Uebergangsscheine auf Preußische Aemter aus.
„ Meisenheim und Kaiserslautern über Lauterecken und Wolfstein	„	Meisenheim	„	1)	
„ Meisenheim und Ober-Moschel über Callbach....	„	„	„	1)	
„ Meisenheim und Obernheim über Rehborn	„	„	„	1)	Die bayerische Controlestelle zu Obernheim stellt Uebergangsscheine auf Preußische Aemter aus.
„ Sobernheim und Callbach, Rehborn, Obernheim.....	„	Sobernheim	„	1)	
„ Creuznach und Alsenz über Münster a. Stein, Ebernburg	„	Creuznach 2)	„	1)	2) Anmeldestelle Münster a. Stein.
II. Grenzlinie zwischen Hessen und Bayern. 3)					3) Als Uebergangsstellen fungiren Großherzoglich Hessischer Seits, wenn in den Bemerkungen keine andere Stelle genannt ist, die in den betreffenden Orten errichteten Ortseinnehmereien. Zur Revision und Abfertigung von eingehendem Branntwein sind in Hessen nur die mit * bezeichne-
Links des Rheins und rheinwärts. 4)					
Auf der Ludwigsbahn 5)...........	Hessen	* Worms 6)	„		
„ dem Rhein 5)...............	„	„	„		
Zwischen Fürfeld und Hochstetten....	„	* Fürfeld	„		
„ „ „ Winterborn ...	„	„	„		

Bezeichnung der Uebergangsstraßen	Hebe- und Abfertigungsstellen				Bemerkungen
	in	Ort	in	Ort	
Zwischen Fürfeld und Niederhausen.	Hessen	*Fürfeld	Bayern		ten Uebergangsstellen ermächtigt. Auf den Uebergangsstraßen, an welchen solche Uebergangsstellen nicht gelegen sind, kann die Einfuhr von Branntwein nach Hessen nur unter Uebergangsscheinkontrole stattfinden.
″ Alzey u. Kirchheimbolanden	″	*Alzey	″		
″ Osthofen u. ″	″	*Flomborn	″		
″ Mölsheim und Zell......	″	Mölsheim	″		
″ Wachenheim und Marnheim	″	*Wachenheim	″		
″ Monsheim u. Klein-Bockenheim	″	*Monsheim	″		
″ Offstein u. Obrigheim.....	″	Offstein	″	Obrigheim	
″ ″ ″ Groß-Niedesheim	″	″	″	Groß-Niedesheim	
″ Pfeddersheim und Groß-Niedesheim	″	Pfeddersheim	″	Gr.-Niedesheim	4) Bayerischer Seits erfolgen die Abfertigungen durch die Zollstellen und in Ermangelung von solchen durch die Ortsvorsteher der Eintritts- resp. Ausgangsorte bei der Versendung von Getränken.
″ Worms und Frankenthal..	″	*Worms 7)	″		
III. Grenzlinie zwischen Hessen und Baden.					5) Uebergangsstraßen für Versendungen mit Uebergangsscheinen oder bei Versendungen von Wein, Obstwein oder Bier mit Großh. Hessischen Transitsteuerscheinen.
Auf den Eisenbahnen 5)..........	″		Baden		
″ dem Rhein..............	″	*Worms 6)	″	Mannheim	
″ ″ Neckar 5).............	″		″		
Zwischen Lampertheim und Mannheim	″	Lampertheim	″	Sandhofen	6) Haupt-Zollamt.
″ Viernheim ″ ″	″	*Viernheim	″	Käferthal	7) Anmeldestelle des Haupt-Zollamts am Speyerer Thor.
″ ″ ″ Heidelberg	″	″	″	Heddesheim	
″ ″ ″ Weinheim	″	″	″	Weinheim	
″ Lampertheim ″ Hemsbach	″	Hüttenfeld	″	Hemsbach	
″ Heppenheim ″ Weinheim	″	*Heppenheim	″	Unterlaudenbach	8) Die Versendungen müssen mit Uebergangsscheinen, oder, nach den deßhalb bestehenden besonderen Verabredungen mit Badischen Transportscheinen beziehungsweise Hessischen Tranksteuerscheinen versehen sein.
″ Birkenau ″ ″	″	Birkenau	″	Weinheim	
″ Gorrheim ″ ″	″	Gorrheim	″	″	
″ Neckar-Steinach u. Neckar-Gemünd	″	Neckar-Steinach	″	Neckar-Gemünd	
″ Neckar-Steinach u. Oberabt-Steinach	″	″ Oberabt-Steinach	″	Schönau Heiligenkreuz-Steinach	
″ Hirschhorn u. Wald-Michelbach.................	″	*Hirschhorn Unter-Schönmattenwaag	″	Heddesbach ″	9) Uebergangsstraßen für Versendungen unter Uebergangsscheinkontrole.
″ Hirschhorn und Brombach.	″	*Hirschhorn	″	Brombach	

Bezeichnung der Uebergangsstraßen	Hebe- und Abfertigungsstellen				Bemerkungen
	in	Ort	in	Ort	
Zwischen Hirschhorn und Eberbach..	Hessen	*Hirschhorn	Baden	Eberbach	[10]) Für Branntwein das Salzsteueramt.
" Beerfelden " " ..	"	Gammelsbach	"	"	
" Schöllenbach " " ..	"	Schöllenbach	"	"	
" " " Schlossau .	"	"	"	Schlossau	
" " " Ernstthal .	"	"	"	Ernstthal	
" Michelstadt " Ernstthal [9]) über Würzburg	"	Michelstadt	"	"	
" Wimpfen und Rappenau..	"	*Wimpfen [10])	"	Rappenau	
IV. Grenzlinie zwischen Hessen und Württemberg.					
Zwischen Wimpfen u. Gundelsheim auf dem Neckar......	"	*Wimpfen [10])	Württemberg	Gundelsheim	
" Wimpfen u. Jartfeld.....	"	"	"	Jartfeld	
" " " Unter-Eisesheim	"	"	"	Unter-Eises-heim	
" " " Bieberach....	"	"	"	Bieberach	
" " " Bonfeld.....	"	"	"	Bonfeld	
V. Grenzlinie zwischen Hessen und Bayern.					
Rechts des Rheins.					
Auf der Main-Rheinbahn [5])	"	Babenhausen	Bayern	Aschaffenburg	
" dem Main [9])...............	"	"	"	"	
Zwischen Erbach und Vorbrunn ...	"	Erbach	"	Vorbrunn	
" Michelstadt und Vorbrunn.	"	*Michelstadt	"	"	
" Vielbrunn und Amorbach..	"	Vielbrunn	"	Amorbach Ohrenbach	
" " " Lauterbach.	"	"	"	Lauterbach	
" Seckmauern " Wörth ...	"	Seckmauern	"	Wörth	
" Neustadt " " ...	"	*Hainstadt	"	"	
" " " Obernburg	"	"	"	Obernburg	

Bezeichnung der Uebergangsstraßen	Hebe- und Abfertigungsstellen				Bemerkungen
	in	Ort	in	Ort	
Zwischen Mosbach und Groß-Ostheim	Hessen	Mosbach	Bayern	Groß-Ostheim	
" Schaafheim " "	"	Schaafheim	"	"	
" " " Aschaffenburg	"	"	"	Aschaffenburg	
" Babenhausen " "	"	Babenhausen	"	"	
" Mainflingen " Stockstadt ..	"	Mainflingen	"	Stockstadt	
" " " Groß-Welzheim	"	"	"	Groß-Welzheim	
" Seligenstadt und Aschaffenburg	"	Seligenstadt	"	Stockstadt Groß-Welzheim	
" Seligenstadt und Alzenau.	"	"	"	Alzenau	
VI. Grenzlinie zwischen Preußen und Bayern.					
Rechts des Rheins.					
Zwischen Hanau und Aschaffenburg auf der Eisenbahn.	Preußen	Hanau	"	Aschaffenburg	
" Hanau und Aschaffenburg auf der Landstraße	"	Neuwirthshaus	"	"	
" Neuwirthshaus und Alzenau	"	"	"	Alzenau	
" Gelnhausen und Geiselbach	"	Gelnhausen	"	Geiselbach	
" Kempfenbrunn und Frammersbach	"	Kempfenbrunn	"	Frammersbach	
" Orb und Gemünden über Burgjoß und Aura......	"	Burgjoß	"	Burgsinn Gemünden	
" Altengronau und Zeitlofs .	"	Altengronau	"	Zeitlofs	
" Schlüchtern und Obersinn.	"	"	"	Gemünden Burgsinn	
" Schlüchtern und Zeitlofs..	"	Mottgers	"	Zeitlofs	
" Züntersbach " Brückenau	"	Züntersbach	"	Brückenau	
" Fulda und Brückenau .	"	Döllbach	"	Motten	
" Altenhof und Motten .	"	Altenhof	"	"	
" Wüstensachsen und Bischofsheim	"	Wüstensachsen	"	Bischofsheim	
" Gersfeld und Bischofsheim	"	Gersfeld	"	"	

Bezeichnung der Uebergangsstraßen	Hebe- und Abfertigungsstellen				Bemerkungen
	in	Ort	in	Ort	
VII. Grenzlinie zwischen Thüringen und Bayern.					
Zwischen Melpers und Fladungen .	S.-Weimar	Melpers	Bayern	Fladungen	
„ Meiningen und Ostheim . . .	Sachsen-Meiningen	Meiningen	„	Ostheim [11])	[11]) Großherz. Sächs. Uebergangsstelle.
„ „ „ Melrichstadt	„	„	„	Melrichstadt	
„ Römhild „ Trappstadt.	„	Römhild	„	Trappstadt	
„ Heldburg und Ermershausen	„	Heldburg	„	Ermershausen	
„ „ „ Seßlach	„	„	„	Seßlach	
„ Koburg „ „	S.-Koburg	Koburg	„	„	
„ „ „ Tambach . . .	„	„	„	Tambach	
„ „ „ Lahm	„	„	„	Gleußen	
„ „ „ Lichtenfels auf der Eisenbahn	Bayern	Lichtenfels [12])	„	Lichtenfels	[12]) S.-Koburgisch. Uebergangssteueramt in Bayern.
„ Koburg und Lichtenfels auf dem Landwege	S.-Koburg	Koburg	„	„	
„ Sonneberg und Kronach . .	Sachsen-Meiningen	Sonneberg	„	Kronach	
„ Gräfenthal „ Tettau . .	„	Gräfenthal	„	Tettau	[13]) Königl. Sächs. Uebergangssteueramt auf dem Bahnhofe der Sächsisch-Bayerischen Staatsbahn. Dasselbe fertigt auch mit Anmeldeschein und Ladungsverzeichniß auf andere competente Aemter im Innern ab.
„ Probstzella „ Ludwigstadt	„	Probstzella	„	Ludwigstadt	
„ Lehesten „ „	„	Lehesten	„	„	
„ Lobenstein „ Nordhalben	Reuß j. L.	Lobenstein	„	Nordhalben	
„ „ „ Lichtenberg	„	„	„	Lichtenberg	
„ Hirschberg „ Hof	„	Hirschberg	„	Hof	
„ Gefell „ „	Preußen	Gefell	„	„	
VIII. Grenzlinie zwischen Sachsen und Bayern.					[14]) Für die Versendung von Gegenständen, welche mit Uebergangsscheinen oder mit Quittungen über die bereits beim Königl. Sächsischen Uebergangsamt Hof erlegte Uebergangsabgabe versehen sind.
Zwischen Hof und Plauen (sowohl auf der Eisenbahn wie auf gewöhnlicher Landstraße) .	Bayern	Hof [13])	„	Hof [14])	
„ Hof und Oelsnitz	Sachsen	Gassenreuth	„	„	
„ „ „ Plauen [14]) (auf der gewöhnlichen Landstraße) . .	„	Ullitz	„	„	

№ 21. den 6. September 1869.

Bekanntmachung,

betreffend

die Auszahlung der Steuervergütung für ausgeführten inländischen Branntwein.

In Folge der auf Grund eines Beschlusses des Bundesraths des Norddeutschen Bundes vom 3. Juli d. J. ergangenen Bestimmung, nach welcher die längste Frist zur Berichtigung gestundeter Branntweinsteuer vom 1. September d. J. an bis auf Weiteres auf sechs Monate festgesetzt worden, ist die wegen der baaren Auszahlung der Anerkenntnisse über Branntweinsteuervergütung im § 8 c der Bekanntmachung Anlage 5 zur Verordnung vom 30. October 1868, betreffend den Anschluß Hamburgischer Gebietstheile an den Zollverein, enthaltene Anordnung in Betreff derjenigen Anerkenntnisse aufgehoben, welche für nach dem 31. August d. J. ausgeführten Branntwein ausgefertigt werden. Wegen Realisirung der letztgedachten Anerkenntnisse ist dagegen das Folgende angeordnet.

Der Inhaber eines Anerkenntnisses über Steuervergütung für Branntwein, welcher nach dem 31. August d. J. ausgeführt ist, kann, wenn er von dem Anerkenntniß in der unter a und b des § 8 der vorerwähnten Bekanntmachung angegebenen Weise als Zahlungsmittel keinen Gebrauch macht, den Betrag der anerkannten Steuervergütung bei demjenigen Hauptamte baar gezahlt erhalten, auf dessen Antrag das Anerkenntniß ertheilt ist. Eine solche Baarzahlung wird aber nur für Branntwein geleistet, nach dessen Ausfuhr ein Zeitraum von mindestens sieben Monaten verflossen ist.

Der Anfangstermin für die Baarzahlung und die nähere Bezeichnung des auszahlenden Hauptamtes sind aus den betreffenden Anerkenntnissen ersichtlich.

In der Zeit vom 1. November bis zum Schlusse dieses Jahres kann die Baarzahlung der Steuervergütung nur noch für Branntwein erfolgen, welcher nach Ausweis des Anerkenntnisses bis Ende August d. J. ausgeführt worden ist.

Gegeben in der Versammlung des Senats, Hamburg, den 6. September 1869.

№ 22. den 27. October 1869.

Bekanntmachung,
betreffend die zur Abfertigung des mit dem Anspruch auf Steuervergütung ausgehenden inländischen Biers befugten Steuerstellen.

Mit Bezug auf § 4 der Bekanntmachung, betreffend die Steuervergütung bei der Ausfuhr von inländischem Bier, Anlage 6 zur Verordnung vom 30. October 1868, betreffend den Anschluß Hamburgischer Gebietstheile an den Zollverein, wird hiermit ein Verzeichniß derjenigen Steuerstellen zur öffentlichen Kenntniß gebracht, welche in den Staaten des Norddeutschen Bundes und dem nicht zu dem Letzteren gehörigen Theil des Großherzogthums Hessen zur Abfertigung des mit dem Anspruch auf Steuervergütung ausgehenden inländischen Biers, beziehungsweise zur Ertheilung der Ausgangsbescheinigung befugt sind.

Dieses Verzeichniß kann auf den Landherrenschaften der Geestlande und der Marschlande, in Bergedorf beim Amtsverwalter und beim Rath, sowie in Ritzebüttel beim Amtsverwalter eingesehen werden; auch sind Abdrücke desselben beim Senats-Buchdrucker zu haben.

Gegeben in der Versammlung des Senats, Hamburg, den 27. October 1869.

Anlage zur Bekanntmachung vom 27. October 1869 No. 22, betreffend die zur Abfertigung des mit dem Anspruch auf Steuervergütung ausgehenden inländischen Biers befugten Steuerstellen.

Verzeichniß

derjenigen Steuerstellen, welche in den Staaten des **Norddeutschen Bundes** und in dem nicht zu dem Letzteren gehörigen Theil des **Großherzogthums Hessen** zur Abfertigung des mit dem Anspruch auf Steuervergütung ausgehenden inländischen **Biers**, beziehungsweise zur Ertheilung der Ausgangsbescheinigung befugt sind.

Zur Abfertigung des mit dem Anspruch auf Steuervergütung ausgehenden inländischen Biers, sowie zur Ertheilung der Ausgangsbescheinigung *) sind befugt: an der Grenze gegen das Zollvereinsausland		an der Binnengrenze gegen Zollvereinsstaaten		Im Innern der Staaten sind zur Abfertigung des mit dem Anspruch auf Steuervergütung ausgehenden inländischen Biers befugt:		Im Fall der Vorabfertigung des Biers im Innern der Staaten (Spalte 3) sind — außer den in Spalte 1 u. 2 aufgeführten Aemtern — zur Ertheilung der Ausgangsbescheinigung befugt:		Bemerkungen
Benennung der Aemter	Ort derselben	Benennung der Aemter	Ort derselben	Benennung der Aemter	Ort derselben	Benennung der Aemter	Ort derselben	
1.		2.		3.		4.		5.
I. Königreich Preußen.								*) Wenn die in Spalte 1 und 2 genannten Abfertigungsämter so gelegen sind, daß sie die Ausfuhr des Biers über die Grenze nicht auf Grund der eigenen Wahrnehmung oder auf Grund der Angaben von Begleitungsbeamten bescheinigen können, so haben dieselben das abgefertigte Bier an die an der Grenze gelegenen Aemter abzulassen, welche letztere alsdann die Ertheilung der Ausgangsbescheinigung übernehmen.
1) Provinz Preußen.								
A. Ost-Preußen.								
Haupt-Zollamt	Eydtkuhnen			Haupt-Steueramt	Braunsberg	Neben-Zollamt I.	Bajohren	
„	Johannisburg			„	Friedland	„	Laugallen	
„	Memel			„	Gumbinnen	„	Nimmersatt	
„	Neidenburg			„	Guttstadt			
„	Pillau			„	Königsberg			
„	Schmaleningken			Steueramt	Stallupönen			
„	Tilsit			„	Szittkehmen			
Neb.-Zollamt I.	Mirunsken			„	Goldap			
„	Laugszargen			„	Marggrabowa			
„	Kolletzischken			„	Insterburg			
B. West-Preußen.								
Haupt-Zollamt	Danzig			Haupt-Steueramt	Elbing	Haupt-Zollamt	Pillau	
„	Thorn							
Zollabfertigungsstelle am Hafen	Neufahrwasser [1]							[1]) Beschränkte Befugniß für lokalen Verkehr.
2) Provinz Brandenburg.				Haupt-Steueramt für ausld. Gegenstdr. und Zoll-Expeditionen auf d. Hambg. u. d. Niederschlesisch-Märkischen Bahnhöfe	Berlin			

Zur Abfertigung des mit dem Anspruch auf Steuervergütung ausgehenden inländischen Biers, sowie zur Ertheilung der Ausgangsbescheinigung*) sind befugt: an der Grenze gegen das Zollvereinsausland.		an der Binnengrenze gegen Zollvereinsstaaten.		Im Innern der Staaten sind zur Abfertigung des mit dem Anspruch auf Steuervergütung ausgehenden inländischen Biers befugt:		Im Fall der Vorabfertigung des Biers im Innern der Staaten (Spalte 3) sind — außer den in Spalte 1 u. 2 aufgeführten Aemtern — zur Ertheilung der Ausgangsbescheinigung befugt:		Bemerkungen.
Benennung der Aemter	Ort derselben	Benennung der Aemter	Ort derselben	Benennung der Aemter	Ort derselben	Benennung der Aemter	Ort derselben	
1.		2.		3.		4.		5.
				Haupt-Steueramt	Brandenburg			*) Siehe zu Anfang.
				"	Neu-Ruppin			
				"	Neustadt E. W.			
				"	Potsdam			
				"	Prenzlau			
				"	Wittenberge			
				"	Zossen			
				Steueramt	Spandau			
3) Provinz Pommern.								
Haupt-Zollamt	Stolpmünde			Haupt-Steueramt u. Steuer-Expedition auf dem Bahnhofe	Stettin	Haupt-Steueramt u. Steuer-Expedition auf dem Bahnhofe	Stettin	
"	Rügenwalde							
"	Colbergermünde							
"	Swinemünde							
"	Wolgast							
"	Stralsund							
Neb.-Zollamt I.	Greifswald			Haupt-Steueramt	Schievelbein			
				"	Stargard			
				"	Anclam			
4) Provinz Posen.								
Haupt-Zollamt	Podzamcze			Haupt-Steueramt	Bromberg			
"	Pogorzelice			"	Chodziesen			
"	Skalmierzyce			"	Lissa			
"	Strzalkowo			"	Meseritz			
				"	Posen			
5) Provinz Schlesien.								
Haupt-Zollamt	Landsberg O. S.	Haupt-Steueramt	Görlitz	Haupt-Steueramt	Ratibor	Neben-Zollamt I.	Oswiecim	
"	Myslowitz			"	Breslau	"	Oestr. Oderberg	
"	Neustadt			"	Görlitz			
"	Mittelwalde							
"	Liebau							

Zur Abfertigung des mit dem Anspruch auf Steuervergütung ausgehenden inländischen Biers, sowie zur Ertheilung der Ausgangsbescheinigung*) sind befugt: an der Grenze gegen das Zollvereinsausland		an der Binnengrenze gegen Zollvereinsstaaten		Im Innern der Staaten sind zur Abfertigung des mit dem Anspruch auf Steuervergütung ausgehenden inländischen Biers befugt:		Im Fall der Vorabfertigung des Biers im Innern der Staaten (Spalte 3) sind — außer den in Spalte 1 u. 2 aufgeführten Aemtern — zur Ertheilung der Ausgangsbescheinigung befugt:		Bemerkungen
Benennung der Aemter	Ort derselben	Benennung der Aemter	Ort derselben	Benennung der Aemter	Ort derselben	Benennung der Aemter	Ort derselben	
1.		2.		3.		4.		5.
6) Provinz Sachsen.								*) Siehe zu Anfang.
				Haupt-Steueramt	Magdeburg			
				"	Halberstadt			
				"	Oschersleben			
				"	Mühlhausen			
7) Provinz Schleswig-Holstein.								
Haupt-Zollamt	Hadersleben							
Neb.-Zollamt I.	Woyens			Haupt-Steueramt	Flensburg	Neben-Zollamt I.	Holtenau	
Haupt-Zollamt	Tönning			"	Schleswig	"	Maasholm	
Neb.-Zollamt I.	Husum			"	Tondern			
"	Holnis			"	Kiel			
"	Sonderburg			"	Rendsburg			
"	Eckernförde							
"	Cappeln							
"	Apenrade							
"	Hoyer							
"	Sylt							
Haupt-Zollamt	Itzehoe							
Neb.-Zollamt I.	Brunsbüttel							
"	Elmshorn							
"	Glückstadt							
"	Uetersen							
Haupt-Zollamt	Neustadt							
"	Ottensen							
Zollabfertigungsstelle am Bahnhofe	Altona							
Neb.-Zollamt I.	Langenfelde							
Haupt-Zollamt	Wandsbeck							
Neb.-Zollamt I.	Eppendorf							
"	Schiffbeck							

Zur Abfertigung des mit dem Anspruch auf Steuervergütung ausgehenden inländischen Biers, sowie zur Ertheilung der Ausgangsbescheinigung *) sind befugt: an der Grenze gegen das Zollvereinsausland		an der Binnengrenze gegen Zollvereinsstaaten		Im Innern der Staaten sind zur Abfertigung des mit dem Anspruch auf Steuervergütung ausgehenden inländischen Biers befugt:		Im Fall der Vorabfertigung des Biers im Innern der Staaten (Spalte 3) sind — außer den in Spalte 1 u. 2 aufgeführten Aemtern — zur Ertheilung der Ausgangsbescheinigung befugt:		Bemerkungen
Benennung der Aemter	Ort derselben	Benennung der Aemter	Ort derselben	Benennung der Aemter	Ort derselben	Benennung der Aemter	Ort derselben	
1.		2.		3.		4.		5.
außerdem ressortiren von der Provinzial-Steuer-Direktion für Schleswig-Holstein:								*) Siehe zu Anfang.
vereinsländ. Haupt-Zollamt	Lübeck			Haupt-Steueramt	Lauenburg [2])	Neben-Zollamt I.	Travemünde [4])	[2]) Im Herzogth. Lauenburg.
"	Hamburg			Unter-Steueramt	Bergedorf [3])			[3]) Im Gebiet von Hamburg.
Abfertigungsstellen an dem Berliner- u. Lübecker Bahnhof und an der Elbe	Hamburg							[4]) Im Gebiet v. Lübeck.
8) Provinz Hannover.								
Haupt-Zollamt	Nordhorn							
"	Leer			Haupt-Steueramt	Hannover			
"	Emden			"	Hildesheim			
"	Sebaldsbrück			"	Celle			
"	Geestemünde			"	Lüneburg			
"	Stade			"	Münden			
"	Harburg				Osnabrück			
Neb.-Zollamt I.	Bentheim				Hitzacker			
"	Weener			Unter-Steueramt	Bremervörde			
"	Bunderneuland							
"	Lehe			"	Verden			
"	Grohn a. T.			"	Uelzen			
"	Burgdamm			"	Melle			
				"	Aurich			
außerdem ressortirt von der Provinzial-Steuer-Direktion für Hannover:								
vereinsländ. Haupt-Zollamt	Bremen							

Zur Abfertigung des mit dem Anspruch auf Steuervergütung ausgehenden inländischen Biers, sowie zur Ertheilung der Ausgangsbescheinigung*) sind befugt: an der Grenze gegen das Zollvereinsausland		an der Binnengrenze gegen Zollvereinsstaaten		Im Innern der Staaten sind zur Abfertigung des mit dem Anspruch auf Steuervergütung ausgehenden inländischen Biers befugt:		Im Fall der Vorabfertigung des Biers im Innern der Staaten (Spalte 3) sind — außer den in Spalte 1 u. 2 aufgeführten Aemtern — zur Ertheilung der Ausgangsbescheinigung befugt:		Bemerkungen
Benennung der Aemter	Ort derselben	Benennung der Aemter	Ort derselben	Benennung der Aemter	Ort derselben	Benennung der Aemter	Ort derselben	
1.		2.		3.		4.		5.
9) Provinz Westphalen.								*) Siehe zu Anfang.
Haupt-Zollamt	Vreden			Haupt-Steueramt	Dortmund	Neben-Zollamt I.	Rotten	
				"	Münster			
				Steueramt	Greven			
außerdem ressortirt von der Provinzial-Steuer-Direktion für Westphalen:								
				Steueramt	Detmold [5])			[5]) Im Fürstenth. Lippe-Detmold.
10) Provinz Hessen-Nassau								
		Haupt-Steueramt	Hanau	Haupt-Steueramt	Cassel			
				"	Frankfurt a. M.			
				"	Biebrich			
				"	Oberlahnstein			
11) Rhein-Provinz.								
Haupt-Zollamt	Aachen	Haupt-Steueramt	Creuznach	Haupt-Steueramt	Coblenz	Neben-Zollamt I.	Herbesthal	
"	Cleve			Haupt-Steueramt für ausländische Gegenstände	Cöln	Neben-Zollamt II.	Felsberg	
"	Emmerich					"	Zolsterhöhe	
"	Kaldenkirchen					Neben-Zollamt I.	Güdingen	
"	Malmedy					Steueramt	Neunkirchen	
"	Saarbrücken			Haupt-Steueramt	Düsseldorf	Steuer-Receptur	Rentrisch	
"	Wassenberg			"	Duisburg	Neben-Zollamt I.	Elten	
Haupt-Steueramt	Trier			"	Neuß			
Neben-Zollamt II.	St. Arnual			"	Ruhrort			
				"	Uerdingen			
				"	Wesel			
				Steueramt	Bonn			

Zur Abfertigung des mit dem Anspruch auf Steuervergütung ausgehenden inländischen Biers, sowie zur Ertheilung der Ausgangsbescheinigung*) sind befugt: an der Grenze gegen das Zollvereinsausland		an der Binnengrenze gegen Zollvereinsstaaten		Im Innern der Staaten sind zur Abfertigung des mit dem Anspruch auf Steuervergütung ausgehenden inländischen Biers befugt:		Im Fall der Verabfertigung des Biers im Innern der Staaten (Spalte 3) sind — außer den in Spalte 1 u. 2 aufgeführten Aemtern — zur Ertheilung der Ausgangsbescheinigung befugt:		Bemerkungen
Benennung der Aemter	Ort derselben	Benennung der Aemter	Ort derselben	Benennung der Aemter	Ort derselben	Benennung der Aemter	Ort derselben	
1.		2.		3.		4.		5.
II. Königreich Sachsen.								*) Siehe zu Anfang.
Haupt-Zollamt	Zittau	Haupt-Steueramt	Plauen	Haupt-Steueramt	Löbau	Neben-Zollamt I.	Reichenberg	
"	Schandau			"	Bautzen	"	Bodenbach	
"	Marienberg			"	Dresden	"	Voitersreuth.	
" "	Annaberg			"	Meißen			
"	Eibenstock			"	Riesa	Uebergangs-Steueramt	Hof	
Haupt-Steueramt	Pirna			"	Freiberg			
				"	Chemnitz			
				"	Glauchau			
				"	Zwickau			
				"	Leipzig			
				"	Grimma			
III. Großherzogthum Hessen.								
		Haupt-Zollamt	Worms	Haupt-Zollamt	Darmstadt			
		Ortseinnehmerei		"	Offenbach			
			Babenhausen	"	Gießen			
			Mainflingen	"	Bingen			
			Seligenstadt	"	Mainz			
			Schöllenbach	Neben-Zollamt I.	Bensheim			
			Gammelsbach		Alsfeld			
			Birkenau	und sämmtliche Ortseinnehmereien				
			Gorxheim					
			Heppenheim a. d. W.					
			Hirschhorn					
			Neckar-Steinach					

Zur Abfertigung des mit dem Anspruch auf Steuervergütung ausgehenden inländischen Biers, sowie zur Ertheilung der Ausgangsbescheinigung*) sind befugt:				Im Innern der Staaten sind zur Abfertigung des mit dem Anspruch auf Steuervergütung ausgehenden inländischen Biers befugt:		Im Fall der Vorabfertigung des Biers im Innern der Staaten (Spalte 3) sind — außer den in Spalte 1 u. 2 aufgeführten Aemtern — zur Ertheilung der Ausgangsbescheinigung befugt:		Bemerkungen
an der Grenze gegen das Zollvereinsausland		an der Binnengrenze gegen Zollvereinsstaaten						
Benennung der Aemter	Ort derselben	Benennung der Aemter	Ort derselben	Benennung der Aemter	Ort derselben	Benennung der Aemter	Ort derselben	
1.		2.		3.		4.		5.
		Ortseinnehmerei	Hüttenfeld					*) Siehe zu Anfang.
		„	Lampertheim					
		„	Viernheim					
		„	Oberabt-Steinach					
		„	Wimpfen					
		„	Hainstadt					
		„	Seckmauern					
		„	Vielbrunn					
		„	Erbach					
		„	Michelstadt					
			Mosbach					
			Schaafheim					
			Alzey					
		„	Flomborn					
		„	Fürfeld					
		„	vor Worms					
		„	Mölsheim					
		„	Monsheim					
		„	Offstein					
		„	Pfeddersheim					
			Wachenheim					
IV. Großherzogthümer Mecklenburg.								
Haupt-Steueramt	Rostock			Haupt Steueramt	Schwerin			
Neb.-Zollamt I.	Wiemar							

Zur Abfertigung des mit dem Anspruch auf Steuervergütung ausgehenden inländischen Biers, sowie zur Ertheilung der Ausgangsbescheinigung*) sind befugt: an der Grenze gegen das Zollvereinsausland		an der Binnengrenze gegen Zollvereinsstaaten		Im Innern der Staaten sind zur Abfertigung des mit dem Anspruch auf Steuervergütung ausgehenden inländischen Biers befugt:		Im Fall der Vorabfertigung des Biers im Innern der Staaten (Spalte 3) sind — außer den in Spalte 1 u. 2 aufgeführten Aemtern — zur Ertheilung der Ausgangsbescheinigung befugt:		Bemerkungen
Benennung der Aemter	Ort derselben	Benennung der Aemter	Ort derselben	Benennung der Aemter	Ort derselben	Benennung der Aemter	Ort derselben	
1.		2.		3.		4.		5.
V. Thüringischer Zoll- und Handels-Verein.								*) Siehe zu Anfang.
		Steueramt	Gefell					
		"	Lobenstein					
		Uebergangs-Steueramt	Lichtenfels (in Baiern)					
		Haupt-Steueramt	Coburg					
		Steueramt	Römhild					
		"	Meiningen					
VI. Herzogthum Braunschweig.								
				Haupt-Steueramt	Braunschweig			
				Steueramt	Wolfenbüttel			
				"	Holzminden			
VII. Herzogthum Oldenburg.								
Haupt-Zollamt	Varel			Haupt-Steueramt	Oldenburg	Ansageposten	Huntewachtschiff	
"	Brake							
"	Delmenhorst							
Neb.-Zollamt I.	Hooksiel							
"	Ellenserdammersiel							
außerdem ressortirt von der Zoll-Direktion in Oldenburg:								
Neb.-Zollamt I.	im Jahdegebiet							

№ 23. den 29. November 1869.

Bekanntmachung,

betreffend fernere Ermächtigung von Steuerstellen zur Abfertigung des mit dem Anspruche auf Steuervergütung ausgehenden inländischen Branntweins.

Unter Bezugnahme auf die Bekanntmachung vom 4. August d. J., No. 19 der Gesetzsammlung Abtheilung III., bringt der Senat hierdurch zur öffentlichen Kenntniß, daß nunmehr auch

dem Nebenzollamte I zu Cuxhaven
und
der Zollabfertigungsstelle am Bahnhofe zu Lübeck

die Ermächtigung zur Abfertigung des mit dem Anspruche auf Steuervergütung ausgehenden inländischen Branntweins beigelegt ist. Dem Nebenzollamte zu Cuxhaven ist zugleich die Befugniß zur Ertheilung der Ausgangsbescheinigung zugestanden.

Gegeben in der Versammlung des Senats, Hamburg, den 29. November 1869.

№ 24. den 29. December 1869.

Bekanntmachung,

betreffend die Binnenlinie des Grenzbezirks und die Controlen im Grenzbezirk.

Auf Antrag der Königlich Preußischen Provinzial-Steuer-Direction zu Glückstadt bringt der Senat hiedurch die nachstehende Bekanntmachung derselben zur öffentlichen Kunde:

Glückstadt, den 24. December 1869.

Bekanntmachung.

Unter Hinweisung auf die §§ 16, 119 und 124 des Vereins-Zollgesetzes vom 1. Juli 1869 und in Gemäßheit eines Erlasses des Herrn Finanzministers vom 19. d. Mts. wird hierdurch Folgendes zur öffentlichen Kunde gebracht:

1) Der Lauf, der den Grenzbezirk von dem übrigen Vereinsgebiet trennenden Binnenlinie im diesseitigen Verwaltungsbezirk bleibt auch nach dem Inkrafttreten des Vereins-Zollgesetzes unverändert, so wie derselbe

für die Provinz Schleswig-Holstein zufolge der Bekanntmachungen vom 1. September und 22. November 1868 (Verordnungsblatt pro 1868, 116tes und 154stes Stück),

für das Großherzoglich Oldenburgische Gebiet zufolge desfälliger Bekanntmachung des Großherzoglich Oldenburgischen Staatsministeriums,

für das Gebiet der freien und Hansestadt Lübeck zufolge Bekanntmachung des dortigen Senats vom 1. August 1868 (Sammlung der Lübeckischen Verordnungen 2c. pro 1868 No. 49),

für das Gebiet der freien und Hansestadt Hamburg zufolge der Bekanntmachungen des dortigen Senats vom 30. October 1868 und 28. Juni 1869 (Hamburgische Gesetzsammlung pro 1868 III. Abtheilung No. 22 und pro 1869 III. Abtheilung No. 13)

gegenwärtig festgestellt ist.

2) Der im § 119 des Vereins-Zollgesetzes gedachten Transportcontrole im Grenzbezirk unterliegen vom Inkrafttreten des Vereins-Zollgesetzes an im diesseitigen Verwaltungsbezirk:

a. an den Küstenstrecken von der Arnd-Bucht, am kleinen Belt im Haupt-Amtsbezirk Hadersleben bis zur südlichen Grenze des Stadt Lübeckischen Gebiets an der Ostsee, so wie von Ballum im Haupt-Amtsbezirk Tondern, beziehentlich von der Nordspitze der Insel Sylt bis an die Wedeler Au im Haupt-Amtsbezirk Ottensen:

Salz und Lumpen in Mengen von mehr als 50 ℔;

b. an der Landgrenze gegen Dänemark und den derselben zunächst belegenen Küstenstrecken, im Osten bis zur Arnd-Bucht, im Westen bis Ballum mit Einschluß der Insel Romoe:

Salz,
roher Kaffee,
roher und raffinirter Zucker,
Tabacksblätter und Stengel,
Tabacksfabrikate
} in Mengen von mehr als 25 ℔,

Spirituosen und Lumpen in Mengen von mehr als 50 ℔;

c. an der Grenze gegen das Hamburgische Freihafengebiet und gegen die Elbe von Altona abwärts bis zur Wedeler Au, diese eingeschlossen:

Zwirnspitzen, in Mengen von mehr als 1 ℔,

roher und gebrannter Kaffee,
Tabacksblätter und Stengel,
Tabacksfabrikate,
roher und raffinirter Zucker,
Thee,
Seidenwaaren der pos. 30 c des Tarifs
} in Mengen von mehr als 2 ℔,

Salz in Mengen von mehr als 4 ℔,

Baumwollwaaren der pos. 2 c des Tarifs,
leinene Bänder und andere Waaren der pos. 22 h des Tarifs,
halbseidene Waaren der pos. 30 d des Tarifs,
Wollenwaaren der pos. 41 c 1—4 des Tarifs,
Gewebe, mit Kautschuck überzogen oder getränkt, sowie aus Kautschuckfäden, pos. 17 e und f des Tarifs,
Kleider, Leibwäsche und Putzwaaren,
kurze Waaren, Quincaillerien,
feine Lederwaaren und lederne Handschuhe, pos. 21 d und e des Tarifs,
Branntwein aller Art, auch Arrak, Rum, Franzbranntwein und versetzte Branntweine, pos. 25 b des Tarifs,
Wein, Most und Cider, pos. 25 e des Tarifs,
getrocknete Datteln, Feigen, Corinthen, Mandeln und Rosinen,
Gewürze aller Art,
Kakao in Bohnen und Schalen,
Kaviar und Kaviarsurrogate,
Zuckerwerk,
Kakaomasse,
gemahlener Kakao,
Chocolade,
Chocoladesurrogate,
Syrup,
} in Mengen von mehr als 5 ℔,

Leinenwaaren der pos. 22 g in Mengen von mehr als 25 ℔,
Lumpen, in Mengen von mehr als 50 ℔.

3) Rücksichtlich der im § 124 des Vereins-Zollgesetzes vorbehaltenen Controle des stehenden Gewerbebetriebes bewendet es auch nach dem Inkrafttreten des Vereins-Zollgesetzes bei den Bestimmungen der diesseitigen Bekanntmachung vom 11. Mai 1869 (veröffentlicht durch das Amtsblatt der Königlichen Regierung zu Schleswig pro 1869, Stück 20, durch Bekanntmachung der Senats-Commission in Zollangelegenheiten in Lübeck vom 27. Mai 1869 und durch Bekanntmachung des Hamburgischen Senats vom 24. Mai 1869, Hamburgische Gesetzsammlung pro 1869, III. Abtheilung No. 6).

Der Geheime Finanzrath und Provinzial-Steuerdirector
(gez.) Augustin.

Gegeben in der Versammlung des Senats, Hamburg, den 29. December 1869.

№ 25. den 29. December 1869.

Bekanntmachung,

betreffend den in Ausführung des Vereins-Zollgesetzes vom 1. Juli 1869 zu bildenden Grenzbezirk u. w. d. a.

Auf Antrag der Königlich Preußischen Provinzial-Steuer-Direction zu Hannover bringt der Senat hiedurch die nachstehende Bekanntmachung derselben zur öffentlichen Kunde:

Hannover, den 26. December 1869.

Bekanntmachung.

In Gemäßheit eines Rescriptes des Herrn Finanz-Ministers vom 19. d. M. wird, unter Hinweisung auf die §§ 16, 119, 124 und 125 des mit dem 1. Januar k. J. in Kraft tretenden Vereins-Zollgesetzes vom 1. Juli d. J. (Bundesgesetzblatt S. 317), für die Provinz Hannover und die dem Verwaltungsbezirke der hiesigen Provinzial-Steuer-Direction zugetheilten bremischen und hamburgischen Gebietstheile hiermit Folgendes zur öffentlichen Kenntniß gebracht.

Der Grenzbezirk, zu welchem auch die ostfriesischen Inseln Borkum, Juist, Norderney, Baltrum, Langeroog und Spiekeroog mit ihren Territorien gehören, wird in seiner bisherigen Ausdehnung unverändert beibehalten.

Der Transport-Controle im Grenzbezirke unterliegen bis auf Weiteres:

II. in den Hauptamtsbezirken Sebaldsbrück und Geestemünde,

1) roher und gebrannter Kaffe,
2) Tabacksblätter und Tabacksfabrikate,
3) Zucker,
4) Zeugwaaren, ganz oder theilweise aus Baumwolle, Wolle oder Seide,
zu 1 bis 4 in jeder zollpflichtigen Menge,
5) getrocknete Südfrüchte in Mengen von mehr als 2 Pfund,
6) Salz,
7) Branntwein aller Art und Liqueure,
8) Wein,
9) Syrup,
zu 6 bis 9 in Mengen von mehr als 5 Pfund.

III. in den Hauptamtsbezirken Stade und Harburg, die zu II. erwähnten Waaren, jedoch die zu 1 bis 4 gedachten nur in Mengen von mehr als 2 Pfund.

Der speciellen Controle des stehenden Gewerbebetriebes im Grenzbezirk werden einstweilen nur Zucker, Kaffe, fabricirter Taback aller Art und Stuhlwaaren unterworfen und bewendet es rücksichtlich der Handhabung derselben bei den bisherigen Bestimmungen mit der Maßgabe, daß abgesehen von der allen Gewerbtreibenden nach § 124 a. a. O. obliegenden Verpflichtung zur Buchführung, es der Zollbehörde in jedem einzelnen Falle überlassen bleibt, zu bestimmen, ob eventuell welche Controle-Maßregeln in Anwendung gebracht werden sollen.

Von einer besonderen Controle des Marktverkehrs im Grenzbezirke, so wie von einer Controle des Waarenverkehrs im Binnenlande wird bis auf Weiteres abgesehen.

Der Provinzial-Steuer-Director.
(gez.) Sabarth.

Gegeben in der Versammlung des Senats, Hamburg, den 29. December 1869.

Alphabetisches Register.

A.

F.

G.

M.

O.

U.

V.

www.ingramcontent.com/pod-product-compliance
Lightning Source LLC
Chambersburg PA
CBHW020907210326
41598CB00018B/1800
* 9 7 8 3 7 4 1 1 0 2 2 4 0 *